교양인을 위한
플리니우스
박물지

세계 최초의 백과사전

교양인을 위한

플리니우스
박물지

NATURALIS
HISTORIÆ

플리니우스 원작
존 S·화이트 엮음
서경주 번역

노마드

일러두기

1. 본문의 지명은 라틴어 발음을 기준으로 표기했다. 그러나 후주(옮긴이주)에서는 현재의 지명으로 표기했다.

    예)

	본문	후주
Kyprus	퀴프루스	사이프러스
Syria	쉬리아	시리아
Byzantium	뷔잔티움	비잔티움
Sicilia	시킬리아	시칠리아
Hispania	히스파니아	에스파냐

2. 본문의 인명은 라틴어 발음을 기준으로 표기했다. 그러나 그리스 인명은 그리스어를 기준으로 표기했다.

    예)

Pyrrhus→Pyrrhos	퓌르로스
Democritus→Demokritos	데모크리토스

3. 로마의 길이, 무게, 면적 등의 단위는 처음 나올 때는 후주를 달아 설명한 후 미터법으로 고쳐 표기했다. 그러나 탤런트(무게 단위이자 화폐 단위)와 세스테르케스(화폐 단위)는 그대로 표기했다. 그 밖의 단위 또한 미터법으로 표기했다.

4. 본문의 *, **, ***, …(각주)는 영역본의 주이고, 숫자로 된 주는 옮긴이주이다. 옮긴이주의 내용을 후주로 정리했다.

플리니우스의 『박물지』는 어떤 책인가

이 책은 우리나라에서는 처음 번역되는 플리니우스의 『박물지』로, 로마 시대의 군인이자 정치가이며 박물학자인 플리니우스Gaius Plinius Secundus(23~79)가 77년경에 펴낸 『박물지Naturalis Historia』(전 37권)를 존 화이트 John S. White(미국의 버클리 고등학교 교장)가 교양인과 청소년이 이해하기 쉽도록 편집한 『청소년을 위한 플리니우스The Boys' and Girls' Pliny』(1885, 전 9권)를 텍스트로 삼았다(부와 장의 구성을 바꾸었다).

박물지博物志는 '동물, 식물, 광물, 지질 따위의 사물이나 현상을 종합적으로 기록한 책'이란 뜻이다. 비록 아리스토텔레스가 쓴 『동물지Historia Animalium』(기원전 4세기)가 박물지 성격을 띤 원형으로 여겨지기도 하지만, 플리니우스의 『박물지』가 '박물지'라는 이름에 걸맞은 최초의 저작이다. 플리니우스의 저작 이외에도 중국 서진西晉의 문장가이자 시인인 장화

張華가 엮은 『박물지博物志』(전 10권), 프랑스의 박물학자 뷔퐁Georges-Louis Leclerc de Buffon의 『왕실박물관의 해설을 통한 박물지, 총론 및 각론Histoire Naturelle, générale et particulière, avec la description du Cabinet du Roi』(전 44권)이 '박물지'로 널리 알려져 있다.

플리니우스의 저작들 중 지금까지 유일하게 전해지는 『박물지』는 그의 마지막 저작이며, 현재까지 남아 있는 로마 시대의 방대한 단일 저작 중 하나이기도 하다. 고대의 지식을 총망라하고 있는 이 저작의 주제 영역은 오늘날 자연사natural history로 이해되는 것에 국한되지 않는다. 몇 년 후 베스파시아누스에 이어 로마의 황제가 된 티투스Titus에게 헌정한 「서문」에서도 말했듯이, 플리니우스는 문학적 형태로 자연 세계를 재창조하고자 했으며 각 항목을 독립적으로 제시하기보다는 일관적인 자연 전체의 한 부분으로 서술하고자 했다. 그는 자신의 관심사가 '자연 풍경에서의 인간 삶'이라고 말한다. 다시 말해서 자연의 구성 요소들을 그 자체로 설명하는 것이 아니라 인간 삶에서의 역할에 대한 관점으로 설명한다. 따라서 다루는 범위는 백과사전식이지만, 구조는 현대의 백과사전과는 다르다. 더구나 『박물지』에 수록된 온갖 기이한 이야기와 로마의 경계 너머에 사는 다양한 인종에 관한 이야기는 로마 제국의 지리적 경계를 설정함과 동시에 온갖 인종과 자원이 모여드는 곳은 결국 로마라는 점을 보여 줌으로써 로마 중심적인 세계관과 정치 질서를 은연중에 전제하고 있다.

플리니우스는 정치가·행정가이자 군인으로서 바쁘게 일하면서 글을 썼기 때문에 그의 글쓰기는 대부분 밤에 이루어졌다. 그러나 그는 자신의 집필 작업을 잠을 빼앗기는 것이 아니라 오히려 삶을 추가하는 것으로 간

1472년에 출간된 컬러 필사본 『박물지』(왼쪽)와 1669년판 『박물지』의 속표지(오른쪽)

주했다. 플리니우스는 이러한 마음을 「서문」에서 "왜냐하면 인생이란 깨어 있는 동안 제대로 사는 것이기 때문입니다Vita vigilia est"라고 표현했으며, 자연의 축복을 기원하며 "자연, 삼라만상의 어버이시여 경배하나이다! 황송하옵게도 당신이 베풀어 준 모든 은혜를 널리 알리는 기회를 모든 로마 시민 가운데 유일하게 저에게만 주셨습니다"라며 자부심을 드러냈다.

플리니우스의 『박물지』는 77년에 처음 10권이 출판되었고, 나머지는 사후에 조카인 소小플리니우스가 출판한 것으로 추정된다. 플리니우스는 『박물지』에서 천문학, 수학, 지리학, 민족학, 인류학, 생리학, 동물학, 식물학, 농업, 원예학, 약학, 광물학, 조각 작품, 예술 및 보석 등과 관련된 약 2만 개의 항목을 많은 문헌을 참조해 상세하게 기술할 뿐만 아니라 풍부한 풍속적 설명과 이용 방식 등을 곁들여 설명하고 있다. 따라서 이 저작은 구체적인 사물에 관한 단순한 지식을 뛰어넘어 고대 서양 문화를 이해하는 데 중요한 참고문헌으로 쓰이고 있다. 플리니우스의 『박물지』는 상당히 인기를 끌어 로마 시대부터 중세까지 여러 차례 전체 내용이 그대로 필사되었고, 베니스에서 첫 인쇄본이 출간되었다. 이후 플리니우스의『박물지』가 보여 준 광범위한 주제, 원작자에 대한 언급, 색인 등의 구조는 백과사전 및 학술적 논저의 모델이 되었고, 그 다양한 내용은 문학에 많은 영향을 끼쳤다. 특히 여기에 등장하는 괴물들은 중세 이후의 괴물과 상상동물 이야기, 그리고 현대의 판타지 문학과 영화, 온라인 게임에도 큰 영향을 주었다(부록 참조).

그러나 플리니우스의『박물지』는 직접 보고 들은 것을 검증해서 서술한 것이 아니라 그때까지 알려진 수많은 글과 책을 참조해서 기술한 것이다. 또한 괴물, 거인, 늑대인간 등 비과학적 내용도 많이 포함하고 있어 학문적 체계를 완전히 갖춘 것이 아니었다. 그렇지만 특히 르네상스기인 15세기에 활판인쇄로 간행된 이후 유럽의 내로라하는 지식인들은 이 책을 애독하고 인용을 했다. 플리니우스의『박물지』는 과학사와 기술사에서의 가치뿐만 아니라 고대 로마 예술에 대한 자료로서 미술사적으로 귀중한 자료였다. 특히 고대 그리스·로마 시대의 예술에 대한 지식을 담고 있는 서적은 사실상 플리니우스의『박물지』가 유일하다.

이러한 이유로 15세기 피렌체 세례당의 청동문('천국의 문')을 만든 로렌초 기베르티Lorenzo Ghiberti를 비롯한 많은 예술가가『박물지』로부터 적지 않은 영향을 받았으며, 16세기 이탈리아의 건축가이자 미술평론가인 조르조 바사리Giorgio Vasari는『가장 뛰어난 화가·조각가·건축가의 삶Le Vite de' più eccellenti pittori, scultori, ed architettori』을 쓰면서 많은 부분『박물지』의 내용을 참고했다. 이후『박물지』는 현재까지도 자타가 공인하는 고대 그리스·로마 시대의 예술 분야의 고전으로 자리하고 있다.

플리니우스는 고대 그리스의 전설적인 화가 파르라시오스와 제욱시스 두 맞수의 재미있는 그림 그리기 시합을 다음과 같이 서술했다. 제욱시스는 그림이 걸려 있는 곳으로 새들이 날아들 정도로 포도를 실물과 똑같이 그렸다. 반면에 파르라시오스는 커튼을 대단히 사실적으로 그려 전시했다. 새가 자신의 작품으로 날아든 것으로 이미 평가가 내려졌다고 생각한 제욱시스는 우쭐대며 자신의 그림이 보일 수 있도록 커튼을 옆으로 치워 달라고 거만하게 말했다. 그러나 그 커튼이 파르라시오스의 그림임을 알아차리자마자 제욱시스는 순순히 그리고 솔직히 패배를 인정했다. 제욱시스는 고작 새를 속였지만, 파르라시오스는 화가인 제욱시스를 속였기 때문이었다.

또한 음영陰影에 의한 입체감을 통해 착시 효과를 노리는 정밀모방예술l'art du tromp-l'oeil, 즉 '스키아그라피아skiagraphia('스키아'는 그림자라는 뜻)' 기법을 최초로 사용한 아폴로도로스에 대한 설명도 나와 있다. 그는 이 기법 때문에 '아폴로도로스 스키아그라포스Apollodoros Skiagraphos'라는 이름으로 불렸다. 그리고 페이라이코스Peiraikos는 '장르화peintres du genre bas'로 유명했다. 우리나라의 풍속화처럼 일상생활을 담은 그림은 당시에 신화, 종교, 역사적 소재를 그린 그림이나 인물화에 비해 하위 장르로 구분되었다. 하찮은 것이나 불쾌한 것들을 다룬 이런 종류의 정물화를 현대에서는 '뤼파로그라포스rhyparographos'라고 한다.

그리스 최고의 조각가 폴뤼클레이토스Polykleitos와 피디아스Phidias에 대한 지금의 자료도 모두 이 『박물지』에서 인용된 것들이다. 특히 기원전 5세기경 그리스 시대에 비로소 인체의 아름다움을 조각품의 대상으로 삼아 오늘날에도 인체 비례의 교과서로 알려져 있는 폴뤼클레이토스의 『카논Canon』도 이 책에 처음 소개되어 있다. 그는 가장 아름다운 인체 비례를 수적으로 산출해 '도리포로스'를 7등신으로 표현하기도 했다. 기원전 4세기에 머리를 작게 다리를 길게 그리고 몸통을 가늘게 한 8등신의 인체 비례를 고안해 낸 알렉산드로스 대왕의 궁정 조각가 뤼시포스도 여기에 등장한다.

플리니우스는 고대 그리스 조각 작품들을 소개하면서 '라오콘 군상'을 최고의 작품으로 꼽고 있는데, 이것은 트로이 전쟁에서 목마를 성 안으로 들여오는 것을 한사코 만류했던 라오콘Laocoön에게 포세이돈이 두 마리 바다뱀을 보내 쌍둥이 아들 안티판테스Antiphantes와 팀브라이우스Thymbraeus를 죽이는 장면을 묘사한 것이다. 미켈란젤로와 괴테가 극찬해 마지않았던 이 작품은 지금 바티칸 박물관에 전시되어 있다. 18세기 독일의 미술사가 요한 빙켈만Johann Joachim Winckelmann은 이 작품에 대해 다음과 같이 말하기도 했다. "라오콘은 가장 강렬한 고통과 절제의 이미지다. 그 고통은 근육과 관절과 혈관에서 드러난다. 독사의 치명적인 독은 혈관으로 퍼지며 극도의 괴로움을 주기에 신체의 모든 부분은 고통으로 뒤틀려 있다. 그러나 그 얼굴은 괴로운 표정을 짓고 있지만 그래도 절규하지는 않는다. 이러한 방식으로 조각가는 움직임에 대한 자연의 근본적인 힘을 부여하는 동시에 세밀한 테크닉을 보여 주고 있다. 한편으로는 강렬한 고통을 다른 한편으로는 고통의 소리를 제어하고 억누르는 표현의 최고 경지를 보여 주고 있다."

이 책의 저자 대大플리니우스(가이우스 플리니우스 세쿤두스)는 베수비오산

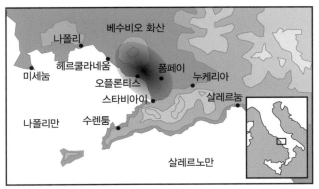

검은 부분이 화산재 피해를 입은 지역이다. (헤르쿨라네움, 오플론티스, 폼페이, 스타비아이, 누케리아). 해군기지가 있던 미세눔은 맨 왼쪽 위에 있다.

이 마주보이는 항구 미세눔Misenum(지금의 미세노)의 해군기지 사령관으로 근무하던 중 79년 8월 24일과 25일에 걸친 베수비오 화산 폭발 당시 실종 또는 조난사한 것으로 알려졌다. 하지만 이 화산 폭발로 헤르쿨라네움 Herculaneum과 폼페이Pompeii 그리고 오플론티스Oplontis가 쑥대밭이 되었기 때문에 근처 스타비아이Stabiae에 머물고 있던 그도 화산 연기에 질식사했다는 설이 있고, 19세기 미국의 의사이자 식물학자인 제이컵 비글로 Jacob Bigelow는 심장마비로 사망했다는 주장을 펼치고 있다. 아무튼 연구 결과 20세기 폼페이에서 발견된 유골이 플리니우스의 것으로 밝혀진 것만은 분명하다.

끝으로 삽화와 도판을 보충하여 해설을 덧붙이고 역주를 보강해 준 김대웅 형에게 고마움을 전하며, 꼼꼼히 교정을 봐 주신 지연희 님에게도 감사의 말을 전하고 싶다.

차례

옮긴이의 말 플리니우스의 『박물지』는 어떤 책인가 _5

머리말   플리니우스와 『박물지』에 대하여 _18

헌정사   가이우스 플리니우스 세쿤두스가
          친구 티투스 베스파시아누스에게 _37

제1부   지구와 원소에 대한 설명

제1장   지구의 특성과 형태 _51
제2장   신 _55
제3장   세계의 크기 _60
제4장   갑자기 나타나는 별들 또는 혜성 _62
제5장   별에 관한 힙파르코스의 학설 _65
제6장   카스토르와 폴룩스라는 이름의 별 _66
제7장   천둥과 번개 _68
제8장   땅의 속성 _70
제9장   이탈리아 _77
제10장   휘페르보레이족 _81
제11장   브리타니아 _84
제12장   아틀라스산 _87
제13장   타프로바나섬 _89

제2부 인간의 탄생과 구조

제1장   **인간** _99
제2장   **여러 민족의 놀라운 관습들** _103
제3장   **비범한 힘을 가진 장사들** _116
제4장   **비범한 민첩함과 예민한 시각의 사례들** _119
제5장   **정신력과 용기** _121
제6장   **놀라운 재능과 지혜를 가진 사람들** _130

제3부 육상동물

제1장   **코끼리의 능력** _137
제2장   **코끼리 전투** _145
제3장   **코끼리 사냥법** _148
제4장   **코끼리의 나이와 여러 특징** _151
제5장   **사자** _153
제6장   **사자의 놀라운 재주** _158
제7장   **표범과 호랑이** _163
제8장   **낙타** _166
제9장   **코뿔소와 크로코타** _169
제10장 **눈으로 사냥하는 에티오피아의 야수들** _173
제11장 **늑대와 파충류** _176
제12장 **악어와 하마** _180
제13장 **동물들이 알려 주는 위험의 전조** _185
제14장 **하이에나** _187

제15장 **사슴** _188
제16장 **카멜레온** _192
제17장 **곰과 그 새끼** _194
제18장 **고슴도치** _197
제19장 **멧돼지** _199
제20장 **원숭이** _201

제 **4** 부 가축

제1장 **개(주인에 대한 충성의 사례들)** _205
제2장 **말** _210
제3장 **소** _218
제4장 **이집트의 아피스** _221
제5장 **양과 양모** _224
제6장 **양모로 만든 다양한 옷감** _227
제7장 **염소** _231

제 **5** 부 수생동물

제1장 **거대 동물들이 바다에 사는 이유** _235
제2장 **트리톤과 네레이드의 모습을 띤 것들** _239
제3장 **대왕고래와 범고래** _242
제4장 **돌고래** _245
제5장 **다양한 종류의 거북** _253
제6장 **수생동물의 종류** _256
제7장 **식용으로 적합한 물고기** _261

제8장 특이한 물고기들 _265

제9장 피 없는 물고기들 _268

제10장 다양한 종류의 갑각류 _278

제11장 진주 _280

제12장 자줏빛고둥 _290

제13장 동물과 식물의 특성을 함께 지닌 제3의 생명체 _295

제14장 상어 _297

제15장 굴 양식장과 양어장 _299

제16장 민물고기 _303

제17장 능성어 잡는 법 _305

제18장 빨판상어와 전기가오리 _307

제19장 물고기의 본능과 특성 _310

제20장 산호 _313

제21장 다양한 종류의 굴 _315

제 6 부 조류

제1장 타조 _321

제2장 불사조 _323

제3장 독수리 _326

제4장 큰독수리와 매 _332

제5장 까마귀와 큰까마귀 그리고 부엉이 _336

제6장 마르스 딱따구리 _339

제7장 공작과 수탉 _341

제8장 거위 _345

제9장 두루미 _347

제10장 황새와 백조 _349

제11장 로마를 찾아오는 철새들 _352
제12장 제비 _355
제13장 겨울에 로마를 떠나는 철새들 _357
제14장 나이팅게일 _361
제15장 호반새, 그리고 항해하기 좋은 '호반새의 날' _364
제16장 둥지를 지을 때 나타나는 새들의 본능적 지혜 _366
제17장 검은방울새와 자고새 _368
제18장 비둘기 _371
제19장 새들의 다양한 비행과 이동 방식 _374
제20장 기이하고 멋진 새들 _377
제21장 사육용 새장(가둬 키우는 날짐승들) _386
제22장 동물들의 특성 _388

제 **7** 부 곤충

제1장 지극히 미미한 존재 _397
제2장 곤충의 호흡과 혈액 _400
제3장 벌 _403
제4장 벌이 일하는 방식 _407
제5장 벌들의 관리 방식 _412
제6장 말벌과 호박벌 _415
제7장 누에 _417
제8장 거미 _420
제9장 메뚜기 _423
제10장 개미 _426

제 부
8 금속 그리고 예술품과 장인

제1장 **금** _431
제2장 **금반지의 기원** _435
제3장 **금화** _438
제4장 **은** _443
제5장 **은거울과 은그릇** _445
제6장 **엄청난 재산을 가진 사람들** _448
제7장 **사치스러운 은접시** _451
제8장 **청동** _455
제9장 **청동상** _459
제10장 **로마의 유명한 거상(巨像)들** _466
제11장 **유명한 청동 작품과 그것을 만든 장인들** _471
제12장 **철** _480
제13장 **회화와 물감에 관한 설명** _482
제14장 **초기의 화가들** _486
제15장 **붓의 화가들** _492
제16장 **다양한 그림들** _514
제17장 **모델링 기법의 창안자들** _519
제18장 **도예 작품** _522
제19장 **조각** _525
제20장 **오벨리스크** _532

맺음말   이탈리아 _537

부록   『박물지』에서 유래한 판타지와 게임 속 상상 동물 _539

후주(옮긴이주) _556

플리니우스와 『박물지』에 대하여

23년, 가이우스 플리니우스 세쿤두스는 로마인이 알프스 이남의 갈리아라고 부르는 이탈리아 북부 지방에 있는 작은 마을 코모Como에서 태어났다. 그는 어린 시절을 고향에서 보냈지만, 열여섯 살이 되던 해 로마로 가서 이집트 문법학자인 아피온Apion의 문하에 들어갔다. 그는 아프리카, 이집트, 그리스 등을 여행하며 헤로도토스 같은 유명한 여행가가 되었으며, 스물세 살 때 게르마니아로 파견되어 폼포니우스 세쿤두스Pomponius Secundus 휘하에서 군 복무를 하며 그의 총애를 받아 기병대장으로 승진했다. 그리고 스물여덟 살이 되었을 때 로마로 돌아와 법률 공부에 매진했다.

그러나 문학에 대한 갈망이 걷잡을 수 없이 강해져서 법률 공부를 그만두고 그가 잘 아는 폼포니우스의 생애와 게르마니아 전쟁의 역사를 저

플리니우스의 고향 코모(장 밥티스트 카미유 코로, 1834)

술하는 데 착수했다. 그가 쓴『게르마니아 전쟁사Bella Germaniae』는 모두 20권이었는데 현재 한 권도 전하지 않는다. 네로 황제 치하에서 플리니우스는 히스파니아 동남부 해안 근처[1]의 행정장관이자 징세관에 임명되었다. 그가 그곳에서 근무하던 70년, 매제 루키우스 카이킬루스 킬로Lucius Caecilius Cilo는 나중에『서한집Epistulae』의 저자이자 법률가로 명성을 떨친 열살 된 아들 가이우스 플리니우스 카이킬루스 세쿤두스Caius Plinius Caecilius Secundus를 남겨 두고 세상을 떠났다. 그해 플리니우스는 임지에서 돌아오자마자 조카를 입양했다. 우리가 플리니우스의 인간적인 면모와 삶의 태도에 대해 알고 있는 것은 모두 이 조카 덕분이다. 그는 친구인 바이비우스 마케르Baebius Macer에게 보낸 한 편지에서 플리니우스에 대해 흥미롭게 묘사하고 있다.

당신이 전집을 갖고 싶어 하고 그 모든 목록을 나에게 알려 달라고 할 만큼 외삼촌이 쓴 책을 좋아하는 독자라서 기쁘기 그지없습니다. 내가 색인 역할을 해 드리겠습니다. 그러면 당신은 그 책들이 기술된 순서를 알게 될 것입니다. 학구적인 독자라면 그것을 알고 싶어 할 테니까요. 그가 쓴 첫 번째 책은 한 권으로 되어 있는데 『기병의 화살 사용에 대하여』입니다. 이 책은 그가 우리 연합군의 기병 부대를 지휘할 때 쓴 책입니다. 이 책은 대단히 치밀하고 창의적으로 기술되었습니다. 그다음에 쓴 책은 2권으로 된 『폼포니우스 세쿤두스의 생애』입니다. 게르마니아에서 같이 복무했던 폼포니우스는 외삼촌을 대단히 총애했는데, 외삼촌은 이 책을 그를 추억하는 헌사라고 생각했습니다. 『게르마니아 전쟁사』는 20권으로 되어 있는데, 그는 이 책에서 로마가 게르만족과 싸운 모든 전투를 기록하고 있습니다. 그는 게르마니아에서 군 복무 하던 시절에 꾸었던 꿈에

소(小)플리니우스라 불리는 가이우스 플리니우스 카이킬루스 세쿤두스

서 이 책을 착상했습니다. 그가 잠들었을 때, 게르만족 영토 깊숙이 들어가 정복 전쟁을 벌이다 현지에서 사망한 네로 드루수스Nero Drusus[2]가 꿈에 나타나 그의 기억을 망각에서 건져 달라고 간청했다고 합니다.

다음에 쓴 책은 『학생』 3부작인데 장문이라서 6권으로 나뉘어 있습니다. 이 책은 웅변가가 되기 위한 초기 훈련과 이후 교육을 다루고 있습니다. 8권으로 된 『라틴어 문법과 문체의 문제』는 네로 황제 치세 후기에 집필되었는데, 폭정 시절에 자유를 요구하는 문필 활동과 정론을 펼치는 것은 위험한 일이었습니다. 그는 아우피디우스 바수스Aufidius Bassus[3]가 미완으로 남긴 『역사』를 30권으로 완성했습니다. 마지막으로 그는 자연 그 자체의 삼라만상을 다루어 그의 박람강기博覽強記가 돋보이는 37권으로 된 『박물지』를 남겼습니다. 당신은 플리니우스처럼 바쁜 사람이 어떻게 그 많은 책, 더구나 그 가운데 일부는 상당한 관심과 노력이 필요한 책을 쓸 시간이 있었는지 의아해할 것입니다.

그러나 그가 한때는 법정에서 변론을 했고 쉰여섯 살의 나이로 세상을 뜰 때까지 중간중간 고위 공직에 기용되었으며, 각별한 신임으로 그를 예우하던 황제들을 수행했다는 것을 들으면 더 놀랄 것입니다. 그는 상황 판단이 빨랐고 임기응변에 뛰어났으며 지나칠 정도로 잠이 없었습니다. 그는 한여름인 불카누스 축제[4] 무렵에는 항상 한밤중에 공부를 시작했는데, 입신을 위해서가 아니라 학식을 위해서였습니다. 또한 겨울에는 보통 새벽 1시에, 그러나 2시는 넘기지 않았고 종종 12시에 공부를 시작했습니다. 그는 대부분 쪽잠을 잤는데 때로는 공부하다가 곯아떨어졌다 깨어나곤 했습니다. 그는 날이 밝기 전에, 역시 밤에 업무를 처리하는 베스파시아누스 황제의 명을 기다려 그것을 집행하기 위한 절차를 진행했습니다. 그는 집에 돌아오자마자 남은 시간을 공부에 할애했습니다. 정오에 짧고 가볍게 식사를 하고 나서 다른 일이 없으면 우리 조상들이 지켜 온 오래된 미풍양속에 맞춰 자주 드러누워 일광욕을 하곤 했습니다. 일광욕을 하는 동안에 그는 책을 낭독시키고 그동안 노트를 하고 중요 부분을 발췌했습니다.

그는 책을 낭독하게 하고 항상 발췌록을 만들었습니다. 실제로 그는 '좋은 구절을 발견할 수 없을 만큼 나쁜 책은 없다'는 것을 금언으로 삼았습니다. 이게 끝나면 보통 냉수욕을 하고 나서 가볍게 간식을 먹고 낮잠을 잤습니다. 낮잠을 자고 난 뒤에는 마치 하루가 새로 시작된 것처럼 저녁때까지 공부했습니다. 다시 책을 낭독시키고 개요를 적었습니다. 내가 기억하기로 이런 일이 있었습니다. 언젠가 낭독하는 사람이 한 단어를 틀리게 발음하자 탁자에 앉아 있던 외삼촌 친구들 가운데 한 사람이 그 단어로 돌아가서 다시 읽으라고 했습니다. 외삼촌이 그 친구에게 "당신 그 말 이해하지 않았어요?"라고 물으니 그 친구는 "그래요"라고 대답했습니다. "그런데 왜 다시 반복해서 읽으라고 해요? 그렇게 중단시킬 시간이면 열 줄은 더 읽을 텐데요." 외삼촌은 그토록 시간을 아꼈습니다! 여름에는 해가 저물기 전에 그리고 겨울에는 어두워지기 무섭게 저녁 자리에서 일어났습니다. 마치 국법이나 되는 듯이 엄격히 그 규칙을 지켰습니다. 도시의 시끌벅적함 속에서 그런 식으로 살았습니다.

그러나 시골에서는 혼자 목욕할 때만 제외하고 공부에 전념했습니다. 내가 '목욕할 때'라고 하는 것은 외삼촌이 물속에 들어가 있을 때를 말합니다. 때를 밀고 씻는 동안에도 그는 쉬지 않고 책을 낭독하게 하거나 말하는 것을 받아 적게 했습니다. 어디에 있든 간에 그는 다른 일은 하지 않아도 그 한 가지 일에는 마음을 쏟았습니다. 그의 곁에는 항상 속기사가 책과 필기도구를 가지고 대기하고 있었습니다. 겨울이면 그 속기사는 추운 날씨 때문에 외삼촌의 공부에 방해되지 않도록 특별히 제작된 장갑을 끼고 있었습니다. 같은 이유로 로마에 있을 때면 외삼촌은 가마에 앉아 이동했습니다. 언젠가 외삼촌이 내가 걸어 다니는 데 대해 지적했던 것을 기억합니다. 외삼촌은 "걸어 다니는 동안 시간을 낭비해서는 안 된다"고 말했습니다. 외삼촌은 공부하지 않는 시간은 모두 낭비라고 생각했습니다. 이렇게 남다른 근면함으로 시간을 내서 외삼촌은 앞서 말했던 여러 글을 쓰셨습니다. 게다가 유언장을 통해 제가 받은 160권의 발췌록은 노트 양면에 깨알 같은 글씨로 중요한 구절들을 적어 넣었기 때문에 일반 책과 비교하면 그 내용이 두 배는 됩니다.

외삼촌은 히스파니아에서 징세관으로 근무할 당시 이 서책들을 라르기우스 루키누스에게 40만 세스테르케스[5]에 팔 수도 있었다고 이야기하곤 하셨습니다. 그 당시의 컬렉션은 지금처럼 방대하지 않았습니다. 외삼촌이 읽었던 책과 그가 지은 책을 생각하면 외삼촌이 어떻게 공무를 수행하며 황제의 신임을 얻을 수 있었는지 의심스럽지 않습니까? 반대로 외삼촌이 지칠 줄 모르고 공부에 매진했다는 것을 들으면 그 이상으로 읽고 썼을 거라는 생각이 들지 않습니까? 한편으로 보면 공직을 수행하는 것이 그의 공부에 방해가 되었으리라 생각하겠지만, 다른 한편으로 보면 그런 근면성이라면 무엇을 못 하겠습니까? 외삼촌과 비교하면 보잘것없는 게으름뱅이에 불과한 저를 열심히 공부하는 사람이라고 말하는 것은 웃기는 일입니다. 그러나 공사다망하여 공부의 길에서 멀어진 저 같은 존재를 왜 들먹이겠습니까? 일생을 바쳐 학문 연구에 힘쓴 이들 가운데 과연 누군들 그와 비교해 부끄럽지 않고 천하 없는 게으름뱅이라고 느끼지 않겠습니까?

애당초 생각했던 것보다 편지가 장황해진 것 같습니다. 원래는 저에게 요청하신 대로 이 편지로 외삼촌이 어떤 책을 남기셨는지 알려 주고자 했습니다. 하지만 저는 그 책들 못지않게 이 편지가 당신에게 그분이 남긴 책들을 읽고 싶어 하는 호기심뿐만 아니라 그분과 같은 생활 태도를 실천해 그분의 전철을 밟아 나갈 동기를 불러일으키는 데 도움이 될 것으로 생각합니다.

그럼 이만 줄입니다.

유일하게 우리에게 전해진 37권에 이르는 방대한 저작물 『박물지』에서 플리니우스는 500여 명의 저자가 지은 2,000여 권의 책―대부분 현존하지 않지만―을 섭렵하고 거기에다 자신의 개인적인 연구와 경험 그리고 관찰에서 얻은 수많은 지식을 더해 그야말로 당대의 모든 지식을 담은 2만 개가 넘는 표제어로 이루어진 백과사전을 편찬했다. 그를 열렬히 추앙하는 근대의 학자들 가운데는 저명한 박물학자 퀴비에Georges Cuvier와 뷔퐁이 있다. 퀴비에는 화려하지는 않지만 고상한 표현으로 플리니우스를 고대 그리스·로마 시대 저자들 가운데 최고라고 평가했다.

플리니우스의 저서는 고대에서 우리에게 전해진 가장 귀중한 기념비적 문헌들 가운데 하나이며 군인이자 정치가였던 한 인간이 경이로울 정도로 엄청난 지식을 습득했다는 것을 보여 주는 증거다. 이 방대하고도 수준 높은 저작물을 제대로 평가하기 위해서는 몇 가지 관점, 즉 집필 의도와 기술된 사실 그리고 적용된 문체의 관점에서 고찰할 필요가 있다. 저자가 의도한 것은 엄청난 분야를 포괄한다. 단지 우리가 생각하는 협의의 자연사, 즉 동식물과 광물에 대해 상세하게 기술하는 것뿐만 아니라 천문, 물리, 지리, 농업, 상업, 의학, 순수예술 등을 아우르는 책을 쓰는 것이 목표였다. 동시에 그는 형이상학적 관점에서 연구한 인간과 관련된 인문학에 대한 정보와 민족의 역사를 이야기 형식으로 엮어 짰다. 그런 여러 가지 관점에서 이 저서야말로 당대를 대표하는 백과사전이다. 엄청나게 많은 표제어를 대충만 읽어 보아도 많은 사실을 알게 되는데, 그 사실적 기록 자체도 소중하지만 그가 그런 사실들을 오늘에 이르기까지 전해 준 유일한 저술가라는 것을 생각하면 더욱 귀하게 여기지 않을 수 없다. 하지만 그가 이렇게 많은 자료를 수집하고 분류하면서 사실과 허구적 이야기를 뒤섞어 기술했기 때문에 그 가치가 일정 부분 훼손된 것은 아쉬운 일이다.

그러나 플리니우스는 비평가로서는 별로 뛰어나지 못했을지언정 기록자로서는 뛰어난 재능을 보여 주었으며, 우리에게 라틴어의 어휘와 표현 양식에 관해 대단히 귀한 자료를 남겨 주었다. 그가 다룬 표제어들이 많고 다양하기 때문에 그가 저술한 책은 로마 시대의 언어를 가장 많이 담고 있는 보고들 가운데 하나가 되었다. 일반적인 개념이든 철학적인 사상이든 그는 모든 것을 언어적으로 표현할 수 있었으며 그의 문장은 설득력이 있고 생동감이 있다. 그리고 그가 우리에게 전해 주는 생각은 새롭고 분명하여 수많은 표제어를 열거하는 데서 오는 무미건조함을 상당 부분 덜어 주며, 대다수 독자가 느끼는 과학적 현상에 대한 설명의 불충분함도 상쇄한다. 그는 항상 품격 있고 진지했으며, 정의와 도덕을 마음속 깊이 숭상하며, 직접 목격한 끔찍한 사례들을 통해 잔혹과 비열을 혐오하고, 그가 살던 시대 로마 시민 사이에 심각하게 만연했던 방종한 사치 풍조를 경멸했다. 플리니우스는 이렇게 훌륭한 덕성을 갖추었기 때문에 아무리 칭송해도 부족하다. 박물학자로서 그를 평가할 때 지적할 수밖에 없는 몇몇 결점에도 불구하고 우리는 그를 로마 시대의 가장 뛰어난 저자들 가운데 한 사람이자 아우구스투스 황제 치세 이후 책을 저술한 가장 주목할 만한 저자들 가운데 하나로 꼽지 않을 수 없다.

나중에 플리니우스가 얻은 명예로운 지위 가운데는 간접적으로 그의 목숨을 앗아간 것도 있다. 74년, 베스파시아누스 황제는 그를 로마 함대의 제독에 임명했다. 3년 뒤 베수비오 화산이 대폭발을 일으켜 헤르쿨라네움과 폼페이가 파괴되었다. 그는 임무를 수행하던 중 서사시 같은 종말을 맞이했다. 그 이야기는 다시 그의 조카인 소플리니우스가 친구이자 역사가인 타키투스Tacitus[6]에게 보낸 두 통의 편지에 아주 자세하게 나와 있다.

외삼촌이 돌아가신 이야기를 후세에 좀 더 정확하게 전달하기 위해 기록을 보내 달라는 당신의 요청은 합당하다고 생각합니다. 외삼촌이 겪은 일들을 당신이 기록으로 남겨 칭송한다면 그 빛나는 영광은 영원히 남게 될 것으로 확신하기 때문입니다. 외삼촌은 불행한 재난으로 돌아가셨습니다. 그 재난은 가장 아름다운 이 나라를 폐허로 만들고 수많은 주민이 사는 여러 도시를 파괴했습니다. 그럼에도 불구하고 그 재난은 외삼촌이 길이 남을 만한 많은 역작을 손수 쓰셨다는 사실을 영원히 기억하도록 하는 것 같습니다. 당신이 쓰는 영원히 남을 기록에서 외삼촌을 언급하는 것은 그분의 이름을 영원불멸로 만드는 데 크게 기여할 것으로 믿어 의심치 않습니다. 저는 신의 섭리에 의해 후세에 전할 만한 일을 하거나 그런 일을 읽을 만한 책으로 써서 전달하는 능력을 가진 사람들은 복을 받았다고 생각합니다.

저의 외삼촌은 그 당시 나폴리만의 미세눔에서 지휘하는 함대와 함께 계셨습니다. 8월 24일 오후 1시경 저의 어머니는 외삼촌이 크기와 형태가 매우 이상해 보이는 구름이 나타났다고 말했습니다. 외삼촌은 찬물로 목욕을 하고 간단히 점심을 드신 뒤 일광욕을 겸해서 산책을 하고 보다 만 책을 다시 꺼내 읽고 있었습니다. 그분은 곧 자리에서 일어나 이 매우 기이한 광경을 좀 더 잘 볼 수 있는 높은 곳으로 올라가셨습니다. 산 쪽에서 구름이 밀려 내려왔는데 나중에 보니 베수비오산이었습니다.

그 산의 모습은 소나무에 비교하는 것보다 더 적절하게 표현할 수 없을 것입니다. 왜냐하면 그 산은 꼭대기에서 가지를 넓게 펼친 매우 키가 큰 나무와 같은 모습으로 높이 솟아 있기 때문입니다. 그것은 어떤 때는 밝게 보이고 어떤 때는 어둡고 얼룩덜룩해 보였습니다. 흙과 화산재의 분포에 따라 그렇게 보였던 것입니다. 이런 현상은 저의 외삼촌같이 남다른 학식과 탐구심이 있는 사람들에게는 더 조사해 볼 가치가 있는 것이었습니다. 외삼촌은 작은 배를 대기시켰고 저에게도 가고 싶으면 같이 가도 좋다고 말씀하셨습니다. 저는 하던 일을 계속하고 싶었습니다. 저에게 뭔가를 기록하라고 과제를 주셨는데 저는 그 일을 하고 있었습니다. 외삼촌이 노트를 손에 들고 집을 막 나섰을 때 바수스의 아내 렉티나가 보낸 편지를 받았습니다. 그녀는 이 위협적인 위기에 직면해 극도로 불안해하고 있었습니다. 그녀의 집은 베수비오산 기슭에 있었기 때문에 바다 이외에는 탈출할 길이 없었으므로 외삼촌에게 와서 도와 달라고 간청했습니다. 그래서 외삼촌은 애초의 계획을 바꿨습니다. 학문적인 목적에서 하려던 일을 이제 고결하고 아량을 베푸는 마음으로 실행에 옮기게 되었습니다.

그는 갤리선들에 출항 명령을 내렸습니다. 그리고 렉티나뿐만 아니라 아름다운 해안 여기저기에 산재해 있는 여러 마을을 돕기 위해 배에 올랐습니다. 이어서 주민들이 공포에 휩싸여 달아나는 곳으로 뱃길을 재촉하며 위험의 한복판으로 나아갔습니다. 외삼촌은 무시무시한 상황 속에서도 여러 가지 현상을 관찰하고 받아 적도록 할 만큼 마음의 평정과 침착함을 유지했습니다. 산이 가까워지자 점점 더 크고 뜨거운 화산재와 함께 돌멩이와 커다란 용암 덩어리가 배에 떨어졌고, 산에서 굴러 내려와 해안을 가로막고 있는 잔해들과 갑작스럽게 빠져나가는 바닷물로 인해 좌초될 위험마저 있었습니다. 외삼촌은 잠시 배를 돌려야 할지 말아야 할지 생각에 잠겼습니다. 그러나 항해사가 배를 돌리자고 조언하자 그는 "하늘은 용기 있는 자의 편이다. 폼포니아누스Pomponianus에게 가자"고 외쳤습니다. 폼포니아누스는 완만하게 굴곡진 해안선으로 이어진 만 건너편의 스

나폴리에서 바라본 베수비오 화산

타비아이에 살고 있었습니다. 외삼촌은 이미 배에 짐을 실어 보낸 상태였습니다. 그때까지만 해도 실제 위험하지 않았지만, 위험이 눈앞 아주 가까이 있었으므로 조금이라도 사태가 악화되면 바로 출항하기로 결정했기 때문입니다.

　외삼촌이 폼포니아누스에게 간 것은 잘한 일이었습니다. 외삼촌이 가보니 폼포니아누스는 겁에 질려 있었습니다. 외삼촌은 폼포니아누스를 부드럽게 얼싸안고 용기를 내라고 격려하고 설득했습니다. 그리고 무엇보다도 스스로 의연하게 처신함으로써 공포에 휩싸인 폼포니아누스를 진정시켰습니다. 목욕물을 준비시켜 목욕을 하고 아주 즐겁게, 어찌됐든 최소한 즐거워하는 것처럼 저녁을 드셨습니다. 그것이 바로 남다른 점입니다. 그러는 동안 베수비오 산록의 여러 곳에서 커다란 화염이 솟아올랐습니다. 밤이 되고 어둠이 내려앉자 그 불빛은 더욱 밝고 선명하게 보였습니다. 외삼촌은 친구의 걱정을 덜어 주기 위해 그 화염은 주민들이 화산 폭발을 피해 버리고 떠난 집들이 타는 것이 분명하다고 말했습니다. 그리고 나서 외삼촌은 잠자리에 들어 아무 일도 없다는 듯이 깊은 잠에 빠졌습니다. 외삼촌은 체격이 커서 잠잘 때 숨소리도 크고 우렁찼기 때문에 밖에 있던 수행원들에게도 들렸습니다. 그러나 외삼촌이 자던 방 앞에 있는 마당까지 돌과 재로 가득 차 더 이상 그곳에 있다가는 탈출이 불가능해 보였습니다. 그래서 수행원들은 외삼촌을 깨웠고 외삼촌은 폼포니아누스와 불안에 휩싸여 잠잘 엄두를 못 내고 있던 다른 일행들이 있는 곳으로 갔습니다.

그들은 격렬한 충격으로 기초부터 자주 좌우로 흔들리는 건물 안에 그대로 있는 것이 현명한 일인지 아니면 가볍긴 하지만 모든 것을 파멸시킬 것 같은 하얀 부석과 재들이 쏟아지는 넓은 공터로 달아나는 것이 좋을지 논의했습니다. 어느 쪽도 위험하긴 마찬가지였지만 그들은 들판으로 나가기로 의견을 모았습니다. 다른 일행들은 두려움 때문에 서둘러 이런 결론을 내렸지만, 외삼촌은 냉정하고 신중한 판단을 통해 이런 결정을 수용했다는 것을 저로서는 말씀드리지 않을 수 없습니다. 그들은 베개를 머리에 올려 수건으로 동여매고 밖으로 나갔습니다. 그들이 사방에 떨어지는 돌멩이로부터 자신을 보호할 수 있는 수단이라고는 이것이 전부였습니다.

　낮이 되었지만 사방은 칠흑같이 어두운 밤보다 더 깊은 어둠에 휩싸여 있었고, 횃불과 이런저런 불빛들로 다소나마 그 어둠이 누그러졌습니다. 그들은 해안으로 내려가 안전하게 출항할 수 있는지 알아보는 것이 좋겠다고 생각했습니다. 하지만 가 보니 파도는 말할 수 없이 높고 거칠었습니다. 외삼촌은 바닥에 깔린 돛폭에 드러누워 두 번이나 냉수를 가져오라고 해서 마셨습니다. 불길이 강한 유황 냄새를 풍기며 가깝게 다가오자 일행들은 흩어졌고 외삼촌도 일어나야만 했습니다. 외삼촌은 시종 두 사람의 부축을 받아 몸을 일으켜 세웠는데 곧바로 쓰러져 숨을 거두었습니다. 제가 추정하기로는 유독한 증기에 질식하신 것 같습니다. 외삼촌은 늘 기관지가 약해 목에 염증이 생기는 경우가 많았습니다. 이런 슬픈 일이 벌어지고 나서 사흘 만에 그의 시신은 어떤 상흔도 없이 전혀 손상되지 않은 채 고스란히 드러났습니다. 쓰러질 때 입고 있던 옷 그대로였습니다. 죽었다기보다는 오히려 잠든 것처럼 보였습니다.

　이런 일이 벌어지는 동안 어머니와 저는 미세눔에 있었습니다. 외삼촌이 떠나신 뒤에 저는 목욕 시간이 될 때까지는 내내 공부를 했고 목욕을 마친 뒤에는 저녁을 먹고 잠깐 얕은 잠을 잤습니다. 며칠 전부터 땅이 흔들렸으나 사람들은 대수롭지 않게 생각했습니다. 캄파니아 지방에서는 흔히 일어나는 일이었기 때문입니다. 하지만 그날 밤의 지진은 매우 강력해서 땅이 흔들리는 정도가 아니라 주위에 있는 모든 것을 완전히 뒤집어 놓을 것처럼 보였습니다. 어머니가 제가 있는 방으로 급히 들어오셨을 때 저도 어머니를 깨우려고 일어나 있었습니다. 어머니와 저는 건물과 바다

사이에 있는 바깥마당으로 나가 앉았습니다. 그 당시 저는 열여덟 살이었습니다. 저는 그 위험한 순간에 용기라고 해야 할지 아니면 바보 같은 짓이라고 해야 할지 모르겠습니다만 완전히 유유자적하며 망중한을 즐기는 것처럼 리비우스가 지은 책을 넘기면서 중요한 대목을 발췌해 적었습니다. 바로 그때 최근 히스파니아에서 돌아온 외삼촌의 친구 한 분이 저희에게 왔습니다. 그분은 제가 어머니 곁에서 책을 읽고 있는 것을 보고 어머니의 평온함과 저의 무심함을 동시에 책망했습니다. 그렇지만 저는 계속 그 책을 읽었습니다.

다시 아침이 밝았지만 햇빛이 극도로 미미해서 여전히 시야가 흐렸습니다. 주변의 건물들이 흔들렸고 우리가 있던 바깥마당은 협소하고 사방이 막혀 있어서 목전에 다가온 위험을 피하기는 어려워 보였습니다. 그래서 우리는 마을을 벗어나기로 했습니다. 우리가 밖으로 나오자 공포에 질린 사람들이 빽빽이 뒤따라오면서 우리를 앞으로 내몰았습니다. 집에서 좀 멀어졌을 때 우리는 가장 위험하고 무서운 상황의 한복판에 놓이게 되었습니다. 우리가 끌고 온 마차들은 평지에서도 앞뒤로 심하게 흔들려 커다란 돌로 받쳐놓았는데도 고정시킬 수가 없었습니다.

바닷물이 말아 올라가듯 몰려왔다가 땅이 경련을 일으키듯 떨리자 해안에서 다시 빠져나갔습니다. 최소한 해안의 백사장이 눈에 띄게 넓어졌고 물고기 몇 마리가 빠져나가지 못한 채 남아 있었습니다. 반대편에는 지그재그로 내리치는 전광석화 같은 섬광을 품은 무섭도록 컴컴한 구름이 떠 있었고 그 뒤로는 각양각색의 불꽃 덩어리들이 보였습니다. 이 섬광들이 마지막엔 하나로 뭉쳐져 번개처럼 보였지만 그보다는 훨씬 더 컸습니다. 이런 현상들을 보고 앞서 말씀드린 히스파니아에서 온 분은 어머니에게 큰 소리로 다급하게 말했습니다. "당신의 오빠가 안전하다면 두 분 모자가 안전하기를 바랄 것입니다. 그리고 오빠가 돌아가셨다고 해도 분명히 두 분이 살아남기를 원하셨을 것입니다. 그런데 어찌하여 피신을 지체하는 겁니까?" 어머니는 "오빠의 생사가 불확실한데 우리 자신의 안위만을 생각할 수는 없습니다"라고 말씀하셨습니다. 그러자 그분은 우리를 떠나 급격히 악화되는 위험에서 벗어났습니다.

그러고 나서 바로 구름이 몰려 내려와 바다를 뒤덮었습니다. 카프리섬과 미세눔곶은 이미 구름에 휩싸여 보이지 않았습니다. 어머니는 저에게 젊으니까 어렵잖게 빠져나갈 수 있을 것이라며 무슨 수를 써서라도 탈출하라고 간청하고 재촉하다 못해 명령했습니다. 하지만 당신께서는 나이도 있고 몸도 비대해서 어느 모로 보아도 탈출이 불가능하다고 말씀하셨습니다. 어머니께서는 당신이 저의 안전에 짐이 된다고 생각하시면 기꺼이 죽음을 맞으셨을 겁니다. 그러나 저는 어머니를 놓아두고 떠날 생각이 전혀 없었습니다. 어머니 손을 잡고 함께 가자고 강제로 이끌다시피 했습니다. 어머니는 마지못해 따라나섰지만 자신 때문에 저의 탈출이 지체된다고 수없이 끌탕을 하며 자책하셨습니다.

양은 많지 않았지만 화산재가 우리 머리 위로 떨어졌습니다. 저는 뒤를 돌아보았습니다. 칙칙하고 컴컴한 안개가 온 천지를 구름처럼 넓게 뒤덮으며 우리 뒤를 쫓아오고 있는 것처럼 보였습니다. 저는 "아직 우리가 볼 수 있는 동안 높은 곳에서 벗어나자. 길에서 쓰러지면 뒤따라오는 군중에게 짓밟혀 어둠 속에서 압사할까 두렵다"고 말했습니다. 밤이 찾아

왔을 때 우리는 거의 앉지도 못했습니다. 하늘에 구름이 끼었을 때나 달이 없을 때의 밤과는 완연히 달랐습니다. 마치 문을 죄다 닫아 놓은 채 불을 끈 방에 있는 것 같았습니다. 여자들이 악을 쓰는 소리, 어린아이들의 비명소리, 남편들의 고함소리가 들렸습니다. 대답하는 목소리로 서로를 식별하면서 어떤 사람은 아이들의 이름을 부르고 어떤 사람은 부모를 찾는가 하면 어떤 사람은 남편을 찾았습니다. 어떤 사람은 자신의 운명을 한탄했고 어떤 사람은 집안의 운명을 원망했습니다. 어떤 사람은 죽음의 공포를 잊기 위해 바로 죽기를 바랐으며 어떤 사람은 손을 들어 신에게 간구했습니다. 하지만 대부분의 사람들은 이제 신은 없으며 우리가 들어왔던 끝없이 밤이 이어지는 세상의 종말*이 왔다고 믿었습니다. 어떤 사람들은 상상하거나 의도적으로 지어낸 이야기로 공포를 증폭시켰습니다.

저는 몇몇 사람이 미세눔의 한 지역이 무너져 내렸고 다른 한 지역은 불길에 휩싸였다고 주장한 것을 기억합니다. 사실이 아니었지만, 사람들은 그들의 말을 믿었습니다. 사방이 조금 밝아졌습니다. 우리는 그것이 실제로 그랬듯이 분화구 폭발의 전조가 아니라 낮이 찾아오는 것으로 생각했습니다. 그러나 불덩어리가 우리와 조금 멀리 떨어진 곳에 떨어졌습니다. 그리고 우리는 다시 칠흑 같은 어둠에 잠겼고, 재들이 폭우처럼 우리 머리 위로 쏟아졌습니다. 우리는 가끔 일어나 재를 털어야 했습니다. 그렇지 않으면 잿더미에 매몰될 것이 뻔했습니다. 모든 사람이 같은 재난을 겪고 있으며 제가 세상의 절멸과 함께 사라진다는 점이 참담했지만 이런

---

* 스토아학파와 에피쿠로스주의 철학자들은 세계가 결국 불에 의해 파괴되어 모든 것이 원래의 혼돈에 빠질 것이라고 주장했다. 이러한 불에 의한 종말에서 신들조차 제외되지 않는다.

베수비오 화산의 폭발을 지켜보는 플리니우스의 여동생과 조카

무시무시한 광경이 펼쳐지는 동안 제가 한숨을 쉬거나 겁에 질린 표정을 짓지 않았다는 것은 자랑해도 괜찮을 것 같습니다.

마침내 끔찍했던 어둠이 구름이나 연기처럼 서서히 흩어지고 비로소 낮다운 낮이 되었으며, 태양은 일식이 다가올 때처럼 무시무시한 빛으로 빛났습니다. 눈에 보이는 모든 사물은 윤곽이 아주 희미해져 변형된 것처럼 보였으며 눈처럼 내려앉는 화산재로 두껍게 덮여 있었습니다. 우리는 미세눔으로 돌아갔습니다. 그곳에서 할 수 있는 한 기운을 되찾고 희망과 두려움 사이를 오가며 불안한 밤을 보냈습니다. 희망보다는 두려움이 훨씬 컸습니다. 왜냐하면 여진이 계속되었고 흥분한 사람들이 끔찍한 예측으로 자신과 친지들에게 닥친 재앙을 과장해서 떠들고 돌아다녔기 때문입니다. 하지만 어머니와 저는 우리가 겪었고 여전히 우리를 위협하는 위험에도 불구하고 외삼촌에 관한 새로운 소식을 들을 때까지는 그곳을 떠날 생각이 없었습니다.

제발 당신이 쓰려는 역사에 집어넣으려고 하지 말고 이 이야기를 읽어 주시기 바랍니다. 그 역사에서 이 이야기는 조금도 가치가 없습니다. 제가 한 이야기가 애써 편지로 쓸 만한 가치도 없어 보인다면 그것은 당신이 알아서 할 문제입니다. 안녕히 계십시오.

나는 젊은이들을 위한 플리니우스의 『박물지』 가운데 가장 흥미로운 대목을 준비하면서 플리니우스 연구에 헌신한 퀴비에, 보스톡John Bostock,[7] 드 그랑사뉴Ajasson de Grandsagne[8]의 주석을 계속 참조했다. 또한 원본 라틴어 텍스트를 가장 원전의 표현에 가깝게 직역하려고 했으며, 저자가 기술한 내용이 근대 과학의 관점에서 잘못된 것으로 밝혀진 경우에도 (명백히 터무니없는 경우가 아니라면) 그 사실에 주의를 기울여 번역했다.

이 책으로 청소년이 읽기 좋도록 최적화된 고대 그리스·로마 저자들의 발췌본 총서를 어렵사리 완성하게 되었다. 이 총서를 준비하면서 지난 3년 동안 대부분의 여가 시간을 여기에 쏟았다. 플루타르코스, 헤로도토스, 플리니우스. 이 걸출한 세 사람처럼 그들이 있음으로 해서 세상이 더 현명하고 더 좋아졌다고 진정으로 칭송받는 사람은 몇이나 될까?

1885년 7월 1일, 뉴욕에서
존 화이트

헌 정 사

가이우스 플리니우스
세쿤두스가
친구 티투스
베스파시아누스에게

헌정사 가이우스 플리니우스 세쿤두스가 친구 티투스 베스파시아누스에게

헌정사

제가 막 완성한 로마 문헌사의 새로운 업적인 『박물지』를, 젊은 나이에도 불구하고 아버님에게 더 어울릴 만한 '위대함'을 얻으신 황태자 폐하[1]께 헌정하고자 합니다. '당신은 저의 하찮은 기여를 가상히 여겨 주시리라 생각합니다.'

폐하께서도 아시다시피, 저와 동향인 카툴루스Catullus는 자신의 냅킨이 바뀌었을 때 베리니우스와 파비우스에 대한 우정을 보여 주고자 하는 간절한 마음에서 약간 혹독한 언사를 사용했습니다.[2] 아울러 이 책을 헌정하고자 하는 저의 청원으로 폐하께서 저의 또 다른 외람된 서한을 받았을 때처럼 불편해하실지도 모르겠습니다. 하지만 이것은 기록에 남을 것이고, 폐하께서 얼마나 자상한 군주이신가를 만천하에 알리게 될 것입니다. 폐하께서는 전승의 업적을 이루셨으며 감찰관과 여섯 번의 집정관을, 그것도 영광스럽게도 부친과 동시에 했으며 기병 부대를 지휘하셨고 근위대의 사령관을 역임하셨습니다. 폐하께서는 제국을 위해 봉사하는 마음으로 이 모든 일을 수행하시면서 저를 전우이자 동료로 여겨 주셨습니다. 폐하의 엄청난 성공은 일신의 영달과는 거리가 멀었으며 오로지 최대한 선정을 베푸는 데 도움이 되었을 뿐입니다. 이런 사실들 때문에 다른 사람들은 폐하에 대한 존경심을 더하게 되었으며 저 자신도 스스럼없이 당당해졌습니다. 그러니 폐하께서는 제가 알지 못하는 허물을 친히 나무라셔야 마땅합니다.

하오나 염치 불구하고 말씀드리면, 저는 제가 아직 얻고자 하는 바를 이루지 못했습니다. 폐하께서 여전히 위엄 있는 태도로 다 아신다는 듯 저를 경외하여 멀리하시기 때문입니다. 감동적으로 민중을 사로잡는 웅변과 수사의 능력에서 그 누가 폐하를 능가하겠습니까! 우레와 같이 열정적인 언변으로 부친의 업적을 찬양하지 않으셨습니까! 또한 동생[3]을 끔찍이도 사랑하셨지요! 폐하의 시적 재능은 또 얼마나 뛰어나십니까! 동생에 필적할 만큼 다양한 분야에 걸쳐 천재성을 지니고 계십니다! 감히 폐하께 이 점에서 평가를 받아 보고자 나설 만큼 담대한 자가 어디 있겠습니까!

자신이 쓴 책을 단순히 출판하는 경우와 그것을 폐하께 헌정하겠다고 뜻을 밝히는 경우는 전혀 다릅니다. 전자의 경우는 "폐하! 왜 이 책들을 읽으십니까"라고 반문할 수 있습니다. 이 책들은 농부나 장인 같은 일반 민중이나 달리 할 일이 없는 사람들을 독자로 삼아 쓴 것입니다. 폐하께서 왜 힘들여 그런 책을 읽으시려 합니까? 사실 이 책을 쓰기 시작했을 때 저는 폐하께서 저에 대해 이런저런 비평을 하실 위치에 계실 것으

티투스 카이사르 베스파시아누스에게 『박물지』에 대해 설명하는 플리니우스(오른쪽)

로 기대하지 않았습니다. 몸소 그런 일을 하기에는 너무 높은 지위에 오르셨다고 생각합니다. 그 밖에도 우리는 학자들의 견해를 공개적으로 부정할 권리가 있습니다. 그 누구도 그의 천재성에 범접할 수 없었던 마르쿠스 툴리우스 키케로Marcus Tullius Cicero 자신도 이러한 특권을 활용했으며, 유별나 보일 수도 있었겠지만 자신의 주장을 변호하기 위해 변호인을 고용하기도 했습니다. "나는 고매한 학자들을 위해 책을 쓰지 않는다. 나는 마니우스 페르시우스가 아니라 유니우스 콩구스가 내 책을 읽기를 바란다."[4] 만약 풍자적인 문체를 처음 도입한 루킬리우스Gaius Lucilius가 독자적으로 이런 표현을 사용했고 키케로가 그 표현을 특별히 자신의 『국가론De Republica』에서 인용하는 것이 적절하다고 생각했다면 저 자신을 방어해 주는 그런 심판이 있는 마당에 이 책을 폐하께 헌정할 이유는 차고 넘칩니다! 이렇게 책을 헌정함으로써 저는 논쟁의 이점을 스스로 포기했습니다. 왜냐하면 자신에 대해 무작위로 누군가의 평가를 받는 것과 자발적으로 선택한 사람에게 평가를 맡기는 것은 매우 다르기 때문입니다. 우리는 예기치 못하게 찾아오는 사람보다는 초청한 손님을 맞을 때 준비를 더 많이 하는 법입니다.

저는 폐하께서 가장 높은 지위에 오르셨고 가장 화려한 언변과 교양을 갖추셨으며 폐하를 알현하는 사람들이 존경심을 갖게 된다는 것을 잘 알고 있습니다. 그런 이유로 저는 제가 헌정하는 이 책이 폐하께 도움이 될 것인지 유의하지 않을 수 없습니다. 그러나 나라의 신민들 그리고 만백성 중에서 신들에게 우유를 봉헌하고 정향을 사서 바칠 수 없는 사람들은 망초芒硝로 대신합니다. 왜냐하면 신들은 사람들이 나름대로 최선을 다해 경배하면 불만스러워하지 않기 때문입니다. 그러나 제가 폐하께 헌정하는 이 책이 별로 중요하지 않다는 것을 생각하면 저의 만용이 더욱 무모해 보입니다. 이 책이 천재성을 보여 줄 여지도 없고 저의 재능 또한 대단찮기 때문입니다. 이 책에는 일탈의 재미도, 웅변도, 토론도 없으며 독자의 상상력을 자극할 진기한 이야기도 없습니다. 이 책에는 사물과 생명의 이치가 기술되어 있습니다. 그리고 하등한 것들을 다룰 때가 많아서 부득불 조악하고 생경한, 그리고 때로는 야만적인 용어를 사용할 수밖에 없습니다. 그리고 이런 용어들은 종종 토를 달아 해설해 줄 필요가 있습니다.

　이런 점 이외에도 제가 탐구해 쓴 것은 잘 알려지지도 않고 또 그다지 알고 싶어 하지도 않는 분야입니다. 로마인 가운데 어느 누구도 이런 분야를 연구하려고 시도하지 않았으며 그리스인 가운데도 이 모든 주제를 다룬 이는 없습니다. 우리 대다수는 즐거움을 찾으려고 연구하고 그 밖의 다른 사람들은 지나치게 난해한 주제를 좋아하거나 모호한 주제를 탐색합니다. 저의 목표는 그리스 학자들이 백과사전에 포함시켰지만, 일반적으로 알려지지 않았거나 유별난 사람들이 궁금해할 만한 모든 주제를 다루는 것입니다. 그리고 많은 저술가가 아주 시시콜콜하게 다루어서 우리가 달가워하지 않는 문제들도 있습니다. 오래된 지식을 새로운 개념으로 해석하고, 새로운 개념에 설득력을 부여하고, 퇴색한 지식을 재조명하고, 모호한 것을 명료하게 밝히고, 무시되어 온 사실들을 인정하도록 하며, 의심스러운 것을 확신할 만한 것으로 만들고, 모든 사물을 순리대로 해석하여 각자의 특수한 속성을 밝히는 것은 정말 쉽지 않은 일입니다. 이런 일들은 성공하지 못한다고 해도 그 시도 자체만으로도 충분히 소중하고 명예로운 것입니다.

　저는 37책에 2만 개의 표제어를 담았습니다. 모두 관심을 끌 만한 것이며, 엄선된 100명의 저자들이 쓴 2,000권의 책을 정독하여 정한 것이고 그중 몇몇 표제어만 개념의 모호함 때문에 학자들이 연구하고 있는 중입니다. 거기에다 저는 선학들에게는 알려지지 않았거나 최근에 발견된 상당히 많은 종류의 사물을 부가했습니다. 모르긴 몰라도 여전히 제가 많은 것을 빠뜨렸을 겁니다. 저도 그저 사람인지라 이런저런 할 일이 많아서 밤낮으로 틈을 내 이 작업을 해야만 했기 때문입니다. 폐하께서는 제가 그동안 게으름을 부리지 않았다는 것을 알게 되실 겁니다. 제가 이 책으로 주어지는 보상에 만족하며 건강에 꼭 필요한 잠을 아껴 가며 폐하를 위해 일한 나날들은, 바로Marcus Terentius Varro[5]가 말한 것처럼, 이 책의 주제들을 놓고 고민하는 동안 우리 인생을 하루하루 더 연장하는 것이었습니다. 왜냐하면 인생이란 깨어 있는 동안 제대로 사는 것이기 때문입니다.

저는 도움을 받았으면 그 출전을 밝히면서 그 대부분을 제가 조사해서 한 것처럼 처신하지 않는 것이 예의 바르고 진정으로 겸손한 태도라고 생각합니다. 폐하께 이렇게 말씀드리는 것은 여러 저자를 서로 비교해 보니 일부 신진 학자들과 가장 명망 있는 학자들이 원전을 밝히지 않은 채 이전의 문헌들을 자구 하나 틀리지 않게 그대로 옮겨 놓은 것을 알게 되었기 때문입니다. 그것은 예의 있는 베르길리우스Publius Vergilius Maro의 글이나, 『국가론』에서는 플라톤과 같은 생각이라고 고백하고 『마르시아를 위한 위로의 글De Consolatione ad Marciam』에서는 크란토르Crantor[6]를, 그리고 『의무론De Officiis』에서는 파나이티우스Panaetius[7]를 인용했다고 말한 키케로의 숨김없는 당당한 글쓰기를 이길 수 없습니다. 폐하께서 잘 아시다시피 그런 책들은 항상 가까운 데 두고 읽기만 하는 것이 아니라 마음에도 새겨야만 하는 것들입니다. 그러므로 인용한 것을 밝히지 않고 도용하려는 것은 고리대금을 빌리고 돌려주지 않으려는 것과 마찬가지로 비뚤어진 심사이자 옳지 못한 생각입니다.

그리스인은 이름을 붙이는 데 놀랄 만큼 재주가 뛰어납니다. 어떤 책은 벌집만큼 달콤한 내용을 담고 있다고 해서 '키리온Κηρίον(밀랍)'이라고 했습니다. 어떤 책에는 비둘기의 젖 같은 기상천외한 것에 대한 내용도 알 수 있다고 해서 '케라스 아말테이아스Κερας Αμαλθειας', 즉 '아말테이아의 뿔' 또는 '코르누 코피아이Cornu Copiae'라는 이름을 붙였습니다.[8] 꽃들, 여신들, 정원들, 그림들 그리고 스케치에도 마음을 빼앗길 정도로 매력적인 이름을 붙였습니다. 그러나 폐하께서 일을 해 보시니 참으로 황당하지 않습니까! 우리 재주 없는 로마인은 그리스의 고전, 전례 그리고 기술을 따를 뿐입니다. 제가 생각하기에 우리 가운데 가장 우스꽝스런 사람은 '밤공부Lucubratio'라는 이름을 붙였습니다. 바로도 크게 다를 바 없는데, 그가 쓴 풍자극들 가운데 한 작품에는 '오디세우스와 동반자Sesculvsses'라는 제목을 붙였고 또 다른 작품에는 '접는 책상Flextabula'이라는 제목을 붙였습니다. 디오도로스 시켈리오테스Diodoros Sikeliotes는 그리스인 가운데 처음으로 이런 시시껄렁한 방식을 버리고 그의 역사책에 '문고βιβλιοθήκη'라는 제목을 붙였습니다. 티베리우스 황제가 "세계 최고의 떠벌이"라고 했지만, 오히려 장안의 선전관이라고 할 수 있는 문법학자 아피온Apion은 자신이 지은 묘비명을 새겨 넣은 사람들은 누구나 불멸의 존재가 된다고 생각했습니다. 저는 더 이상 아쉬움이 없을 만큼 좋은 제목을 붙였습니다.

하오나 제가 그리스인을 가차 없이 비판한 것처럼 보일 수도 있겠지만, 그것은 회화와 조각의 기술을 발명한 사람들과 같은 관점에서 제가 평가받기를 원했기 때문입니다. 그리스인이 만든 작품에 대한 설명은 폐하께서 보시게 될 제 책에도 들어 있습니다. 그들의 작품은 감탄하는 것으로는 부족할 만큼 아주 완벽합니다만, 거기에는 '아펠레스 또는 폴뤼클레이토스가 만들고 있는 중'이라는 잠정적인 제목이 새겨져 있습니다. 작품을 이제 만들기 시작했을 뿐 아직 미완성이며 예술가들은 작품에 대한 비평을 거울삼아 죽기 전까지는 변경할 필요가 있는 부분이 있다면 바꾼다는 의미입니다. 그들이 마치 자신들이 죽는 순간까지도 손을 봐야 할 마지막 작품인 것처럼 작품에 이름을 새겨 넣는 것은 겸손함의 표현이기도 합니다. 제가 적절한 항목에서 설명을 달게 될 작품들 가운데 "아무개가 이 작품을 만들었다"고 분명히 새겨 넣은 작품은 석 점밖에 안 되는 것으로 알고 있습니다. 이 경우 그 예술가는 가장 완벽하게 자신의 작품에 만족했으며 단연코 모든 예술가의 부러움을 샀을 것으로 보입니다.

저는 제 책에 부족한 점이 많다는 것을 스스럼없이 인정합니다. 이 책뿐만 아니라 이미 출판된 책들도 마찬가지입니다. 이렇게 부족함을 인정함으로써 저는 깐깐한 비평을 모면하고 싶습니다. 그리고 이렇게 말씀드리는 더 큰 이유는 제가 문법에 관해 저술한 졸저에 대해 혹평을 한 금욕주의자와 논리학자 그리고 쾌락주의자가 있다고 들었기 때문입니다(그리고 문법학자도 비판했을 것으로 생각합니다). 하지만 웅변술이 뛰어나서 '신의 웅변가'라는 별명을 얻을 만큼 유명한 테오프라스토스Theophrastos[9]에 대해서도 어떤 여인이 비판한 적도 있다는 것을 저는 잘 알고 있습니다.

가능한 한 폐하의 수고를 덜어 드리는 것이 공익에 도움이 되기 때문에 저는 여기에 책의 목차를 첨부해 폐하께서 처음부터 끝까지 통독하실 필요가 없도록 최대한 노력을 기울였습니다. 폐하를 위해 첨부한 목차는 다른 독자들에게도 도움이 될 것입니다. 그리하여 누구든 읽고 싶은 항목을 찾을 수 있고 어디에 있는지 알 수 있을 것입니다. 작품을 미리 탐색할 수 있도록 목차를 제공하는 이러한 방식은 우리 저술가들 중에서 발레리우스 소라누스Valerius Soranus가 이미 사용한 바 있습니다.

제1권   티투스 베스파시아누스 황제에게 올리는 헌정 서문

제2권   세계, 원소들 그리고 천체

제3·4·5·6권   여러 나라, 주민, 바다, 성읍, 항구, 산맥, 강, 면적, 사라진
              그리고 현존하는 다양한 종족에 대한 정보를 담은 지리

제7권   인간과 인간의 발명

제8권   다양한 육상동물

제9권   수생동물

제10권   다양한 조류

제11권   곤충

제12권   향초류 식물

제13권   외래종 나무

제14권   덩굴식물

제15권   과일나무

제16권   삼림목

제17권   묘목장과 원예 식물

제18권   과일과 곡물의 속성 그리고 목축업

제19권   아마, 양골담초, 원예농업

제20권   식용 및 약용 식물 재배

제21권   화환용 꽃과 관엽 식물

제22권 화환과 식물로 만든 약

제23권 와인과 재배 나무에서 추출한 의약품

제24권 삼림의 수목에서 추출한 의약품

제25권 야생 식물에서 추출한 의약품

제26권 신종 질병과 특정 질병의 치료에 쓰이는 식물에서 추출한 약

제27권 기타 식물과 의약품

제28권 사람과 대형 동물에서 추출한 의약품

제29권 의학 서적의 저자들과 동물성 의약품

제30권 마술과 신체 부위별 의약품

제31권 수생 생물에서 추출한 의약품

제32권 수생 생물의 기타 특성

제33권 금과 은

제34권 구리와 납 그리고 구리를 다루는 장인들

제35권 회화, 물감 그리고 화가들

제36권 대리석과 석재

제37권 보석

제1부

지구와 원소에
대한 설명

제 1 부　지 구 와　원 소 에　대 한　설 명

제 1 장

지구의
특성과 형태

세계,* 그리고 우리가 무엇이라 부르든 그 궁륭穹窿으로 삼라만상을 덮고 있는 하늘, 우리는 그것을 신적인 존재, 영원하고 무한하며 만들 수도 파괴할 수도 없는 것으로 생각한다. 그 너머에 무엇이 존재하는가는 인간의 관심사도 아니며 인간의 머리로는 추측할 수도 없다. 세계는 전적으로 신성하고 영원하며 무한하다. 그 안에 모든 것을 포함하고 있다. 유한하지만 무한한 것 같다. 모든 것 가운데 가장 확실하지만 불확실한 것 같고, 그 안팎으로 모든 것을 끌어안고 있다. 그것은 자연이 만들어 낸 것이자 그 자체로 자연을 구성한다.

이 세계를 벗어나서 그 너머에 무엇이 있는지 찾아 나서는 것은 미친

---

* 플리니우스는 세계라는 의미의 'Mundus'를 어떤 경우에는 지구와 그에 인접한 태양계를 의미하는 것으로, 어떤 경우에는 우주를 의미하는 것으로 사용했다. 하지만 또 다른 경우에는 특정한 것을 별도로 지칭하지 않고 모호하게 사용했다. 대부분의 경우 이 용어를 본래 의미에 가장 가까운 world로 번역했다.

짓, 그것도 완전히 미친 짓이 될 것이다. 마치 자신의 크기를 모르는 사람이 다른 것의 크기를 알려고 하는 것이나 또는 인간의 마음이 세계 그 자체가 담을 수 없는 것들을 알려고 하는 것과 같다.

우주가 완벽한 구체의 형태를 이루고 있다는 것은 자연 현상적 증거들을 통해서뿐만 아니라 우주에 한결같이 붙여진 이름을 통해서도 알 수 있다. 이런 종류의 구체는 모든 어떤 곳에서 출발해도 원점으로 회귀하며,* 변함없이 자신을 스스로 지탱하고, 어디가 끝이고 어디가 시작인지 알 수 없으며, 움직이는 데 최적화되어 있어 나중에 이야기하겠지만 계속 회전한다. 더구나 우리는 시각적 증거를 통해서 세계가 모든 부분에서 볼록하고 중심이 있다는 것을 인식한다. 만약 구체가 아닌 다른 형태로 되어 있다면 있을 수 없는 일이다.

해가 뜨고 지는 것은 이 구형의 세계가 24시간마다 끝없이 그리고 멈추지 않고 믿을 수 없이 빠른 속도로 우주에서 돌고 있다는 것을 증명한다. 거대한 질량을 가진 지구가 돌면서 내는 소리가 매우 커서 우리의 청력이 감지할 수 없는 것인지, 또는 동시에 각자의 궤도를 회전하는 무수한 별들이 반향을 일으켜 굉장히 감미로운 하모니를 이루는 것인지는 알 수 없다.** 그 안에 살고 있는 우리에게 지구는 밤이나 낮이나 조용히 활공하는 것처럼 보인다.

자연의 다양한 환경은 하늘에는 셀 수 없을 정도로 많은 동물과 온갖

---

* 플리니우스의 천문학적 지식은 주로 아리스토텔레스로부터 유래한다.
** '천체의 음악(music of the spheres)'이라는 이론은 피타고라스가 주장했지만, 아리스토텔레스는 그것을 비웃었다.

사물의 형상이 새겨져 있으며 일부 유명한 저자들이 주장하듯이 지구가 새알처럼 완벽하게 매끈하지 않다는 것을 확실히 보여 준다. 이것은 눈에 뚜렷이 보인다. 어떤 곳에는 전차의 형상이 있고 다른 곳에는 곰과 황소 그리고 문자의 형상이 있다.* 그런가 하면 그 한가운데인 우리 머리 위에는 하얀 원이 있다.

그 이름에 대해서 나는 모든 민족이 모두 같은 의미를 사용한다고 생각한다. 그리스인은 우주의 화려한 모습을 따 코스모스κοσμος라고 이름을 붙였고, 우리 로마인은 완벽하고 간결함을 들어 문두스mundus[1]라고 부른다. 그리고 코일룸coelum[2]이라는 이름은 바로Varro가 시사했듯이 별들이 아로새겨진 것을 지칭한다. 이러한 견해를 확증하기 위해 우리는 십이궁도, 즉 조디악zodiac을 제시할 수 있는데, 여기에는 열두 가지 형상의 동물이 있고 태양은 수많은 세월을 계속해서 그 동물 형상을 거쳐 돌아가고 있다.

지구에는 네 가지 원소가 있다는 것을 의심하는 사람은 보지 못했다. 이 네 가지 가운데 가장 높은 곳에 있는 것은 불이라고 할 수 있는데, 반짝이는 수많은 별의 눈은 불로 되어 있다. 다음은 대기大氣[3]다. 그리스인과 로마인은 다 같이 그것을 공기라고 한다. 세 번째 요소인 흙과 네 번째 요소인 물이 함께 우주 가운데 떠서 균형을 유지하는 것은 모든 사물에 스며들어 혼융되는 활력 때문이다. 이들은 서로 결합되어 있으며 끝없이 지속되는 지구의 공전에 의해 각자 적절한 위치를 유지하고 있다.

---

* 삼각형 별자리에 있는 문자 △. 그러나 이 경우를 제외하고 별자리들은 시각적으로 그 이름과는 닮지 않았다.

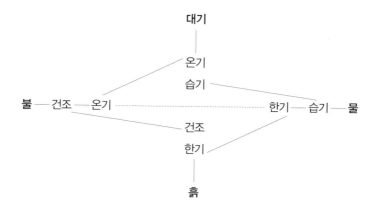

　지구와 하늘 사이, 즉 대기 중에는 일곱 개의 별이 각자 별도의 정해진 공간을 차지하고 매달려 있다. 우리는 움직인다는 의미에서 행성이나 떠돌이별이라고 부르는데 실제로 그렇다. 거대한 크기와 영향력을 가진 천체인 태양은 이들 행성 사이를 지나는데 계절과 기후뿐만 아니라 별과 하늘을 지배한다. 태양의 활동을 생각해 보면 태양은 가히 우주의 생명, 또는 오히려 우주의 중심, 자연의 조정자이자 신이라 하지 않을 수 없다. 태양은 다른 별들에 빛을 비춰 빛나게 한다. 태양은 모든 것을 보고 모든 것을 듣는 가장 빛나고 훌륭한 존재로 시성인 호메로스Homeros는 오로지 태양만이 그런 능력을 지니고 있다고 했다.*

---

*　『일리아스』 3장 277행과 『오디세이아』 12장 323절.

제 2 장

신

신의 모습과 형태를 묻는 것은 인간의 나약함을 드러내는 것이라고 생각한다. 그게 어떤 신이든 세계와 별도로 존재한다면 그 신은 어디에 있든 모든 촉각, 모든 시각, 모든 청각, 모든 생명, 모든 정신이며, 그 자체로 모든 것이다. 여러 신이 존재한다는 믿음은 순결, 화합, 이해, 희망, 명예, 관용, 정절 등 인간의 선악 개념에서 나온 것이다. 데모크리토스Demokritos[1]의 견해에 따르면, 응징의 신과 보상의 신밖에 없다고 하는 것은 더욱 어리석다. 힘없고 나약하여 자신의 약점을 늘 근심하는 인간의 본성 때문에 신들을 이렇게 분류함으로써 자신이 특별히 더 어려운 처지에 있다는 데 위안을 삼으려고 했는지도 모른다. 따라서 나라마다 다른 이름의 신들이 존재한다는 것을 알고 있다. 하위의 신들은 서열에 따라 분류되며 질환과 역병도 그것들을 달래려는 인간의 간절한 소망으로 신격화된다.

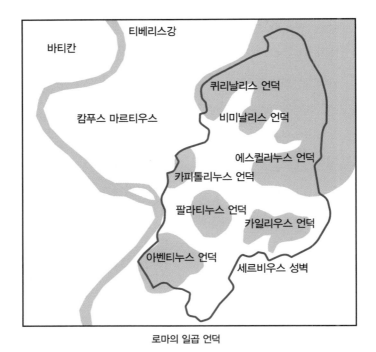

로마의 일곱 언덕

이런 이유로 팔라티누스 언덕Collis Palatinus에는 세금을 들여 열병熱病의 여신을 모시기 위한 신전을 지었으며,[2] 에스퀼리누스 언덕Collis Esquilinus에는 운명의 여신[3]을 위한 제단을 만들었다. 따라서 천상계에는 인간보다 많은 신이 존재한다는 것을 이해할 만하다. 왜냐하면 모든 이가 저마다의 수호신을 만들어 섬기고 있었기 때문이다. 몇몇 신들은 나이가 많아 머리가 희끗희끗한가 하면, 다른 신들은 어린아이같이 젊고, 어떤 신은 얼굴빛이 검고, 어떤 신은 날개가 달렸고, 어떤 신은 사지가 온전치 못하고, 어떤 신은 알에서 태어났고, 어떤 신은 하루걸러 죽었다 살아난다고 생각하는 것은 대단히 유치하고 멍청한 생각이다. 그런 경박함의 절정은 신들끼리 서로 다투고 싸운다고 상상하는 것, 그리고 도둑질과 온갖 범죄의 신도 있다고 상상하는 것이다. 인간을 돕는 것은 신이 되는 것을 의미한다. 이것이 불멸의 영광으로 가는 길이다. 이것이 과거 로마의 귀족들이 추구했던 길이며, 기울어 가는 로마를 구원하기 위해 오신 우리 시대의 가장 위대한 군주 베스파시아누스 황제와 그의 아들들이 추구하는 길이다. 훌륭한 업적을 세운 사람들에게 보답하는 고대의 방식은 그들을 신으로 섬기는 것이다. 앞에서 언급한 모든 별뿐만 아니라 신들의 이름은 그들이 인류에게 베푼 봉사에서 비롯된 것이다. 유피테르Jupiter(목성)와 메르쿠리우스Mercurius(수성), 그리고 나머지 천체의 이름이 모두 자연계의 현상과 관계있다는 것을 누가 인정하지 않겠는가?

그러나 만물의 으뜸인 신이 어떤 일이 됐든 인간사에 조금이라도 신경 쓴다고 생각하는 것은 우스꽝스러운 일이다. 신이 힘들고 복잡한 인간사에는 신경 쓰지 않는다는 것을 믿을 수 있을까, 아니면 거기에 의심의 여지가 있을 수 있을까? 어떤 생각이 인류에게 도움이 될지 결정하는 일은 쉽지 않다. 왜냐하면 어떤 사람은 신을 섬기지 않고 어떤 사람은 신을 지나칠 정도로 맹신한다는 것을 알고 있기 때문이다. 맹신하는 사람들은 외국에서 전래한 의례를 노예처럼 따르며, 그들이 섬기는 신과 기이한 존재의 형상을 새겨 손가락에 끼고 다닌다.* 그들은 특정한 음식들을 비난하기도 하고 강조하기도 한다. 그들은 제대로 자지도 않고 엄격한 계율을 수행한다. 그들은 결혼도 하지 않고 자녀도 입양하지 않는다. 신성

---

* 플리니우스는 여기서 반지에 새겨진 이집트 신들의 형상을 암시하고 있다.

한 계율을 벗어나는 일은 아무것도 하지 않는다. 반면에 다른 사람들은 유피테르 신전에 가서 거짓말을 하고 신에게 불경한 사람들을 응징하는 유피테르 토난스Tonans[4] 옆에서도 거짓 맹세를 한다. 이런 사람들은 범죄를 저지르고 다른 사람들은 맹목적으로 미신적 관습을 행하며 스스로를 학대한다.

이렇게 신에 대한 견해가 분분한 가운데 인간은 스스로 중간계에 있는 신적 존재를 발견했고 이로 인해 신에 대한 회의적 태도는 더욱 커졌다. 전 세계 모든 곳에서 모든 사람이 항상 간구하는 유일한 신은 운명의 여신 포르투나Fortuna다. 모든 사람이 이 여신만을 들먹이고 원망하고 잘못하고 있다고 탓한다. 그들의 머릿속에는 자신들이 칭찬하고 욕하고 책망하는 이 여신만 존재한다. 인간 대다수는 이 여신이 갈팡질팡하고 오락가락하며, 일관성 없고 불확실하며, 변덕스럽고 가당찮은 자들에게 호의적일 때가 많다고 생각한다. 모든 길흉화복을 이 여신의 탓으로 돌려 인간의 계산서에서 이 여신 혼자 차지하는 자리가 두 페이지나 된다. 우리는 변화 자체를 신으로 여기고 신의 존재를 의심스러워하면서 우연에 너무 많이 의존하고 있다.

그러나 이러한 원리 자체를 거부하고 별들의 영향력과 천궁도의 법칙에 따라 삼라만상이 움직인다고 생각하는 사람들이 있다. 그들은 신은 일단 결정하고 나면 이후에는 절대로 간섭하지 않는다고 생각한다. 이러한 견해가 우세해지기 시작했고 지식인과 일반 대중도 이러한 견해를 지지하고 있다. 우리는 두려운 천둥소리, 신탁의 경고, 점쟁이의 예언, 그리고 재채기나 발부리에 걸려 넘어지는 것같이 언급하기도 너무 하찮은 것들까지 닥쳐올 일의 전조로 간주한다. 고인이 된 아우구스투스 황제는 왼쪽 신발을 오른발에 잘못 신었던 일을 바로 그날 자신의 군사들에게 공격당할 뻔했던 사건과 연관시켰다. 이와 같은 일들은 선견지명이 없는 인간을 난처하게 한다. 삼라만상 가운데 확실한 것은 아무것도 없다는 사실만은 분명하다. 그리고 인간보다 더 훌륭하거나 더 불쌍한 존재는 없다. 왜냐하면 다른 동물들은 먹고사는 것 말고는 다른 일에 관심이 없기 때문에 자연이 무작위적으로 베풀어 주는 혜택에 만족한다. 이것 하나만 충족되면 동물들의 운명은 더 좋아지고 그들은 명예·돈·야망에 대해 신경 쓰지 않는다. 그리고 무엇보다도 결코 죽음을 생각하지 않는다.

인간사를 지배하고 있는 신은 할 일이 너무 많아 때로 시간이 오래 걸리기도 하지만, 아무 일도 없었다는 듯 죄를 면해 주지는 않는다는 믿음은 인간에게 유리하다. 그리고 신조차도 모든 일을 다 할 수 없다는 생각은 불완전한 존재인 인간에게 커다란 위안을 준다. 신은 자신이 원해도 죽을 수가 없다. 따라서 인생사에 수많은 액운이 따르지만, 죽음은 인간에게 최고의 행복으로 주어졌다. 또한 신은 인간을 불멸의 존재로 만들 수 없으며 죽은 자들을 되살릴 수도 없다. 과거에 살아 있던 자들을 살지 않았던 것으로 돌릴 수도 없고, 명예를 누리고 살다 죽은 자들의 명예를 박탈할 수도 없다. 그리고 과거에 있었던 일에 영향을 미칠 수 없으며, 그런 일들을 망각하게 할 수도 없다. 그리하여 우리가 신과 맺은 관계의 속성을 좀 가볍게 예를 들어 설명하자면, 신은 10 곱하기 2를 20이 아닌 것으로 할 수 없다. 이런 일들은 그 외에도 많다.

세계의 크기

1스타디움은 125파수스 또는 185센티미터에 해당한다.[1] 포세이도니오스 Poseidonios[2]는 40스타디아가 넘는 대기권이 지구를 에워싸고 있고 거기서 안개와 바람과 구름이 나온다고 생각했다. 그리고 이것을 넘어 올라간 곳의 공기는 순수하고 액체인데 끊임없는 빛으로 이루어져 있다고 보았다. 그리고 구름이 있는 곳에서 달까지는 200만 스타디아의 허공이 있고, 거기서부터 5억 스타디아 떨어진 곳에 태양이 있다고 보았다. 그 거대한 크기에도 불구하고 태양이 지구를 태우지 않는 것은 이 공간 때문이다. 많은 사람이 구름은 900스타디아까지 올라간다고 생각했다. 이러한 관점은 완전하게 확립되지 않아 설명하기 어려운데, 책에 나온 것들 가운데 가장 그럴듯한 설명을 제시하는 것이다.

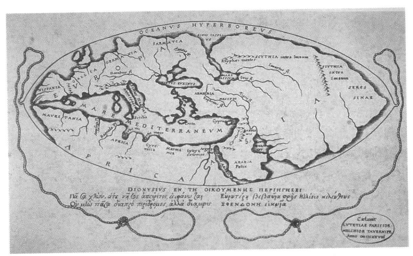

1628년 지도 제작자들이 포세이도니오스의 생각을 표현한 세계지도

제 4 장

갑자기 나타나는 별들 또는 혜성

세계에 관해서는 아직 설명할 것이 조금 더 있다. 별들은 하늘에서 갑자기 저절로 형성된다. 이 별들의 종류는 다양하다.

그리스인은 이런 별들을 혜성이라고 이름 붙였는데, 우리는 그 별들을 붉은 털이 덥수룩하고 머릿결 같은 것으로 뒤덮여 있다고 보아 크리니타이crinitae[1]라고 부른다. 그 별들 가운데 몇몇은 긴 턱수염같이 아랫부분에 갈기를 늘어뜨리고 있고, 몇몇은 마치 화살처럼 매우 빠르게 움직이며 진동한다. 그것은 티투스 황제가 다섯 번째로 집정관직을 수행하면서 보고 그의 빼어난 시에서 묘사한 종류 중 하나로, 가장 최근에 관찰된 크리니타이였다.

어떤 별은 짧고 뾰족하며 색깔도 희미해 광채가 없는 칼같이 보인다. 호박색을 띤 어떤 별은 가장자리에서만 몇 줄기 빛을 낸다. 어떤 별은 통

모양으로 생겨 불룩해 보이고 뿌연 빛을 낸다. 또 다른 별은 뿔처럼 생겼는데 그리스인이 살라미스 해전 당시 보았다는 별과 생김새가 같다. 때때로 타오르는 횃불 같은 별과 말의 갈기 같은 별도 나타나는데, 후자는 스스로 원을 그리며 매우 빠르게 움직인다. 은색의 빛을 길게 끌고 가는 백색 혜성도 있다. 매우 밝아서 거의 쳐다볼 수 없는데 흡사 인간의 형상을 한 신의 모습을 보여 주는 것 같다. 보풀이 많은 양털 같은 모습을 한 별들도 있는데, 이 별들은 왕관 같은 것으로 둘러싸인 것 같다. 갈기가 모여 창으로 바뀌는 모습을 한 별도 있다. 이것은 제109회 올림픽이 열렸을 때,* 그리고 로마가 창건된 지 398년이 되던 해에 나타났다. 그 별들을 가장 짧게는 7일, 가장 길게는 180일 동안 볼 수 있었다.

　로마에는 전 세계에서 유일하게 혜성을 모시는 신전이 있다. 그 혜성은 죽은 아우구스투스 황제가 베누스(아프로디테. 영어로는 비너스)를 찬미하는 행사를 여는 도중에 나타났는데, 아우구스투스는 그것을 자신에게 길조라고 여겼다. 율리우스 카이사르Gaius Julius Caesar가 죽은 지 얼마 되지 않았을 때였다.[2] 아우구스투스는 이렇게 자신의 기쁨을 표현했다. "내가 행사를 진행하는 바로 그 시기에 털북숭이별이 큰곰자리 밑에 있는 하늘 한켠에 이레 동안 나타났다. 그 별은 11시경에 떴는데 매우 밝았고 세상 모든 곳에서 뚜렷하게 보였다. 일반 백성은 그것을 카이사르의 영혼이 영원불멸한 신의 반열에 올랐음을 의미하는 것이라고 생각했다." 아우구스투스가 겉으로는 이렇게 선언했지만, 속으로는 이런 일이 자신을 위해 나

---

*　　가장 정통한 근대의 연대기에 따르면, 제109회 고대 올림픽이 열리던 해이자 로마가 창건된 지 211년이 되는 해는 기원전 542년이다.

타난 길조라고 생각하며 기뻐했다. 그리고 사실대로 이야기하면, 실제로 이것은 로마 사회 전체에 상서로운 징조라는 것이 증명되었다.

어떤 사람들은 이런 별들이 영원하며 정해진 궤도를 돌고 있지만 태양에서 멀어질 때만 볼 수 있다고 생각한다. 다른 사람들은 별들이 우연히 증기가 불의 힘을 받아 만들어지며, 그렇기 때문에 별들이 소멸하기 쉽다고 생각한다.

제 5 장

별에 관한
힙파르코스의 학설

별과 인간이 갖는 특별한 관계와 우리의 영혼이 하늘의 일부라는 것을 증명한 인물인 힙파르코스Hipparkhos[1]는 아무리 칭찬받아도 부족하다. 그는 그가 활동한 시기에 탄생한 새로운 별을 발견하고 별이 빛날 때 그 움직임을 관찰함으로써 이런 경우가 드물지 않을 것이라는 의심을 품고 우리가 고정되어 있다고 생각하는 별이 운동한다는 것을 발견했다. 그리고 그는 신에게 불경스럽게도 후세를 위해 별의 숫자를 세고 적당한 이름을 붙여 별들의 관계를 나타내려고 시도했다. 그는 이전에 만들어진 도구를 이용해 별들의 위치와 크기를 하나하나 측정했을 것이다. 이런 방법으로 별이 탄생하고 소멸하는 것뿐만 아니라 별이 상대적 위치를 바꾸는 것, 그리고 별들의 크기가 커지거나 작아지는 것까지 쉽게 알 수 있었는지 모른다. 그리하여 천체는 자신의 계획을 완성할 수 있는 능력을 갖춘 누군가에게 하나의 유업으로 남겨지게 되었다.

제 6 장

카스토르와
폴룩스라는 이름의 별

나는 군사들이 야간 경비를 설 때 별처럼 빛나는 것이 성벽에 세워 둔 창에 붙어 있는 것을 보았다. 그 빛나는 것들은 새들이 휙 하고 날아다닐 때 나는 것과 같은 소리를 내며 항해하는 배의 돛대와 다른 부분에도 내려앉았다. 그것들이 하나씩 나타날 때는 장난스럽게 보이는데, 그들이 배의 용골 부분을 때려 불이 붙게 되면 배가 가라앉을 수도 있다. 그들 가운데 두 개가 나타나면 상서로운 징조로 항해가 순조로울 것으로 예상하는데, 이것이 사납고 무서운 헬레나 유성을 쫓아 버렸기 때문이라고들 한다. 이런 주장에 따르면 그 효과는 카스토르Castor와 폴룩스Pollux 때문인데, 이 두 별은 신이 불러낸 것이다. 이따금 저녁 무렵에 그 별들은 사람들 머리 주변에서 빛나기도 하는데,* 이런 일은 매우 중요한 사건이 일어

---

* 『로마사』의 저자 티투스 리비우스에 따르면, 고대 로마의 왕 세르비우스 툴리우스(Servius Tullius)가 어렸을 때 이런 현상이 나타났다고 한다(『로마사』 I, cap.39). 그리고 아이네아스(Aeneas)의 아들 아스카니우스(Ascanius)도 마찬가지였다(베르길리우스, 『아이네이스(Aeneis)』 II, 632~635).

날 것을 예고하는 것으로 여겨진다. 하지만 이런 현상의 원인은 상당히 불확실하며 그것은 자연의 장엄함 속에 감춰져 있다.

카스토르와 폴룩스의 쌍둥이자리. 이들은 백조로 변신한 제우스가 스파르타의 왕비 레다를 유혹해 낳은 쌍둥이 형제. 카스토르는 승마에 능했고, 폴룩스는 권투와 무기 다루기에 특별한 재능을 갖고 있었는데, 특히 동생 폴룩스는 불사신의 몸을 가졌다고 한다. 황금 양털(Golden Fleece)을 찾아 나선 '아르고호'의 일행이 항해 도중 갑작스러운 폭풍을 만났다. 이때 폭풍을 멈추게 하려고 오르페우스가 그 지역을 관장하는 신들에게 기도를 올리고 하프를 연주하자 폭풍이 멎으면서 바다가 잠잠해졌다. 바로 그때 구름이 걷히고 머리 위로 카스토르와 폴룩스 별들이 나타나 영롱한 빛을 발했다. 이를 본 아르고호의 사람들은 쌍둥이 형제가 하프 소리에 감동해 폭풍을 멎게 해 준 것이라고 여겨 항해자와 모험가의 수호신으로 받들었다.

제 7 장

천둥과 번개

우리가 고요한 저녁에 자주 관찰하는 것처럼 구름 위에 떠 있다가 구름 위로 떨어지기도 하는 별에서 불이 나온다는 것, 별들이 화살처럼 휙 하고 공중으로 날아가는 충격 때문에 공기가 바람을 일으킨다는 것은 부인할 수 없다. 불이 구름에 도달하면 마치 불에 달군 쇠를 물에 넣을 때와 같이 뒤엉킨 증기가 만들어지고 고리 모양의 연기가 피어오른다. 그래서 돌풍이 일어난다. 그리고 바람이나 증기가 구름 속에서 소용돌이칠 경우 천둥이 친다. 그것이 불꽃과 함께 터져 나오면 벼락이다. 터져 나오는 시간이 길어지면 번개가 치는 것에 그친다. 번개가 치면 구름은 갈라지지만, 천둥이 치면 구름은 산산조각 난다. 천둥은 압축된 공기가 충격을 받아 만들어지면서 불이 구름 사이로 화살처럼 분출되는 것이다. 그리고 땅에서 솟아오른 증기가 별에 반사되어 구름 속에서 압축되면 천둥이 만들어지는 것도 가능하다. 증기가 탈출하려고 애를 쓰고 있는 동안 자연은 소리를 억누르고 있다. 증기가 탈출하면 마치 공기로 팽창해 있던 주머니가 터질 때처럼 소리가 난다. 그리고 대기가 격렬하게 투사되면 마찰로 인해 빛을 낼 수 있다. 두 개의 구름이 서로 충돌할 때도 마치 두 개의 돌이 부딪치는 경우처럼 번개 치는 게 가능하다.

우리는 매우 여러 가지 벼락에 대해 알고 있다. 마른벼락은 물체를 태우는 것이 아니라 흩뜨려 없애 버린다. 젖은 벼락은 물체를 태우지는 못하지만 그을릴 수는 있다. 세 번째로 빛나는 벼락이 있는데 매우 놀라운 속성을 가지고 있어서 그릇에는 뭔가가 작용했다는 아무런 흔적을 남기지 않고 그릇 속에 든 것을 비워 버린다. 주머니가 타지도 않고 봉인한 밀랍도 그대로인데 안에 든 금, 구리 그리고 은이 녹는다. 카틸리나의 음모[1]가 있던 시절에 일어난 전조들 가운데 폼페이 시장이었던 마르쿠스 헤레니우스Marcus Herennius가 구름도 없는 하늘에서 내리친 번개에 맞는 일이 있었다.

제 8 장

땅의 속성

다음은 땅이다. 자연계의 모든 부분 가운데 유일하게 우리는 땅에 대해서만 어머니에 대한 공경의 의미를 담은 이름을 부여했다. 하늘이 신에게 속한다면 땅은 인간에게 주어졌다. 땅은 우리가 태어날 때 받아 주고 태어나면서부터 우리를 키우고 이후로도 끝까지 먹여 살린다. 자연의 다른 부분들이 우리를 거부할 때 땅은 우리를 가슴에 품어 아주 부드럽게 감싸 준다. 우리 인생의 덧없음과는 대조적으로 땅은 우리가 세운 기념물과 기념비를 지키며, 우리의 이름을 지속시키고, 우리의 기억을 연장시켜 우리를 신성한 존재로 만들어 주기 때문에 우리는 땅을 신성하게 여긴다.

우리는 마치 땅이 인간에게 화 내지 않는 유일한 존재라는 것을 모르는 것처럼 화를 내며 죽어서 이제는 더 이상 존재하지 않는 것들을 땅의 탓으로 돌리며 저주한다. 물은 소나기가 되고, 굳어져 우박이 되고, 차올라 강이 되고, 폭우가 되어 쏟아진다. 공기는 압축되어 구름이 되고 돌풍이 되어 몰아친다. 그러나 다정하고 온화하며 너그러운 대지는 항상 인간의 소망을 들어준다. 우리는 땅에게 얼마나 많은 것을 알아서 해 달라고 요구하는가! 이런저런 향기와 꽃, 영양이 풍부한 과즙, 형형색색의 삼라만상에 이르기까지!

땅은 자신에게 맡겨진 모든 것을 얼마나 정직하게 되돌려주는가! 독이 있는 동물을 만들어 낸 책임은 생명의 정령이 져야 한다. 왜냐하면 땅은 그 생명들의 씨앗을 받아 그들이 태어났을 때 먹여 살렸을 뿐이기 때문이다. 잘못은 그들을 태어나게 한 사악한 본성에 있다. 땅은 뱀이 누구든 공격한 다음에는 더 이상 숨겨 주지 않는다. 그리하여 심지어는 무관심한 사람들을 대신해 뱀에 대한 응징을 요구하기도 한다. 땅은 약용 식물을 풍성하게 키워 내며 항상 인간에게 유용한 것들을 생산한다.

그러나 인간의 사악함에 대한 치료제로 땅이 만들어 낸 모든 것을 우리는 생명을 해치는 독으로 바꾸었다는 것을 인정하지 않을 수 없다. 우리에게 꼭 필요한 철을 이런 목적에 사용하고 있지 않나? 이와 같은 악행의 원인이 이미 있지만 우리는 불평하지 말아야 한다. 우리는 자연의 한 부분인 땅에 감사할 줄 알아야 한다. 땅은 우리를 위해 수많은 방종과 모욕을 감내하고 있지 않은가! 땅은 우리가 바다를 그 품으로 들여올 수 있도록 자리를 내주고 파도에 씻겨 나간다. 땅은 끊임없이 철, 목재, 돌, 불, 곡물 등을 애써 만들어 우리를 그저 먹여 살리기보다는 오히려 호사스럽게 살게 하는 데 도움을 준다. 지표면에서 이루어지는 일들은 땅이 감내할지도 모르겠다.

그런데 우리는 땅속으로 들어가 금맥과 은맥을 파내고 구리 광석과 납 광석을 채굴한다. 우리는 보석이나 특이하게 생긴 작은 돌을 찾아 구덩이를 깊게 판다. 우리는 손가락을 장식하게 될 보석을 찾기 위해 땅의 내장을 뜯어낸다. 손마디 하나를 장식하기 위해 얼마나 많은 손들이 닳아 없어지나! 지옥 같은 곳이 존재한다면 이 탐욕과 사치의 땅굴은 분명히 그곳으로 파고 들어갈 것이다. 땅이 분명 뭔가 유독한 것도 만들어 냈어야 하지 않을까!

그러나 나는 사나운 짐승이 땅을 지키며 신성을 모독하는 우리의 손이 닿지 않도록 막고 있다고 생각한다. 우리는 금맥을 찾아 뱀들 사이를 파고들고 독초들을 만지고 있는 것은 아닐까? 그러나 이 모든 부귀가 죄·살육·전쟁으로 끝나며 그로 인해 대지를 우리의 피로 적시고 매장하지 못한 유골로 뒤덮는다는 것, 이런 것들에 덮여 땅의 분노가 잠잠해지고 땅이 인간의 죄악을 숨겨 준다는 것을 고려하면 대지의 여신은 분명 우리에게 호의를 보이는 것이다. 나는 땅의 본질에 대한 무지는 감사할 줄 모르는 마음에서 비롯된 참담한 결과라고 생각한다.

모든 사람이 지구가 가장 완벽한 형태를 이루고 있다는 데 동의한다. 우리는 지구라는 구체에 대해 늘 이야기하면서 그것이 극점들에 의해 둘러싸여 있다는 것을 인정한다. 거기에는 높은 산도 있고 평평한 들판도 있어서 완벽한 공의 형태는 아니다. 그러나 굴곡으로 이어지는 선을 무시하면 지구는 완벽한 구의 형태를 이루고 있다. 우리는 천체에 관해 우리가 이용했던 견해와 같은 것은 아니지만 사물의 본질에서 얻어 낸 논거를 통해 이것을 알게 되었다. 속이 텅 빈 볼록한 모든 공간은 스스로 휘어지면서 그 중심으로서의 지구에 기울어져 있다. 지구는 단단하고 속이 꽉 찬 것이 팽창하여 밖으로 돌출한 것과 같은 형태를 취하고 있다. 천체는 중심을 향해 휘어져 있으나 지구는 중심에서 뻗어 나간다. 지구 둘레를 끊임없이 도는 천체는 지구라는 거대한 구체를 공의 형태로 가두어 둔다.

지구의 반대편에도 인간이 존재하는지에 대한 의문은 학자들과 일반인으로 나뉘어 크게 논란이 되었다. 잘라 말하면, 인간은 지구의 모든 지역에 퍼져 있고 서로 발을 마주한 채 땅 위에 서 있으며, 천체의 궁륭은 모두에게 똑같이 보이고, 모두가 똑같이 땅 가운데를 걷는 것처럼 보인다. 누군가 왜 우리의 반대편에 사는 사람들이 추락하지 않느냐고 묻는다면, 반대편에 있는 사람들은 왜 우리가 추락하지 않느냐고 물을 것이라고 대답할 것이다. 그러나 나는 만약 지구가 솔방울처럼 불균등한 구체라면 지구의 모든 지역에 사람이 살고 있을지도 모른다고 말하고 싶다. 이것은 가장 몽매한 사람들도 수긍할 만한 주장이다.

그러나 우리가 주목할 만한 또 다른 기적을 알게 된다면, 이 문제는 지극히 하찮은 것이 되고 만다. 지구 그 자체가 공중에 매달려 있으며 우리와 함께 추락하지 않는다. 그것이 우주에 가득한 대기의 힘에 의해서인지, 아니면 떨어질 만한 곳을 허용하지 않는 자연에 저항하지 않아서인지 잘 모르겠다. 불은 불 속에만 있고 물은 물속에만 있으며 공기도 공기 안에만 있는 것처럼 지구가 있을 곳은 지구 말고는 없다. 지구가 아닌 다른 모든 것은 지구가 있을 곳에 접근할 수 없다. 그렇게 드넓은 바다와 대지가 있음에도 지구가 둥근 모양을 형성한다는 것은 실로 놀라운 일이다. 이것은 매우 학식이 많은 디카이아르코스Dikaiarkhos[1]의 생각이다. 그는 왕들의 지시로 산의 높이를 측정했는데, 가장 높은 펠리온Pelion산[2]의 높이를 1,850미터[3]로 추정하고 이것이 지구의 둥근 형태에 영향을 주지 않는다고 보았다.

그러나 알프스산맥에 있는 몇몇 산은 2만 미터 이상 높이로 솟아 있는 것을 잘 알고 있는 나로서는 이러한 주장이 의심스러워 보인다. 그러나 학식이 없는 몽매한 사람들은 물이 둥그런 형태로 존재하는 것을 믿으라고 강요하는 데 가장 단호하게 거부감을 나타낸다. 그러나 자연계의 현상 가운데 이보다 더 시각적으로 확실한 것은 없다. 왜냐하면 우리는 어디서나 물방울이 떨어질 때 둥근 형태를 띠는 것을 보기 때문이다. 물방울에 먼지가 앉거나 나뭇잎의 솜털에 물방울을 흩뿌려도 완전히 둥글게 되는 것을 볼 수 있다. 그리고 컵에 가득 담긴 액체는 가운데가 불룩하다. 그러나 액체의 미묘한 속성과 내재된 유연함 때문에 이 사실은 우리의 시각보다 이성에 의해 더 쉽게 확인된다.

그리고 컵이 완전히 채워졌을 때 액체가 조금이라도 더해지면 그 여분의 액체는 흘러넘치지만 고체—은화 스무 개 무게 정도의 고체라도—를 더하면 반대되는 현상이 나타난다는 것은 놀라운 일이다. 이런 현상이 나타나는 이유는 컵 안에 떨어뜨린 고체는 액체의 표면을 위로 밀어 올리는 반면에 위에서 부은 액체는 볼록한 표면을 타고 흘러내리기 때문이다. 배 위에 있을 때는 육지가 보이지 않지만 돛대에 올라가면 육지가 보이는 것과 같은 이치다. 항구를 떠날 때 돛대 끝에 눈에 잘 띄는 물건을 매달면 그것이 점점 내려가 마침내 보이지 않게 된다. 우리가 끝이 없다고 생각하는 바다가 만약 다른 형태로 되어 있다면 그것을 담아 둘 수 있는 외부의 테두리도 없이 하나로 응집해 지구에서 흘러내리지 않고 존재할 수 있었을까?

우리는 위대한 기술자인 자연이 만든 땅과 물의 결합—아주 메마른 땅은 물 없이 홀로 생존할 수 없고, 물은 땅이 지탱해 주지 않으면 존재할 수 없게 그 둘을 하나로 서로 결합시킨 자연의 힘—을 믿지 않을 수 없다. 대지는 물에게 공간을 내주고 물은 지하와 지표 그리고 하늘을 포함해 전 지구에 스며든다. 물줄기는 연결 고리처럼 사방으로 이어져 드높은 산마루에서도 터져 나온다. 그곳에서는 밀어 올리는 공기의 압력과 짓누르는 대지의 무게에 의해 파이프에서 나오듯 물이 분출하여 추락할 위험과는 전혀 상관없이 가장 높고 우뚝한 곳으로 솟아오른다. 그러므로 왜 많은 강에서 날마다 물이 흘러드는데도 바닷물이 늘지 않는지 그 이치는 자명하다. 따라서 지구는 모든 부분에서 둥근 지구를 빙빙 도는 바다의 흐름에 의해 그 전체를 온전히 가지고 있다. 그리고 이것은 논거에 의해 조사할 사항이 아니라 경험으로 확인된 것이다.

지구는 다섯 부분의 지역으로 나뉜다. 지역 전체가 혹한과 영구적인 서리의 피해를 입는 곳이 있는데, 바로 각 극점의 주변에 있는 두 개의 극한 지역이다. 두 개의 극점 가운데 상대적으로 가까운 곳을 북극이라고 하고 먼 곳을 남극이라고 한다. 지구의 중간 지역은 그 위로 태양의 궤도가 지나가는데 불꽃 때문에 몹시 메마르고 그을렸으며 가까운 곳에 있는 열기에 휩싸여 있다. 온화한 지역은 두 곳밖에 없다. 이 지역은 열대 지역과 한대 지역 사이에 있으며 천체의 맹렬한 열기에 의해 서로 떨어져 있다. 따라서 하늘은 세 지역에서는 인간이 살 수 없도록 만든 것으로 보인다. 바다가 지구상에서 얼마나 많은 자리를 차지하는지는 불확실하다. 지구는 둥글기 때문에 다른 지역에 사는 주민이 만들어 내는 특이한 물건들을 알리기도 하고 숨기기도 한다. 만약 지구가 평평하다면 모든 것을 전 지역에서 동시에 볼 수 있었을 것이다. 그리고 밤도 똑같이 찾아왔을 것이다. 12시간이라는 밤과 낮의 똑같은 시차는 지구 중간 지역에서만 나타나는데, 지구가 평평하다면 모든 지역에서 밤낮의 시차가 같았을 것이다. 따라서 모든 지역에서 밤과 낮이 동시에 나타나지 않는다. 지구의 한쪽이 밤이 되고 이것이 회전하여 낮이 된다.

제 9 장

이탈리아

모든 땅의 수양 자녀이자 부모인 나라, 천상계를 더욱 영광스럽게 만들고,* 지구상의 흩어진 제국들을 통일하고, 인간의 예절을 가다듬고, 많고도 다양한 민족의 귀에 거슬리고 상스러운 방언들을 하나의 공용어라는 강력한 유대감으로 통일하고, 인류에게 담론과 문명의 기쁨을 부여하고, 간단히 말해서 지구상 모든 민족의 모국으로 신의 섭리에 의해 선택된 나라에 대해 간략하고 피상적으로 기술한다면 당연히 배은망덕하고 나태하다는 비난을 면치 못할 수도 있다는 점을 잘 알고 있다.

그러나 어떻게 이 일을 시작할 것인가? 유명한 곳이 너무 많고(누가 그곳을 일일이 열거할 수 있을까), 각 민족과 관련 주제에 대해 전해 듣는 이야기가 너무 많아서 막막하기만 하다. 이탈리아의 한 지역이면서 치켜세울 정도

---

* 황제들을 신격화해 신의 숫자를 늘린 덕분에 그랬다.

로 아름다운 이탈리아의 얼굴 로마만 하더라도 제대로 기술하려면 얼마나 장황한 글을 써야 하나! 그리고 혼자 하나씩 생각해 보니 캄파니아의 해변은 자연이 이 해안 지대를 만들 때 한 장소에 모든 축복을 몰아 주는 데서 기쁨을 느꼈다고 할 수 있을 정도로 자연의 아름다움과 풍요로움이라는 점에서 분명 대단한 축복을 받은 곳이다. 그리고 기후는 한결같이 상쾌할 뿐만 아니라 건강과 활력으로 가득 차 있고, 청명한 날씨는 매혹적이고, 들판은 비옥하고, 산비탈에는 햇볕이 내리쬐고, 관목 숲은 모든 위험으로부터 보호해 주고, 과수원은 산뜻하게 그늘이 드리워져 있고, 삼림에는 다양한 식물이 무성하고, 산에서는 산들바람이 불어오고, 곡식과 포도·올리브는 맛이 뛰어나고, 질 좋은 털을 가진 양들과 근육질의 목덜미가 돋보이는 소들이 있으며, 호수들이 간단없이 이어져 있고, 방방곡곡을 물로 적셔 생기를 불어넣는 수많은 강과 샘이 있고, 여러 방향으로 바다가 있어서 바다에 접한 항구와 육지의 중심부가 전 세계와 교역을 하도록 열려 있는, 말하자면 인간의 사업을 돕기 위해 바다 한가운데로 곧게 뻗어 나간 땅!

이탈리아의 정신과 관습 그리고 이탈리아인, 이탈리아가 웅변과 무력으로 정복한 민족들에 대해서 지금은 말을 아낀다. 시시콜콜 자신의 자랑거리를 늘어놓는 것을 좋아하는 그리스인은 이탈리아를 매우 높게 평가해 이탈리아의 일부 지역을 '마그나 그라이키아Magna Graecia'라고 불렀다. 그러나 우리가 천체에 대해 기술할 때 여러 가지 사항 가운데 일부만 언급하고 몇몇 별에 대해서만 집중적으로 관심을 보였듯이, 여기서도 그런 식으로 만족할 수밖에 없다. 지구상에 존재한다고 알려진 모든 것을

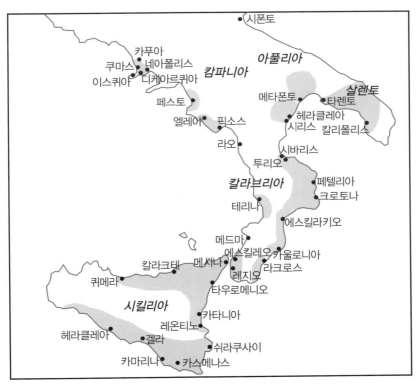

시폰토

카푸아
쿠마스 네아폴리스
이스퀴아 디케아르퀴아   **캄파니아**

아풀리아

페스토

엘레아 핏소스

라오

메타폰토   **살렌토**
타렌토
헤라클레아
시리스 칼리폴리스

시바리스

투리오

칼라브리아
페텔리아
크로토나

테리나

에스킬라키오

메드마
에스킬레오 카울로니아
칼라크테 메시나   라크로스
퀴메라   레지오
타우로메니오

시킬리아
카타니아
레온티노
헤라클레아 겔라
쉬라쿠사이
카마리나 카스메나스

기원전 280년경의 마그나 그라이키아

79

개괄적으로 서술하기 위해 서둘러 진도를 나간다는 것을 독자들이 유념해 주기를 바랄 뿐이다.

이탈리아의 국토는 가로보다는 세로가 훨씬 더 길어서 참나무 잎의 형태와 닮았다고 할 수 있다. 북쪽으로 갈수록 왼쪽이 높아지고 밑으로 내려가면 아마존 여전사들의 방패² 같은 지형을 이룬다. 그 가운데 돌출한 지역은 코킨토스Cocinthos³라고 불리는 곳이다. 그리고 초승달 모양의 만灣들이 있고 두 곳의 곶串이 있는데, 오른쪽이 레우코페트라Leucopetra, 왼쪽이 라키니움Lacinium⁴이다. 알프스산 자락의 프라이토리아 아우구스타Praetoria Augusta⁵에서 로마와 카푸아Capua를 거쳐 반도의 어깨, 말하자면 목에서 어깨로 굽어지는 곳에 있는 레기움Rhegium⁶까지 거리를 재면 이탈리아반도의 길이는 약 1,640킬로미터나 된다. 가장 북쪽 지역에서 양안 사이의 거리가 약 660킬로미터지만, 반도의 폭은 들쭉날쭉하다. 중부 지역과 로마 부근에서는 아테르누스Aternus강이 아드리아해로 흘러드는 지점에서 티베리스Tiberis강 하구까지의 거리가 약 220킬로미터며 아드리아 해안의 카스트룸–노붐Castrum-novum⁷에서 에트루리아Etruria의 알시움Alsium⁸까지는 이보다 좀 가깝다. 그러나 반도의 어디에서도 폭이 320킬로미터를 넘지 않는다.

제 10 장

휘페르보레이족

리파이이Riphaei산맥* 너머 아주 먼 북쪽 지방에는 프테로포로스Pteropho-ros**라는 지역이 있다. 왜냐하면 이곳에는 사시사철 눈이 오는데 눈송이가 마치 새의 날개처럼 생겼기 때문이다. 자연의 저주를 받아 깊은 어둠 속에 잠겨 있는 이 지역에서는 한기가 만들어지고 북풍이 몰아치는 으스스한 소리만 들릴 뿐이다.

리파이이산맥 뒤편으로 북풍이 부는 곳을 지나면 우리가 믿거나 말거나 휘페르보레이Hyperborei족이 행복하게 살고 있다. 이 종족은 아주 나이가 많을 때까지 사는데 그것은 많은 기상천외한 이야기의 주제가 되

---

*   아마도 우랄산맥의 서쪽 지맥인 것 같다.

** '날개가 달린' 또는 '깃털이 있는'이라는 뜻이다. 그리스어로는 πτεροφορὸς.

었다.* 이곳은 자전하는 지구의 축이 되는 곳으로 여기서는 별들이 거의 돌지 않는다. 이곳은 해가 떠 있는 날이 6개월 동안 지속되는데, 하지에 해가 한 번 뜨고 동지에 해가 한 번 지면 그만이다.** 햇빛을 받아 온도가 올라가면 심술궂은 바람이 불 때를 제외하고는 쾌적한 기온을 유지한다. 주민들은 덤불이나 숲속에 거주한다. 이들은 개인적으로 그리고 무리를 이뤄 신을 경배하는데 어떤 다툼과 질병도 전혀 모르고 산다. 죽음은 천수를 다했을 때만 찾아온다. 인생을 축제처럼 즐긴 다음에 나이가 들면 온갖 호사스러움을 누리고 정해진 벼랑에서 바다로 뛰어든다. 그들은 이렇게 죽는 것을 생을 마감하는 가장 바람직한 방법이라고 생각한다.

저자들 가운데 일부는 이 사람들이 유럽이 아니라 아시아의 해안가에 살고 있다고 하고 다른 저자들은 두 개의 태양 사이, 즉 지구 저편으로 해가 지는 곳과 우리 쪽으로는 해가 뜨는 곳 사이에 산다고 한다. 하지만 그 사이에 광대한 바다가 놓여 있기 때문에 있을 수 없는 일이다. 그들이 하루 한낮이 6개월 동안 계속되는 곳을 제외하고는 어디에도 살고 있지 않다고 기록한 저자들은 그들이 아침에 씨를 뿌려 한낮에 수확을 하고 저녁에는 나무의 과일을 따 모아 밤에 동굴로 숨는다고 전한다.

---

* 휘페르보레이족은 리파이이산맥에서 불어오는 보레아스 또는 북풍 너머 지역에 살았던 것으로 전해 내려온다. 그리스어 리파이(ριπαὶ)는 동굴에서 불어오는 '허리케인'이라는 의미로 높은 산맥은 이 바람이 휘페르보레이 지역으로 불어 가는 것을 막아 주어 남쪽 나라들로 더 많이 불어 가게 한다. 그래서 그들은 폭풍을 맞지 않고 지극히 행복한 가운데 편안하게 휴식을 취하며 즐겁게 인생을 살았다고 한다. 훔볼트(Alexander von Humboldt)는 "바로 이 대목에 지형적 위치와 풍향, 그리고 태양과의 거리, 그리고 습기의 활동이나 염분의 원리에 의해 열기의 전달과 기후가 달라지는 것을 설명해 주는 최초의 자연과학이 있다"고 말했다.

** 폼포니우스 멜라(Pomponius Mela)는 이곳에서는 해가 춘분에 떠서 추분에 진다고 주장했는데 그가 맞고 플리니우스가 틀렸다.

이 종족이 존재한다는 데 대해서는 의심의 여지가 없기도 하고 또 많은 저자가 그들이 처음으로 수확한 과일을 특별히 경배하는 아폴론 신에게 바치기 위해 델로스Delos섬으로 보내는 관습을 지키고 있다고 기록하고 있기도 하다. 그 봉헌물은 처녀들이 가지고 갔는데 그 처녀들은 여러 해 동안 대우를 잘 받을 뿐만 아니라 가는 도중에도 여러 나라 사람에게서 예를 갖춘 융숭한 대접을 받았다. 그러다가 결국 신의를 지키지 않는 일이 반복되면서 휘페르보레이 사람들은 그들이 바치는 공물을 인접한 나라와 경계 지역에 가져다 놓기로 했다. 그러면 인접한 나라는 다음 인접한 나라로 공물을 전달하는 방식으로 델로스섬까지 이어졌다. 그러나 시간이 지나면서 이런 방법은 사용하지 않게 되었다.

제 11장

브리타니아

유럽의 서쪽 해안 건너편에는 브리타니아Britannia라는 섬이 있는데, 그리스의 기록*과 로마의 문헌에서 그 명성이 자자하다. 브리타니아는 북서부 지역에 있는데, 넓은 바다를 사이에 두고 유럽의 훨씬 큰 지역인 게르마니아·골·히스파니아를 마주보고 있다. 브리타니아의 이전 이름은 알비온Albion**이었다. 이 섬은 모리니Morini족이 사는 해안에서 가장 가깝게 마주보는 곳까지 약 80킬로미터.*** 퓌테아스Pytheas[1]와 이시도루스Isidorus[2]의 말에 따르면, 이 섬의 둘레는 약 7,850킬로미터. 로마 군대가 이 섬을 정복하고 이 섬에 대한 폭넓은 지식을 얻게 된 것은 겨우 30년밖에

---

* 그리스의 저자들은 브리타니아가 다른 어떤 섬보다 훌륭하다고 기록했다고 한다. 디오뉘시오스(Dionysios)는 그가 쓴 『여행기(Periegesis)』에서 "그 어떤 섬도 브리타니아에 견줄 수 없다"고 말했다.

** 골의 해안에서 바라볼 때 보이는 하얀 절벽 때문에 이런 이름을 갖게 된 것으로 전해진다.

*** 플리니우스가 말한 거리는 너무 멀다. 도버와 칼레의 최단 거리는 21마일이다.

84

고대 브리타니아 지도

되지 않았다. 하지만 아직도 칼레도니아Caledonia*삼림 지역의 북쪽으로는 들어가지 못했다.

마르쿠스 아그리파Marcus Vipsanius Agrippa³는 이 섬의 길이가 약 1,290킬로미터, 폭은 480킬로미터라고 생각했다. 그는 히베르니아Hibernia⁴도 폭은 같지만 길이는 320킬로미터가 짧다고 생각했다. 가장 먼 곳에 있는 이 섬은 브리타니아 너머에 있는데 실루레스Silures인**이 사는 곳에서 가장 짧게 건너가는 거리가 약 48킬로미터다. 브리타니아의 섬들 가운데는 40개의 섬이 가까운 거리에 모여 있는 오르카데스Orcades 제도***와 7개의 섬으로 구성된 아크모다이Acmodae****가 있다. 이 섬들 가운데 가장 멀리 떨어져 있는 섬은 툴레Thule*****인데 여기서는 태양이 게자리를 지나는 하지에는 밤이 없고 반대로 동지에는 낮이 없다. 어떤 학자들은 이런 밤과 낮이 6개월씩 지속된다고 생각했다.

---

* 아마도 스코틀랜드의 그램피언 능선(Grampian range)을 지칭하는 것 같다.
** 고대 웨일스 남부 지역에 살던 부족.
*** 오크니 제도.
**** 아마도 오늘날 셰틀랜드 제도를 가리키는 것으로 보인다.
***** 고대의 툴레가 어디인지에 대해서는 설이 분분하다. 가장 일반적이고 설득력 있는 것은 아이슬란드다.

제12 장

아틀라스산

아프리카에서 가장 아름다운 지역인 아틀라스Atlas산으로 가려면 아우톨로레스Autololes족이 사는 나라를 가로질러야 한다.

전설에 따르면 아틀라스산*은 모래 속에서 하늘로 머리를 들고 솟아올랐다고 한다. 같은 이름을 가진 해안을 바라보는 사면은 험준한 바위 봉우리들로 이루어져 있지만, 아프리카 내륙을 바라보는 사면은 울창한 숲이 그늘을 드리우고 있고 계곡물이 흘러 상쾌한 기운이 감돈다. 이곳에서는 온갖 과일이 모든 사람이 배부르게 먹을 수 있을 정도로 자생적으로 자라난다. 낮에는 주민들이 눈에 띄지 않고 사막을 지배하는 두려운 적막처럼 사위가 조용하다. 가까이 가는 사람들의 마음속에 부지불식

---

* 고대의 다른 저자들처럼 플리니우스도 아틀라스를 산맥이 아니라 사막으로 둘러싸인 하나의 산으로 보는 오류를 범하고 있다. 아틀라스산맥은 현저한 서고동저의 지형을 이루어 모로코의 최고봉은 4,167미터, 튀니지의 최고봉은 1,524미터다.

간에 종교적 공포감을 느낀다. 그들은 구름 위로 솟아 거의 달에 닿을 듯한 아틀라스산 정상의 거대한 모습에 압도당하는 것을 느낀다. 밤이 되면 산 정상이 수많은 불빛을 받아 어슴푸레 빛나는 가운데 반인반수의 사튀로스가 뛰어다니는 모습이 보이고 피리와 대금의 선율과 북과 징을 치는 소리가 메아리친다고 한다. 이 모든 것은 헤라클레스와 페르세우스가 이 산에서 겪은 일들을 덧붙여 고매한 저자들이 기록한 내용이다. 이 산에 도달하기까지 거쳐야 할 지역은 광활한데 이 나라에 대해서는 알려진 게 별로 없다.

제13장

타프로바나섬

'지구 반대편에 있는 땅'이라는 뜻의 타프로바나Taprobana*는 오랫동안 별세계로 간주되었다. 알렉산드로스 대왕 시대의 노인들과 군인들이 최초로 이곳이 섬이라는 충분한 증거를 제시했다. 알렉산드로스 대왕의 함대를 지휘한 오네시크리토스Onesikritos[1]는 이 섬의 코끼리들이 인도의 코끼리보다 더 크고 전쟁에 더 적합하다는 것을 우리에게 알려 주었다. 그리고 메가스테네스Megasthenes[2]의 기록을 통해 우리는 이 섬은 강으로 나뉘어져 있고 인도보다 더 많은 금과 커다란 크기의 진주를 생산한다는 것을 알게 되었다. 에라토스테네스Eratosthenes는 이 섬의 규모를 알려 주는데, 그에 따르면 이 섬은 길이가 7,000스타디아에 폭이 5,000스타디아다. 이 섬에는 도시는 없어도 마을은 700개가 있다. 이 섬은 동쪽 바다에서

---

* 오늘날 학자들은 타프로바나가 실론(스리랑카)이라는 데 견해가 일치한다.

시작되며, 인도를 동서로 마주보고 있다.

파피루스로 만든 배들로 오갔던 과거에는 프라시Prasii*에서 이 섬에 가는 데 20일이 걸렸다고 한다. 그러나 그 거리와 우리가 건조하는 배들이 낼 수 있는 속도를 감안하면 7일 이상 걸리지 않을 것으로 추정된다.** 이 섬과 본토 사이의 바다에는 깊이가 6파수스도 안 되는 여울이 많다. 그러나 특정한 수로는 유난히 깊어서 아무리 닻을 내려도 바닥에 닿지 않는다. 이런 이유로 배들은 앞뒤가 모두 뱃머리가 될 수 있도록 만들어져 매우 좁은 수로를 항해하는 동안 침로를 바꿀 필요가 없다. 배의 용적 톤수는 암포라amphora라는 항아리 3,000개를 선적할 수 있을 정도다. 바다를 건너갈 때 타프로바나 사람들은 별을 관측하지 않는다. 사실 그들은 큰곰자리를 볼 수 없다. 그러나 그들은 배에 새들을 태우고 다니면서 이따금 날려 보내고 그 새들이 날아간 경로를 따라 육지를 찾아 항해한다. 그들은 연중 4개월만 항해에 나서고 우리의 하지 절기 이후 100일 동안은 몸을 사려 바다에 나가지 않는다. 바로 그때가 이곳 해역은 한겨울이기 때문이다.

고대의 저자들 덕분에 우리는 많은 것을 알 수 있다. 하지만 타프로바나 사람들에 대해 좀 더 정확한 지식을 얻는 것은 우리 몫이다. 클라우디우스 황제 치세에 먼 섬나라에서 로마로 사절단이 왔는데, 그 저간의 사정은 다음과 같다. 안니우스 플로카무스Annius Plocamus[4]는 재무당국으로부터 홍해 지역의 세금 징수를 위임받았다. 아라비아해를 항해하는 동안

---

* 일반적인 용어로 갠지스강 이남의 인도 지역을 지칭한다.
** 아마도 가장 최단 거리인 로마난곶에서가 아니라 코모린곶에서 출항하는 경로를 말하는 것 같다.

그를 수행하던 자유민 중 한 사람이 카르마니아Carmania[5] 북쪽에서 불어
온 돌풍에 휘말려 날아갔다.

그는 15일 동안 표류하다가 타프로바나의 항구인 히푸로스Hippuros[6]에
도착했다. 거기서 그는 왕으로부터 더할 수 없이 친절하고 융숭한 대접을
받았다. 그는 여섯 달 동안 공부해서 현지어에 익숙하게 되었고 로마와
로마 황제에 대한 모든 질문에 답변할 수 있었다. 왕은 그가 알게 된 모든
내용 중에서도 특히 억류된 사람들에게서 나온 동전들 가운데 은화의 생
김새가 다른 것은 단지 은화를 주조할 당시 재위하던 황제를 나타내기 위
한 것이고 모두 무게가 같다는 것을 확인하고 엄격한 로마의 법률과 제도
에 대해 놀라움과 함께 충격을 받았다. 이런 분위기에서 왕은 서둘러 로
마인과 협력 관계를 맺고 싶어 했다. 그는 네 명으로 이루어진 사절단을
로마에 보냈는데, 그 단장이 라키아스Rachias였다.*

우리는 이 사람들을 통해 타프로바나에 500개의 마을이 있으며, 남쪽
에 있는 항구 근처에 섬에서 가장 유명한 도시인 팔라이시문두스Palaesi-
mundus와 왕의 궁전이 있으며, 20만 명의 인구가 살고 있다는 것을 알게
되었다. 그들은 내륙에는 둘레가 604킬로미터인 메기스바Megisba라는 호
수가 있는데, 그 호수 안에는 목초지만으로 이루어진 비옥한 섬들이 있다
는 것도 알려 주었다. 그들은 이 호수에서 두 개의 강이 발원한다고 말했
다. 그중 하나는 팔라이시문두스강이며 이름이 같은 도시 근처의 항구로
세 개의 수로를 따라 흘러드는데 그 수로들 가운데 가장 좁은 것은 폭이

---

* 아마도 사절단장의 직위를 나타내는 라디쟈(Radijah)나 라쟈(Rajah)였을 텐데, 플리니우스가 이름으로 오해한
   것 같다.

타프로바나섬, 고대 그리스의 알렉산드로스 동방 원정 당시부터 실론을 가리켰다.

90여 미터, 가장 넓은 것은 2,700여 미터다. 또 다른 강의 이름이 퀴다라 Cydara인데 북쪽을 향해 인도 해안으로 흘러간다.

　우리는 타프로바나에서 인도 해안으로 갈 때 가장 가까운 지점은 뱃 길로 나흘 정도 걸리는 콜리아쿰Coliacum곶*이며 그 중간에 태양의 섬이 있다는 것도 알게 되었다. 그들은 또 이 해역의 바다는 암적색을 띠고 있 으며 해저에는 나무가 많아 배의 방향타가 자주 나뭇가지에 걸려 부러진

＊　　아마도 로마난곶인 것 같다. 이곳이 실론에서 인도 해안에 이르는 거리가 가장 짧다.

다고 말했다.* 그들은 우리가 볼 수 있는 별자리인 큰곰자리와 일곱자매별자리**를 보고 마치 새롭게 펼쳐진 하늘을 보기라도 하는 것처럼 무척 놀랐다. 그리고 그들 나라에서는 8일과 17일 사이에만 수평선 위로 달이 뜨는 것을 볼 수 있다고 분명히 말했다.*** 그들은 또 크게 빛나는 카노푸스 Canopus 별이 밤에 빛을 비춰 준다고 말했다. 그러나 무엇보다도 그들을 놀라게 한 것은 그들의 그림자가 서반구를 향해서 나타나지 않는다는 사실이었다.****

그들은 그 섬의 인도 쪽 해안의 길이는 1만 스타디아이며 해안선이 남동쪽으로 이어지고 에모디안Emodian산맥[7]을 넘어가면 세라이Serae[8]가 나오는데, 그들은 교역을 하면서 그곳 사람들과 친해졌다고 말했다. 라키아스의 아버지는 이 나라를 빈번하게 방문했는데, 세라이 사람들은 그의 일행이 도착하면 마중을 나왔다고 한다. 사절들의 이야기에 따르면, 이 사람들은 보통 사람보다는 키가 크고, 눈이 푸른색이며, 머리는 금발인데 서로 의사를 전달할 수 있는 자신들만의 공용어가 없어 대화할 때는 요란하고 시끄럽다고 했다.

그들이 세라이에 관해 전해 준 나머지 정보들은 로마 상인을 통해 전해 들은 것과 유사하다. 그것은 팔려고 하는 상품을 건너편 강둑에 가져다 놓으면 그쪽 원주민이 교환 조건이 적절하다고 생각하면 그것을 가져간다는

---

* 산호초를 말하는 게 확실하다.
** 고셀랭(Gosselin)이 말한 것처럼 로마인은 그들의 언어를 제대로 이해하지 못한 게 분명하다. 그 당시 실론 사람들이 일곱자매별자리를 모를 수는 없다. 그러나 반면에 그들이 큰곰자리를 보지 못한 것은 사실일 것이다.
*** 이것 역시 로마인이 그들의 말을 잘못 해석한 데 기인한다.
**** 실론에서는 7개월 동안은 그림자가 북쪽으로 생기고, 나머지 4개월 동안은 남쪽으로 그림자가 생긴다.

것이었다. 우리가 이런 장면들을 상상하는 것만으로 원주민이 요구하는 물건이 어떤 것이고 그들을 만족시키기 위해 얼마나 멀리까지 물건을 보내야 하는가를 생각하기보다는 불문곡직하고 사치품을 경멸하는 것이 훨씬 더 합리적이다. 그리고 사치품이라는 게 얼마나 천박하고 부질없는 것인가!

그러나 타프로바나가 아직은 자연 그대로인 채 다른 세계로부터 고립되어 있기는 하지만 범죄가 일어나는 것은 우리와 마찬가지다. 거기서는 금과 은이 귀하게 여겨진다. 그리고 모양이 거북의 등딱지 같은 대리석이 있는데 진주나 보석과 마찬가지로 매우 비싸게 값이 매겨진다. 실제로 매우 진귀한 것을 포함해 우리가 생산하는 모든 사치품은 그곳으로 팔려 나간다. 그들은 자신들이 우리보다 훨씬 더 부유하다고 주장하지만 풍요로움 속에서 진정한 기쁨을 얻는 방법은 우리가 그들보다 더 잘 알고 있다는 것을 인정한다.

이 섬에는 노예 제도가 없다. 그들은 날이 밝기 전에 잠에서 깨어나고 낮잠도 자지 않는다. 건물들은 지면에서 적당히 띄워서 짓는다. 곡물의 가격은 늘 같다. 법원이 없으니 소송도 없다. 헤라클레스는 그들이 숭배하는 신이다. 왕은 백성이 선출하는데 늘 온순하고 너그러운 성격을 가진 노인 중에서 자녀가 없는 사람을 뽑는다. 왕으로 뽑힌 뒤에 자녀를 갖게 되면 왕위에서 물러나야 한다. 이렇게 함으로써 왕권이 세습될 위험을 제거한다. 백성 가운데 서른 명이 왕의 자문역을 맡고 있는데, 어떤 사람이든 사형에 처할 때는 자문역들 가운데 다수의 동의를 얻어야만 한다. 그러나 자문역들의 동의를 받았다고 해도 사형 선고를 받은 사람은 백성에게 직접 항소할 권리가 있고 항소하면 일흔 명으로 배심원단이 구성된다.

배심원단이 피고에 대해 무죄 평결을 내리면 서른 명의 자문역들은 더 이상 존경을 받지 못하고 큰 치욕을 겪게 된다.

왕은 바쿠스(디오니소스) 신과 같은 의복*을 차려입지만, 왕을 제외한 나머지 백성은 아라비아 원주민과 같은 옷을 입는다. 왕이 범죄를 저질러 유죄 판결을 받으면 죽음을 맞게 되지만, 누가 그를 죽이는 것이 아니라 모든 사람이 그에게 등을 돌려 소통을 거부하고 말도 건네지 않는다. 그들은 사냥을 하며 축제를 벌이는데, 가장 높은 평가를 받는 운동 경기는 코끼리와 호랑이를 뒤쫓는 것이다. 밭에서는 정성을 들여 농작물을 경작한다. 포도나무는 재배하지 않지만 다른 과일들이 무척 풍성하다. 그들은 고기잡이, 그중에서도 거북 잡기를 즐긴다. 온 가족이 그 밑에 들어가 살수 있을 정도로 등딱지가 거대한 거북도 발견된다. 이 사람들은 100년을 살아도 짧은 인생이라고 생각한다. 우리는 타프로바나에 대해 엄청나게 많은 사실을 알게 되었다.

---

* 이것은 왕이 옷자락이 끌리는 길고 헐렁한 로브(robe)를 입었다는 뜻이다. 이 옷은 무대에 서는 비극 배우들이 입는 옷이다.

제 2 부

인간의
탄생과 구조

제 2 부   인 간 의   탄 생 과   구 조

제1장

인간

세계와 국가, 민족, 바다, 섬 그리고 세계에 산재한 도시들의 현재 모습도 관심을 끌지만, 인간 정신이 다양한 주제를 모두 포용할 수 있다면 지구상에 존재하는 생물들의 다양한 모습도 세계의 다른 부분 못지않게 어쨌든 살펴볼 가치가 있다. 우리의 첫 번째 관심사는 당연히 인간이 되어야 할 것이다. 다른 모든 것은 자연이 인간을 위해 만들어 놓은 것이기 때문이다. 그러나 반대로 자연이 베풀어 주는 풍족한 선물을 누리기 때문에 크고 혹독한 대가를 치르는 것을 보면 자연이 어머니인지 아니면 무정한 계모인지 분간하기 쉽지 않다.

우선 자연은 모든 생물 가운데서 오직 인간에게만 다른 생명체들에게서 빼앗은 것으로 옷을 지어 입도록 했다. 반면에 나머지 모든 동물에게는 껍데기, 갑피, 가죽, 모피, 강모, 털, 솜털, 깃털 그리고 양모 같은 외피를 만들어 주었다. 심지어는 나무줄기도 더위와 추위를 피할 수 있도록 껍질로 감싸 주었다. 어떤 경우는 이 껍질이 이중으로 되어 있다. 오직 인간만이 태어나는 그 순간 알몸으로 맨땅 위에 내던져진다. 자연은 인간을 내던져 울고 탄식하며 눈물 흘리게 만든다.

다른 생명체에서는 볼 수 없는 일이다. 존재하는 그 순간부터 그러하다. 헤라클레스가 웃었다고 하지만 그것은 조숙했기 때문에 일어난 기적 같은 일이며, 웃음에 대해 말하자면 인간은 태어나서 40일이 지나야만 웃을 수 있는데 웃는 것은 잠깐이다. 인간은 세상에 태어나자마자 붕대에 감싸여 사지를 결박당한다.* 우리 주위의 어떤 동물도 그런 운명으로 태어나지 않는다. 다른 모든 동물을 지배하도록 특별히 선택된 운명을 타고 난 이 동물은 손과 발을 단단히 결박당한 채 누워서 큰 소리를 내며 운다. 삶을 시작하면서부터 오로지 태어난 죄 때문에 치러야 할 형벌이다. 아, 이렇게 태어나고서도 자랑스럽게 태어났다고 생각할 수 있는 인간의 어리석음이라니!

인간이 앞으로 강해질 것이라는 전조는 태어나서 한참 동안 나타나지 않고 네발짐승과 비슷한 상태로 존재한다.** 인간은 태어나서 얼마 만에 걷게 되는가? 얼마 만에 말할 수 있게 되는가? 인간의 입은 얼마 만에 씹을 수 있게 되는가? 정수리의 맥박은 얼마나 오랫동안 인간이 모든 생명

---

* 플리니우스가 살던 시대 로마에서는 오늘날 프랑스에서 그러하듯 어린 영아의 몸을 붕대로 칭칭 감는 풍습이 유행했다.

** 이 대목은 스핑크스가 오이디푸스에게 던진 수수께끼를 상기시킨다. "네발이었다가 두 발 그리고 세 발로 걷고 목소리는 하나인데, 발은 이렇게 달라지지만 가장 약할 때 가장 발이 많은 것은 무엇인가?" 이에 대해 오이디푸스는 "그것은 인간이다. 인간은 어려서는 네발이고 커서는 두 발이고 늙어서는 지팡이에 의지해 다닌다"고 대답한다.

체 중에서 가장 약한 존재라는 것을 보여 주는가? 그리고 커서도 인간은 질병에 걸려 치료법을 찾아야만 하고 시도 때도 없이 찾아오는 새로운 형태와 특성을 가진 질병에 시달린다.

　다른 동물들은 그들의 천부적 능력을 본능적으로 지니게 된다. 어떤 동물은 빨리 걷고 어떤 동물은 빨리 날고 어떤 동물은 수영을 할 수 있지만, 인간은 가르쳐 주지 않으면 아무것도 하지 못하고 아무것도 알 수 없는 유일한 동물이다. 인간은 말을 할 수도 걸을 수도 먹을 수도 없다. 간단히 말해 인간이 태어나면서부터 자연스럽게 할 수 있는 것이라고는 우는 것 말고는 아무것도 없다. 이 때문에 태어나지 말거나 태어났다면 가능한 한 빨리 죽는 것이 상책이라고 많은 사람들이 생각해 왔다.

　모든 생물 가운데 인간만이 유일하게 슬퍼하며 인간만이 무수히 많은 사치와 방종을 저지른다. 인간만이 유일하게 인생의 점잖지 못한 욕구인 야망과 탐욕 그리고 두려움에 끌려 다닌다. 인간만이 유일하게 자신의 장례식과 사후에 벌어질 일을 근심한다. 인간보다 유혹에 약한 삶을 영위하는 동물은 없으며 인간보다 더 공포감에 혼비백산하는 동물도 없고, 인간보다 더 분노에 휩싸여 흥분하고 폭력적으로 행동하는 동물도 없다. 간단히 말하면 다른 동물들은 유유상종하며 평화롭게 지낸다. 우리가 관찰한 바로는 다른 동물들은 다른 종에 대항하기 위해서 뭉친다. 사자들끼리는 서로 사납게 싸우지 않는다. 뱀은 뱀을 겨냥해 독이빨로 물지 않는다.*
심지어는 바다에 사는 괴수와 물고기도 다른 종에게만 분노를 터뜨린다.

＊　이제는 상식이 된 사실과 다르다.

그러나 헤라클레스를 보라. 그의 불행은 모두 인간에 의해 저질러졌다.*

처음으로 알게 되었을 때 놀랍게 보이지 않는 게 무엇이 있나? 실제로 경험하기 전까지 우리가 불가능하다고 여겨 온 일들은 얼마나 많은가? 우리는 살아가는 과정의 모든 순간 자연의 힘과 위대함을 무시하고 자연을 전체로서 이해하는 대신 세부적으로 나눠서 생각한다. 공작새, 호랑이와 표범의 얼룩무늬 가죽 그리고 수많은 동물의 다채로운 색깔은 말할 것도 없고, 다양한 민족이 여러 가지 언어로 무척이나 다채롭게 말하고 표현하는 것은 겉보기에는 말할 수 없이 사소하지만 깊이 고찰하면 엄청나게 중요한 의미가 있다. 다른 나라 사람들을 사람이 아닌 존재로 여기기도 한다. 그리고 인간의 생김새와 얼굴 모습은 십여 부분으로 이루어졌지만 나름대로 제각기 달라서 수천 명이 있어도 서로 구분할 수 없을 정도로 같은 두 사람은 존재하지 않는다. 제한된 조합으로 만들 때 어떤 기술로도 만들 수 없는 결과다.

그러나 자연의 이런 점들을 거론하면서 내 개인적인 생각에 만족하지 않고 기꺼이 내 나름대로 근거를 제시하여 확인할 것이다. 그리고 이것은 우리가 의구심을 갖는 자연계의 모든 표제어에 적용될 것이다. 하지만 자연을 가장 오랫동안 그리고 가장 주의 깊게 관찰해 온 그리스인의 견해를 따르는 것에 대해서는 독자들이 반대하지 않으리라고 확신한다.

---

* 고대인들의 속담인 "인간은 인간에 대한 늑대(Home homini lupus)"가 나온 정서적 배경이며 "인간이 인간에게 행하는 잔인함은 수많은 사람을 통탄케 한다"는 것은 어김없는 사실이다.

2

여러 민족의
놀라운 관습들

스키타이의 몇몇 부족 그리고 실제로 다른 여러 종족이 인육을 먹고 산다. 예를 들어 세계의 중심인 이탈리아반도와 시킬리아에도 이런 괴물 같은 취향을 가진 퀴클로페스Cyclopes족[1]과 라이스트뤼고네스Laestrygones족[2]이 이전에 존재했다는 것을 생각하지 못하면 아마 이런 사실 자체를 믿기 어려울지 모른다. 그리고 최근까지도 알프스 반대편에는 그런 종족들이 제 나름의 방식에 따라 인신 공양을 하는 것이 관습이었다. 사람을 제물로 바치는 것과 인육을 먹는 것의 차이는 크지 않다.

북쪽 지방에서 사람들이 사는 곳 주변, 그리고 북풍이 일어나는 곳에서 멀지 않은 곳, 게스클레이트론Geskleithron이라는 이름으로 알려진 이곳에는 아리마스피Arimaspi[3]가 살고 있다고 한다. 이 종족은 이마 한가운데 눈이 하나만 있는 것으로 유명하다. 이 종족은 흔히 날개가 달린 것으로

고대 그리스 전설에 등장하는
외눈박이 부족 아리마스피

그리핀은 몸통과 꼬리는 사자, 머리와
앞발과 날개는 독수리를 닮았다.

묘사되는 괴물 그리핀Griffin이 광산에서 채굴한 황금을 놓고 그들과 끊임
없이 전쟁을 벌인다. 그리핀들은 금을 빼앗기지 않으려고 눈에 불을 켜고
지키고 있으며 마찬가지로 아리마스피도 금을 차지하려 욕심을 낸다. 많
은 저자가 이러한 사실을 기록했는데, 그중에 가장 잘 알려진 사람은 헤
로도토스Herodotos와 아리스테아스Aristeas다.*

또한 이마우스Imaus산[4]의 거대한 골짜기에 있는 아바리몬Abarimon[5]이
라는 나라에 사는 주민들은 야만족으로 발이 뒤를 향해 다리에 붙어 있
다. 그들은 놀라울 정도로 빨리 달리고 들짐승과 다를 바 없이 돌아다닌

---

*   헤로도토스의 『역사』 제4권에 아리마스피와 아리스테아스가 지은 시에 대한 기록이 나온다.

다. 우리는 알렉산드로스 대왕의 원정로를 측량하는 임무를 맡았던 바이톤Baeton[6]을 통해 그들은 자신들이 사는 기후 지대를 벗어나면 숨을 쉴 수 없기 때문에 이웃 나라의 다른 왕들에게 데려가는 것도 불가능하고 알렉산드로스 대왕에게도 데려갈 수 없었다는 것을 알 수 있다.

이시고누스Isigonus의 기록에 따르면, 보뤼스테네스Borysthenes[7]를 지나 열흘 정도 가야 하는 곳에 살고 있는 식인종은 인간의 두개골로 술을 마시고* 머리카락이 붙어 있는 머리 가죽들을 여러 장의 냅킨처럼 가슴에 걸치는 습관을 가지고 있다. 이시고누스는 알바니아에 사는 알비노이스Albinoes족의 눈은 바다 같은 녹색을 띠고 있으며 머리는 어려서부터 하얗고 낮보다는 밤에 더 잘 본다고 전해 준다. 또한 그는 보뤼스테네스에서 열흘 정도 가야 하는 곳에 사는 사우로마타이Sauromatae족[8]은 이틀에 한 번 음식을 먹는다고 하고, 트리발리Triballi족[9]과 일뤼리이Illyrii족[10] 가운데 어떤 이들은 눈으로 사람을 끌어당기는 힘을 가지고 있고 심지어 일정 시간 이상 눈을 똑바로 뜨고 바라보면 사람을 죽일 수도 있는데 특히 눈에 노기를 띠었을 때 그렇다고 한다.

더욱더 놀라운 것은 눈 하나에 눈동자가 두 개인 사람들도 있다는 사실이다. 아폴로니데스Apollonides[11]는 스퀴티아Skytia족 가운데도 이런 여자들이 있는데 이들을 뷔티아이Bythiae라고 부른다고 말한다. 그리고 필라르코스Phylarkhos[12]는 폰투스Pontus[13]에 사는 티비이Thibii족 중 한 부족과 다른 많은 사람이 한쪽 눈은 눈동자가 두 개이고 다른 눈은 말같이 생겼

---

* 오딘(Odin)의 낙원에서 고트족 전사들에게 약속된 향락 중 하나는 적의 두개골로 술을 마시는 것이다.

다고 전한다.* 또한 그는 이들의 몸은 옷을 입어 무게가 늘어도 물에 가라앉지 않는다고 말한다. 로마의 저자들 가운데 한 사람인 키케로도 동공이 두 개인 여자들의 눈빛은 해롭다고 한마디 하고 있다.**

로마에서 멀지 않은 팔리스키Falisci[14] 땅에는 몇 가족이 살고 있는데 이들은 히르피Hirpi로 알려져 있다. 이들은 매년 소라크테Soracte산[15]에 올라 아폴론 신에게 제물을 바친다. 이때 이들은 화상을 입지 않고 불타는 장작더미 위를 걷는다. 이 때문에 이들은 원로원의 결정에 따라 군역과 다른 모든 공역公役을 면제받았다.***

어떤 사람들은 신체의 특정 부위에 놀라운 특성을 가지고 태어난다. 퓌르로스Pyrrhos[16] 왕은 그의 오른발 엄지발가락을 환자에게 갖다 대기만 해도 비장 질환을 낫게 했다.**** 우리는 이 엄지발가락이 신체의 다른 부위들과 함께 불에 넣어도 타서 재가 되지 않았다는 것을 알고 있다. 이 때문에 이 엄지발가락은 구리판에 놓여 신전에 보관되어 있다.

인도에는, 더 정확히 말하면 에티오피아가 지배하던 시대의 인도에는 경이로운 일들이 많았다. 인도에서는 동물 가운데 가장 덩치가 큰 동물이 자란다. 예를 들면 그들의 개는 다른 나라의 개에 비해 훨씬 더 크다. 나무들도 매우 키가 커서 나무 너머로 화살을 쏘아 보내는 것이 불가능하다고 한다. 이것은 토양이 유난히 비옥하고 기온의 변화가 적고 물

---

*　이런 것들 중에 어떤 것도 인간의 눈에서 관찰된 바가 없다는 것은 주지의 사실이다.

**　현존하는 키케로의 어떤 문헌에도 이 같은 내용은 없다.

***　퀴비에(Georges Cuvier)는 이들이 어느 에스파냐 사람이 자신은 불에 타지 않는다며 파리에서 보여 준 것과 유사한 속임수를 쓴 것으로 보고 있다. 그는 돌팔이 의사 노릇을 하다 사형을 당했다.

****　플루타르코스는 그가 쓴 퓌르로스의 생애에서 이러한 이야기들을 전하고 있다. 이 이야기들은, 왕과의 접촉이 질병 치유의 효험이 있다는 데서 '연주창(連珠瘡, King's Evil)'이라는 병명이 유래한 것을 상기시킨다.

이 풍족한 데서 나타난 결과다. 전해지는 이야기를 그대로 믿는다면, 어떤 무화과나무*는 그루터기에 말 떼가 들어갈 수 있을 만큼 크다. 이곳에서 자라는 갈대는 실로 길이가 엄청나서 속이 빈 한 마디로 세 명이 탈 수 있는 배를 만들 수 있을 정도다.** 이곳 사람들 가운데 대부분이 키가 5쿠비툼cubitum**17**을 넘는다는 것은 잘 알려진 사실이다.*** 이들은 가래침을 뱉지 않으며 머리·치아·눈 그리고 드물게는 신체의 어떤 부위도 통증을 느끼지 않는다. 아마도 햇빛의 열기가 체질을 강화해서 그런 것으로 여겨진다. 금욕 고행 수도자라고 하는 인도의 철학자들은 일어나서 잠들 때까지 하루 종일 한 가지 자세로 눈을 태양을 향해 고정시킨 채 움직이지 않는다. 그들은 뜨거운 모래 위에서 발을 바꿔 가며 한 발로 서 있는데 익숙하다. 메가스테네스의 기록에 따르면, 눌로Nulo라는 산에는 발이 뒤를 향해 있는 종족이 사는데 각 발에 발가락이 여덟 개가 달렸다고 한다.

그리고 산악 지역 여러 곳에는 머리가 개같이 생긴 종족****이 살고 있는데, 야생동물의 가죽으로 옷을 지어 입고 개처럼 짖는다. 그리고 날카로운 발톱이 있는 발로 새를 잡아먹고 산다. 크테시아스Ctesias**18**가 전하

---

*   일반적으로는 '바냔나무(banyan tree)'로 알려져 있다.

**   이것은 밤보스 아룬디나케아(bambos arundinacea)로 갈대 또는 초본류인데 큰 나무만큼 키가 자란다. 줄기는 비어 있고 원주민은 마디와 마디 사이의 줄기를 가지고 카누를 만든다. 헤로도토스의 『역사』 제3권에 그것에 관한 기록이 있다.

*** 인도인의 키는 온대 지방에 거주하는 주민의 키보다 크지 않은 것으로 보인다.

**** 이러한 기록은 일반적으로 개코원숭이라는 영장류를 보고 나왔을 가능성이 있다. 개코원숭이는 주둥이가 튀어나와 있어서 '퀴노케팔루스(cynocephalus)' 또는 '개대가리(Dog's head)'로 불린다. 아울루스 겔리우스(Aulus Gellius)도 퀴노케팔루스에 대해 여러 기록을 남겼다. 플리니우스가 크테시아스(Ctesias)의 기록에 있는 온갖 말도 안 되는 이야기를 확인하지 않고 기술한 것은 아쉬운 점이다.

는 이야기에 따르면, 이 종족의 인구는 12만 명이 넘는다고 한다. 그는 모노콜리Monocoli라는 종족에 관한 기록도 남겼는데, 이들은 다리가 하나밖에 없지만 놀라울 정도로 가볍게 도약할 수 있다고 한다. 이들을 스키아포다이Sciapodae라고도 부르는데, 햇빛이 작렬하는 시간에는 등을 땅에 대고 누워 발로 그늘을 만들어 햇빛을 피하는 습관이 있기 때문이다. 그는 이 사람들이 트로글로뒤타이Troglodytae족[19]과 그리 멀지 않은 곳에서 살고 있으며 그들이 사는 서쪽에는 목이 없고 눈이 어깨에 붙어 있는 종족이 살고 있다고 전한다.

인도 동부의 산악 지대에는 카타르클루디Catharcludi라는 나라가 있는데, 그곳에서 놀랄 만큼 잽싼 동물인 사튀로스Satyros*가 살고 있다. 이 동물은 어느 때는 네발로 걷다가 어느 때는 직립 보행을 한다. 그들은 또한 사람 같은 모습을 하고 있다. 이들의 날렵함에 대해서 말하자면, 늙거나 병들었을 때를 제외하고는 이들을 포획할 수 없다. 타우론Tauron은 숲속에 살면서 언어가 없는 어떤 종족에 코로만다이Choromandae라는 이름을 붙여 주었다. 이들은 무서운 괴성을 지르는데 몸은 털로 덮여 있고 눈은 청록색이며 치아는 개의 이빨처럼 생겼다. 에우독소스Eudoxos[20]는 인도 남부 지방에 가면 남자들은 발의 길이가 45센티미터쯤 되는데 여자들의 발은 아주 작아서 스트루토포데스Struthopodes 또는 '참새발'로 불린다고 한다.**

메가스테네스는 인도의 유목민 가운데는 스퀴리타이Scyritae라는 사람

---

* 이 동물은 동양의 도서 지역에 서식하는 덩치 큰 유인원이다. 이런 묘사는 덩치 큰 영장류에 대한 잘못된 기록에서 나온 것으로 볼 수 있다. 하지만 어떤 동물인지 특정하는 것은 불가능할 것 같다.
** 이 여자들은 중국 여자들이 아닐까?

다리가 하나인 스키아포다이족

반인반수의 사튀로스

털북숭이로 묘사된 코로만다이족(왼쪽)과 입이 없는 아스토미족(오른쪽)

들이 있는데, 이들은 콧구멍 대신에 얼굴에 구멍만 뚫려 있고 다리는 뱀
처럼 흐느적거린다고 전한다. 갠지스강의 발원지가 있는 인도 동부 지역
의 맨 끝에는 아스토미Astomi족의 나라가 있는데, 이들은 입이 없고, 몸
은 흉하게 생겼고 털이 나 있으며 나무에서 따낸 솜털*로 몸을 가린다. 이
사람들은 숨만 쉬며 살고 있고 콧구멍으로 들어오는 향기를 맡고 산다.
그들은 고기도 먹지 않고 술도 마시지 않는다. 오랜 기간 여행을 떠날 때
는 냄새 맡을 것이 떨어지지 않도록 갖가지 향기로운 식물 뿌리와 꽃 그
리고 야생 사과를 가지고 간다. 그러나 냄새가 보통 향기보다 강해서 쉽
게 건강을 해친다.**

    이 사람들이 사는 곳을 지나 산악 지역 맨 끝으로 가면 트리스피타미

---

*　　실크 아니면 면화일 것이다.

**　　퀴비에는 이 대목이 어떤 설명도 불가능한 전설에 불과하다고 말한다.

퓌그마이오스족의 사냥

Trispithami족과 퓌그마이오스pygmaios족이 살고 있다고 한다. 이 두 종족의 키는 세 뼘, 다시 말해 약 70센티미터에 불과하다. 그들은 북풍을 막아 주는 산맥에 둘러싸인 아늑한 분위기와 사시사철 이어지는 봄 같은 나날을 즐긴다. 호메로스가 두루미들과 싸웠다고 언급한 종족이 바로 이들이다.* 이들은 매년 봄이 되면 큰 무리를 이루어 화살로 무장하고 양과 염소 등에 올라타고 호숫가로 내려가서 두루미들이 낳아 놓은 알과 새끼들을 죽인다.

　이 원정은 석 달 동안이나 계속된다. 그렇게 하지 않으면 두루미의 수가 엄청나게 늘어나 감당할 수 없게 된다. 그들은 새의 깃털과 알껍데기를 진흙과 버무려 지은 오두막에서 산다. 아리스토텔레스는 그들이 동굴

---

*　『일리아스』 제3권 1장 3절에서 6절. 오비디우스와 유베날리스도 이 이야기를 언급한다.

에 산다고 했지만 다른 모든 세부 사항에 대해서는 다른 저자들과 같은 기록을 남기고 있다.

이시고누스는 인도에 사는 퀴르니Cyrni족이 400살까지 산다고 우리에게 알려 준다. 그는 에티오피아의 마크로비이Macrobii족, 세라이Serae족 그리고 아토스Athos산에 사는 사람들도 그들처럼 오래 산다고 생각한다. 아토스산에 사는 사람들은 식재료로 이용하는 독사고기vipers* 덕분에 이렇게 오래 산다고 여겨진다. 또한 그들은 머리카락과 옷으로 인해 모든 해로운 동물로부터 안전하다.

오네시크리토스에 따르면, 인도의 그늘이 지지 않는 지역에 사는 사람들은 키가 240센티미터[21]에 달하고 수명은 130년이나 된다. 그들은 어떤 노화 증상도 겪지 않고 인생의 한창때에 있는 것처럼 살다가 죽음을 맞이한다. 크테시아스는 판도레Pandore라고 알려진 부족에 대해서도 언급한다. 그들은 산골짜기에 살고 있으며 200살까지 사는데, 그들의 머리카락은 어려서는 백발이지만 나이가 들면서 검어진다. 반면에 마크로비이족이 사는 나라에 와서 함께 사는 판도레족은 마흔을 넘기지 못하며 한 집에 아이가 많아야 한 명이다. 아가타르키데스Agatharchides[22]도 이런 상황에 대해 언급하고, 이에 덧붙여 그들이 메뚜기를 먹고 살며 발이 매우 빠르다고 전한다. 클리타르코스Klitarchos[23]와 메가스테네스는 이 종족에게 만디Mandi라는 이름을 붙여 주고 그들이 사는 300개나 되는 마을을 일일이

---

* 플리니우스는 다른 곳에서도 독사고기를 식재료로 이용하는 것에 대해 이야기하며 그것을 준비하는 세세한 방법을 알려 준다. 독사고기는 특별히 영양가가 높고 원기 회복에 좋다고 한다. 그리고 현대에 와서도 의사들은 같은 목적으로 독사고기를 처방한다. 코모두스(Commodus) 황제가 독사고기를 먹고 건강에 도움을 얻은 것을 기념하기 위해 주조한 것으로 보이는 메달이 전해져 온다.

열거한다. 이 종족의 여자들은 일곱 살이 되면 결혼하고 마흔이 되면 노인이 된다.

아르테미도로스Artemidoros[24]는 타프로바나섬의 주민은 수명이 매우 길고 동시에 신체도 노쇠하지 않는다고 전한다. 그러나 인도의 한 종족인 칼린가이Calingae족 여자는 다섯 살이 되면 결혼해 여덟 살을 넘기지 못한다. 다른 곳에 사는 남자들은 털이 있는 긴 꼬리를 달고 태어나는데 발이 기가 막히게 빠르다. 그리고 다른 부족은 귀가 하도 커서 몸 전체를 덮을

귀가 큰 종족

정도다.*

에티오피아 유목민 가운데 한 부족은 바다에서 북쪽으로 20일 정도 가야 하는 아스트라구스Astragus강 연안에 살고 있다. 이 부족을 메니스미니Menismini라고 부른다. 이들은 퀴노케팔루스cynocephalus**라는 동물의 젖을 먹고 사는데, 무리를 이루어 이 동물을 키운다. 아프리카의 사막에는 각양각색의 사람들이 빈번히 출몰한다.

자연은 뛰어난 솜씨로 비슷한 특성을 가진 다른 동물들과 함께 이 모든 놀라운 기질을 지닌 인류를 창조했다. 우리에게는 경이로워 보이지만 자연은 그런 일들을 놀이 삼아 재미로 한다. 그러나 과연 누가 자연계에서 매일매일 일어나는 일들을 일일이 열거할 수 있을까? 나는 매시간 일어나는 일도 말할 수 있을지 모르겠다. 자연의 위력을 보여 주는 뚜렷한 증거로 자연의 경이로움을 열거한 목록에 들어 있는 모든 종족을 언급하는 것으로 충분할 것이다.

자, 이어서 일반적으로 진실이라고 인정되는 인간과 관련된 다른 상세한 항목들을 계속 알아보기로 하자.

모든 동물 가운데 가장 뛰어나다고 자부하는 동물의 탄생과 삶이 위태롭기 그지없다는 것을 생각하면 측은하고 부끄럽기까지 하다. 육체의 강인함을 믿고 운명이라는 선물을 받아들이며 자신을 자연의 양자이자 자연의 적자라고 치부하는 인간들. 인간의 마음은 끝없이 피에 목말라하고 이런저런 성공에 우쭐대며 스스로 신이라고 생각한다. 그러나 얼마

---

* 퀴비에는 이런 이야기는 원래 덩치 큰 영장류를 지칭하여 만들어진 것이 틀림없다고 말한다.

** 개코원숭이.

나 하찮은 것 때문에 목숨을 잃게 되는가! 바로 오늘이라도 아주 사소한 것, 예를 들어 뱀의 작은 이빨에 물려서도 목숨을 잃을 수 있다. 또는 시인 아나크레온Anacreon²⁵에게 닥친 것처럼 목에 걸린 건포도 크기의 돌 때문에. 또는 집정관이자 원로원 의원인 파비우스Fabius처럼 우유 한 잔에 들어 있던 한 오라기 털 때문에도 죽음을 맞을 수 있다. 인생이 허망하게 끝날 수 있다는 것을 늘 마음에 새기고 있는 자만이 인생의 가치에 대해 올바른 평가를 내릴 수 있을 것이다.

제 3 장

2

비범한 힘을 가진
장사들

바로Varro는 놀랄 만큼 힘이 센 사람들에 대해 이야기하면서 고대 이탈
리아 삼니움Samnium족의 무기를 다루는 데 능했던 검투사 트리부타누스
Tributanus에 대한 기록을 우리에게 전해 준다.* 그는 생긴 것은 볼품이 없
었지만 남다르게 힘이 셌다. 바로는 그의 아들에 대해서 언급하고 있는
데, 그의 아들은 폼페이우스의 군대에 복무했다. 바로는 그의 몸 전체가,
심지어 팔과 손까지도 그물 같은 힘줄로 얼기설기 뒤덮여 있었다고 말한
다. 그는 적이 달려들자 무장도 하지 않고 오른손 한 손가락으로 제압해
진영으로 끌고 갔다.

아우구스투스 황제의 근위대에서 백부장百夫長으로 복무한 빈니우스

---

* 삼니움 검투사들은 삼니움족이 사용하는 '스쿠툼(scutum, 장방형의 방패)'을 들고 왼쪽 다리에는 정강이 보호
대를, 가슴에는 갯솜, 그리고 머리에는 깃 장식이 달린 투구로 무장했다.

삼니움 병사들(기원전 4세기의 무덤 벽화)

발렌스Vinnius Valens는 나무통들이 실린 마차를 물이 다 쏟아질 때까지 들어 올리는 습관이 있었고, 말들이 앞으로 끌고 가는 마차를 한 손으로 붙잡아 멈추게 할 수 있었다. 그는 이 밖에도 놀라운 힘을 과시했는데 그에 대한 기록은 그의 기념비에 새겨져 있다.

바로는 또 다음과 같은 기록을 남겼다. "'막되 먹은 헤라클레스'라고 불린 푸시우스Fusius는 자신의 노새를 짊어지고 다니는 버릇이 있었다. 그런가 하면 살비우스Salvius는 두 발에 90킬로그램, 두 손에 90킬로그램을 달고 양쪽 어깨에 각각 90킬로그램의 무게를 얹은 채 사다리를 올랐다."

내가 직접 본 가장 놀라운 힘을 가진 사람은 아타나투스Athanatus라는 사내로 200킬로그램이 넘는 납으로 된 흉갑을 입고 같은 무게의 편상화編上靴를 신은 채 무대를 가로질러 다녔다. 레슬링 선수인 밀로Milo가 자리에 앉으면 아무도 그를 움직이게 할 수 없었고 그가 한 손으로 사과를 쥐면 아무도 손가락을 벌릴 수 없었다.

제 4 장

비범한 민첩함과 (예민한 시각의 사례들

라케다이몬Lacedaemon[1]의 전령 아뮈스티스Amystis와 알렉산드로스 대왕의 전령 필로니데스Philonides가 시퀴온Sicyon[2]에서 엘리스Elis[3]까지 241킬로미터를 하루에 주파하기 전까지 필리피데스Philippides가 아테네에서 라케다이몬까지 228킬로미터를 이틀 만에 주파한 것은 매우 대단한 일로 간주되었다. 우리 시대에도 원형경기장에서 쉬지 않고 257킬로미터를 달리는 사람들이 있다는 것은 주지의 사실이다. 그리고 가까이는 카피토와 빕스타누스가 같이 집정관으로 있을 때[4] 여덟 살 난 어린아이가 아침부터 저녁까지 120킬로미터의 거리를 달렸다. 티베리우스 네로Tiberius Nero[5]가 게르마니아에서 병을 앓고 있는 동생 드루수스Drusus를 가능한 한 빨리 만나 보기 위해 밤낮으로 세 번 마차를 바꿔 타며 길을 재촉해 갔을 때 역참과 역참 사이의 거리가 약 320킬로미터라는 것을 감안하면 이렇게 빨리 달리는 사람들의 놀라운 속도를 더욱 실감하게 된다.

예민한 시각을 가진 사람들의 확인된 사례는 전혀 믿기 어렵다. 키케로는 호메로스의 『일리아스』가 호두 껍데기에 들어갈 만큼 작은 양피지에 씌어 있다고 전한다.* 그는 또 약 200킬로미터 떨어진 곳에 있는 사물을 분간할 수 있는 사람에 대해 언급하고 있다. 그리고 바로는 스트라보Strabo라는 사람은 포에니 전쟁 때 시킬리아의 릴뤼바이움Lilybaium곶⁶에서 80킬로미터 이상 떨어진 곳에 있는 카르타고의 항구에서 떠나는 함대를 관찰하곤 했는데 배가 몇 척인지 셀 수 있었다고 전한다. 칼리크라테스Kallikrates는 상아로 개미와 다른 동물들을 조각했는데 그 크기가 하도 작아서 다른 사람들은 뭐가 뭔지 분간할 수 없었다. 이런 점에서는 뮈르메키데스Myrmecides도 유명하다.** 이 사람은 비슷한 재료에 네 마리 말이 끄는 마차를 조각했는데 파리 날개 하나로 덮을 만큼 작았고 그가 조각한 배는 작은 벌의 날개로도 덮을 수 있었다.

---

*   이 이야기는 현존하는 키케로의 문헌에는 전하지 않는다. 유실된 문헌에 들어 있었을 것으로 보인다.
**   그가 상아로 새긴 조각품은 매우 작아서 검은 배경 위에 올려놓지 않으면 보이지 않았다고 한다.

제 5 장

정신력과 용기

내가 생각하기에 지금까지 살았던 사람들 가운데 정신력을 보여 주는 가장 두드러진 사례는 집정관 율리우스 카이사르Julius Caesar다. 나는 지금 그의 배짱과 용기에 대해 말하는 것도 아니고 하늘 아래에서 벌어지는 모든 일을 이해하는 그의 뛰어난 천재성을 말하는 것도 아니다. 다만 남다르게 타고난 그의 정신력과 전광석화처럼 즉각적으로 발현되는 과감성을 이야기하는 것이다.

그는 쓰면서 동시에 읽었으며 받아 적게 하며 들을 수 있었다고 알고 있다. 그는 가장 중요한 사무를 처리하면서도 동시에 서기들에게 네 통의 편지를 받아 적게 할 수 있었다. 그리고 다른 일로 바쁘지 않을 때는 편지를 일곱 통까지 동시에 받아 적도록 했다. 그는 쉰 차례나 되는 치열한 전투를 치렀다. 이 점에서 그는 마르쿠스 마르켈루스Marcus Marcellus를 능가

〈로마로 개선하는 마르켈루스〉(빈첸초 카무치니, 1816). 마르켈루스는 로마 공화정 시대의 총독이자 장군으로 '갈리아 전쟁'과 '제2차 포에니 전쟁'을 이끌었다.

하는 유일한 장군이다. 마르켈루스는 서른아홉 번 전투를 치렀을 뿐이다.

또한 카이사르가 로마 내전에서 거둔 승리에 첨언하자면 그가 치른 전쟁에서 119만 2,000명이 목숨을 잃었다. 그러나 카이사르가 불가피해서 그랬는지 모르지만 나로서는 인류에 대한 잔혹 행위라고 할 수밖에 없는 이 일을 명예로운 업적으로 기술할 생각이 없다. 그 역시 내전의 와중에서 살해당한 사람들의 숫자를 언급하지 않고 생략한 것을 보면 스스로 자랑스럽게 생각하지 않는다고 고백하고 있는 것이다. 해적들과 싸워 자그마치 856척이나 되는 배를 나포한 폼페이우스Gnaeus Pompeius Magnus에게 공적을 돌리는 게 더 합당할지도 모른다. 앞서 언급한 훌륭한 품성들에 덧붙여 말하자면 우리는 그가 보여 준 보기 드문 관용의 미덕에 대해 특별한 경의를 표하는 것이 마땅하다. 관용을 베풀고 후회하는 한이 있어

파르살리아 전투

도 그는 누구보다도 너그럽게 관용을 베풀었다.

　카이사르는 우리에게 대범함의 좋은 전범을 보여 주었다. 그 점에서는 비교할 만한 사례가 없다. 호사가라면 이런 경우에 그가 보여 준 훌륭한 모습들, 그가 아낌없이 수집한 보물들, 그가 수행한 고위 공직들을 일일이 열거할 수도 있겠지만 나는 그가 '파르살리아Pharsalia 전투[1]'가 끝나고 폼페이우스의 책상에서 가져온 문서와 타프수스Thapsus 전투[2]에서 노획한 스키피오Scipio 관련 문서를 읽어 보지도 않고 하나도 빠짐없이 소각하게 했다는 사실은 그의 고결한 정신을 보여 주는 더할 나위 없는 훌륭한 증거라고 말하고 싶다.

　그러나 말이 나온 김에 로마 제국의 영광스러운 업적이자 한 인간이 보여 준 승리의 역정이라고도 할 수 있는, 폼페이우스가 이룩한 승리와 그가 올랐던 직위에 대해 언급하고자 한다. 그가 이룩한 위업은 알렉산드로스 대왕뿐만 아니라 헤라클레스 그리고 어쩌면 '파테르 리베르Pater Liber'*의 그것에까지 필적한다. 처음에 술라Sulla의 휘하에서 군인으로서의 경력을 시작했던 그는 시킬리아를 탈환하고 아프리카 전체[3]를 정복해 복속시킨 다음 전승의 공로로 '마그누스Magnus'**라는 칭호와 승리의 영예를 합법적으로 부여받았다. 그는 출신이 에퀘스Eques[4]에 불과했지만 전례 없는 승리를 거두고 전차를 타고 로마로 금의환향했다. 로마로 돌아오자마자 그는 서둘러 서쪽 지방으로 가서 피레네산맥에 전승 기념비를 세우고 알프스에서 히스파니아 서쪽 접경 지역에 이르기까지 승리를 거두어 876개 마을을 정복했다고 새겨 넣었다. 모든 대외적인 전쟁의 주요 원인이 되었던 내전을 종식시킨 이후에도 그는 여전히 에퀘스에 머물렀지만 평범한 군인 출신도 장군이 될 수 있다는 것을 재삼 보여 주며 다시 승리의 전차를 타고 로마로 귀환했다.

이런 일이 있은 뒤 그는 여러 해안 지역에 이어서 동부 지방[5]으로 파견되었다. 거기서 그는 많은 명예로운 칭호를 조국에 바쳤다. 그것은 신성한 경기[6]에서 승리한 사람들과도 같았다. 올림픽에서 기억에 남는 것은 월계관을 받은 선수들이 아니라 그 선수들이 속한 나라였기 때문이다. 폼페이우스가 전리품을 봉헌한 미네르바 신전의 성물함에는 다음과 같은 글이 새겨져 있다. "30년 동안 지속된 전쟁을 끝냈으며 그가 쳐부수거나

---

*   바쿠스. 플리니우스는 바쿠스 신을 항상 '파테르 리베르'라고 불렀다.

**   플루타르코스는 폼페이우스가 아프리카에서 돌아왔을 때 술라가 '마그누스'라는 이름을 붙여 경례했으며 이후 '마그누스'를 별칭으로 썼다고 말한다. 그는 또한 법령에 따르면 총독이나 집정관에게는 승리의 영광을 부여하는 것이 허용되지 않는다고 전한다.

궤멸시키거나 죽이거나 투항시킨 사람이 1,227만 8,000명에 달하며 침몰시키거나 나포한 배가 846척이다. 1,538개의 도시와 성을 로마의 동맹으로 삼았으며 마이오티스Maeotis[7]에서 홍해에 이르는 모든 나라를 정복한 대장군 그나이우스 폼페이우스 마그누스가 삼가 미네르바 신께 드리는 봉헌물로 이 성물함을 바칩니다." 이 명문은 짧지만 그가 동부 지방에서 이룩한 업적을 잘 요약하고 있다.

다음의 기록은 그가 기원전 61년 9월 29일과 30일 마르쿠스 피소Marcus Piso와 마르쿠스 메살라Marcus Messala[8]가 집정관으로 승진할 때 연설의 서두에서 밝힌 승리에 대한 언급이다. "해적들로부터 해안 지방을 해방시켜 바다를 다시 로마 시민에게 되찾아 준 이후 아시아, 폰투스, 아르메니아Armenia, 파플라고니아Paphlagonia,[9] 캅파도키아Cappadocia, 킬리키아Cilicia,[10] 쉬리아Syria, 스퀴티아Scythia, 유다이아Judaea, 알바니아, 히스파니아, 크레테Crete섬, 바스테르니Basterni[11]에서 승리를 거두었고 여기에 더해 미트리다테스Mithridates[12]와 티리다테스Tiridates[13]에게도 승리를 거두었다."

하지만 폼페이우스가 이런 위업을 통해 이룩한 자랑거리 중에서 가장 영광스러운 일은, 공개적인 연설에서 스스로 언급한 바 있지만 그가 원정에 나섰을 때 로마 제국의 변방이었던 소아시아를 로마 제국의 중심으로 만들어 놓은 것이다.[14] 좀 다른 이야기지만 만약 누군가가 폼페이우스보다 더 위대한 카이사르의 위업을 같은 방식으로 다시 살펴보고자 한다면 그때는 세계의 모든 나라를 일일이 열거해도 끝나지 않을 것이다!

특히 문헌에 전해 오는 모든 이야기를 당연한 사실로 받아들인다면 위대한 용기를 보여 주는 세세한 사례에 대한 탐색은 끝없는 이야기로 이어질 것이다.

　기원전 454년 스푸리우스 타르페이우스Spurius Tarpeius와 아울루스 아테르니우스Aulus Aternius가 집정관으로 있을 때 호민관을 지낸 루키우스 시키우스 덴타투스Lucius Siccius Dentatus[15]는 자신을 돋보이게 할 증거들을 많이 가지고 있었다. 이 영웅은 120차례의 전투를 치렀고 한 전투에서 여덟 번이나 적을 무찔렀으며 몸 앞부분에 마흔다섯 군데나 영광의 상처를 입었어도 등에는 상처가 하나도 없었다. 그는 전리품 36개를 분배받았고, 승자의 창* 18개를 선물로 받았고, 펜던트 25개, 목걸이 및 황금 장신구 83개, 팔찌 160개, 왕관 26개, 돈 궤짝 1개, 죄수 10명, 황소 20마리를 받았다. 그는 개선 행진에서 주로 그의 분발 덕분에 승리를 거둔 아홉 명의 장군 뒤를 따랐다. 이 모든 업적 외에도 그가 군대에 복무하면서 한 일 가운데 내가 가장 높게 평가하는 것은 로마 장군들 가운데 한 사람인 티투스 로밀리우스Titus Romilius[16]의 집정관 임기가 끝났을 때 그를 시민에게 고발하여 직권남용죄로 유죄 판결을 받게 한 것이다.

　만리우스 카피톨리누스Manlius Capitolinus[17]는 군대에서 쌓은 명예가 말년에 와서 지워지지 않았다면 덴타투스 못지않게 화려했을 것이다. 그는 열일곱 살이 되기 전에 이미 두 번이나 훈장을 받았으며 에퀘스로는 최초로 성벽관城壁冠[18]을 받았다. 그는 또 시민관市民冠[19] 6개, 하사품 37개를 받았으며 몸의 앞면에 23군데 전상을 입었다. 그는 어깨와 허벅지에 전상

---

* 로마 장군은 일대일로 겨룬 적을 제압하게 되면 적이 지닌 무기와 갑옷을 차지하고, 그것은 승리의 증표로 여겼다. 이것을 스폴리움(spolium)이라고 한다. 하스타 푸라(hasta pura) 또는 승자의 창(victor's spear)은 쇠로 된 창끝이 없는 창을 의미한다. 이 창은 전투에서 최초의 승리를 거둔 사람에게 주어진다고 한다. 이것은 또한 최고 권력의 상징이자 한 나라가 다른 나라를 지배한다는 표시다.

성벽관

시민관

을 입었음에도 사마관[20]인 가이우스 세르빌리우스Gaius Servilius의 목숨을
구했다. 이러한 업적뿐만 아니라 그는 로마가 갈리아족의 공격을 받았을
때 아무런 지원도 없이 로마를 구했고 그럼으로써 결국 나라를 구했다.
그가 왕처럼 권력을 잡기 위해 나라를 구하지만 않았더라면 그것은 그의
업적 가운데 가장 영광스러운 일이 되었을 것이다. 그러나 이런 일들은
어떤 일을 막론하고 용기도 중요하지만 운이 따르는 것이 더 중요하다.

증손자인 루키우스 세르기우스 카틸리나Lucius Sergius Catilina[21]가 그의
명예에 먹칠을 했지만, 적어도 내가 생각하기에 실존 인물 가운데 마르쿠
스 세르기우스Marcus Sergius를 능가하는 사람은 없다. 그는 두 번째 전쟁
에서 오른팔을 잃었다. 두 번의 전쟁을 치르며 그는 첫 번째는 세 번 그리
고 다음에는 스무 번 전상을 입었다. 부상이 매우 심해서 그는 거의 손과
발을 쓸 수 없었다. 그는 상이군인이었지만 노예 한 명을 데리고 이후에도
여러 전쟁에 참전했다. 그는 한니발에게 두 번이나 포로가 되었다(그가 대적

왼손으로 칼을 쥔 마르쿠스 세르기우스

해 싸운 적 한니발이 예사롭지 않았기 때문이다). 스무 달 동안 하루도 빠짐없이 사슬과 족쇄를 차고 감금되어 있는 상태에서 그는 두 번 다 탈출했다.

그는 네 번의 전투에서 왼손 하나만 가지고 싸웠는데 그가 타고 있던 말이 두 마리나 죽었다. 그는 오른손이 잘려 나간 부위에 쇠로 만든 의수를 착용했다. 그 이후로도 그는 전투에 참전해 크레모나Cremona의 포위망을 뚫었으며 플라켄티아Placentia[22]를 방어했고 갈리아에 있는 적의 진지들을 점령했다. 이 모든 내용은 그가 법무관으로 재직할 당시 동료들이 그가 장애인이라는 이유로* 신에게 바치는 제사에 참석하지 못하도록 했을 때 행한 연설에 들어 있다. 그가 다른 적들을 상대하기만 했어도 훈장이 겹겹이 쌓였을 것이다! 이런 일들은 나름대로 용맹함을 보여도 때를

---

* 유대인과 다른 고대 민족들은 제사장의 자격으로 육체적으로 결함 없이 온전하고 병이 없을 것을 필수적인 요소로 삼았다.

잘 만나는 게 중요하다는 것을 생각하게 한다. 트레비아Trebia, 티키누스
Ticinus, 트라쉬메누스Thrasymenus 호수에서 벌어진 전투[23]로 그에게 시민관
이 주어졌나? 적의 포위를 뚫고 탈출하는 용맹스러운 행동을 보여 준 칸
나이Cannae[24] 전투로 그에게 어떤 영예가 있었나?[25] 다른 사람들은 인간을
정복했지만 세르기우스는 운명을 정복했다는 점에 대해서는 조금도 의심
의 여지가 없다.

제 6 장

2

놀라운 재능과
지혜를 가진 사람들

수없이 많은 종류의 직업, 엄청나게 다양한 직종과 직능 가운데 탁월한 천재를 꼽아 영광의 월계관을 준다면 그는 과연 누구일까? 아마도 작품에 나타난 절묘한 인물 묘사와 뛰어난 표현을 보면 누구나 그리스 시인 호메로스보다 더 뛰어난 천재는 없다고 동의할 것이다.

알렉산드로스 대왕이 페르시아의 왕 다리우스로부터 노획한 금과 보석과 진주로 장식된 향수 궤짝이 전투의 먼지를 뒤집어쓴 채 한구석에 처박혀 있는 것을 본 그의 친구들이 대왕에게 그 궤짝의 다양한 쓸모에 대해 지적했다. 그러자 알렉산드로스는 "말도 안 되는 소리! 이 궤짝을 호메로스의 시집을 보관하는 데 쓰도록 하라"고 큰 소리로 명했다. 그렇게 해서 인간 정신이 만들어 낸 가장 고귀한 작품이 가장 값비싼 예술품 속에 보관될 수 있었다. 테베를 점령했을 때 시인 핀다로스의 후손을 챙기고 그가 살던 집을 보존하라고 지시한 것도 다름 아닌 알렉산드로스 대왕이다. 또한 그는 스승인 아리스토텔레스가 태어난 그리스 북부 시골 마을 스타기라Stagira를 재건했는데, 이런 점은 알렉산드로스 대왕의 자상한 성품을 드러내 보여 주며 그가 이룩한 남다른 위업을 더욱 빛나게 한다.

타고난 성품이 잔인하고 오만한 독재 군주 디오뉘시우스Dionysius[1]는 위대한 현자 플라톤을 초청하기 위해 화관으로 장식한 배를 보냈으며 바닷가로 나가 직접 그를 영접해 백마 네 마리가 끄는 마차로 모셨다. 이소크라테스Isocrates[2]는 한 번 강연하는 데 20탤런트를 받았다.

아테네의 위대한 웅변가 아이스키네스Aeschines[3]는 로도스Rhodos 사람들에게 추방될 위기에 처하자 그들에게 데모스테네스Demosthenes[4]의 고발과 그것에 대한 자신의 연설문을 함께 읽어 주었다. 그들이 데모스테네스의 연설문에 대해 찬사를 보내자 그는 다음과 같이 외쳤다. "여러분이 데모스테네스가 연설하는 것을 직접 들었더라면 아마도 더 감동했을 겁니다." 역경에 처해서도 자신과 적대 관계에 있는 사람의 장점을 분명히 말한 것이다!

로마의 귀족들은 외국인을 호의적으로 대했다. 폼페이우스는 미트리다테스Mithridates와의 전쟁이 끝난 뒤 유명한 철학자 포세이도니오스Poseidonios[5]의 집을 방문하면서 로마의 관례대로 수행원이 문을 두드리는 것을 막았다. 또한 로마 제국의 동서 지역을 평정하고 복속시킨 폼페이우스는 이 현자의 집 문 앞에서는 파스케스fasces를 내리라고 했다.

스키피오 아프리카누스Scipio Africanus[6]는 그의 무덤에 시인 엔니우스Ennius[7]의 상을 세우고 그가 죽으면 아마도 아프리카 정복 전쟁의 전리품

파스케스는 에트루리아로부터 로마에 전승된 관습으로 도끼(힘)를 잔가지 여러 개로 묶은 것(결속)인데 '결속을 통한 힘'의 상징이었다.

으로 얻었을 것으로 보이는 그의 명예로운 이름을 시인의 이름과 함께 읽어 줄 것을 명령했다. 지금은 신격화된 아우구스투스 황제는 베르길리우스의 유언을 가장 완곡한 방법으로 거스르며 그의 작품을 태우지 못하게 막았다.[8] 이러한 행동은 아우구스투스 황제가 그의 작품을 추천한 것보다 더 훌륭한 찬사였다.

마르쿠스 바로는 생전에 자신의 동상이 세워지는 것을 본 유일한 사람이다. 그의 동상은 아시니우스 폴리오Asinius Pollio[9]가 적에게 노획한 전리품을 기금으로 삼아 지은 최초의 공공 도서관에 세워졌다. 웅변가이자 시민으로서 가장 높은 지위에 있던 사람에 의해서 널리 알려지게 된 이런 사실은 내가 생각하기에는 뛰어난 재능을 가진 사람이 무수히 많았던 시대에도 폼페이우스가 해적들과 싸운 전쟁에서 그가 받은 해군 훈장 못지

않게 영광스러운 일이다. 로마인 가운데 천재성을 보인 사람들의 사례는 셀 수 없을 정도로 많다. 로마에는 세계 모든 나라의 천재들을 다 합친 것보다 더 많은 천재가 있었다.*

마르쿠스 툴리우스 키케로, 그에 대해 아무 말도 하지 않는다면 무슨 수로 그 무례함을 사죄할 수 있을까? 왜 그가 특별히 탁월하다고 분명히 말해야만 할까? 모든 로마 사람이 입을 모아 칭송하는 수많은 증언보다 과연 무엇이 더 설득력 있을까? 그가 이야기하자 많은 사람이 토지 개혁법[10]에 승복해 그들의 토지를 내놓았고, 그가 그렇게 하도록 설득하자 그

토가를 걸친 키케로

---

*   발레리우스 막시무스(Valerius Maximus) 역시 이런 이야기를 했지만, 그 점에서는 그리스가 로마를 훨씬 능가하지 않았을까 하는 의구심이 든다.

133

들은 극장 규제법의 입안자 로스키우스Roscius를 용서하고 어떤 원한도 없이 스스로 낮은 자리로 내려가 앉았다. 또한 그가 호소하자 반역자 명부에 오른 자들의 아들들은 공직에 나선 것을 부끄러워했다. 카틸리나가 로마에서 도망가기 전에 마르쿠스 안토니우스를 반역자 명단에 올린 것은 키케로였다. 최초로 국부라는 칭호를 얻었으며, 토가를 입고 원로원 의원으로 있으면서 최초로 전승을 거두었고, 웅변으로 월계관을 받은 키케로에게 영광을!

한때 그와 적대 관계였던 절대 권력자 카이사르가 키케로에 대한 증언록에 쓴 바와 같이 라틴어 수사학과 문장의 아버지!* 그에게는 그 어떤 업적을 세운 사람에게 주어진 것보다 더 훌륭한 월계관을 주어야 한다. 로마가 가지고 있는 인재의 한계를 가늠할 수 없을 정도로 확대한 것은 영토의 한계를 확장한 것보다 얼마나 더 위대하고 영광스러운 일인가!

---

* 이러한 언급은 현존하는 카이사르 관련 문헌 어디에서도 찾아볼 수 없다.

제 3 부

육상동물

제 3 부   육 상 동 물

제1장

코끼리의 능력

코끼리는 모든 육상동물 가운데 가장 크다. 그리고 지적으로도 인간에 가장 가깝다. 코끼리는 서식하고 있는 나라의 언어를 알아듣고 지시를 따르며 학습한 대로 일을 한다. 코끼리는 사랑받고 칭찬받는 데서 기쁨을 느낄 수 있으며 인간에게도 흔치 않은 정직, 현명 그리고 공정 같은 개념을 어느 정도 알고 있다. 이 동물은 별을 종교적으로 우러르며 태양과 달을 숭상한다.* 어떤 기록에 따르면, 초승달이 뜰 때 코끼리 떼가 마우레타니아Mauretania[1]의 숲에서 아밀로Amilo강으로 내려와 몸에 물을 끼얹으며 엄숙하게 몸을 정화한다. 그런 다음 하늘을 향해 경배하고 피로에 지친

---

* 퀴비에는 코끼리에 대한 이러한 진술이 과장되었으며 코끼리가 개보다 나을 게 없다고 말한다. 이러한 생각은 아마도 코끼리가 코를 영리하게 사용하는 데서 비롯된 것 같다. 그러나 이러한 동작은 지능이 좋아서가 아니라 코의 물리적 구조 때문이다. 플리니우스는 인도 사람들의 말을 인용한 것으로 보이는데 그들은 코끼리를 항상 미신적 숭상의 대상으로 삼아 왔다.

로마 시대 동전에 새겨진 코끼리가 끄는 전차의 모습

어린 코끼리들을 앞세우고 숲으로 돌아간다. 코끼리들은 서로 다른 여러 종교가 있다는 것도 알고 있다. 바다를 건너 데려가려고 할 때 코끼리를 모는 사람이 다시 살던 곳으로 돌아온다는 것을 약속하지 않으면 배에 강제로 태울 수 없다. 병에 걸려 쇠약해지면 마치 땅에게 자신들을 위해 기도해 달라고 하듯 등을 땅에 대고 누워 풀을 뜯어 공중으로 뿌린다. 코끼리가 대단히 유순하다는 것을 보여 주는 증거로 코끼리는 왕 앞에서 무릎을 꿇어 경의를 표하고 정수리를 왕에게 내민다.

　로마에서 코끼리를 이용한 첫 번째 사례는 폼페이우스가 아프리카에서 승리했을 때다. 그때 코끼리들이 폼페이우스의 전차를 끌었다. 훨씬 이전에 바쿠스 신이 인도에 원정해 승리를 거둘 때도 코끼리가 전차를 끌었다고 한다. 프로킬리우스Procilius는 폼페이우스가 승리를 거둘 때 이용한 코끼리들은 성문을 통과할 수 없었다고 전한다.* 게르마니쿠스 Germanicus[2]가 주관한 검투사들의 경기 때는 코끼리들이 투박하고 불규칙한 동작으로 춤을 추었다. 코끼리들이 바람을 거슬러 화살을 제대로 던지는 것, 자기들끼리 검투사가 싸우는 것을 흉내 내는 것, 전무戰舞 장단에 맞춰 발을 놀리며 장난치는 것은 흔히 볼 수 있는 장면이었다. 그런 다음에 또 팽팽한 줄에 올라가 걷고** 그중 네 마리는 아픈 시늉을 하는 다섯 번째 코끼리가 누워 있는 들것을 끌고 가기도 한다. 나중에 코끼리들은 테이블 위에 올라가 사람들이 앉아 있는 장의자에 기대앉았다. 얼마나 발을 조심스럽게 움직였는지 의자에 앉아 술을 마시던 사람들 가운데 아무도 건드리지 않았다.

가르쳐 주는 것을 배우는 속도가 다른 녀석들보다 더뎌서 자주 혼나고 매를 맞던 코끼리가 밤에 몰래 공부했다는 이야기는 널리 알려진 사실이다.*** 가장 놀랄 만한 일은 코끼리가 팽팽한 줄 위에서 뒷걸음질을 칠 수 있을 뿐만 아니라 머리를 먼저 땅에 대고 줄에서 내려올 수도 있다는 것이다. 세 번이나 집정관을 지낸 무키아누스Mucianus[3]는 코끼리들 가운데 그리스 문자를 따라 쓰는 것을 배운 한 마리가 그리스어로 다음과 같은 문장을 쓴 적이 있다고 전해 준다. "나는 스스로 이 글을 썼다. 그리고

---

* 플루타르코스는 그의 전차를 네 마리의 코끼리가 끌게 하려고 했지만 성문이 너무 좁은 것을 알고 말을 이용할 수밖에 없었다고 전한다.

** 코끼리의 크기와 생김새로 볼 때 줄을 탄다는 것은 말도 안 되는 것으로 보이지만 세네카, 수에토니우스(Suetonius), 디오 카시우스(Dio Cassius), 아일리아누스(Aelianus) 등이 코끼리가 줄을 탄 것이 사실이라고 증언하고 있다. 수에토니우스는 기수가 코끼리 등에 타고 줄 위로 올라갔다고 말한다.

*** 플루타르코스는 「동물들의 명민함(De sollenia animalium)」이라는 글에서 이런 놀라운 일이 로마에서 일어났다고 전하고 있다. 하지만 어떤 방법으로 코끼리가 공부하는 것을 알았는지는 궁금하다.

켈트족의 전리품을 바친다."* 무티아누스Mutianus는 코끼리 몇 마리가 푸테올리Puteoli⁴에 도착해 배에서 내릴 때 해안까지 걸쳐 있는 아주 긴 잔교를 보고 두려움을 느낀 나머지 길이가 실제보다 짧아 보이게끔 스스로를 기만하며 뒤로 걸었다고 전한다.

코끼리들은 인간이 탐내며 얻으려고 하는 것이 그들의 방어 무기라는 것을 잘 알고 있다. 유바Juba⁵는 이것을 뿔이라고 했는데 훨씬 더 오래전에 역사가 헤로도토스는 흔히 쓰일 뿐만 아니라 더 적절한 용어인 상아라고 말했다. 그래서 코끼리들은 사고를 당하거나 나이가 들어 상아가 빠지게 되면 이것을 땅에 묻는다.** 최근에 와서 상아의 공급이 부족해지자 뼈도 얇은 판으로 켜서 쓰지만 두 개의 엄니가 진짜 상아다. 살로 뒤덮인 부분은 그냥 뼈에 불과하고 전혀 가치가 없다. 그러나 사치품에 대한 수요 증가로 상아가 모두 사라져*** 인도를 제외하면 커다란 상아를 보기 쉽지 않다.

상아가 흰색이면 그 코끼리가 어리다는 것을 알 수 있다. 코끼리들은 상아를 최대한 조심스럽게 관리한다. 싸움에 임했을 때 뭉툭하게 보이지 않도록 특히 상아의 끝부분을 관리하는 데 신경을 쓴다. 그들은 식물의 뿌리나 줄기를 파내고 무거운 물건을 미는 등 다양한 용도로 상아를 사용한다. 사냥꾼들이 포위하면 그들은 최대한 상아를 감춰 작게 보이게 함으로써 사냥할 가치가 없다고 생각하게 만든다. 그러다가 사냥꾼들에게

---

* 아일리아누스는 코끼리가 라틴 문자를 쓰는 것을 보았다고 한다.
** 아마도 상아 화석이 엄청나게 많이 발견되면서 이런 이야기가 나왔을지 모른다.
*** 로마 시대에는 식탁과 침대 머리판에 상아로 된 얇은 판재를 붙였을 뿐만 아니라, 후대에 와서는 아일리아누스와 아테나이우스(Athenaeus)를 통해 알 수 있듯이 아예 상아로 만들었다.

저항하다 지치면 나무에 돌진해 상아를 부러뜨린다. 이런 방식으로 몸값을 지불하고 목숨을 구한다.*

동물들 대부분이 자신이 무엇 때문에 사냥의 대상이 되고, 자기에게 닥친 모든 상황에서 무엇을 경계해야 하는지 알고 있다는 것은 놀라운 일이다. 코끼리는 사막에서 길을 잃고 헤매는 사람과 마주치면 온순하고 친절하게 대한다. 심지어 길을 알려 주기까지 한다. 그런데 이런 코끼리가 사람의 흔적을 우연히 발견하면 그를 만나기도 전에 습격 받을까 무서워 사지를 떨며 멈춰 서서 바람의 냄새를 맡고 주위를 살핀 다음 분노의 콧소리를 낸다. 그리고 그것을 발로 밟아 뭉개지 않고 파내 다음 코끼리에게, 그리고 그 코끼리가 그다음 코끼리에게, 이런 식으로 맨 뒤에 오는 코끼리에게까지 전달한다. 그런 다음 태도를 바꿔 싸울 태세를 갖추고 진을 친다. 사람의 냄새는 매우 강해서 맨발이 아니더라도 발자국에서도 십중팔구 느낄 수 있다. 마찬가지로 다른 야생동물들이 두려워하는 암호랑이는 코끼리 발자국은 보고는 놀라지 않지만, 사람 발자국을 보자마자 새끼들을 데리고 숨는다고 한다.

동물들이 어떻게 이런 지식을 얻게 되었을까? 그리고 사람이 무섭다는 것을 어떻게 알았을까? 호랑이가 출몰하는 숲에는 사람들이 거의 다니지 않는다는 것은 의심의 여지가 없지 않은가! 동물들이 처음 보는 발자국을 보고 놀란다면 그것은 놀라운 일이 아니다. 하지만 동물들은 사람 발자국을 보고 두려워해야만 할 무엇이 있다는 것을 어떻게 알게 되었

---

* 코끼리의 영리함과 관련된 이 같은 진술이 근거 없다는 것은 두말할 필요가 없다.

을까? 더구나 동물들은 자신들이 힘, 덩치 그리고 날렵함에서 사람보다 뛰어나다는 것을 알면서도 왜 사람을 보기만 해도 무서워하는가? 의심할 바 없이 그것은 자연의 법칙이다. 자연의 영향력이 작용하는 것이다. 가장 사납고 가장 덩치가 큰 야생동물들, 무서울 게 없는 이 동물들도 두려워해야 할 순간이 다가오면 즉각 본능적으로 두려움을 느낀다.

코끼리들은 항상 무리를 지어 이동한다. 가장 나이가 많은 코끼리가 맨 앞에 서고 두 번째로 나이가 많은 코끼리가 맨 뒤에 선다. 강을 건널 때는 큰 코끼리가 강바닥을 걸어가면서 무거운 체중으로 수심을 더 깊게 만들지 않도록 가장 작은 코끼리를 맨 먼저 보낸다. 쉬리아의 왕 안티오코스Antiochos[6]는 자신이 키우던 두 마리의 코끼리를 전쟁에 데리고 나갔고 이들에게 유명한 사람의 이름을 붙여 주었는데, 코끼리들이 그 이름을 알아들었다고 안티파테르Antipater[7]는 전한다. 카토Cato[8]는 그가 쓴 『연대기Annals』에서 장군들에 대해서는 언급하지 않고 지나쳤지만, 카르타고 군대에서 용감히 싸우다 엄니 하나를 잃은 수루스Surus라는 코끼리에 대해서는 언급하고 있다.

한번은 안티오코스가 강의 여울물 소리를 들었을 때, 다른 때 같으면 항상 짐마차를 끌던 아이아스라는 코끼리가 물에 들어가지 않으려고 버텼다. 그러자 그는 강을 건널 때는 가장 강한 부대가 선두에 서라고 명령을 내렸다. 그러자 파트로클로스라는 코끼리가 위험을 무릅쓰고 선두에 서서 강을 건넜다. 왕은 상으로 코끼리들이 특별히 좋아하는 장신구인 은으로 만든 메달을 수여하고 다른 코끼리들 모두에게도 계급장을 수여했다. 그러자 낮은 계급을 받은 코끼리는 불명예보다는 죽음을 택하겠다고 단식을 했다. 코끼리가 수치심을 느낀다는 것은 놀라운 일이다. 그리고 코끼리들 가운데 한 마리는 전투에서 제압당하자 자신을 제압한 사람의 목소리를 듣고 흙과 마편초馬鞭草를 그에게 가져다주었다.[9]

우리는 코끼리가 사랑받는 것을 알고 있다는 데 놀랄 필요가 없다. 주바가 전하는 바에 따르면, 코끼리는 여러 해 동안 떨어져 있어도 어렸을 때 자신을 돌봐준 노인을 알아본다. 그리고 코끼리들은 본능적으로 정의감이 있는 것으로 보인다. 마우레타니아의 왕 보크후스Bocchus는 코끼리 서른 마리를 기둥에 묶고 다른 코끼리 서른 마리를 이용해 앙갚음할 생각이었다. 그래서 사람들을 시켜 묶인 코끼리를 괴롭히도록 몰아붙였지만 코끼리들이 사람들을 대신해 잔혹한 행동을 하게 만들 수는 없었다.

코끼리가 이탈리아에서 처음 목격된 것은 에피루스Epirus의 왕 퓌르로스와 전쟁을 벌였던 기원전 280년이다.[10] 이때 코끼리가 맨 처음 루카니아Lucania[11] 지방에 나타났기 때문에 '루카니아의 황소'라고 불렸으며, 이로부터 7년 뒤 코끼리들이 승리를 거두며 로마로 진군했다. 그 후 기원전 250년에 로마의 대신관 메텔루스Metellus[12]가 시킬리아에서 카르타고와의 전쟁에서 승리를 거두고 코끼리 여러 마리를 로마로 몰고 왔다.* 당시 142마리의 코끼리가 돼지머리를 엮어 만든 뗏목을 타고 건너왔다. 베르리우스Verrius[13]가 전하는 바에 따르면, 더 이상 쓸모가 없어진 이 코끼리들은 원형 경기장에서 싸우다 창에 찔려 죽었다고 한다. 사람들은 코끼리를 키우려고 하지도 않았고 왕에게 주는 것도 원치 않았다.

---

* 이 승리를 기념하기 위해 주조된 주화가 지금까지 남아 있는데, 거기에는 코끼리의 모습이 새겨져 있다.

퓌르로스 왕의 코끼리 부대에 맞서는 로마군. 기원전 280년에 알렉산드로스 대왕이 건국한 에피루스의 왕 퓌르로스는 로마의 공격을 받은 이탈리아 남부의 그리스 식민지 타렌툼을 돕기 위해 이탈리아반도를 공격했다. 이때 동맹국 마케도니아는 팔랑기타이(Phalangitae. 창 등으로 무장한 밀집 부대)를 파병했고, 알렉산드로스 밑에서 장군을 역임했던 이집트의 프톨레마이오스 1세가 사위 퓌르로스를 위해 전투 코끼리 스무 마리를 보냈다.

제 2 장

코끼리 전투

한니발Hannibal이 로마 포로들끼리 서로 싸우게 했을 때 잘 알려진 한 로마인과 코끼리의 싸움이 있었다. 다른 사람들을 모두 이기고 살아남은 최후의 한 사람이 코끼리를 맞상대하게 되었다. 그는 코끼리를 죽이면 살려 주겠다는 약속을 받았다. 그리고 카르타고인에게는 매우 유감스럽게도 그는 코끼리를 죽이는 데 성공했다. 하지만 이 승리의 소식을 들은 사람들이 코끼리를 무시할지도 모른다고 생각한 한니발은 기병을 몇 명 보내 집으로 돌아가던 그를 살해했다. 퓌르로스와의 전쟁에서 시험 삼아 해 보니 코끼리의 코를 베는 것이 매우 쉽다는 것을 알게 되었다.

폼페이우스가 두 번째로 집정관을 지낼 당시 베누스 빅트릭스Venus Victrix 신전을 세우면서 원형경기장에서 코끼리 스무 마리(또는 다른 주장에 따르며 열일곱 마리)가 창을 들고 대적하는 여러 명의 가이툴리Gaetuli족[1]과 싸웠다고 한다. 이 코끼리들 가운데 한 마리가 가장 놀라운 방법으로 싸웠다. 창으로 발을 관통당하고도 무릎으로 기어 적진으로 다가가서 적들의 방패를 빼앗아 공중으로 높이 던져 버렸다. 코끼리라는 야생동물이 분노에 못 이겨 그런 것이 아니라 대단한 묘기를 보여 주기 위해 공중에 던지기라도 한 것처럼 방패들이 원을 그리며 날아 땅으로 떨어지자 관중은 대단히 즐거워했다.

또 다른 매우 놀랄 만한 상황이 벌어졌다. 한 코끼리가 일격에 죽었다. 창은 코끼리의 눈 밑을 꿰뚫고 머리의 급소를 찔렀다. 코끼리들이 힘을 합쳐 쇠창살 울타리를 부수려고 하자 쇠창살 가까이 앉아 있던 관중은 혼비백산했다. 절대 권력자 카이사르가 같은 광경을 목도하고 투기장과 관중석 사이에 해자를 파도록 한 것도 이런 일 때문에 빚어진 결과다. 나중에 네로 황제가 에퀘스를 위한 좌석을 늘리면서 이 해자는 메워졌다. 하지만 폼페이우스가 데려와 경기장에 등장시킨 코끼리들은 탈출할 희망이 전혀 없다는 것을 알고 자신들의 불행한 처지를 한탄하며 필설로 표현할 수 없는 몸짓으로 관중의 측은지심에 호소했다. 사람들은 이 장면에 크게 충격을 받아 폼페이우스가 로마 시민을 위해 베풀어 준 호의도 완전히 잊어버린 채 모두 일어나 하나같이 눈물을 흘리며 그를 욕했다. 그러고 나서 얼마 되지 않아 폼페이우스는 이러한 저주의 희생자가 되었다.

카이사르가 세 번째 집정관을 지낼 때 코끼리 스무 마리가 500명의 군인을 대적해 싸웠다. 또 다른 상황에서는 코끼리 스무 마리가 각각 예순 명의 군사들이 올라가 있는 공성탑을 끌고 보병 5,000명, 기병 500명과 맞섰다. 후대에 와서 클라우디우스 황제와 네로 황제 시대에 검투사들이 보여 준 마지막 영웅적인 모습은 코끼리와 일대일로 대결하는 것이었다.

코끼리는 자기보다 약한 동물에게는 동정심 많은 태도를 보이는데, 양 떼를 발견하면 무심결에 밟지 않도록 코를 이용해 양들을 옆으로 쫓는다고 한다. 코끼리들은 먼저 도발하지 않으면 해코지를 하지 않고 매우 사회적이어서 항상 무리를 지어 다닌다. 혼자 지내는 것을 코끼리보다 더 싫어하는 동물도 없다. 기병대에 포위되면 코끼리들은 약하고 지치고 부상당한 코끼리를 가운데 놓고 서로 돌아가면서 정면에 나서 싸우는데, 마치 누가 지휘라도 하는 듯 그리고 훈련을 받은 것처럼 행동한다.

인도코끼리

제 3 장

코끼리 사냥법

인도에서는 코끼리를 키우는 사람이 길들인 코끼리 한 마리를 이끌고 혼자 있거나 무리에서 떨어져 있는 야생 코끼리에게 접근해서 몰아간다. 그러다 코끼리가 지치면 위에 올라타 다른 코끼리를 다루는 것과 같이 야생 코끼리를 조련한다. 아프리카에서는 코끼리를 함정으로 몬다. 코끼리가 함정에 빠지면 즉시 다른 코끼리들이 나뭇가지를 가지고 와서 흙을 돋워 언덕을 만든 다음 전력을 다해 함정에 빠진 코끼리를 끌어낸다.

　이전에는 말을 탄 사육사가 코끼리 무리를 길게 보이도록 만든 좁은 골짜기로 몰아 가파른 벽이나 해자 안에 가둔 다음 굶겨서 길들였다. 코끼리들은 배가 고프면 사육사가 건네주는 나뭇가지를 얌전히 받아먹게 된다. 오늘날에는 상아를 얻기 위해 코끼리를 잡을 때 일반적으로 코끼리 몸에서 가장 연약한 곳으로 알려진 발에 화살을 쏜다.

아프리카코끼리

에티오피아 땅에 살고 있는 트로글로뒤타이Troglodytae족[1]은 코끼리를 잡아 그 고기만 먹고 사는데 코끼리들이 지나다니는 길가에 있는 나무 위에 올라가 망을 보다가 코끼리 무리의 맨 뒤에 오는 코끼리의 엉덩이로 뛰어내려 왼손으로 꼬리를 잡고 두 발을 코끼리 왼쪽 허벅지에 단단히 묶는다. 그런 다음 코끼리에 매달려 오른손에 매우 날카로운 손도끼를 쥐고 코끼리의 한쪽 뒷다리의 힘줄을 끊는다. 부상 때문에 코끼리의 걸음걸이가 느려지면 다른 쪽 다리의 힘줄도 끊는다. 그런 다음 코끼리에서 안전하게 내려온다. 이 모든 행동은 대단히 민첩하게 이뤄진다.

성질이 사나운 코끼리들은 굶기고 때려서 길들인다. 또한 코끼리들이 난폭한 행동을 보이면 사슬로 묶어 얌전하게 만든다. 길들여진 코끼리는 전쟁에 출정하여 무장한 군인들이 올라가 있는 공성탑 대열을 공격한다. 로마 제국의 동부 지역에서 전투할 때는 주로 코끼리 군단에 의해 승패가 좌우되었다. 코끼리가 부상당해 공황 상태에 빠지면 적군뿐만 아니라 아군에게도 상당한 피해를 주었다.

제 4 장

코끼리의 나이와 여러 특징

아리스토텔레스는 코끼리가 200살까지 살고 예외적인 경우에는 300살까지도 산다고 말했다. 코끼리는 예순 살 때가 전성기다. 코끼리들은 몸집이 육중하여 수영은 못하지만 특히 물을 좋아하고 개울가를 주로 돌아다닌다. 코끼리들은 추위에 매우 민감하다. 추위야말로 코끼리에게 최대의 적이다. 나무의 줄기와 잎은 코끼리가 가장 좋아하는 먹이다. 코끼리는 야자나무를 이마로 받아 쓰러뜨린 다음 야자열매를 먹는다.

코끼리는 입으로 먹고 '손'이라고 그럴싸하게 이름을 붙인 긴 코로 숨을 쉬고 냄새를 맡는다. 코끼리는 이 긴 코를 물 마시는 컵으로 사용한다. 코끼리는 보통 긴 코의 비강으로 액체를 흡입해 입으로 가져가 물을 받아 삼킨다. 코끼리는 모든 동물 가운데 쥐를 가장 싫어하는데 먹이를 쥐가 손댔다고 생각하면 먹지 않는다. 코끼리는 물을 마시다가 우연히 사

고대 이집트에서는 상아를 조각의 재료로 사용했다.

람들이 '흡혈귀'라고 부르는 거머리를 삼키게 되면 더없이 괴로워한다. 거머리가 비강 점막에 달라붙어 참을 수 없는 통증을 일으키기 때문이다.

코끼리의 등가죽은 대단히 딱딱하지만, 배 쪽은 등에 비해 훨씬 부드럽다. 피부는 강모로 덮여 있지 않고 가느다란 꼬리는 귀찮은 파리를 쫓는 데 별로 소용되지 않는다. 가죽은 그물 모양으로 주름이 져 있는데 거기서 나는 냄새를 맡고 벌레들이 꼬인다. 하지만 파리 떼가 가죽에 앉으면 코끼리는 가죽을 부드럽게 폈다가 갑자기 수축시킨다. 이런 방법으로 주름에 파리를 가둬 으깨 죽인다. 이런 능력은 꼬리, 후두부 갈기 그리고 털이 있는 곳을 시원하게 해 준다. 호사가들은 코끼리 코 부위의 연골 조직이 대단히 미묘한 맛이 있는 것으로 여겨 이것을 진미라고 추천한다. 하지만 내가 생각하기에는 상아를 먹었다고 자랑하는 것밖에는 하등의 다른 이유가 없다. 아프리카의 오지나 에티오피아에서는 상아가 집을 지을 때 문설주로 쓰인다.

제 5 장

사자

생각해 보니 이쯤에서 아리스토텔레스에 대해 좀 더 이야기하지 않을 수 없다. 이런 주제들을 다루면서 나는 많은 점에서 아리스토텔레스를 스승으로 삼았다. 동물의 생태에 대한 탐구욕이 넘쳤던 알렉산드로스 대왕은 이러한 일을 모든 분야의 학문에서 가장 높은 경지에 오른 아리스토텔레스에게 맡겨 추진하려고 했다. 그 일을 위해 아리스토텔레스는 아시아 각 지역에서 사냥, 낚시, 삼림 관리, 가축 방목, 양봉, 양어, 새 키우기 등에 종사해 온 수천 명을 휘하에 두었다. 그리하여 지구상에 서식하는 것으로 알려진 모든 동물에 대한 지식을 빠뜨리지 않고 수집하려고 했다. 이 사람들로부터 얻은 지식을 정리해 그는 동물을 주제로 50권의 책을 엮어 낼 수 있었다. 당연히 높이 평가를 받는 책이다.

나는 아리스토텔레스가 몰랐던 사실을 보완해 그가 책에 담았던 내용을 발췌·요약하려고 한다. 그리고 독자들이 내가 쓰고 있는 이 책을 평가할 때 내 도움으로 자연에 대한 모든 문헌을 신속하게 통독하고 모든 제왕 가운데 가장 유명했던 알렉산드로스 대왕이 그토록 열심히 공부하고자 했던 주제들의 핵심 내용을 파악하게 되었다고 너그럽게 봐 주기를 바란다.

표범, 흑표범, 사자, 그리고 이 종에 속하는 다른 동물들은 안으로 구부러지는 발톱을 가지고 있어서 걸을 때 발바닥 사이에 발톱 끝을 집어넣고 걷는다. 이렇게 발톱이 부러지거나 무뎌지는 것을 막을 수 있다는 것은 놀라운 사실이다. 수사자의 생김새는 특히 위엄이 있어 보이는데 목과 어깨에 갈기가 덮여 있다.

사자는 모든 야생동물 가운데 살려 달라고 애원하는 동물에게 관용을 베푸는 유일한 동물이다. 사자는 굴복하면 위해를 가하지 않는다. 화가 났을 때는 여자보다는 남자에게 분노를 터뜨린다. 굶주림에 몹시 시달리지 않으면 아이에게는 결코 달려들지 않는다. 리비아인은 사자가 살려 달라고 애원하는 사람들의 말을 완전히 알아듣는다고 믿는다. 아무튼 나는 그에 관해 사실이라고 주장하는 다음과 같은 이야기를 들었다.

가이툴리아Gaetulia[1]에서 돌아오던 한 여자 노예가 사자 여러 마리한테 공격을 받았다. 그러자 그녀는 없는 용기를 다 끌어모아 사자들 앞에 나섰다. 그리고 자신은 여자인 데다 도망 중이며 힘도 없는 사람이라면서 가장 관대하고 모든 동물을 지배하는 사자가 동정을 베풀어 달라고 애원했다. 그러면서 자신은 동물의 지존인 사자의 먹잇감은 아니라고 말했다.

감비아 사자

그러자 사자는 사나움을 완전히 누그러뜨렸다.* 사정을 하자 사자가 순해 진 것이 사자의 어떤 특별한 기질 때문인지 우연히 그렇게 된 것인지에 대 해서는 다양한 의견이 있다. 노래를 부르면 뱀들이 굴에서 나와 죽음을 맞게 된다는 이야기도 있는데 이런 이야기의 진위 여부를 제대로 확인할 길은 없다.

사자의 꼬리는 말의 귀와 마찬가지로 감정 상태를 나타낸다. 이것은 자연이 가장 관대한 동물에게 부여한 독특한 표시다. 꼬리를 움직이지 않 으면 사자를 쓰다듬는 사람에게 순종한다는 뜻이다. 하지만 그런 일은 매우 드물게 일어난다. 왜냐하면 대부분의 경우 사자는 화가 나 있기 때 문이다. 사자는 꼬리로 땅을 치는 것으로 시작해 더욱 화가 나면 스스로 분노를 돋우려는 듯 꼬리로 자신의 옆구리를 후려친다. 사자의 가장 큰 힘은 가슴에서 나온다. 허기를 채우면 사자는 온순해진다.

사자의 일반적인 기질은 위험에 처했을 때 제대로 발현된다. 사자는 자신을 위협하는 모든 무기를 무시하면서 자신이 불러일으키는 공포감만 으로 방어하다가, 위험에 내몰려서가 아니라 제정신이 아닌 듯한 상대방 의 어리석음에 분노해 마침내 공격을 시작한다. 하지만 수많은 개와 사냥 꾼이 사자를 쫓아오면 사자는 뒤로 물러선다. 그리고 여전히 모습을 감추 지 않은 채 가끔 평원에 멈춰 서서 개들과 사냥꾼들을 경멸하듯 쏘아보 는데, 이것이 사자의 용기를 보여 주는 더욱 멋진 모습이다.

---

* 사자의 아량과 관용에 대한 이런 이야기들은 비사실적이지만, 동물의 성질을 알아볼 수 있을 만큼 경험이 많은 사람들은 그 크기와 힘을 감안할 때 사자가 고양잇과의 다른 동물들에 비해 덜 사납고 덜 잔인하다는 데 동의한다.

그러나 사자는 일단 덤불이나 울창한 숲으로 들어서면 그런 장소에서는 자신의 부끄러운 모습이 노출되지 않는다는 것을 아는 듯 가능한 한 빠른 속도로 멀리 사라진다. 사자는 추격할 때 높이 뛰어오르며 질주하지만 도망갈 때는 뛰어오르지 않는다. 사자는 상처를 입으면 사냥꾼들이 아무리 많아도 자신에게 타격을 가한 사람이 누군지 놀랄 정도로 금방 알아차리고 그를 찾아낸다. 사냥꾼이 자신에게 던진 창이 빗나가 상처를 입지 않으면 사자는 그 사냥꾼을 물고 빙빙 돌린 다음 땅에 내던진다. 그러나 상처를 입히지는 않는다. 새끼들을 보호할 때 암사자는 사냥꾼의 창을 보고 겁에 질리지 않으려고 내내 땅만 바라본다고 한다.

　모든 면에서 사자는 한결같이 속이지도 않고 의심하지도 않는다. 사자는 결코 의혹의 시선으로 사물을 바라보지 않는다. 그리고 자신이 그렇게 보이는 것도 싫어한다. 사자가 죽을 때 흙을 물고 자신의 죽음에 대해 눈물을 흘린다는 것이 일반적인 속설이다. 사자는 강하고 사납지만 굴러가는 바퀴나 빈 수레를 무서워하고 수탉의 벼슬을 보거나 울음소리를 들으면 더 무서워한다. 그리고 무엇보다도 불을 무서워한다. 사자가 걸리는 유일한 질병은 식욕을 상실하는 것이다. 이 병은 원숭이들을 사자 옆에 풀어 놓고 놀게 하는 방법으로 사자를 약 올리면 낫는다. 사자가 화가 나서 원숭이의 피 맛을 보면 병이 낫는다.

제 6 장

사자의
놀라운 재주

전에는 사자를 잡는 게 무척 어려운 일이었다. 그리고 주로 함정을 파서 사자를 잡았다. 하지만 클라우디우스 황제 치세에 우연히 사자의 이름에 불명예를 안겨 주었다고 할 수 있는 방법을 터득했다. 어느 가이툴리족 목동이 사납게 달려들던 사자에게 단지 외투를 던지는 것으로 사자를 멈추게 했다. 그런 상황은 나중에 원형경기장에서도 재현되었는데 얇은 보자기를 머리에 던지자 사납게 날뛰던 사자가 거의 믿을 수 없을 정도로 무력해지면서 저항 한번 해 보지 못하고 쇠사슬에 묶였다. 이런 일은 뤼시마쿠스Lysimachus[1]가 했던 일을 무색하게 한다. 그는 알렉산드로스 대왕의 명령으로 사자와 함께 같은 방에 수감되었는데 사자를 목 졸라 죽였다.

안토니우스Marcus Antonius는 사자에게 멍에를 씌웠다. 그는 로마에서는 처음으로 사자에게 마차를 끌게 했다. 파르살리아 전투 이후 내전을 치를 때였다.[2] 관용의 정신이 약화된 시대에 이것은 범상치 않은 일로 불길한 전조가 아닐 수 없었다. 여배우 퀴테리스Cytheris[3]와 함께 마차에 올라 사자들이 마차를 끌게 한 것은 난세에 볼 수 있는 괴이한 장면치고도 도를 넘는 것이었다.

저명한 카르타고인 가운데 한 사람인 한노Hanno[4]는 최초로 대담하게 손으로 사자를 만지고 길들였다고 한다. 이 일로 인해 한노는 제거되었다. 왜냐하면 그토록 재능이 많고 명석한 사람은 민중을 설득해 무슨 일이든 도모할 수 있고, 사나운 동물도 능숙하게 제압할 수 있는 사람에게 카르타고의 통치를 맡기는 게 위험하다고 생각했기 때문이다.

사자가 타고난 인자함을 보여 준 것으로 회자되는 몇몇 사건이 있다. 쉬라쿠사이Syracusae 출신인 멘토르Mentor는 쉬리아에서 사자 한 마리와 마주쳤다. 사자는 그를 향해 애원하는 태도로 다가왔다. 공포에 휩싸여 달아나고 싶었지만 이 사나운 동물은 계속해서 그의 앞길을 막아서며 사정하는 태도로 그의 발을 핥으려 했다. 그때 멘토르는 상처로 부어오른 사자의 발을 보았다. 그리고 발에서 가시를 뽑아 고통을 없애 주었다. 쉬라쿠사이에는 이런 일이 실제로 있었음을 증명하는 그림이 있다.

마찬가지로 사모스Samos 출신의 엘피스Elpis도 아프리카 해안에 도착해 배에서 내렸을 때 사자가 바닷가에서 위협적으로 입을 벌리고 있는 것을 보았다. 그는 재빨리 나무 위로 올라가 바쿠스 신에게 도와 달라고 간절히 기도했다. 희망의 여지가 없을 때는 바쿠스 신에게 기도하는 것이 최상이었다. 그가 나무 위로 도망갈 때 그 야수는 쫓아오지 않았다. 그래서 쉽게 나무 위로 올라갈 수 있었는지 모른다. 사자가 나무 밑에 누워 입을 벌리고 있는데 무섭기 짝이 없었다. 그러나 사자는 그의 동정심을 얻으려는 듯 행동했다. 사자는 너무 게걸스럽게 먹이를 먹다가 뼈가 이빨 사이에 단단히 끼여 먹을 수 없는 상태였던 것이다. 엘피스는 사자가 보내는 무언의 애원을 알아차렸다. 하지만 이 가공할 야수에게 자신을 맡길 엄두를 내지 못했다. 그는 무서움보다는 놀라움에 휩싸여 한동안 꼼짝하지 않고 그대로 있었다. 그러다 마침내 나무에서 내려와 그 뼈를 잡아 뺐다. 그동안 사자는 고개를 내밀고 엘피스가 작업하는 데 필요한 동작을 취하며 할 수 있는 한 도움을 주었다.

이야기는 여기서 끝나지 않고, 배가 해안에 정박하고 있는 동안 사자는 고마움의 표시로 사냥해 잡은 것들을 배로 가져왔다. 이 일을 기념하기 위해 엘피스는 사모스섬에 바쿠스 신전을 봉헌했는데 그리스 사람은 이 사건과 관련지어 그 신전을 '케헤노타스 디오니소스(κεχηνότος Διονύσον. 입을 벌린 디오니소스) 신전'이라고 불렀다.

이런 이야기를 들으면 모든 동물 가운데 오직 인간만이 자신을 도와줄 수 있을 것이라고 생각한 이 야생동물이 사람 발자국을 알아본 게 틀림없다. 왜 다른 동물에게 도움을 구하면 안 됐을까? 사자들은 인간의 손이 자신들을 치료할 수 있다는 것을 어떻게 알았을까? 그게 아니라면 아마 야생동물도 고통이 심하면 치료를 위해 모든 위험을 감수하는 것일 수도 있다.

자연철학자인 데메트리오스Demetrios[5]는 표범에 관한 놀라운 이야기를 전해 준다. 표범이 누군가 길을 지나가길 기다리며 길 한가운데 누워 있

표범을 탄 디오니소스(기원전 4~5세기 그리스 모자이크)

다가 열심히 지혜를 탐구하는 필리노스Philinos의 아버지 눈에 띄었다. 그
는 더럭 겁을 먹고 뒷걸음치기 시작했다. 그러나 표범은 그의 앞으로 다가
와 몸을 웅크렸다. 분명히 돌봐 주기를 바라는 것 같았다. 동시에 고통스
러운 몸짓을 했다. 표범의 몸짓이었지만 놓칠 수 없이 절실했다. 이 표범
에게는 어린 새끼들이 있었다. 새끼 표범들이 어쩌다가 좀 떨어진 곳에 있

는 구덩이에 빠졌던 것이다. 처음에 동정을 구하는 몸짓을 보고 모든 두려움이 사라졌고 다음 몸짓은 이 동물을 도와주도록 만들었다. 그래서 그는 표범을 따라나섰다. 어미 표범은 발톱으로 옷자락을 부여잡고 그를 조심스럽게 끌고 갔다. 어미 표범이 무엇 때문에 슬퍼했는지 그리고 무엇 때문에 위험을 무릅쓰는 행동을 했는지 눈으로 확인하자마자 그는 새끼들을 구덩이에서 꺼내 주었다. 그리고 새끼들은 어미를 따라 사막의 끝으로 갔다. 그도 표범을 따라 그쪽으로 갔다. 어미는 즐거움과 기쁨에 겨워 이리저리 뛰면서 얼마나 고마운지 그리고 얼마나 신세를 졌는지 더 확실하게 보여 주려는 것 같았다. 인간세계에서도 거의 찾아보기 힘든 행동이다.

이러한 사실들은 우리로 하여금 데모크리토스Democritos가 말하는 이야기를 어느 정도 신뢰하게 만든다. 그는 토아스Thoas라는 남자가 아르카디아Arcadia에서 용의 보호를 받았다고 전한다. 이 남자는 어렸을 때 이 용을 매우 좋아해서 정성을 다해 길렀다. 그러나 소년의 아버지는 이 파충류의 성질과 괴물 같은 크기에 놀라 용을 사막에 버리고 왔다. 토아스가 매복하고 있던 강도들에게 습격을 받았을 때 그 용이 그를 구해 주었다. 용이 그의 목소리를 알아듣고 구하러 온 것이다. 늑대의 도시[6]를 창건한 사람들처럼 야수가 발견해 젖을 먹여 키운 어린 아기에 대한 이야기를 들으면 나는 이런 사실들이 동물 자체가 갖는 어떤 특별한 속성보다는 거역할 수 없는 운명의 엄중함 때문이라고 생각하곤 한다.

제 7 장

표범과 호랑이

표범과 호랑이는 다양한 얼룩무늬가 있는 훌륭한 가죽으로 유명하다. 다른 동물들은 나름대로 적절한 단색 가죽을 가지고 있다. 쉬리아에 사는 사자는 사자 중 유일하게 검은색이다. 표범의 얼룩무늬는 백색 바탕에 작은 눈이 있는 것 같은 모양이다. 모든 네발동물이 이 무늬를 보고 무서움을 느낀다고 한다. 이런 이유로 표범은 몸을 숨기고 있다가 느닷없이 먹잇감을 덮친다. 어떤 사람은 표범의 어깨에는 달의 형상을 한 무늬가 있는데 그 무늬는 때가 되면 보름달처럼 동그랗게 차올랐다 초승달처럼 기운다고 주장한다. 우리는 아프리카와 쉬리아에서 매우 흔히 볼 수 있는 여러 종류의 표범을 바리아varia와 파르드pard라는 일반적인 명칭으로 부른다. 몇몇 학자들은 표범을 흰색의 비중에 따라 구분하는데, 나는 아직까지 이들 개체들 간에 차이를 발견하지 못했다.

　　과거에는 아프리카의 동물을 이탈리아로 반입하는 것을 금지하는 원로

표범

호랑이

원 법령이 있었다. 그러나 호민관 그나이우스 아우피디우스Gnaeus Aufidius[1]는 이 법령의 효력을 없애는 법을 입법했다. 이 법은 원형경기장의 경기를 위해 아프리카 동물의 반입을 허용했다. 조영관造營官[2]으로 재임하던 스카우루스Scaurus[3]가 모두 150마리의 얼룩무늬 표범을 최초로 보내 왔다. 그 후 폼페이우스가 410마리를 들여왔고, 아우구스투스 황제가 420마리를 들여왔다.

아우구스투스 황제는 로마에 있는 극장에서 사자를 길들이는 것을 최초로 보여 주었다. 투베로Tubero와 파비우스 막시무스Fabius Maximus가 집정관으로 재임하던 시절,[4] 마르켈루스Marcellus 극장을 지어 봉헌할 때였다. 5월 노네스Nones 이전 넷째 날이었다.[5] 나중에 클라우디우스 황제가 사자 네 마리를 한꺼번에 길들이는 것을 보여 주었다.

휘르카니아Hyrcania[6]와 인도에는 호랑이가 서식한다. 엄청나게 날렵한 동물인데 이런 특징은 호랑이로부터 새끼들을 빼앗으려고 할 때 특히 잘 드러난다. 호랑이는 새끼를 여러 마리 낳는다. 구할 수 있는 말 중에서 가장 빠른 말을 데리고 호랑이 새끼들을 노리고 숨어 있던 사냥꾼은 새끼들을 포획해 말을 자주 바꿔 타며 달아난다. 어미 호랑이는 굴이 비어 있는 것을 보자마자—수컷 호랑이는 새끼들을 전혀 돌보지 않기 때문에—앞뒤 가리지 않고 쏜살같이 뛰어나가 냄새를 맡으며 새끼들을 쫓아간다. 호랑이는 추격하면서 포효하기 때문에 사냥꾼은 그 소리를 알아듣고 새끼들 가운데 한 마리를 내려놓는다. 그러면 어미 호랑이는 이 새끼를 이빨로 물어 올리고 무게가 늘었는데도 불구하고 더 빨리 달려 호랑이굴로 돌아가 새끼를 내려놓고 다시 추격에 나선다. 사냥꾼이 배에 도착하고 어미 호랑이가 허망하게 바다에다 대고 분노를 터뜨릴 때까지 계속해서 이렇게 한다.

제 8 장

낙타

동쪽 지방에 가면 낙타들이 무리를 지어 먹이를 먹는 것을 보게 된다. 낙타는 박트리아Bactria 낙타와 아라비아Arabia 낙타 두 종류로 나뉜다. 박트리아 낙타는 등에 혹이 두 개다. 아라비아 낙타는 등에 혹이 하나밖에 없다. 낙타는 가슴에 하나의 혹이 더 있는데, 비스듬히 기댈 때 이것을 이용해 몸을 지탱한다. 두 종류의 낙타 모두 황소와 같이 위턱에는 이빨이 없다.

낙타는 모두 등에 짐을 지고 나르는 데 이용된다. 전쟁할 때 기병용으로도 적합하다. 낙타의 속도는 말과 같지만, 버티는 힘은 각각 타고난 체력에 따라 다르다. 낙타는 평소 걸었던 거리 이상은 걷지도 않고 평소 지었던 짐 이상은 지려고 하지 않는다고 한다. 낙타는 물을 마시지 않고 나흘을 견딜 수 있다. 물을 마실 기회가 있으면 우선 물에 들어가 발로 휘

아라비아 낙타

젓고 다니며 이전에 못 마신 물과 앞으로 못 마실 물까지 함께 마셔 둔다. 그렇게 하지 않으면 흡족해하지 않는다. 낙타는 쉰 살까지 산다. 어떤 낙타는 100살까지도 산다고 한다.

낙타를 닮은 두 종류의 동물이 있다. 에티오피아인은 그중 하나를 나분nabun이라고 부른다. 이 동물의 목은 말의 목같이 생겼다. 발과 다리는 황소의 발과 다리처럼 생겼으며 머리는 낙타 머리처럼 생겼다. 그리고 붉은 바탕에 흰점이 있는 가죽으로 덮여 있다. 이런 특징 때문에 카멜레오파르드cameleopard(기린)라고 불린다.*

---

* 여기에 기록된 기린에 대한 묘사는 대충 맞지만, 디오 카시우스가 더 자세히 묘사하고 있다. 고르디아누스 (Gordianus) 황제 치세에 기린 열 마리가 한꺼번에 로마에 들어와 공개된 적이 있다. 유럽이나 아메리카 대륙에도 몇 마리밖에 반입되지 않았다는 것을 감안하면 매우 놀라운 일이다. 프라이네스테(Praeneste)의 모자이크에 기린 그림이 있는데 그 밑에 나비(nabi)라고 적혀 있다. 기린은 유럽과 미국의 겨울을 견딜 수 없다고 알려져 있다.

프라이네스테에 있는 '나일 모자이크' 속의 기린. 폭 5.85미터, 높이 4.31미터의 '나일 모자이크'는 기원전 1세기경의 작품으로 다양한 동물들과 사냥 장면 등이 묘사되어 있다. '나일 모자이크'는 고대 이집트가 로마의 정신세계에 미친 영향의 한 단면을 보여 주는 것으로, 플리니우스는 이에 대해 다음과 같이 언급하고 있다. "모자이크는 일찌감치 술라 시대부터 만들어졌다. … 프라이네스테의 행운의 신전에는 작은 상아나 나무로 만든 각석으로 구성된 모자이크가 있다."

로마에서는 절대 권력자 카이사르가 원형경기장에서 주최한 경기에 기린이 처음 등장했다. 그 후로 이따금 기린을 볼 수 있었다. 특이하게 생긴 모습에 사람들이 놀랐는데 성격이 매우 거칠어서 '사나운 양'이라는 이름을 얻었다.

제 9 장

코뿔소와 크로코타

인도 코뿔소

폼페이우스가 주관한 경기에 코에서 뿔 하나가 튀어나온 코뿔소도 등장했다. 이 동물은 그때 이후 빈번히 볼 수 있다. 코뿔소는 코끼리의 타고난 천적이다. 코뿔소는 뿔을 바위에 갈아 싸움을 준비한다. 그리고 싸울 때는 뿔로 가장 부드럽다고 알려진 코끼리의 복부를 주로 노린다. 두 동물은 크기는 같은데, 다리는 코뿔소가 훨씬 더 짧다. 가죽은 회양목색이다.

　에티오피아에는 크로코타crocotta가 서식한다. 이 동물은 늑대와 개를 교배해 만든 잡종 같은 모습을 하고 있다. 이빨로 무엇이든 부수어 바로 삼킨 다음 뱃속에서 소화시킨다. 에티오피아의 원숭이는 검은 얼굴에 당나귀와 같은 털을 가지고 있으며 목소리는 다른 동물들과 확연히 다르다. 이곳에는 인도의 소와 같은 소도 있는데 어떤 것은 뿔이 하나고 어떤 것은 세 개다. 또한 레우크로코타leucrocotta라는 동물은 대단히 민첩하고 크기는 야생 당나귀만 하며, 사슴 다리에다 목·꼬리·가슴은 사자를 닮았고, 오소리 같은 머리에 발굽은 갈라져 있으며 입은 귀까지 찢어진 데다

크로코타

레우크로코타

170

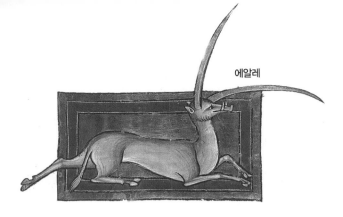

에알레

만티코라

이빨이 여러 개로 나뉘어 있지 않고 통으로 되어 있다.* 또 이 동물은 사람 목소리를 흉내 낼 수 있다고 한다.

에티오피아에는 에알레eale라는 동물도 있다. 크기는 하마만 하고 코끼리 꼬리를 달고 있으며 검정색 또는 황갈색을 띠고 있다. 턱은 멧돼지같이 생겼다. 뿔은 45센티미터가 넘는데 움직일 수 있어서 싸울 때는 필요에 따라 정면으로 또는 대각선 방향으로 다양하게 위치를 바꿀 수 있다.

이 나라에 사는 들소는 모든 동물 중에서 가장 사납다. 이 들소는 우리가 집에서 키우는 소보다 더 크고 민첩하기는 다른 모든 종류의 소를

---

* 플리니우스가 묘사한 동물의 모습은 알려진 어떤 동물과도 일치하지 않는다. 저자들이 여러 종류의 동물에 대해 남긴 기록을 플리니우스가 혼동한 것 같다. 레우크로코타의 몇몇 특징은 인도 영양과 일치하며 다른 특징들은 하이에나를 닮은 것 같다.

능가한다. 황갈색 몸에 푸른 눈을 가지고 있으며 털은 역결로 누워 있다. 턱은 귀까지 이어져 있고 뿔은 에알레의 뿔과 마찬가지로 움직일 수 있다. 이 동물의 가죽은 차돌처럼 단단해 사실상 상처가 나지 않는다. 이 짐승은 다른 모든 야생동물을 사냥한다. 이 동물은 함정에 빠졌을 때만 잡을 수 있는데 함정에 빠지면 항상 화를 못 이겨 죽고 만다.

크테시아스는 에티오피아에 만티코라mantichora라는 동물이 살고 있다고 우리에게 알려 준다.* 이 동물은 3열의 이빨을 가지고 있는데, 그것들은 빗살처럼 서로 딱 들어맞는다. 또한 사람의 얼굴과 귀를 하고 있으며 눈은 푸른색이고, 몸통은 핏빛으로 사자처럼 생겼으며 꼬리는 끝이 전갈 꼬리처럼 뾰족하다. 이 동물은 피리와 나팔을 섞은 것 같은 목소리를 낸다. 대단히 빠르고 특히 사람 고기를 좋아한다.

---

* 크테시아스가 살았던 기원전 5세기 무렵에는 동쪽 지방에서 흔히 볼 수 있었을 것이다. 플리니우스는 니네베(Nineveh)나 페르세폴리스(Persepolis)의 폐허에서 발견되는 상형문자의 모양에서 이러한 묘사를 차용한 것으로 추정된다.

172

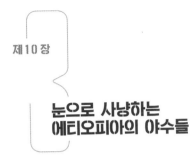

제10장

눈으로 사냥하는
에티오피아의 야수들

에티오피아 서쪽에는 많은 사람이 나일강의 발원지라고 생각하는 니그리스Nigris 샘이 있다. 이 샘 근처에는 카토블레파스catoblepas라는 야수가 살고 있다. 크기는 중간 정도이지만 머리가 굉장히 무거워 간신히 머리를 지

카토블레파스

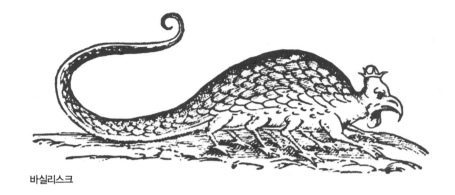

바실리스크

탱하면서 고개를 땅으로 숙이고 있다. 이런 어려움이 없다면 이 야수가
인류를 멸종시켰을 것이다. 왜냐하면 이 야수의 눈을 본 사람은 누구나
그 자리에서 쓰러져 죽기 때문이다.

　바실리스크basilisk라는 뱀도 역시 같은 능력을 가지고 있다.* 이 뱀은
퀴레네Cyrene[1] 지방에 살고 있으며, 길이는 약 140센티미터[2]밖에 안 된다.
머리에 하얀 점이 있는데 왕관과 매우 흡사하게 생겼다. 이 뱀이 쉬익 하
는 소리를 내면 다른 뱀들은 모두 도망간다. 이 뱀은 다른 뱀들처럼 몸을
접었다 폈다 하며 이동하지 않고, 허리 부분을 세우고 꼿꼿이 서서 움직
인다. 관목들은 이 뱀에 스치거나 심지어 그 냄새만으로도 죽는다. 그리
고 이 뱀이 지나가면 풀도 모두 말라 죽고 돌도 깨진다. 이 뱀의 독성은
그 정도로 지독하다. 과거에는 말에 탄 사람이 창으로 이 뱀을 죽이면 독

＊　　바실리스크의 눈에 대한 이러한 설명은 카토블레파스에 대한 설명과 마찬가지로 아무런 근거도 없다.

이 창을 타고 올라가 말에 탄 사람뿐만 아니라 말까지 죽인다고 다들 믿었다. 이 무서운 괴물한테는 족제비 냄새가 치명적이다. 족제비 냄새를 뿌려 괴물을 잡는 데 성공한 적이 있는데, 왕들이 사체를 보고 싶어 했기 때문이다. 자연계에 해독제가 없는 독은 없다는 것은 사실이다. 바실리스크가 사는 굴은 주변의 흙이 오염되어 있어서 쉽게 알 수 있는데 여기에 족제비를 던져 넣는다. 족제비는 냄새로 바실리스크를 죽이지만 자신에게 도전하는 자연과의 싸움에서 자신도 죽게 된다.

제 11장

늑대와 파충류

이탈리아에서는 늑대의 눈에 나쁜 기운이 있다고들 생각한다. 일단 처음에 늑대를 보는 순간 목소리를 내지 못하게 된다고 생각한다.* 아프리카와 이집트에는 둔하고 왜소한 늑대가 산다. 더 추운 기후대에 사는 늑대들은 사납고 잔인하다. 아주 오랫동안 전설로 내려온 이야기가 모두 진실이 아니라면 사람이 늑대로 변신했다가 다시 사람으로 돌아온다는 이야기는 사실이 아니라고 봐야만 할 것이다. 그러나 그에 대한 믿음이 일반인의 생각 속에 확고하게 굳어지면서 '둔갑versipellis'**이라는 말이 저주의 일반적인 형태로 사용되는 원인이 되었지만 나는 그 유래를 여기서 밝히고자 한다.

---

* 그래서 다른 사람의 침입에 갑자기 말문이 막힌 사람을 가리켜 "늑대를 봤군(Lupus est tibi visus)"이라고 표현한다.
** 이 말은 문자 그대로 '가죽을 바꾼다'는 뜻을 가지고 있다. 일부 고대 의학자들은 이 말을 환자가 자신이 늑대로 변했다고 믿는 정신질환에 적용했다.

꽤 유명한 그리스 저술가인 에우안테스Euanthes[1]의 기록에 따르면, 아카디아인은 안투스Anthus족이 구성원 가운데 추첨으로 한 사람을 뽑아 호수로 데려가면 그는 옷을 벗어 참나무에 걸어 놓고 헤엄쳐 호수를 건너 사막으로 간 다음 거기서 늑대로 변신해 9년 동안 다른 늑대들과 함께 어울려 산다고 주장한다. 그 기간 내내 사람을 보지 않으면 그는 다시 호수를 헤엄쳐 건너와 다시 자신의 모습으로 돌아온다. 이전의 모습에 비해 아홉 살 더 나이가 들어 보일 뿐이다. 여기에 파비우스는 그가 이전에 벗어 두었던 옷을 그대로 입고 있다는 이야기를 보탠다. 그리스인의 쉽게 믿는 성향이 어디까지 갈지 모르겠다! 거짓말이라도 얼굴색 하나 변하지 않고 당연한 것처럼 말하면 조금은 그럴듯하게 들린다.

아그리오파스Agriopas[2]는 아카디아인이 뤼카이아Lycaea의 유피테르 신전에서 인신 공양을 할 때 파르라시아Parrhasia[3] 출신 데마이네토스Demaenetos가 죽은 소년의 내장을 꺼내 맛보자 이내 늑대로 변했고 십 년 뒤에 다시 원래의 모습으로 환생해 운동선수가 되었고 올림픽 경기에 나가 권투 시합에서 승리를 거두고 돌아왔다는 이야기를 전한다.[4]

독사에 관해서 말하자면 일반적으로 독사는 은신하고 있는 땅의 색깔을 띠고 있는 것으로 알려져 있다. 독사의 종류는 셀 수 없이 많다. 케라스테스cerastes는 보통 네 개의 작은 뿔이 몸에 돌출되어 있다. 이 뱀은 몸을 숨겨 놓은 채 뿔을 움직여 새들을 불러들인다. 암피스바이나amphis-baena는 머리가 두 개로 두 번째 머리는 꼬리에 달려 있는데, 독을 뿜어내기에는 입이 너무 작다. 어떤 뱀은 비늘이 있고 어떤 뱀은 껍질이 얼룩덜

야쿨루스

룩한데 모두 치명적인 독을 가지고 있다. 야쿨루스jaculus*는 나뭇가지에서 날아가 목표를 공격한다. 이 뱀은 우리 발에만 치명적인 것이 아닌데, 투창을 던진 것처럼 공중을 날아가기도 하기 때문이다.

아스프asp라는 작은 뱀은 목 부위가 불룩한데 누구든 이 뱀에게 물리면 물린 부위를 도려내는 것밖에는 약이 없다. 치명적인 이 뱀은 한 가지 좋은 면을 가지고 있다. 일반적으로 암수 한 쌍이 같이 지내며 혼자서는 살 수 없다. 그래서 한 마리가 죽게 되면 남은 한 마리는 짝의 죽음을 복수하기 위해 무진 애를 쓴다. 짝을 죽인 자를 뒤쫓아 여러 사람 가운데 직감적으로 그를 가려낸다. 이런 목표를 위해 온갖 어려움을 무릅쓴다. 아무리 멀어도 쫓아가기 때문에 중간에 강이 있거나 더 빨리 달아나는 것

★ 루칸(Marcus Annaeus Lucan)은 『파르살리아(Pharsalia)』 제4권 720~822행에서 이아쿨루스에 대해 언급하고 있다. 마지막 문장에서 그는 "멀리 메마른 나무 주위를 보라! 아프리카 사람들이 야쿨루스라고 하는 사나운 뱀이 똬리를 틀고 있다가 화살처럼 튀어나와 머리와 구멍 뚫린 관모를 지나 날아간다. 독이 미치지 않는 곳이 없어 그는 상처 때문에 죽음에 이른다. 그러고 나서야 비로소 투석기로 쏜 돌이 얼마나 느리게 날아가는지, 스퀴티아의 화살이 날아가는 소리가 얼마나 맥 빠지게 들리는지 알게 된다."

아스프

밖에는 피할 길이 없다.

전체적으로 볼 때 자연이 선과 악 사이에서 어느 쪽으로 더 기울어져 있는지 판단하기는 정말 어렵다. 하지만 우선 자연은 이 유해한 동물에게 형편없는 시력을 주었다. 전방에 있는 것을 볼 수 있도록 눈을 머리 앞에 만들어 주지 않고 관자놀이에 만들어 주어 눈으로 보고 움직이는 것이 아니라 발자국이 다가오는 소리를 듣고 움직인다. 그러나 이집트 몽구스는 이 뱀의 천적인데, 만나면 바로 죽음이다.

이집트에도 서식하는 몽구스의 호전성은 이 동물의 특별한 자랑거리다. 이 동물은 진흙탕에 여러 번 뛰어든 다음에 햇빛에 몸을 말린다. 이런 방법으로 여러 겹의 진흙층으로 몸을 감싼 다음 바로 싸우러 나선다. 꼬리를 치켜세우고 뱀을 향해 등을 돌리면 뱀이 물어도 소용이 없다. 그리고 마침내 머리를 옆으로 돌려 적을 바라보고 숨통을 물어 버린다. 그러나 이런 승리에 만족하지 않고 다른 위험한 동물인 악어를 잡는다.

제12장

악어와 하마

나일강에는 악어가 산다. 땅에서와 마찬가지로 물에서도 파괴적인 네발짐
승이다. 악어는 육상동물 중에 유일하게 혀를 놀리지 못하는 동물이며,*
유일하게 움직이는 위턱을 가지고 있고 그것으로 물 수 있다. 무서운 것은
무는 것인데 치열이 빗살처럼 서로 잘 맞물려 있다. 악어의 길이는 8미터
가 넘는다. 악어는 거위알만 한 알을 낳는데, 본능적인 예지력으로 항상
나일강이 범람하는 한계 수위보다 높은 곳에 알을 낳는다. 악어만큼 태
어날 때 덩치가 매우 작았다가 그토록 크게 성장하는 동물도 없다.

　악어는 날카로운 발톱을 가지고 있고 가죽은 어떤 타격도 막아 낼 수
있다. 악어는 낮에는 땅에서 지내고 밤에는 물에서 지내는데, 두 경우 모
두 체온을 유지하기 위한 것이다. 물고기를 포식하고 나서는 강둑에 올라

---

* 　악어의 혀는 납작한데 아래턱 안에 붙어 있다. 그래서 움직일 수 없다.

가 잠을 잔다. 그리고 물고기 가운데 일부는 항상 입안에 남겨 둔다. 그러면 이집트에서는 트로킬루스trochilus로, 이탈리아에서는 새 중의 왕이라고 알려진 새들이 먹이를 얻기 위해 날아와 악어가 턱을 벌리게 유도한다.[1] 이 새는 앞뒤로 왔다 갔다 뛰면서 먼저 입 바깥쪽, 그다음에 이빨, 그리고 입속을 청소한다. 그러는 동안 악어는 턱을 최대한 크게 벌리고 새들이 간지럽히는 것을 즐긴다.* 바로 이때 간지러움으로 기분이 좋아진 악어가 깊이 잠든 것을 보고 몽구스는 쏜살같이 달려 내려와 목을 물어 죽이고 내장을 파먹는다.**

악어와 비슷하게 생겼으나 몽구스보다 훨씬 작은 스킨쿠스scincus도 나일강에 많이 산다. 이 동물의 고기는 가장 효과적인 해독제다. 악어는 사람에게 큰 해악을 끼치는 동물이기 때문에 자연은 천적을 하나만 주는 것으로 만족하지 않았다. 그래서 나일강에는 가시처럼 생긴 돌기가 아흔 개 달린 돌고래***가 산다. 이 돌기는 칼처럼 예리해 마치 악어를 죽이는 용도로 만들어진 것 같다. 스킨쿠스는 악어보다 형편없이 힘이 약하지만 교묘한 술책으로 돌고래들이 먹이를 차지하지 못하도록 몰아내는 한편으로 나일강을 자신들만의 영역으로 독차지하려던 악어를 죽인다.

모든 동물은 이런 점에서 특별한 본능을 가지고 있으며 무엇이 자신에게 유리하고 무엇이 적에게 불리한 것인지 알 수 있다. 동물들은 자신이 가지고 있는 무기를 어떻게 사용해야 할지 충분히 숙지하고 있으며 자

---

* 　나일강에는 작은 거머리들이 많다. 이 거머리들은 악어의 목구멍에 흡착하는데 제거할 수 있는 방법이 없기 때문에 악어는 트로킬루스가 입속에 들어와 거머리를 제거하도록 놔둔다.
** 　고대의 박물학자들은 이런 설명을 인정했지만, 퀴비에와 근대의 학자들은 의문을 제기하고 있다.
*** 여기서 언급한 동물은 돌고래가 아니라 스콸루스 켄트리나(Squalus centrina)로 불리는 돔발상어다.

181

악어와 트로킬루스

스킨쿠스. 스킨쿠스는 작은 도마뱀인데, 몽구스와 비교하기에는 적절
치 않다는 점에서 도마뱀이 아니라 리비아에 서식하던 체구가 작은 악
어를 가리킨다는 설도 있다.

신의 강점과 싸워야 할 상대방의 약점을 알고 있다. 악어의 뱃가죽은 부드럽고 얇다. 이것을 알고 돌고래는 마치 대경실색한 듯 황급히 물속으로 들어가 악어의 배 밑으로 잠수한 다음 뱃가죽을 가시 같은 돌기로 찢어 발긴다.

나일강에는 악어에 대해 특히 적대적인 종족이 있다. 바로 나일강에 있는 한 섬에 살고 있는 텐튀리타이Tentyritae족이다. 그들은 체구는 작지만, 특히 악어를 잡을 때만은 놀랄 정도로 담대하다. 악어는 사람들이 쫓으면 도망가지만 유난히 도망가는 사람들에게는 사납게 달려든다. 텐튀리타이족은 과감하게 악어를 공격하는 유일한 종족이다. 그들은 심지어 강에서 헤엄치며 악어를 쫓아가 말 타는 사람처럼 악어 등에 올라탄다. 그리고 악어가 그들을 물려고 머리를 돌리는 순간 몽둥이를 입에 끼워 넣는다. 그리고 이 몽둥이의 양쪽 끝을 두 손으로 잡으면 재갈처럼 되는데 이런 방법으로 악어를 몰아 물가로 나온다.

이 종족은 목소리만으로도 최근에 잡아먹은 사람을 토해 내게 할 정도로 악어를 겁에 질리게 한다. 죽은 사람을 묻어 주기 위해 그렇게 한다. 따라서 그들이 사는 섬은 악어가 가까이 헤엄쳐 오지 않는 유일한 곳이다. 왜냐하면 그들의 냄새가 악어를 쫓아버리기 때문이다. 악어는 물속에서는 잘 보지 못하지만 물 밖에서는 극도로 시력이 좋다. 악어는 겨울 넉 달 동안은 먹이 활동을 하지 않고 굴속에서 지낸다. 혹자는 악어가 살아 있는 한 계속해서 몸집이 커지는 유일한 동물이라고 하는데 악어의 수명은 길다.

나일강에는 덩치가 더 큰 또 다른 야수인 하마가 산다. 하마는 발굽이 소처럼 갈라졌고, 후두부에 털이 있으며 말처럼 운다. 또한 코가 위로

하마 또는 지쿠(Zeekoe)

솟아 있고 꼬리와 이빨은 멧돼지와 비슷하게 갈고리처럼 생겼다. 그러나 그다지 위험하지 않다. 가죽은 물에 흠뻑 젖었을 때를 제외하고는 뚫리지 않아 방패나 투구를 만드는 데 쓰인다. 하마는 곡식이 자라는 밭을 초토화시킨다. 다음 날 어떤 곳을 유린할지 미리 결정하는데 돌아갈 때 공격을 받지 않기 위해 뒷걸음으로 밭에 들어온다고 한다.

마르쿠스 스카우루스는 조영관으로 재직할 때 악어 다섯 마리와 함께 하마를 로마에서는 처음으로 경기장에 등장시켰는데, 이를 위해 임시로 연못을 만들기도 했다. 하마는 한 가지 의학적 치료법을 가르쳐 주었다. 하마는 과식하면 강둑으로 가서 새로 잘려 나간 갈대를 찾는다. 아주 예리하게 잘려 나간 갈대 그루터기를 발견하자마자 하마는 거기에 체중을 실어 허벅지에 있는 정맥을 터뜨린다. 그러면 피가 흘러나오고 그렇게 하지 않았더라면 병에 걸렸을 몸이 회복된다. 그런 다음에 상처를 진흙으로 덮는다.

제13장

동물들이 알려 주는
위험의 전조

자연은 많은 동물에게 하늘을 보고 나름대로 바람·비·폭풍을 예측하는 능력을 부여했다. 그것을 일일이 열거하자면 동물과 인간의 관계를 언급하는 것만큼이나 끝도 없는 일이 될 것이다. 동물은 다양한 방식으로 위험을 경고한다. 건물이 무너지려고 할 때는 쥐들이 죄다 도망가고 거미줄에 있는 거미가 먼저 떨어진다. 새점은 로마인 사이에서 하나의 신앙이 되었고 새점을 주관하는 신관은 특별히 신성시되었다. 트라키아Thracia에서는 강과 호수가 온통 얼음으로 뒤덮이면 여우의 행동을 관찰한다. 여우는 얼음의 두께를 가늠하기 위해 얼음에다 귀를 댄 후 건넌다. 그리고 주민은 여우가 얼음판을 건너갔다 돌아올 때까지는 절대 결빙된 강을 건너지 않는다.

비열한 동물을 언급한 기록 역시 주목할 만하다. 마르쿠스 바로가 남

흰색 쥐, 갈색 쥐 그리고 각양각색의 얼룩무늬 쥐

겨 놓은 기록에 따르면, 히스파니아에 있는 한 마을은 토끼가 망쳐 놓았고, 테살리아Thessalia[1]의 한 마을은 쥐가 망쳐 놓았다. 갈리아의 한 지역에서는 개구리로 인해 그리고 아프리카의 어떤 곳은 메뚜기 떼로 인해 주민이 이주했다. 퀴클라데스Cyclades[2]의 귀아로스Gyaros[3]에서는 쥐가 주민을 쫓아냈다. 이탈리아의 아문클라이Amunclae[4]에서는 뱀이 그랬다. 에티오피아의 퀴나몰기Cynamolgi에 사는 사람들은 전갈과 독개미에 의해 절멸되었다. 테오프라스토스Theophrastos는 로이테이온Rhoiteion[5] 주민이 곤충들 때문에 살지 못하고 떠났다고 전한다.

이쯤 해 두고 다른 야수들 이야기로 돌아가 보자.

제14장

하이에나

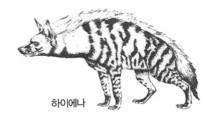

하이에나

갈기가 있는 하이에나의 목은 척추와 하나로 이어져 있어서 몸 전체를 돌리지 않고 목만 돌릴 수 없다. 이 동물은 놀라운 면을 많이 가지고 있다. 가장 기이한 것은 목동들이 있는 외양간에 들어가 사람 목소리를 흉내 내는 것이다. 거기 있는 동안 목동 한 명의 이름을 알아내고는 그를 불러낸 후 잡아먹는다. 그리고 하이에나는 사람들이 토하는 것을 흉내 낼 수 있다. 이런 방법으로 개를 유인한 다음 공격한다. 하이에나는 시체를 먹으려고 무덤을 파는 유일한 동물이다. 암컷은 거의 잡히지 않는다. 하이에나의 눈은 수천 가지 색깔을 띠고 있는데 그 색조가 변한다. 하이에나의 그림자만 보아도 개들은 짖지 못하고 어떤 동물이든 하이에나가 그 둘레를 세 번 돌면 불가사의한 마법의 힘으로 그 동물을 움직이지 못하게 만든다고 한다.

제15장

사슴

모든 동물 가운데 가장 온순한 사슴도 성깔이 있다. 사냥개들이 압박해 오면 자진해서 살길을 찾아 사람에게 도망간다. 사슴은 새끼에게 달리기 훈련을 시키고 어떻게 도망가는지 가르치는데 벼랑으로 데려가서 뛰는 법을 보여 준다. 수사슴은 너무 살이 쪘다고 생각하면 육중한 체구 때문에 움직임이 불편해진 것을 인정하고 은밀한 곳으로 찾아든다. 그 밖에도 적이 쫓아올 때는 도망하는 중간중간 멈춰 서서 뒤를 돌아보고 다시 도망간다. 개가 짖으면 사슴은 즉시 달아나는데, 냄새를 남기지 않기 위해 항상 바람이 불어 가는 쪽으로 달아난다. 목동이 피리를 불고 노래를 부르면 사슴은 긴장을 풀고 느긋해진다. 귀를 쫑긋 세우면 청각이 매우 예민해지고, 귀를 늘어뜨리고 있을 때는 청각이 무뎌진다.

　다른 점에서 보면 사슴은 단순한 동물이다. 사슴은 사소한 것에도 감

삼림순록

탄하며 모든 사물을 경이롭게 생각한다. 그런 성향이 너무 강해 어쩌다 말이나 소가 다가오는 것을 보고 있다가 가까운 곳에 있는 사냥꾼을 보지 못하기도 한다. 또는 사냥꾼을 본다고 해도 활과 화살만 뚫어지게 바라본다. 사슴은 긴 행렬의 무리를 이루어 바다를 헤엄쳐 건너는데, 각자 차례가 되면 행렬의 맨 뒤로 가서 머리를 앞서가는 사슴의 엉덩이에 올려 놓는다. 이런 광경은 사슴들이 킬리키아에서 퀴프루스Kyprus섬으로 건너갈 때 특히 잘 눈에 띈다. 사슴은 눈으로 육지를 볼 수 없지만 냄새로 방향을 찾아간다.

수사슴은 뿔이 있는데 매년 봄 때가 되면 뿔갈이를 한다. 뿔갈이를 하는 동안에는 경계심이 가장 높아 매우 은밀한 곳으로 간다. 그리고 뿔이 떨어져 나가면 마치 무기가 없다는 것을 아는 듯 숨어 지낸다. 사슴은 여섯 살까지는 뿔로써 나이를 알 수 있는데 매년 뿔에 새 가지가 하나씩 추가되기 때문이다. 그러나 여섯 살이 지나면 같은 모양으로 생긴 뿔이 새로 나기 때문에 나이를 알 수 없다. 나이가 든 것은 이빨로 알 수 있다. 왜냐하면 늙은 사슴은 이빨이 몇 개밖에 없거나 아예 없기 때문이다.

사슴이 어렸을 때는 보통 그렇듯이 뿔 밑동을 보고 이마 앞에서 가지친 뿔이 튀어나올 것을 우리는 알아차리지 못한다. 뿔이 새로 나기 시작하면 두 개의 돌기가 보이는데 처음에는 꼭 굳은살 같다. 이 돌기가 부드러운 싹으로 자라 갈대 수술에 붙어 있는 것과 같은 부드러운 벨벳 촉감의 솜털로 덮게 된다. 뿔이 없는 동안에 사슴은 밤에 먹이 활동을 한다. 뿔은 자라면서 햇빛을 받아 딱딱해진다. 사슴은 이따금 뿔로 나무를 들이받아 강도를 실험한다. 만족할 만큼 뿔이 강해지면 은신처에서 나온다.

사슴 사냥(모자이크)

또 수사슴은 녹색 담쟁이덩굴을 뿔에다 키운다.* 이 식물은 사슴이 나무에 뿔을 문지르는 동안 서로 한 부분이라도 되는 듯 뿔에 뿌리를 내린다. 수사슴은 세르토리우스Sertorius[1]가 키우던 사슴처럼 때로 흰색을 띤다. 세르토리우스는 자신의 사슴이 예언력을 가지고 있는 것으로 여기도록 히스파니아 사람들을 설득했다.[2]

수사슴은 일반적으로 장수하는 것으로 알려져 있다. 알렉산드로스 대왕이 금목걸이를 걸어 주었던 사슴들이 100세가 되어 붙잡혔는데, 지방이 쌓여 피부가 접혀 있어 금목걸이가 보이지 않았다고 한다.**

---

* 아리스토텔레스가 이런 이야기를 했는데 전혀 근거가 없다. 이 이야기는 수사슴이 가을이 되면 뿔을 감싸고 있는 벨벳 같은 외피를 나무에 문질러 너덜거리게 하는 것에서 나온 게 확실하다. 이 벨벳 외피는 말라 떨어져 나가는데 처음에는 녹색이었다가 다음에는 갈색으로 변한다.
** 뷔퐁은 이런 이야기는 근거가 없으며 수사슴의 수명은 30~40년에 불과하다고 말했다.

제16장

카멜레온

아프리카는 사슴이 살지 않는 유일한 곳이지만 거기에는 카멜레온이 산다. 카멜레온은 인도에서 더 흔하게 볼 수 있다. 카멜레온의 생김새와 크기는 도마뱀과 같다. 다만 다리가 곧고 좀 더 길다. 카멜레온의 양 옆구리는 배 밑에서 하나로 봉합되고 등뼈도 비슷한 양상으로 튀어나와 있다. 카멜레온의 주둥이는 매우 작은 동물치고는 아주 그럴싸하게 새끼 돼지 주둥이와 비슷하다. 꼬리는 매우 길고 끝으로 갈수록 가늘어지며 살무사 꼬리처럼 위로 주름져 말려 있다. 카멜레온은 갈고리발톱을 가지고 있으며 몸놀림은 거북처럼 느리고, 몸통은 악어처럼 단단하다. 눈구멍에 깊이 박혀 있는 카멜레온의 두 눈은 서로 가깝게 자리 잡고 있다. 또한 눈이 매우 크고 몸통과 같은 색깔을 띠고 있다. 카멜레온은 항상 눈을 뜨고 있으며, 주위를 살펴볼 때는 동공이 아니라 흰자위를 돌린다. 그리고 항상

카멜레온

목을 꼿꼿이 세운 상태에서 입을 벌리고 있다.

카멜레온은 먹지도 마시지도 않고 공기만 흡입해 영양분을 섭취하는 유일한 동물이다.* 카멜레온은 삼복더위가 끝나갈 때는 사납지만 다른 때는 온순하다. 몸 색깔의 특성은 매우 놀라워 시도 때도 없이 바뀐다. 카멜레온의 눈과 꼬리 그리고 몸통 전체는 흰색과 붉은색을 제외하고는 무엇이든 가장 가까이 있는 사물의 색깔을 띤다.** 죽으면 색깔이 연하게 변한다. 머리와 턱 그리고 꼬리 밑동에는 살이 조금 있지만, 몸의 다른 부위에는 살이 전혀 없다. 심장과 눈 주변 이외에는 피가 흐르지 않고 내장에는 비장이 없다. 겨울에는 도마뱀과 똑같이 모습을 감춘다.

---

* 고대에서 우리 시대까지 전해지는 흔한 오류 가운데 하나다. 카멜레온은 길고 탄력 있는 혀로 곤충을 잡아먹고 산다. 그러나 먹이의 양은 몸집에 비해 적은 것으로 보인다.

** 이것 역시 카멜레온에 관해 일반적으로 생각하는 오해들 가운데 하나다. 이것은 메릭(Joseph Merrick)이 카멜레온에 관한 시를 쓴 근거가 되었다. 카멜레온은 다양한 색조를 띠지만 그 변화는 외부의 사물이 아니라 내부 또는 체질적인 원인에 달려 있다.

제17장

곰과 그 새끼

새끼 곰은 태어나서 처음에는 윤곽이 뚜렷하지 않고 새끼 쥐보다 조금 큰 하얀 살덩이에 불과하다. 갈고리발톱만 눈에 띈다. 어미 곰은 새끼들을 핥아서 점차 제대로 된 윤곽을 잡아 준다.

곰은 겨울철 3~4개월 동안 동면한다. 어쩌다 굴을 찾지 못하면 나뭇가지와 덤불로 은신처를 만드는데 빗물도 새지 않는다. 그리고 안에는 부드러운 나뭇잎을 두른다. 처음 14일 동안은 깊은 잠에 곯아떨어져 상처를 입어도 깨어나지 않는다. 곰들이 기면嗜眠 상태에 있는 동안 몸에는 지방이 많이 낀다. 이 지방은 약재로 많이 쓰이며 특히 탈모 방지에 매우 유용하다. 14일이 지나면 곰들은 일어나 앞발을 빨면서 자양분을 찾는다. 날씨가 추울 때면 곰들은 새들이 알을 품는 것과 비슷하게 새끼들을 가슴으로 껴안는다.

쉬리아 곰 또는 덥(Dubb). 히말라야 갈색곰이라고도 부른다.

동면 상태에 있는 곰을 잡아 그 고기를 저장하면, 심지어 요리해서 저장해도 부피가 늘어난다는 것은 놀라운 일이지만 테오프라스토스는 그것을 믿는다. 그러는 동안 곰의 위 속에는 극히 적은 양의 액체를 제외하고는 음식을 먹은 흔적이 없다. 피는 심장 부근에만 몇 방울 남아 있고 몸의 다른 부위에는 전혀 없다. 곰들은 봄이 되면 은신처를 떠나는데 수컷들은 상당히 뚱뚱하다.

이런 현상에 대해 만족할 만한 답을 얻을 수 없는데, 이미 말한 바와 같이 곰이 잠을 자는 기간인 14일 동안만 몸집이 불어나기 때문이다. 곰들은 밖으로 나오면 새로 난 나뭇가지에 이빨을 갈아 날카롭게 만든다. 시야는 아직 침침하다. 그래서 곰들은 목에 벌침을 쏘이고 피를 흘려 흐리멍덩한 머리를 맑게 만들려고 벌집을 찾아 나선다.* 사자는 머리가 강

---

* 물론 이것은 근거가 없다. 꿀을 찾아 나섰을 뿐이다.

하지만, 곰은 머리가 아주 약하다. 이 때문에 곰은 어쩔 수 없이 바위에서 뛰어내리려고 할 때 발로 머리를 감싼다. 원형경기장에서 주먹으로 머리를 맞아 죽는 곰을 종종 볼 수 있다. 곰들은 두 발로 걷고 나무를 내려올 때는 뒤로 내려온다.

곰은 황소를 이길 수 있는데, 네 다리로 황소 주둥이와 뿔에 매달린 채 체중을 실어 황소를 지치게 한다. 어리석어 보이지만 장난하는 데 곰보다 더 재주가 많은 동물은 없다. 연대기에 기록된 바에 따르면, 피소와 메살라가 집정관을 하던 시절에 도미티우스Domitius[1]는 누미디아 곰 100마리와 같은 숫자의 에티오피아 사냥꾼들을 데려왔다.

폰투스의 쥐는 흰쥐만 제외하고 겨울에 자취를 감춘다. 이 쥐들의 미각이 매우 예민하다고 주장한 저자들은 어떻게 그런 사실을 알아냈는지 모르겠다. 크기가 오소리만 한 알프스 쥐(마멋)도 겨울에는 은둔하는데 먼저 먹을 것을 은신처에 비축해 놓는다. 이집트에도 비슷한 동물이 있는데, 엉덩이로 앉고 두 발로 걸으며 앞발은 손처럼 사용한다.

제18장

고슴도치

고슴도치

고슴도치 역시 겨울을 나기 위해 먹이를 저장한다. 땅에 누워 사과 위로 몸을 굴려 가시로 사과를 찍은 다음 다른 사과를 입에 넣고 나무둥치에

난 굴로 가져간다. 이 동물이 굴속에 들어가 은신하면 그것은 바람이 불어가는 방향이 북동쪽에서 남쪽으로 바뀐다는 확실한 신호다. 고슴도치는 사냥꾼이 다가오면 머리와 발 그리고 얇고 방어력이 없는 솜털로 덮인 배를 움츠려 몸을 공처럼 둥글게 만든다. 그래서 가시밖에는 잡을 데가 없다.

뜨거운 물을 뿌리면 고슴도치는 어쩔 수 없이 둥글게 말았던 몸을 푼다. 그 후 뒷다리 하나를 붙잡아 매달아 두면 굶어 죽게 된다. 그것밖에는 가죽을 상하지 않고 죽일 방법이 없다. 많은 사람이 생각하듯 이 동물이 인간에게 전혀 쓸모없는 것은 아니다. 고슴도치의 가시가 없었더라면 부드러운 양모는 인간에게 무용지물이 되었을 것이다. 왜냐하면 고슴도치 가죽을 이용해서 양털을 손질하기 때문이다.[1] 고슴도치 가죽을 독점해 사기를 친 사람도 많았고 돈을 번 사람도 많았다. 원로원은 고슴도치 가죽에 관련한 법령을 그 어떤 물건보다 많이 만들었으며 고슴도치 가죽과 관련해 지방에서 항의를 받지 않은 황제가 한 명도 없었다.

제 19 장

멧돼지

멧돼지 고기는 매우 귀하게 여겨진다. 감찰관 카토는 그의 연설에서 멧돼지 머리고기를 먹는 행위를 맹렬히 비난했다. 멧돼지는 보통 세 부위로 나뉘는데, 가운데가 등심이다. 푸블리우스 세르빌리우스 룰루스Publius Servilius Rullus는 최초로 연회에서 통돼지를 대접한 사람이다. 바로 이 룰루스의 아버지가 키케로가 집정관으로 있던 당시 농업법을 발의한 사람이다.

요즘 일반화된 것치고는 멧돼지 고기를 먹기 시작한 것은 그리 오래되지 않았다. 연대기를 기록한 사람들은 오늘날 한 차례의 연회가 아니라 연회의 첫 번째 코스에서만 두세 마리의 멧돼지를 먹어 치운다는 사실을 알고 식습관을 고쳐야 한다는 것을 우리에게 넌지시 알려 주기 위해 이러한 사실을 적시했다.

풀비우스 루피누스Fulvius Lupinus[1]는 멧돼지와 다른 야생동물을 키우

멧돼지

기 위해 동물원을 조성한 최초의 로마인이다. 그는 처음에 타르퀴니아Tar-
quinia[2] 지역에서 멧돼지를 키웠다. 하지만 얼마 가지 않아 루쿨루스Lucul-
lus[3]와 호르텐시우스Hortensius[4]도 이를 본뜬 공원을 만들었다.

　인도산 멧돼지는 길이가 45센티미터인 두 개의 구부러진 엄니가 주둥
이 밑으로 튀어나와 있다. 같은 수의 엄니가 어린 수소의 뿔같이 이마 쪽
으로도 튀어나와 있다. 야생의 멧돼지는 털이 구릿빛이고 다른 멧돼지는
검정색이다. 아라비아에는 어떤 종류의 돼지도 살고 있지 않다.

제20장

원숭이

인간과 생김새가 가장 비슷한 원숭이는 꼬리에 의해서 각기 다른 종류로 구분된다. 원숭이의 영민함은 놀랄 만하다. 원숭이는 사냥꾼을 모방해 끈끈이를 몸에 바르고 원숭이를 잡기 위해 여러 군데 올무처럼 준비해 둔 신발을 신는다.*

　　무키아누스는 원숭이를 훈련시켜 밀랍으로 만든 각기 다른 말들을 구

---

*　　스트라보(Strabo)가 쓴 『지리지』 인도편(책 제15권)에서 원숭이를 잡을 때 사냥꾼들이 원숭이가 그들의 행동을 보고 따라 하는 성향을 이용한다는 것을 알 수 있다. 스트라보에 따르면 "원숭이가 천성적으로 모든 행동을 배워 따라 하고 나무 위로 도망가기 때문에 원숭이를 잡기 위해 두 가지 방법이 사용된다. 사냥꾼들은 원숭이들이 나무 위에 앉아 있는 것을 보고 그것들이 볼 수 있는 곳에 물이 가득 담긴 접시를 놓고 눈을 문질러 닦는다. 그런 다음 끈끈이가 가득 담긴 접시를 몰래 바꾸어 그 자리에 놓은 다음 숨어서 지켜본다. 원숭이들이 나무에서 내려와 끈끈이로 눈을 문질러 닦으면 눈꺼풀이 달라붙는다. 그러면 도망가지 못한다." 아일리아누스도 『동물기』 제17권 25장에서 사냥꾼들이 신발을 신는 척하면서 그 자리에 납으로 된 신발을 갖다 놓으면 원숭이들이 사냥꾼들을 흉내 내려 하는데, 신발이 교묘하게 만들어져 한번 신으면 벗거나 움직일 수가 없어서 결국은 잡히게 된다고 기록하고 있다.

분하게 해 체스를 두었다고 전한다.* 그는 꼬리 있는 원숭이들은 달이 기울면 침울해지고 초승달이 뜨면 기뻐 날뛰며 좋아한다고 기록하고 있다. 모든 종류의 원숭이는 자기 새끼에 대해 각별한 애착을 보인다. 길들여진 상태에서 새끼를 키우는 암컷들은 새끼들을 데리고 다니며 찾아오는 손님에게 새끼들을 보여 준다. 그리고 새끼를 쓰다듬어 주면 매우 좋아한다. 새끼에게 베풀어 준 친절을 이해하는 것처럼 보인다. 원숭이는 새끼들을 아끼는 나머지 종종 껴안아 질식시켜 죽이기도 한다. 개코원숭이는 사튀로스처럼 성질이 매우 사납다. 긴꼬리원숭이 또는 '고운털 원숭이'는 생김새가 완전히 다르다고 할 수 있다. 얼굴에 수염이 있으며 꼬리 밑동에도 털이 덥수룩하다. 이 동물은 원산지인 에티오피아의 기후에서만 서식할 수 있다고 한다.

---

* 카를로스 5세(Charles V, Holy Roman Emperor)는 함께 체스를 하는 원숭이를 한 마리 데리고 있었다고 한다.

제 4 부

가축

제 4 부 　 가 축

제1장

4

개

주인에 대한 충성의 사례들

인간이 기르는 동물들의 세계에서는 알아 둘 만한 많은 일이 일어난다. 이 동물들 가운데 특히 인간의 충직한 친구로는 개와 말이 있다. 우리는 주인을 보호하기 위해 도적 떼와 싸운 개에 관한 이야기를 알고 있다. 주인은 여기저기 찔려 상처를 입었지만, 개는 새와 짐승들을 모두 쫓아내며 주인을 지켰다. 에피루스에 살던 또 다른 개는 주인을 죽인 살인범이 사람들 사이에 섞여 있는 것을 알아보고 그를 향해 짖고 달려들어 물어 죄상을 자백하게 만들었다. 가라만테스Garamantes¹의 어떤 왕은 자신이 기르던 개 200마리가 적들에게 대항해 물러서지 않고 싸운 덕분에 다시 왕위에 복귀했다. 콜로폰Colophon²과 카스타발라Castabala³의 주민은 전쟁에 대비해 개로 이뤄진 군대를 보유했다. 이 개들은 최선봉에서 싸웠고 결코 물러서지 않았다. 이들은 가장 충성스런 지원군으로 돈을 줄 필요도 없었다. 킴브리Cimbri족이 패배한 뒤에 그들이 키우던 개들은 마차 위에 지은 이동식 가옥을 지켰다.

뤼키아Lycia 사람인 이아손Jason이 살해당하자 그가 키우던 개는 식음을 전폐하고 굶어 죽었다. 뤼시마쿠스Lysimachus 왕을 화장하는 장작더미에 불이 붙자 그가 기르던 휘르카누스Hyrcanus라는 이름의 개는 불 속으로 뛰어들었고, 히에로Hiero 왕이 키우던 개도 같은 방법으로 주인과 함께 죽었다. 필리스토스Philistos[4]는 독재 군주 겔론Gelon[5]이 키우던 개 퓌르루스Pyrrhus에 대해서도 비슷한 이야기를 하고 있다.

우리 로마인 중에 카스켈리우스Cascellius[6]에게 민법을 가르친 고명한 볼카티우스Volcatius는 저녁 무렵에 당나귀를 타고 시골에 있는 집에서 돌아오다가 강도의 습격을 받았는데 개가 없었더라면 목숨을 잃을 뻔했다. 원로원 의원인 카일리우스Caelius도 플라켄티아Placentia[7]에서 요양하던 중에 무장 괴한들의 습격을 받았지만 그들이 개를 죽일 때까지는 상처 하나 입지 않았다. 그러나 우리가 살고 있는 바로 이 시대에 그 어떤 것보다 더 놀라운 일이 일어났고 그것은 로마 시민의 공문서에 등재되었다.

실라누스Silanus[8]와 실리우스Silius[9]가 집정관으로 재직하던 시절에 사비누스Sabinus가 게르마니쿠스의 아들인 네로의 사건[10]에 연루되어 노비들과 함께 사형에 처해졌다. 그런데 그중 한 사람이 키우던 개는 내쫓아도 감옥에서 나가지 않고 게모니아이Gemoniae 계단[11]으로 던져 버린 시체 옆을 떠나지도 않고 수많은 사람이 지켜보는 가운데 울부짖었다. 어떤 사람이 빵조각을 던져 주자 개는 그것을 주인의 입으로 가져갔다. 나중에 시체를 티베리스강에 던지자 개는 강에 뛰어들어 헤엄을 치면서 시체가 가

206

티베탄 마스티프

라앉지 않게 하려고 애썼다. 개의 충성심을 보여 주는 이 광경을 보기 위해 사람들이 모여들었다.

개는 자신의 주인이 누군지 확실히 알고 있는 유일한 동물이다. 그리고 낯선 사람이 느닷없이 자신의 주인이 되어도 곧바로 그가 주인이라는 것을 인정한다. 개는 자신의 이름을 알아듣고 대답하는 유일한 동물이며 가족들의 목소리도 안다. 개는 아무리 멀어도 자신이 지나온 길을 기억한다. 사람을 제외하고 기억력이 그렇게 좋은 동물은 없다. 걷잡을 수 없이 화가나 사납게 날뛰는 개도 사람이 땅바닥에 앉으면 맹렬했던 공격을 멈춘다.

일상생활을 하면서 우리는 개가 가지고 있는 여러 가지 귀중한 자질을 알게 되었다. 특히 개의 지능과 영리함은 사냥감을 쫓을 때 잘 나타난다. 개는 동물의 흔적을 발견하고 달아난 길을 찾아내 목줄을 매어 개를 데려온 사냥꾼을 사냥감으로 인도한다. 사냥감을 감지하자마자 개는 조용하고 은밀하게 행동한다! 처음에는 꼬리로 그리고 다음에는 코로 의미심장한 신호를 보낸다. 나이가 들어 눈이 멀고 기력이 쇠약해지면 사냥꾼들은 종종 개를 팔에 안고 가는데, 그래도 개들은 주둥이를 쿵쿵거리며 바람의 냄새를 맡아 사냥감이 숨어 있는 은신처를 찾아낼 수 있다.

갈리아 사람들 가운데는 사냥개를 여러 마리 데리고 있는 사람들이 있는데, 사냥개 무리에는 길잡이이자 지휘자 역할을 하는 개가 한 마리 있다. 사냥감을 쫓을 때 다른 개들은 이 개를 따라가고 이 개에게 철저하게 복종한다. 개들은 자기들끼리도 서열 개념이 있다. 개들이 나일강에서 물을 마실 때는 포악한 악어의 먹이가 될까 두려워 계속 뛰면서 물을 마신다는 주장이 있다.

알렉산드로스 대왕이 인도 원정에 나섰을 때 알바니아 왕이 보기 드물게 덩치가 큰 개를 한 마리 진상했다. 알렉산드로스는 그 개의 당당한 모습에 매우 흡족해하면서 그 개 앞에 곰들에 이어 멧돼지들과 사슴들을 풀어 놓으라고 명했다. 그러나 그 개는 누워서 그 동물들을 경멸하듯 바라보았다. 개가 그 많은 동물을 보고도 별로 반응을 보이지 않자 기분이 상한 알렉산드로스는 개를 죽이라고 명했다. 이 소식이 알바니아 왕에게 들어갔다. 알바니아 왕은 또 다른 개를 보내면서 이 개의 능력을 시험하려면 작은 동물들이 아니라 사자나 코끼리를 맞상대로 붙여야 한다는 말을 전했다. 그리고 본래 자신에게는 이런 품종의 개가 두 마리밖에 없는데 만약 이 개마저 죽게 된다면 그 품종은 사라질 것이라고 덧붙였다.

알렉산드로스는 애견 페리타스(Peritas)가 죽은 후 격식을 갖춰 장례를 치러 주었다고 한다.

알렉산드로스는 지체 없이 사자를 데려왔는데, 개는 그 자리에서 바로 사자를 박살냈다. 그러자 알렉산드로스는 코끼리를 데려오라고 명령했고 그다음에 벌어진 광경에 기쁨을 감추지 못했다. 왜냐하면 개는 온몸의 털을 꼿꼿이 세우고 우레와 같은 소리로 짖기 시작했고, 이어서 이쪽저쪽 측면으로 뛰어오르며 더할 수 없이 능숙하게 코끼리를 공격하다가 다시 뒤로 물러서 기회를 엿보았다. 그러자 코끼리는 이리저리 돌다가 어지러워 땅에 쓰러졌다. 코끼리가 쓰러지면서 땅이 울렸다.

제 2 장

말

알렉산드로스 대왕은 부케팔루스Bucephalus[1]라는 매우 뛰어난 말을 가지고 있었다. 사납게 생겼을 뿐만 아니라 어깨 위로는 소 대가리 같은 모습을 하고 있었다. 알렉산드로스는 소년 시절에 이 말의 아름다움에 반해 파르살리아Pharsalia[2] 사람인 필로니코스Philonicos의 종마장에서 13탤런트[3]를 주고 샀다. 보통 때에는 누구나 이 말을 탈 수 있었지만, 이 말에 왕실의 마구를 장착하게 되면 알렉산드로스를 제외하고는 아무도 이 말을 탈 수 없었다.

부케팔루스가 전쟁에 나갔을 때 일어난 주목할 만한 사건이 기록으로 남아 있다. 테베를 공격할 때 말이 부상을 당했는데, 그럼에도 이 말은 알렉산드로스가 다른 말을 타지 못하게 했다는 이야기가 전해 온다. 이 말과 관련해서 비슷한 사건들이 많았다. 그래서 말이 죽었을 때 알렉산드

영국의 유명한 삽화가 월터 크레인이 그린 소년 알렉산드로스와 부케팔루스('황소 대가리'라는 뜻). 기원전 344년 열두 살의 알렉산드로스는 아무도 길들이지 못한 사나운 부케팔루스를 자기가 길들여 보겠다고 나섰다. 그는 부케팔루스에게 다가가 태양을 향하도록 돌려세워 그 녀석을 흥분시킨 원인이었던 자신의 그림자를 보지 못하게 하자 금세 얌전해졌다. 이때 알렉산드로스가 말 등에 올라타 공터를 한 바퀴 돌자 사람들은 탄성을 질렀으며 아버지 필리포스 2세도 대견스러워했다.

로스는 예를 갖춰 장례를 치러 주고 말의 무덤 주위에 이 말의 이름을 딴 도시⁴를 건설했다.

절대 권력자 카이사르에게는 말이 한 마리 있었다. 이 말은 카이사르 외에는 누구도 태우지 않았는데 앞발이 사람의 발 같았다고 한다.* 그래서 베누스 신전 앞에 세워진 조각상에도 그렇게 묘사되어 있다. 아우구스투스 황제는 자신이 타던 말의 묘를 만들었는데, 이를 묘사한 게르마니쿠스 카이사르의 시가 지금도 전해진다. 아그리겐툼Agrigentum⁵에는 피라미드 형상으로 된 많은 말 무덤이 있다. 스키타이인 기병들은 말을 잘 타는 것으로 유명하다. 예전에 스키타이의 한 족장이 일대일 대결에서 전사했는데, 승리한 자들이 전리품을 거두러 오자 죽은 족장의 말이 그에게 달려들어 밟아 죽였다고 한다.

말은 매우 유순하여 우리는 쉬바리스Sybaris⁶ 군대의 기병들이 악기를 연주하는 소리에 맞춰 군무를 추는 데 능했다는 이야기를 들어서 알고 있다. 말은 전쟁이 일어날 것을 미리 안다. 말은 전쟁에서 죽은 주인을 애도하며 때로는 슬픔에 겨워 눈물을 흘린다.** 니코메데스Nicomedes 왕이 살해당하자 그가 타던 말은 먹이를 먹지 않고 스스로 목숨을 끊었다. 갈라티아Galatia의 켄타레투스Centaretus는 전쟁에서 안티오코스 왕을 죽이고 그가 타던 말을 노획해 의기양양하게 올라탔는데, 죽은 왕의 말은 분을 이기지 못하고 걷잡을 수 없이 날뛰다가 그대로 절벽으로 가서 몸을

---

* 수에토니우스가 쓴 『율리우스 카이사르의 생애』 제61장에 이런 기록이 있다. 발굽이 갈라졌는데 쿠비에는 조각가가 이러한 특성을 강조하기 위해 사람 발을 닮은 것처럼 만들었을 것으로 추정한다.

** 여기서 플리니우스가 범한 오류를 발견한다. 왜냐하면 그는 인간이 눈물을 흘리는 유일한 동물이라고 했기 때문이다. 또한 그는 사자도 눈물을 흘린다고 기술하고 있다.

던졌다. 그래서 말과 켄타레투스 모두 죽었다는 이야기를 필라르코스가 전하고 있다.

디오뉘시우스가 탄 말이 늪에 깊이 빠졌는데 디오뉘시우스가 말에서 내리자 그 말도 주인의 발자국을 따라 빠져나왔다. 그때 말의 갈기에는 벌 떼가 모여 있었는데 이 같은 전조에 따라 디오뉘시우스는 왕국을 차지하게 된다고 필리스토스는 전하고 있다.[7]

말은 이루 말할 수 없이 지혜롭다. 투창을 사용하는 사람들은 말이 얼마나 혼신의 힘을 다해 몸을 유연하게 움직여 타고 있는 기병이 어려운 상황에서도 창을 던질 수 있도록 해 주는지 잘 알고 있다. 말은 심지어 땅에 있는 무기들을 물어 주인에게 주기도 한다. 원형경기장에서는 멍에를 쓰고 전차를 끄는 말들이 격려와 칭찬에 얼마나 민감한지 잘 보여 준다.

클라우디우스 황제 치세에 원형경기장에서 열린 백년제[8]에서 백팀*에 속한 전차병 코락스Corax는 출발점에서 전차에서 떨어졌는데 그의 전차를 끄는 말들은 마치 가장 능숙한 전차병이 전차를 몰기라도 하는 듯 경쟁자들을 상대로 온갖 기술을 발휘하며 다른 전차들을 쓰러뜨리고 앞질러 나가 선두를 지켰다. 사람들은 말의 기량이 사람보다 뛰어난 것을 보고 당황했지만, 말들은 정해진 코스를 완주한 다음 우승자로 결승점에 들어왔다. 우리 선조들은 원형경기장에서 열린 호민관 경기[9] 때 한 전차병이 마차에서 떨어졌으나 말들은 마치 전차병이 타고 있는 것처럼 카피톨리누

---

* 로마 시대에는 옷 색깔로 구분되는 네 개의 전차 병단이 있었다.

제6대 왕 세르비우스 툴리우스 당시 세워진 '세르비우스 성벽.' 이곳에 라투메나 성문이 있었으나 지금은 남아 있지 않다. 플루타르코스가 쓴 『영웅전』의 '푸블리콜라의 생애'에 더 자세한 이야기가 나온다. 전차병 라투메나는 우승을 한 뒤 베이이에서 전차를 몰고 로마로 출발했을 때 실수로 고삐를 놓쳤다. 그러나 말들은 그냥 전속력으로 질주해 단번에 로마의 카피톨리누스 언덕의 한 성문 앞에 도착한 뒤 급히 멈추었는데, 이 바람에 라투메나는 전차에서 떨어지고 말았다. 이 때문에 그 성문은 '라투메나 성문'이라는 이름을 얻게 되었다.

스Capitolinus[10] 언덕으로 달려가 그곳에 있는 신전을 세 바퀴 돈 것을 더욱 경이로운 일로 생각했다.

그러나 무엇보다도 놀라운 일은 베이이Veii[11]에서 열린 전차 경기에서 승리를 거두고 종려나무 가지와 화관을 받은 라투메나Ratumenna가 전차에 오르자 말들이 로마까지 단숨에 달려왔는데, 그때 라투메나가 전차에서 떨어진 사실이다. 라투메나 성문은 이 사건에서 그 이름이 유래한다.

사르마타이Sarmatae족[12]은 장거리 여행을 떠나기 전에 미리 말을 살찌워 여행 중에는 마시는 물을 제외하고는 거의 먹을 것을 주지 않는다. 이들은 이렇게 해서 멈추지 않고 계속해서 240킬로미터 정도를 갈 수 있다. 어떤 말들은 수명이 50년으로 알려져 있다.

시인 베르길리우스는 우리가 특히 눈여겨보아야 할 말의 완벽함을 구성하는 요소들을 매우 아름답게 묘사했다. 나 자신 역시 「기병의 투창 사용에 대하여」라는 글에서 같은 주제를 다루었고 거의 모든 저자가 말의 그런 특징들에 대해서는 동의하는 것으로 알고 있다. 하지만 원형경기장에서의 필수적인 요소들은 조금 다르다. 말들은 두 살만 되면 다른 목적을 위해 훈련을 받게 되지만 원형경기장에는 다섯 살이 되어야만 입문할 수 있다. 어떤 말은 75살까지 살았다는 기록이 있다. 망아지가 어미를 잃으면 새끼를 키우는 그 무리의 다른 암말들이 그 망아지를 거둬 키운다. 물을 마실 때 보면 기운이 넘치는 말일수록 더 깊이 코를 물에 담근다.

히스파니아에 있는 갈리키아Gallicia와 아스투리아Asturia 지방에서는 특별한 품종의 말을 기른다. 이 말은 걸음걸이가 독특해 같은 편의 앞뒤다리를 동시에 올려 움직이는데, 말을 타는 사람은 훨씬 더 편안함을 느낀다. 이런 걸음걸이를 연구해 우리가 타는 말에게도 훈련시켰는데, 이것을 측대보側對步라고 한다.

마르쿠스 바로는 원로원 의원인 퀸투스 악시우스Quintus Axius가 어떤 당나귀를 사는 데 40만 세스테르케스[13]를 지불했다는 이야기를 우리에게 전해 준다. 이보다 더 비싼 동물이 있었는지는 모르겠다. 당나귀는 쟁기질과 다른 농사일에 특히 유용한 동물이다. 당나귀는 새끼들에 대한 애착이 지극하지만 물을 싫어하는 것은 이보다 정도가 더하다. 당나귀는 새

당나귀

끼를 구하기 위해서 불 속으로도 뛰어들지만 아주 작은 시내만 가로놓여 있어도 벌벌 떨며 발조차 적시려고 하지 않는다. 목초지에서도 늘 마시던 곳이 아니면 물을 마시지 않는다. 그리고 물을 마시러 갈 때도 마른 길로 가려고 신경을 쓴다. 당나귀는 다리 널판 사이로 물이 보이면 다리를 건너지 않는다. 놀라운 이야기지만 당나귀는 물 먹는 장소가 바뀌면 아무리 목이 말라도 어르거나 달래지 않으면 물을 마시지 않는다. 당나귀는 잠잘 때 항상 넓은 장소가 필요하다. 왜냐하면 잠버릇이 고약해 발길질을 여러 번 하다 보면 딱딱한 물건에 부딪혀 불구가 될 수 있기 때문이다. 그래서 당나귀에게는 텅 빈 공간을 마련해 주어야만 한다. 마이케나스Maecenas는 최초로 식탁에 당나귀고기를 올린 사람이다. 그 시절에는 사람들이 오나저onager 또는 야생 당나귀고기를 즐겨 먹었다. 그러나 이후 그런 취향이 퇴조했다.

가장 좋은 야생 당나귀는 프뤼기아Phrygia[14]산과 뤼카오니아Lycaonia[15] 산이다. 아프리카는 야생 당나귀 새끼 고기로 유명하다. 고기 맛이 그 어떤 고기보다도 좋다는 것이다. 아테네의 기록에 따르면 어떤 당나귀는 80 살까지 살았다고 한다. 사람들은 이 당나귀를 매우 좋아했는데 언젠가 성채 안에 신전(파르테논)을 지을 때 나이가 많아 뒤처졌음에도 끝까지 함께하며 일을 거들었기 때문이다. 그런 연유로 곡식을 파는 사람들은 체질을 할 때 당나귀를 쫓아내지 말라는 법령이 만들어졌다.

제 3 장

4

소

인도의 황소는 키가 낙타만 하고 뿔은 길이가 각각 1미터가 넘는다고 한다. 우리가 사는 곳에서는 에피루스Epirus종을 가장 귀하게 여기는데 퓌르로스 왕이 이 품종에 관심을 기울인 덕분이라고 한다. 퓌르로스 왕은 이 소들을 대규모로 사육해서 오늘날에도 이 품종의 후손을 볼 수 있다. 소는 뒤로 걸으며 먹이를 먹는 유일한 동물이다. 가라만테스의 황소는 뒷걸음질할 때만 먹이를 먹는다.* 알프스에서 키우는 소들은 체구는 매우 작지만 우유를 많이 생산하고 많은 일을 한다. 이 소들은 목이 아니라 뿔에 멍에를 씌운다. 쉬리아의 소는 목 밑에 처진 살이 없고 대신 등에 혹이 있다. 아시아의 카리아Caria[1]에 사는 소들은 혹이 목에서 어깨 너머로 늘어져 흉한 모습이며, 뿔을 움직일 수 있다. 하지만 흰소나 흑소는 형편없이

---

* 먹이를 먹는 이런 특이한 방식은 헤로도토스가 언급하고 있는데 그는 유난히 긴 뿔 때문이라고 했다.

일을 못하는 것으로 알려져 있어도 이 소들은 일을 매우 잘한다고 한다.

소는 세 살 때 길들여야 한다. 그 이후에는 너무 늦고 그 이전에는 너무 이르다. 소는 이미 훈련된 소와 함께 멍에를 씌워 끌면 쉽게 길들여진다. 소는 일반적으로 힘든 일을 할 때 그리고 농사일을 할 때 우리와 함께하는 가장 가까운 동물이다. 우리 조상들은 소를 매우 귀하게 여겼다. 그래서 한번은 소의 양을 먹어 본 적이 없다는 아내의 비위를 맞추기 위해 소를 죽인 사람이 정해진 날에 로마 시민 앞에 불려 나와 마치 농민 가운데 한 사람을 죽이기라도 한 것처럼 죄를 추궁당하고 도망친 사례도 있었다.

황소는 위풍당당한 분위기를 풍기는데, 이마는 단단해 보이고 귀는 텁수룩하며 뿔은 언제라도 싸움에 나설 태세를 갖추고 있다. 그러나 황소의 위협적인 분노를 드러내 주는 것은 앞발이다. 황소는 화가 치밀어 오르면 이따금 꼬리로 등허리를 후려치며 배에다 모래를 뿌려댄다. 이런 방법으로 흥분하는 동물은 황소가 유일하다. 우리는 군중이 모이는 경기장에서 황소가 명령에 따라 싸우는 것을 본 적이 있다. 이때 황소는 빙빙 돌며 뿔을 내려뜨렸다가 대번에 위로 치켜올린다. 그리고 나서 땅바닥에 엎드려 있다가 일어난다. 심지어 황소는 말 두 마리가 끄는 빠른 속도의 전차 위에 서 있을 수 있다. 테살리아 사람들이 황소를 죽이는 방법 하나를 개발했는데 말에 타고 있던 사람이 황소 등에 올라타 뿔을 잡고 목을 비트는 것이다. 절대 권력자 카이사르는 로마에서 최초로 이런 광경을 보여 준 사람이다.

소는 제물 중에서는 가장 고급으로 꼽힌다. 그리고 신을 달래기 위해 봉헌되는 제물들 가운데 가장 믿을 만한 제물이다. 긴 꼬리를 가진 모든

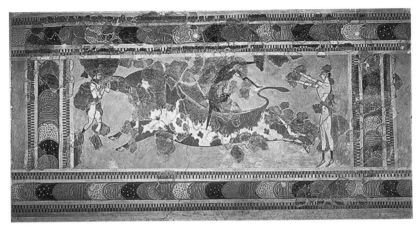

황소의 희생 의식을 묘사한 크레타의 부조

동물 가운데 태어날 때부터 몸집에 걸맞지 않게 긴 꼬리를 가진 동물은 소가 유일하다. 그래서 제물로 선택할 때 반드시 꼬리가 발굽 관절에 닿는 송아지를 고른다. 만약 꼬리가 이보다 짧으면 그 송아지는 신에게 바칠 수 없는 것으로 본다. 사람이 어깨에 둘러메고 제단까지 운반한 송아지, 다리를 절뚝거리거나 부적절한 상태의 송아지, 또는 제단에서 도망치려고 하는 소는 신이 받아들이지 않는다고 한다. 소가 말을 하는 것은 고대인 사이에서는 드물지 않은 이변이었는데, 그런 일이 원로원에 보고되면 그들은 야외에서 집회를 여는 관습이 있었다.

제 4 장

이집트의 아피스

이집트에는 신으로 숭배하는 소가 있다. 이집트인은 그 소를 아피스Apis 라고 한다. 이 소는 오른쪽 옆구리에 초승달 모양의 흰 점이 뚜렷해 그 것으로 구별할 수 있다. 혀 밑에도 돌기가 있는데 이것을 '칸타루스can-tharus'[1]라고 한다. 이 소는 정해진 나이 이상 살지 못한다. 그 나이가 되면 사제들의 샘에 빠져 죽음을 맞게 된다. 그러면 사제들은 군중이 애도하 는 가운데 대체할 다른 소를 찾아 나선다. 애도는 다른 소를 찾을 때까지 계속되는데 사제들은 그때까지 삭발하고 지낸다. 하지만 그들이 대를 이 을 소를 찾을 때마다 매번 시간이 오래 걸리는 것은 아니다. 소를 찾으면 100명의 사제들은 그 소를 멤피스로 데려온다.

멤피스에는 소를 모시는 탈라미thalami[2]라는 두 개의 성소가 있다. 사 람들은 여기에 가서 운을 미리 점친다. 소가 두 개의 성소 가운데 어느

이집트의 아피스 황소

쪽으로 들어가느냐에 따라 점괘가 행운과 불운으로 엇갈린다. 소는 찾아와 묻는 사람들이 내미는 음식을 받아먹는 것으로 개개인에게 답을 준다. 게르마니쿠스 카이사르는 그가 내민 손을 소가 외면하고 나서 얼마 되지 않아 죽음을 맞았다.[3]

이 소의 생활은 비밀에 부쳐져 있다. 그러나 공개적인 장소에 나타나면 군중은 소가 지나가도록 길을 열어 주고 수많은 소년이 모여들어 소에

222

게 경의를 표하는 찬가를 부르며 뒤를 따른다. 따라서 소를 경배하고 소의 환심을 사려는 것은 당연해 보인다. 그러다 군중은 갑자기 영감을 얻어 미래에 일어날 일을 예언한다. 멤피스 근처의 나일강에는 생김새 때문에 피알라Phiala(술잔)라고 불리는 곳이 있는데, 매년 아피스의 탄생을 축하하는 날에 사람들은 이곳에 금과 은으로 된 접시를 던져 넣는다. 이런 날이 이레 동안 이어진다. 놀라운 것은 이 기간에는 누구도 악어의 공격을 받지 않는다는 점이다. 그러나 여드렛날 여섯 시가 지나면 악어들은 모두 이전의 흉포함을 되찾는다.

제 5 장

4 양과 양모

우리는 양에게 많은 신세를 지고 있다. 신의 노여움을 가라앉히고, 양털을 이용할 수 있도록 해 주는 두 가지 이유 때문이다. 소는 사람이 먹을 식량을 산출하는 밭을 갈지만, 우리는 양 덕분에 몸을 보호할 수 있다.

양은 크게 두 품종으로 구별된다. 하나는 덮개를 씌운 양[1]이고, 다른 하나는 농장에서 키우는 양 또는 보통 양이다. 보통 양은 성질이 더 유순하며, 덮개를 씌운 양은 목초지에 방목할 때 가시나무도 먹기 때문에 성질이 더 까탈스럽다. 가장 좋은 덮개를 씌운 양은 아라비아에서 들어온다.

가장 높은 평가를 받는 양모는 아풀리아Apulia산이다. 이탈리아에서는 그리스 양모라고 부르고, 다른 나라에서는 이탈리아 양모라고 한다. 밀레투스Miletus산 양모는 세 번째 등급이다. 아풀리아산 양모는 털이 짧아 외투를 만들면 높은 평가를 받는다. 타렌툼Tarentum[2]과 카누시움Canusium[3]

인근에서 생산되는 아풀리아 양모가 가장 유명하다. 아시아의 라오디케아Laodicea에서 수입되는 비슷한 품질의 양모도 있다. 파두스Padus⁴강 연안 농촌에서 나는 것보다 더 좋은 흰색 양모는 없으며, 오늘날까지도 가격이 파운드당 100세스테르케스⁵가 넘는 양모는 없다.

모든 나라에서 다 양털을 깎는 것은 아니다. 어떤 곳에서는 아직도 양털을 뽑는 관습이 있다. 양털의 색깔은 매우 다양하여 그 모든 색깔을 일일이 표현할 말이 없을 정도다. 알프스 인근의 폴렌티아Pollentia⁶에서는 가장 질이 좋은 검은 양모가 생산된다. 아시아에서는 붉은색 양모가 생산되며 카누시움산 양모는 황갈색이다. 타렌툼의 양모는 특히 색깔이 진하다. 이스트리아Istria 양모는 양모라기보다는 털 같아서 긴 결이 필요한 직물을 짜는 데는 적합하지 않다.

매우 굵고 잘 뭉쳐지는 양모는 예로부터 양탄자를 짜는 데 좋은 것으로 알려져 왔다. 호메로스의 시를 보면 양탄자가 그가 살던 시대에도 사용된 게 분명하다.* 어떤 종류의 양모는 압착하여 펠트를 만든다. 이 펠트를 식초에 적시면 쇠도 견딜 만큼 강해진다.** 더구나 마지막 처리 과정을 거치면 양모는 내연성을 갖게 된다.⁷ 빨래 통에서 펠트 찌꺼기를 건져내 매트리스를 만든다. 내가 생각하기에 이것은 갈리아 사람들의 발명품이다. 아무튼 오늘날 우리는 다양한 매트리스를 갈리아식 명칭

---

* 『오디세이아』 제4권 427행. "그리고 깨끗한 자줏빛 침대보 위에 던지고 그 위에 양탄자를 덮어라."

** 파파도포울로스-브레토스(Papadopoulos-Vretos)가 쓴 『필리나'라는 옷감에 대한 비망록(Memoir on the substance called Pilina)』에는 다음과 같이 씌어 있다. "표백하지 않은 아마 섬유를 포화 상태로 소금을 탄 식초에 담가 불렸다. 그러고 난 다음에 꾹 눌러 짜 유명한 콘라드 몽페라(Conrad Montferrat)의 갑옷에 견줄 만한 강도를 가진 펠트를 얻었다. 칼끝도, 심지어는 총에서 발사된 탄환도 그것을 관통할 수 없었다."

메리노 또는 히스파니아 양

으로 구분한다.

그러나 나는 언제부터 이런 용도로 양모가 쓰이기 시작했는지는 잘 모르겠다. 지금도 야영할 때는 그렇지만 우리 선조들은 밀집을 이용해 깔고 잘 것을 만들었다. 나의 부친은 가우사파gausapa*를 사용하게 된 것을 기억하고 있고 나는 암피말라amphimalla**와 긴 털이 있는 무릎 담요가 등장한 것을 기억한다. 그러나 요즘은 가우사파가 부족해 띠로 된 형태의 튜닉을 만들기 시작했다.*** 검정색 양모는 염색이 되지 않는다.

---

* 한쪽 면이 기모로 된 두꺼운 천. 식탁보와 침대보로 쓰이며 습기와 추위를 막기 위한 외투로도 사용된다. 로마의 부자들은 최고급 양모로 이 천을 짜 자주색 염색을 했다. 때로 가우사파를 리넨으로 짜기도 했는데 그러나 촉감이 거칠었다.

** '양면에 털이 있는'이라는 뜻이다. 이 천은 아마도 융이나 나사(羅紗) 또는 현대의 담요와 비슷했을 것이다.

*** 아우구스투스 황제 치세에 와서 로마인은 이전에는 자신들의 일상적인 의상이었던 토가(toga)를 더 편리한 라케르나(lacerna)와 파이눌라(paenula)로 교체하기 시작했다. 이 옷들은 덜 거추장스럽고 평상시 일을 하는 데 적합했다.

제 6 장

4

양모로 만든
다양한 옷감

바로는 상쿠스Sancus[1] 신전에는 카이아 카이킬리아Caia Caecilia라고도 부르는 타나퀼Tanaquil*의 물레와 방추에 여전히 양털로 만든 털실이 보관되어 있다는 사실을 직접 눈으로 보고 우리에게 알려 주고 있다. 바로는 이전에 세르비우스 툴리우스Servius Tullius가 입었던, 왕의 위엄을 보여 주는 주름진 토가를 그녀가 만들었다고 기록하고 있다. 관습에 따라 젊은 여성은 결혼하면서 옷감을 짜는 데 필요한 물레와 실패를 지참하고 갔다. 타나퀼은 젊은이들과 갓 결혼한 여성들이 흰색 토가와 함께 입는 튜닉 같은 옷을 처음으로 직접 짜서 만든 사람이다. 물결무늬의 의상은 처음에는 가장 값비싼 옷이었지만 그 뒤에는 다양한 색상이 어우러진 옷들이 유행했다.

---

* 가장 일반적인 설에 따르면, 타나퀼은 타르퀴니우스 프리스쿠스(Tarquinius Priscus)의 부인으로 원래 에트루리아 사람이다. 로마로 이사한 후 그의 남편이 왕이 되자 그녀는 카이아 카이킬리아로 이름을 바꾸었다.

페네스텔라Fenestella는 곱슬곱슬하고 질감이 좋은 프뤼기아 양털로 짠 토가뿐만 아니라 결이 고운 토가도 아우구스투스 치세 말에 입기 시작했다고 알려 준다. 프라이텍스타praetexta*는 원래 에트루리아 사람들이 입던 옷이다. 나는 트라베아trabea**는 처음에 왕들이 입었던 것으로 알고 있다.

호메로스는 자수 놓은 의복을 언급하고 있는데,*** 개선의 예복이 자수 놓은 옷에 속한다. 프뤼기아 사람들은 최초로 바늘을 사용해 수를 놓았다. 따라서 자수를 놓은 옷은 프뤼기아 의상이라는 이름을 갖게 되었다. 역시 아시아에 살았던 아탈루스Attalus² 왕은 금실로 자수 놓는 방법을 창안했다. 이 때문에 금실로 자수를 놓은 옷을 아탈루스 의상이라고 부른다. 바빌로니아Babylonia는 다양한 색깔의 자수로 매우 잘 알려져 있었다. 그래서 이런 방식으로 만든 옷은 바빌로니아 의상이라는 이름을 얻었다.

씨줄과 날줄로 직물을 짜는 방식은 알렉산드리아Alexandria에서 창안되었다. 그리고 갈리아 지방에서 최초로 격자무늬 직물을 짰다. 메텔루스 스키피오Metellus Scipio³는 카토를 비난하면서 그가 현직에 있을 때도 바빌로니아산 장의자 덮개가 80만 세스테르케스에 팔렸고 네로 황제 치세인 근자에 와서는 400만 세스테르케스로 올랐다고 말했다.⁴ 세르비우스 툴

---

* 바로는 프라이텍스타를 '자주색 띠나 테두리가 있는 흰색 토가'라고 설명하고 있다. 이 옷은 17세 이전의 소년과 미혼 여성이 입었다.

** 트라베아는 자주색 줄무늬 장식이 있다는 점에서 프라이텍스타와 구분된다.

*** 『일리아스』 제3권 125행에는 헬레네가 그리스와 트로이가 전쟁하는 장면을 자수로 새긴 옷 짜는 장면이 묘사되어 있다. 그것은 아마 오늘날 태피스트리 같은 것으로 보인다.

로마인의 의복을 엿볼 수 있는 벽화(프레스코)

로마의 양모 가공법을 묘사한 조각(2세기 중반)

리우스는 자신이 봉헌한 포르투나 여신 조각상을 프라이텍스타로 감쌌는데, 세야누스Sejanus[5]가 죽을 때까지 남아 있었다. 560년 세월 동안 그 천이 전혀 낡거나 좀먹지 않은 것은 놀라운 일이다. 나도 살아 있는 양의 털에 마치 그런 모습으로 태어난 것처럼 자주·분홍·보라의 세 가지 색으로 줄무늬 염색을 하는 것을 본 적이 있다. 각각 1파운드 반의 염료가 쓰였다고 하는데 호사 취미를 만족시키기 위한 것이었다.

양의 다리가 짧고 배가 털로 덮여 있으면 매우 좋은 품종을 나타내는 증거로 여겨진다. 배에 털이 없으면 쓸모없는 것으로 여겨진다. 쉬리아 양의 꼬리는 길이가 45센티미터이며 꼬리 대부분이 털로 덮여 있다.

제 7 장

염소

어떤 염소는 뿔이 없다. 뿔이 있는 염소는 뿔에 난 마디의 숫자로 나이를
알 수 있다. 킬리키아와 쉬르테스Syrtes강[1] 연안에 사는 주민은 염소 털로
옷을 만들어 입는다. 목초지에서 암컷 염소들은 해가 질 무렵에는 결코
마주 보지 않고 서로 등을 돌린 채 엎드려 있고 낮 동안이나 다른 때에는
가족들이 모여 얼굴을 마주 보고 있다. 염소는 모두 턱에 긴 털이 있다.
무리 중 한 마리가 이 털을 붙잡혀 끌려가면 나머지는 멍청한 표정으로
놀라 바라본다.

무티아누스는 자신이 직접 목격한 염소의 지능을 보여 주는 사례를
전하고 있다. 염소 두 마리가 서로 마주 보고 반대 방향에서 오다가 몸을
돌릴 수 없을 정도로 좁은 다리에서 마주쳤다. 뒷걸음질하기에는 다리의
길이가 길고 다리의 폭이 좁아서 안전하게 발을 디딜 자리도 없었다. 다

염소젖을 짜는 사람(로마 시대)

리 밑으로는 세찬 격류가 빠르게 흐르고 있었다. 그러자 한 마리가 납작 엎드렸다. 그리고 다른 한 마리가 그 위로 지나갔다.

수생동물

제 5 부　　　수　생　동　물

제1장

거대 동물들이
바다에 사는 이유

지금까지 우리가 육상동물이라고 부르고 인간과 교류하며 사는 동물에
관해 설명했다. 남아 있는 동물 가운데 새들이 가장 작은 동물에 속한다
는 것은 잘 알려져 있다. 그러나 우선 바다, 강 그리고 호수에 사는 동물
에 대해 알아보고자 한다.

수생동물 가운데는 덩치가 그 어떤 육상동물보다 큰 것이 많다. 그렇
게 덩치가 큰 확실한 원인은 수분을 과다하게 공급받기 때문이다. 공중
에 높이 떠서 일생을 보내는 날개 달린 동물들과는 판이하게 다르다. 섬
세하면서도 생명력이 넘치는 서식지로 끝없이 광대하게 펼쳐져 있는 바다
에는 괴물같이 생긴 동물이 많이 산다. 자연계의 다른 영역에 사는 모든
종류의 동물이 바다에도 살고 있다는 통념은 진실일 가능성이 매우 높
다. 그와 동시에 바다에만 살고 다른 곳에는 없는 동물도 많다. 포도고

기, 창고기, 톱고기, 그리고 마지막으로 생김새와 냄새가 진짜 오이를 쏙 빼닮은 오이고기를 관찰하는 수고를 마다하지 않는다면 바다에는 육상동물뿐만 아니라 동물이 아닌 것들의 형상을 한 동물도 있다는 것을 쉽게 알 수 있다.[1] 조개 같은 작은 동물에서도 말대가리 같은 것이 껍데기 밖으로 튀어나와 있는 것을 보면 놀라지 않을 수 없다.

그러나 이 동물들 가운데 인도양에 사는 것들이 가장 크고 개체수도 많다. 그 가운데 대왕고래는 크기가 1만 제곱미터[2]이며, 톱상어는 길이가 거의 90미터에 달한다. 길이가 1.8미터인 가재도 있고 갠지스강에는 길이가 90미터에 달하는 뱀장어들이 사는 것을 볼 수 있다.* 그러나 바다에서는 이 괴물 같은 뱀장어를 하지와 동지 때 볼 수 있다. 왜냐하면 그때가 되면 이 지역에 회오리바람이 불고 비가 내리면서 산꼭대기로부터 폭풍이 몰려오는데, 바다가 바닥부터 소용돌이를 일으켜 이 괴물들이 깊은 곳에서 밀려 나와 휘감아 오르는 물마루를 타고 위로 올라오기 때문이다.

그 옛날 알렉산드로스 대왕의 함대는 엄청난 참치 떼와 마주쳐 마치 적의 함대와 대치하듯 전투대형으로 맞설 수밖에 없었다. 알렉산드로스의 함선들이 이렇게 하지 않고 뿔뿔이 각개 항진을 했다면 아마 빠져나올 수 없었을 것이다. 소란을 피우고 소음을 내고 나팔을 불어도 참치 떼에게는 소용이 없었다. 참치 떼는 전투와 다름없이 들이받아야 겁을 먹었고 완전히 격파해야만 제압할 수 있었다.

홍해에는 카다라Cadara[3]라는 이름으로 알려진 큰 반도가 있다. 반도는 홍해로 깊숙이 뻗어나가 거대한 만을 형성하고 있는데, 프톨레마이오

---

* 이런 수치들은 물론 지나치게 과장된 것이다.

바다코끼리

향유고래

스Ptolemaeos[4] 왕은 바람 한 점 없는 이 만을 건너기 위해 12일 동안 밤낮으로 노를 저어야 했다. 이 후미진 무풍지대에 사는 바다 괴물들은 특이하게도 움직일 수 없을 정도로 몸집이 커진다. 알렉산드로스 함대의 제독들은 아라비스Arabis강 유역에 사는 게드로시아Gedrosia[5] 사람들이 물고기들의 턱뼈로 집의 문틀을 만들고* 물고기의 뼈를 지붕의 서까래로 쓰는데 길이가 20미터가 넘는 것이 많다고 전하고 있다. 이곳에서는 바다 괴물들이 마치 소 떼처럼 바닷가로 나와 떨기나무의 뿌리를 먹고 다시 바다로 돌아간다. 머리가 말이나 당나귀나 황소같이 생긴 어떤 괴물들은 곡식을 심어 놓은 밭에서 풀을 뜯었다.

인도양에서 발견되는 가장 큰 동물은 고래와 대왕고래다. 반면에 갈리아Gallia해[6]에서는 향유고래 또는 분무고래[7]가 가장 큰데 거대한 기둥처럼 공중으로 몸을 들어 올리며 배의 돛보다 높게 솟구치고 그야말로 홍수처럼 물을 뿜어 댄다. 가데스Gades해[8]에는 나무가 한 그루 있는데, 가지가 하도 넓게 뻗어서 해협으로 들어갈 수가 없었다. 그곳에는 생김새가 특이해 바다바퀴[9]라고 하는 물고기도 있다. 이 물고기는 네 개의 바큇살로 나뉘어 있는데 바퀴 축을 에워싸고 사방에 두 개씩 눈이 달려 있다.

---

* 프랑스의 고전학자 아르두앵(Jean Hardouin)은 그가 살던 시절에 바스크족은 고래의 갈비뼈로 정원 울타리를 만드는 관습이 있었는데 때로는 갈비뼈의 길이가 3미터 이상이었다고 말하고 있다. 퀴비에는 오늘날에도 노르웨이에서는 고래의 턱뼈가 건물의 들보와 기둥을 만드는 데 쓰이고 있다고 말한다.

제 2 장

트리톤과 네레이드의
모습을 띤 것들

올리시포Olisipo에서는 티베리우스 황제에게 트리톤Triton*이 어떤 해식동굴에서 소라 껍데기를 부는 것을 눈으로 보고 귀로 들었다는 소식을 전하기 위해 사절단을 파견했다. 이 모습이 네레이드Nereid를 닮았다고 하는 것도 전혀 터무니없는 이야기는 아니다.[1] 몸통 중에서 사람의 형상을 닮은 부분만 온통 비늘로 덮여 거칠거칠하기 때문이다. 이 동물 가운데 하나가 같은 해안에서 죽어 갈 때 목격되었다. 그 동물의 애처로운 속삭임은 멀리 떨어진 곳에 있는 주민들에게도 들렸다. 갈리아 지방의 총독도 아우구스투스 황제에게 상당히 많은 네레이드가 해변에서 죽은 채 발견됐다는

---

* 아르두앙은 너무나 고지식하게 그런 이야기가 꾸며 낸 것이 아니며 갯지렁이와 소라고동은 사람 얼굴을 하고 있고 그런 것이 사실이라는 증거를 고대부터 지금까지 15개 넘게 예증할 수 있다고 말하고 있다. 그는 스칼리제르(Joseph Justus Scaliger)도 그렇게 믿었다고 말하며 괴물들에 대한 알드로반디(Ulisse Aldrovandi)의 저술을 인용하고 있다.

바다황소(sea—bull)를 탄 네레이드(기원전 2세기 조각)

장계를 올렸다. 나 역시 기병대의 뛰어난 정보통을 몇 명 알고 있는데, 그들 중 한 명이 어느 날 가데스[2]에서 몸의 각 부위가 완벽하게 사람을 닮은 인어를 직접 보았고 그날 밤 그 인어가 배 위로 올라와 뱃전에 앉자마자 배가 그쪽으로 기울었는데 오래 앉아 있었더라면 배가 끝내 침몰했을 것이라고 말했다.

티베리우스 황제 연간에 루그두눔Lugdunum[3] 지방을 마주 보고 있는 한 섬으로 바다 속에 있던 퇴적물이 해변까지 밀려 올라왔고 300마리나 되는 동물이 보였는데 각양각색에 크기도 엄청나 놀라움을 자아냈다. 산토네스Santones[4] 바닷가에도 그 이상으로 많은 동물이 올라왔다. 그 가운데는 코끼리와 숫염소도 있었는데 그 염소는 뿔이 있는 자리에 흰 점밖에 없었다.[5] 투르라니우스Turranius도 몇몇 네레이드에 대한 기록을 남겼고 가데스 해변에 밀려온 어떤 괴물에 대해서도 이야기하고 있다. 이 괴물의 꼬리지느러미 양끝 사이의 거리는 7미터 정도였고 이빨이 120개나 되었는데 길이가 가장 긴 게 23센티미터, 가장 짧은 게 15센티미터였다.

마르쿠스 스카우루스가 조영관으로 재직할 때 로마에서 보여 준 진기한 것들 가운데는 유대 지방의 욥파Joppa[6]에서 가져온 안드로메다를 잡아 먹으려고 했다는 괴물의 뼈도 있었다. 이 뼈는 길이가 12미터가 넘었으며 갈비뼈가 인도코끼리보다 크고 등뼈는 굵기가 45센티미터였다.

제 3 장

대왕고래와 범고래

대왕고래는 로마 근해까지 들어온다. 동지 이전까지는 가데스해에 대왕고래들이 나타나지 않고 일 년 중 특정한 절기에는 넓은 만으로 물러나 몸을 숨긴다고 한다. 대왕고래에 대해 특히 적대적이며, 이빨이 달린 거대한 살덩어리라고밖에는 달리 적절히 묘사할 수 없는 범고래도 이와 같은 습성을 가진 것으로 알려져 있다. 범고래는 새끼와 함께 후미진 곳에 숨어 있는 대왕고래를 공격한다. 대왕고래가 방어하기 위해 몸을 돌리는 바로 그 순간, 범고래는 리부르니아Liburnia[1] 갤리선이 충각衝角으로 들이받듯이 대왕고래를 찌른다.

스스로를 방어할 수 있는 힘도 없고 유연성도 떨어지는 대왕고래는 넓은 바다로 도망가 원양을 떠돌아다니는 전략밖에는 다른 도리가 없다는 것을 잘 알고 있다. 반면에 범고래는 대양으로 도망가는 대왕고래에 맞서

대왕고래(흰긴수염고래)

몸을 던져 가로막고 좁은 수로로 몰아넣어 죽이거나 수심이 낮은 여울로 몰고 가 대왕고래를 바위에 충돌시켜 박살낸다. 이런 싸움이 벌어질 때 보면 바다에 노도가 일어나는 것 같다. 만에는 바람 한 점 없는데 회오리 바람이 무색할 정도로 고래들이 뛰고 뿜어 대는 바람에 파도가 높이 솟구친다.

오스티아Ostia 항구에 범고래 한 마리가 나타나 클라우디우스 황제가 잡으러 나섰다. 클라우디우스 황제가 그곳에 항만을 건설하는 동안 범고래 한 마리가 갈리아에서 가져오다 바다에 떨어뜨린 가죽을 먹으려고 들어왔던 것이다. 며칠 동안 이 가죽을 물리도록 먹은 범고래는 수심이 낮은 수로를 돌아다녔다. 그런데 바람이 불어 범고래가 움직일 수 없을 정도로 모래가 날려 와 쌓였다. 그리고 먹이를 쫓는 동안 바닷가로 밀려와 범고래의 등이 수면 위로 드러나 보였는데 그 모습이 마치 전복된 배의 용골 같았다. 그러자 황제는 항만 입구 끝에서 끝까지 그물을 치라고 명령했다. 로마 사람들에게는 구경거리가 되었는데 황제는 근위대와 함께 그곳에 갔다. 배들이 범고래에게 다가가 배에 타고 있던 군인들이 범고래 위로 창 세례를 퍼부었다. 나도 범고래가 물을 뿜을 때 물줄기가 배 위로 쏟아져 한 척이 가라앉는 것을 목격했다.

제 4 장

돌고래

수생동물뿐만 아니라 모든 동물 가운데 돌고래*가 가장 빠르다. 돌고래가 수영하는 것은 새가 나는 것보다 날렵하고 화살보다도 빠르다. 사실 돌고래의 입은 주둥이 밑부분, 거의 배 한가운데 붙어 있지만 않았다면 어떤 물고기도 돌고래의 추격을 따돌릴 수 없었을 것이다. 그러나 자연은 세심하게도 돌고래에게도 약점을 만들어 주었다. 돌고래는 몸을 돌려 등으로 잠수하지 않으면 아무것도 잡을 수가 없다. 그런데 이런 상황은 돌고래의 놀라운 민첩성을 보여 주는 증거라고 할 수 있다. 돌고래는 배가 고프면 도망가는 물고기를 추격하면서 오래 숨을 참고 바닥까지 잠수한 다음 숨을 쉬기 위해 마치 시위를 떠난 화살처럼 빠르게 다시 물 위로 올라온다.

---

* 플리니우스는 돌고래를 묘사하면서 물개, 작은 돌고래, 날치 그리고 돔발상어의 특징과 돌고래의 특징을 혼동하고 있다.

그리고 그럴 때 종종 배의 돛 위를 뛰어넘기라도 할 듯이 물 위로 높이 뛰어오른다.

돌고래는 보통 짝을 지어 다닌다. 그들은 대왕고래와 마찬가지로 새끼 돌고래에게 젖을 먹이며 약한 새끼 돌고래를 데리고 다닌다. 그뿐만 아니라 새끼 돌고래가 성장한 뒤에도 오랫동안 함께 다닌다. 돌고래의 자식 사랑은 대단하다. 새끼 돌고래는 매우 빨리 자라서 열 살이면 완전한 성체가 된다. 돌고래는 서른 살까지 산다. 시험 삼아 꼬리에 표식을 해 확인한 사실이다.[1] 돌고래는 천랑성Sirius이 뜰 때쯤 30일 동안 아주 제대로 몸을 숨겨 어디로 가는지 알려진 바가 없다. 더욱더 놀라운 것은 돌고래가 물속에서는 숨을 쉬지 못한다는 점이다. 돌고래는 해안으로 돌진하는 습관이 있는데 그 이유는 알 수 없다. 돌고래는 일반적인 수생동물의 속성과는 반대로 혀를 움직일 수 있다. 혀는 짧고 넓어 돼지 혀와 크게 다르지 않다. 목소리 대신에 사람의 신음 비슷한 소리를 낸다. 등은 아치를 이루고 있고 코는 위를 향하고 있다. 이런 이유로 돌고래들은 시무스simus[2]라고 부르면 놀라울 정도로 잘 알아듣고 다른 이름보다는 그렇게 불러 주는 것을 좋아한다.*

돌고래는 사람에게만 다정한 게 아니라 음악도 좋아한다. 돌고래는 화음이 맞는 연주를 좋아하는데 특히 수압식 파이프 오르간[3] 연주를 좋아한다. 돌고래는 낯선 사람도 무서워하지 않고 배가 지나가면 가까이 다가와 이리저리 뛰어오르면서 빠르기를 겨루며 전속력으로 항해하는 배를

---

* 돌고래가 '시무스(simus, '납작코'라는 뜻)라는 것을 알고 있으며 그렇게 불리는 것을 특히 좋아한다는 말은, 돌고래가 좋은 취향과 지능을 가지고 있다는 것을 암시한다.

앞질러 간다.

아우구스투스 황제의 통치 기간에 루크리네Lucrine[4] 호수로 반입된 돌고래가 한 가난한 아이를 대단히 좋아했다. 이 아이는 바이아이Baiae[5]에서 푸테올리로 학교를 다녔다. 한낮에 호숫가에 멈춰 서서 '시무스'라고 돌고래를 불렀다. 그리고 일부러 가져간 빵조각으로 돌고래를 호숫가로 꾀어냈다. 이런 일들이 마이케나스, 파비아누스Fabianus, 플라비우스 알피우스 Flavius Alfius 등과 같은 저자들의 기록에 남아 있지 않았다면 이런 이야기를 하는 게 정말 자신이 없었을 것이다. 낮에는 어느 때가 됐든 아이가 부르면 돌고래는 보이지 않는 물 밑에 있다가도 즉각 수면으로 올라와 아이가 손으로 건네주는 것을 받아먹고 튀어나온 날카로운 등지느러미를 조심스럽게 몸에 붙이고 아이에게 올라타라고 등을 들이밀었다. 그리고 신이 나서 아이를 등에 태우고 넓은 바다를 가로질러 푸테올리까지 데려다주곤 했다. 이런 일이 아이가 어떤 병에 걸려 죽을 때까지 수년 동안이나 계속됐다. 돌고래는 여러 번 이전에 아이를 만나던 장소에 슬픔에 잠긴 채 나타나 애절한 고통을 몸짓으로 보여 주었다. 그리고 마침내 비탄과 회한을 이기지 못하고(이것은 아무런 의심의 여지가 없다) 죽었다.

몇 년 지나지 않아 아프리카 해안의 히포 디아르뤼투스Hippo Diarrhytus[6]에서는 다른 돌고래 한 마리가 비슷한 방식으로 여러 사람이 손으로 건네주는 먹이를 받아먹으며 쓰다듬어 달라고 몸을 드러냈고 수영하는 사람들 주위에서 놀면서 그들을 등에 태워 주었다. 한번은 아프리카의 총독이던 플라비아누스Flavianus가 돌고래에게 향유를 바르고 문질러 주자 조용히 잠이 들었다. 처음 맡아 보는 냄새에 취한 것 같았다. 그러고는 마치

돌고래(짧은 주둥이 참돌고래)

죽은 듯이 떠 있었다. 이런 일이 있은 뒤 몇 달 동안 이 돌고래는 마치 어떤 모욕 같은 것을 당하기라도 한 것처럼 사람과의 교류를 애써 피했다. 그리고 마침내 이 돌고래는 이전의 모습으로 돌아와 전과 같이 놀라운 장면을 보여 주었다. 결국 이 돌고래를 보기 위해 많은 유력 인사들이 찾아오면서 그들을 접대하는 것이 성가신 일이 되자 히포의 시민들은 이 돌고래를 죽여 버렸다.

이런 일이 있기 전에 이아수스Iasus[7]에 사는 한 아이에 관한 이야기가 전해져 내려온다. 돌고래 한 마리가 이 아이를 지극히 좋아하는 것을 오랫동안 관찰할 수 있었다. 어느 날 아이가 바닷가로 나와 있는 동안 돌고래가 아이를 따라다니다 썰물로 물이 빠져 모래 위에 좌초되었다. 그리고 거기서 죽음을 맞이할 때까지 그렇게 있었다. 알렉산드로스 대왕은 돌고

돌고래를 탄 사람이 새겨진 동전

래가 이 아이에게 남다르게 애정을 나타내는 것은 해신인 넵투누스(포세이돈)가 아이에게 특별한 호감을 보이는 증거라고 해석해 그 아이를 바빌로니아에 있는 넵투누스 신전의 제사장으로 임명했다.

헤게시데무스Hegesidemus는 우리에게 다음과 같은 이야기를 전하고 있다.[8] 같은 도시인 이아수스에 헤르미아스Hermias라는 소년이 있었는데, 이 소년은 비슷한 방식으로 돌고래 등에 올라타고 바다를 건너곤 했다. 그러나 그러던 어느 날 갑자기 폭풍이 불어와 아이는 목숨을 잃고 죽은 채로 돌고래 등에 실려 왔다. 도착하자마자 그 돌고래는 자기 때문에 소년이 죽었다는 것을 자책하며 다시 바다로 돌아가지 않고 육지에 올라와 숨을 거두었다.

테오프라스토스는 나우팍투스Naupactus[9]에서도 비슷한 일이 있었다고 전하고 있다. 사실 이와 비슷한 사례는 끝도 없이 많다. 암필로키아Amphi-

Iocia[10] 사람들과 타렌툼 사람들 사이에도 어린이와 돌고래에 관한 비슷한 이야기가 전해 내려온다. 이 모든 이야기는 유명한 리라 연주가 아리온 Arion에 얽힌 이야기에 신뢰감을 준다. 뱃사람들이 아리온이 번 돈을 차지하려고 그를 바다에 던지려고 할 때 아리온은 리라를 연주하며 노래 한 곡만 더 부르게 해 달하고 간청했다. 노랫가락이 흐르자 수많은 돌고래가 배 주위에 몰려들어 그를 바다에 던지자마자 그중 한 마리가 아리온을 등에 태우고 안전하게 타이나룸Taenarum[11]곳으로 갔다.*

갈리아 나르보넨시스Narbonensis[12] 지방의 네마우수스Nemausus[13] 땅에는 라테라Latera[14] 호수가 있다. 그곳에서는 돌고래들이 사람과 함께 물고기를 잡는다. 이 호수의 좁은 방수로에서는 매년 때가 되면 수많은 숭어 떼가 조류가 바뀌는 것을 이용해 바다로 몰려 나간다. 따라서 이 숭어들이 둔하게 타고나서 피하지 않는다고 해도 그 엄청난 무게를 감당할 만한 그물을 치는 것은 불가능하다. 이 물고기들은 본능에 따라 인근의 깊은 바다를 향해 전속력으로 나아가며 그물을 치기에 아주 적합한 곳에서 서둘러 도망친다.

때맞춰 많은 사람이 이곳에 와서 고기 잡는 재미를 보려고 하는데, 숭어 떼가 도망가는 것을 감지하는 순간 모든 사람이 최대한 목소리를 높여 돌고래들을 이곳으로 불러 모은다. 그 외침 소리가 남풍이 불 때는 바람을 거슬러 조금 느리게 전달된다. 하지만 북동풍이 불 때는 돌고래들이 한가롭게 노는 곳으로 빠르게 전달되고 돌고래들은 자신들이 필요해 부

---

* 오비디우스(Ovidius)는 『축제(Fasti)』 제2권 92행에서 아리온에 관한 이야기를 아름다운 언어로 보다 상세히 전하고 있다.

른다는 것을 금방 알아차린다. 그러고 나면 돌고래들이 도와줄 태세를 단단히 하고 생각보다 훨씬 빨리 나타나는데, 돌고래들이 전투 대형을 갖추고 서둘러 다가오는 게 보인다.

돌고래들은 싸움이 시작되려고 할 때 진을 치고 외해로 나가는 탈출로를 막고 공포에 질린 숭어 떼를 얕은 곳으로 몬다. 그때 어부들은 그물을 던지고 갈퀴를 그물의 가장자리에 걸어 붙잡는다. 그래도 믿을 수 없을 정도로 힘이 넘치는 숭어 떼는 그물을 뛰어넘는다. 반면에 돌고래들은 숭어를 받아먹을 것을 기대하면서도 당장은 숭어를 죽이는 데 만족하고 먹을 욕심은 확실하게 일을 끝낸 뒤로 미룬다.

싸움은 가열차고 빠르게 진행되고 돌고래들은 더할 수 없이 활기차게 압박해 들어가는데, 그물 안으로 들어가는 것도 마다하지 않는다. 그러나 돌고래들은 그물 안에 들어가 숭어 떼가 또 다른 도주로를 찾도록 자극하지 않게끔 조용히 배와 그물 또는 수영하는 사람들 사이를 유영하며 어떤 탈출구도 허용하지 않는다. 다른 때 같으면 가장 좋아하는 놀이지만 돌고래들 가운데 단 한 마리도 넘어가라고 그물을 낮춰 주기 전까지 그물을 뛰어넘어 도망가려고 하지 않는다. 그리고 그물 밖으로 나온 뒤에도 이전처럼 그물을 지키며 숭어와의 싸움을 계속한다.

마침내 고기잡이가 끝났을 때 돌고래들은 물고기들 사이에서 그들이 죽인 물고기를 찾아 먹는다. 그러나 자신들의 도움이 당일 하루만으로 보상받기에는 너무 크다는 것을 잘 알고 있는 돌고래들은 다음 날까지 그곳을 지키고 있다가 물고기뿐만 아니라 포도주에 적신 빵부스러기로 포식을 한다.

무키아누스가 이아시아Iasia만에서 비슷한 방법으로 고기 잡는 것에 대해 남긴 이야기는, 돌고래들이 부르지 않아도 자발적으로 나타난다는 점에서 앞에서 말한 고기잡이와 다르다. 돌고래들은 각각 사람들이 손으로 건네주는 자기 몫을 받아먹는다. 어선들마다 특별히 친하게 지내는 돌고래들이 있다. 그리고 이곳에서의 고기잡이는 밤에 횃불을 밝히고 이루어진다.

돌고래는 자기들끼리 회의를 한다. 언젠가 돌고래 한 마리가 카리아Caria[15]의 왕에게 붙잡혀 항구에 사슬로 묶여 있게 되자 엄청나게 많은 돌고래가 그곳에 모였는데 슬퍼하는 기색이 역력해 사람들의 연민을 불러일으켰고 결국 왕은 돌고래를 풀어 주라고 명했다. 어린 돌고래 옆에는 항상 보호자 역할을 하는 성체 돌고래가 함께 붙어 다닌다. 과거에 돌고래들이 죽은 돌고래의 사체를 바다 괴물들이 먹어 치우지 못하도록 거둬 가는 것이 목격된 적이 있다.

제 5 장

다양한 종류의
거북

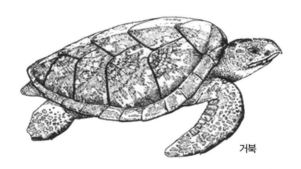

거북

인도양에는 덩치가 매우 큰 거북이 많이 산다. 한 마리의 거북 껍데기로
사람이 들어가 살 만한 오두막의 지붕을 이을 수 있다.[1] 홍해에 있는 섬
들을 오가는 데는 보통 거북의 껍데기로 만든 배가 이용된다. 거북은 여
러 가지 방법으로 잡을 수 있다. 그러나 일반적인 방법은 정오가 되기 직
전 거북이 수면으로 올라올 때 잡는 것이다. 거북이 물 밖으로 등을 완전

히 드러내 놓고 아주 기분 좋게 잔잔한 수면 위에서 유영할 때다. 자유롭게 호흡을 할 수 있어서 기분 좋아진 거북은 자신의 안전에 전혀 개의치 않게 되고 햇볕의 열기에 등딱지가 바싹 말라붙어 잠수도 못하고 어쩔 수 없이 떠다니다가 어부들의 손쉬운 먹잇감이 된다.

이런 이야기도 있다. 거북은 먹이 활동을 하러 밤에 물에서 나오는데 물리도록 탐욕스럽게 먹이를 먹는다. 먹고 나면 노곤해져 아침에 바다로 돌아가자마자 물 위에 떠서 잠이 든다. 거북은 코를 골기 때문에 이 소리를 들은 어부들은 조용히 헤엄쳐 거북에게 접근한다. 거북 한 마리에 어부 세 명이 달라붙어 두 사람은 거북을 순식간에 뒤집고 세 번째 어부는 거북에게 올가미를 씌운다. 거북이 하늘을 바라보고 누워 있으면 해변에서 대기하던 다른 어부들이 거북을 육지로 끌어낸다.

페니키아해에서는 전혀 힘들이지 않고 거북을 잡는다. 제철이 되면 수많은 거북이 제 발로 엘레우테루스Eleutherus[2]강으로 올라온다. 거북은 이빨이 없지만 입 가장자리가 날카롭다. 위턱이 아래턱을 마치 상자 뚜껑처럼 덮는다. 바다에서는 조개를 먹고 산다. 턱은 무는 힘이 강해 바위도 깰 수 있다. 해변에 올라와서는 풀을 먹는다. 암컷은 새알 같은 알을 100개나 낳는다. 암컷 거북은 알들을 육지에 묻고 흙으로 덮은 다음 가슴으로 다지고 밤에는 그 위에 올라가 있다. 일 년이 지나면 새끼들이 알을 깨고 나온다. 어떤 사람은 새끼들이 눈으로 알을 바라보기만 해도 껍데기를 깰 수 있다고 생각한다. 트로글로뒤타이족은 뿔이 달린 거북을 키우는데,* 뿔은 하프의 수직 기둥같이 생겼다. 이 뿔은 크지만 움직일 수 있고

---

* 퀴비에는 거북의 앞발을 뿔로 오해한 것이 분명하며 거북의 앞발은 길고 좁은 데다가 끝이 뾰족하다고 말한다.

수영할 때는 마치 같은 숫자의 노를 단 것처럼 거북을 도와준다. 이 멋지지만 보기 힘든 거북의 이름은 '켈뤼온chelyon[3]이다. 이 거북의 뿔은 끝이 날카로워 거북을 먹는 사람들은 놀라서 도망간다. 반면에 트로글로뒤타이족은 자신들이 사는 해변에서 흔히 볼 수 이 거북을 신성한 동물로 숭배한다. 껍데기로 공예품을 만드는 육지 거북도 있다. 이 거북은 아프리카의 사막 지대에 서식한다. 그곳은 햇볕에 바짝 마른 사막이라 특히 더 물이 귀하다. 거북은 이슬의 습기를 먹고 사는 것으로 생각된다. 그곳에서 다른 동물들은 찾아볼 수 없다.

씀씀이가 헤프고 세련된 사치품을 만드는 데 뛰어난 재주를 가진 카르빌리우스 폴리오Carvilius Pollio는 최초로 거북의 등딱지를 작은 조각이나 얇은 판으로 켜서 침대와 큰 쟁반[4]의 바닥을 장식했다.

제 6 장

수생동물의 종류

수생동물의 외피는 다양하다. 어떤 것은 점박이바다표범과 하마처럼 털 가죽으로 덮였고, 어떤 것은 돌고래처럼 가죽으로만 덮였다. 또 다른 것은 거북처럼 껍데기에 싸여 있으며, 굴과 조개같이 돌처럼 딱딱한 껍데기를 가지고 있는 것도 있다. 가재 같은 갑각류도 있으며, 성게처럼 각질과 가시로 뒤덮인 것도 있다. 그리고 물고기는 보통 비늘로 덮여 있으며, 목재나 상아를 곱게 다듬는 데 쓰이는 꺼칠꺼칠한 피부를 가진 전자리상어도 있다. 곰치같이 흐물흐물한 껍질을 가진 것도 있고 문어같이 껍질이 아예 없는 것들도 있다.

모든 수생동물 가운데 흰점박이바다표범은 머리를 단번에 자르지 않으면 가장 잡기 어렵다. 흰점박이바다표범은 '음매' 하는 것과 같은 소리를 낸다. 그래서 별칭이 '바다송아지'다. 하지만 이 동물은 가르치는 대로 목

다양한 종류의 물개들

소리나 몸짓을 잘 따라 한다. 배운 대로 사람들에게 인사할 수 있으며 이름을 부르면 낑낑거리며 아름답지 못한 소리로 대답한다.* 이 동물은 어떤 동물보다 깊이 잠든다. 육지에서는 바다에 있을 때 지느러미로 사용하는 것을 발 삼아 기어 다닌다. 흰점박이바다표범의 가죽은 몸에서 벗겨내도 바다와 교감하는 감응력을 어느 정도 유지하는데, 썰물 때면 항상 털이 일어난다. 그리고 오른쪽 지느러미는 최면 효과가 있어 베개 밑에 넣어 두면 잠이 잘 온다고 한다.

30종의 갑각류를 제외하면, 174종의 어류가 있다.** 다랑어는 어류 가운데 크기가 가장 크다. 무게가 540킬로그램이나 나가는 다랑어도 보았는데, 꼬리지느러미의 폭이 230센티미터였다. 어떤 강에는 이보다 작지 않은 물고기가 산다. 예를 들어, 나일Nile강에 사는 메기, 라인Rhine강의 강꼬치,[1] 포Po강의 잉어 같은 것들이다. 포강의 잉어는 움직임이 둔하고 때로는 몸집이 450킬로그램 넘게 자란다. 낚시에 걸리면 단단한 줄을 걸어 멍에를 씌운 소가 땅으로 끌어내야만 한다.

청어[2]라고 부르는 아주 작은 물고기가 있는데 이 물고기는 잉어의 목구멍에 있는 핏줄에 끈덕지게 들러붙어 잉어를 죽인다. 메기는 어디를 가나 죽음을 몰고 오는데, 살아 있는 모든 생명체를 공격한다. 그리고 간혹

---

* 라틴어로 'frémitus.' 으르렁거리는 소리다. 음매 하는 소리를 내기 때문에 프랑스인은 이 동물을 '바다송아지들(veaux de mer)'이라고 불렀다. 영어로는 'sea-calf.' 멕시코 출신의 현대 저자 가운데 한 사람인 로페스 데 고마라(Lopez de Gomara)는 생전에 인디언 바다표범 또는 원주민이 마나티라고 부르는 동물이 매우 순하고 이름을 부르면 기꺼이 대답을 하고 덩치는 그다지 크지 않지만 등에 성인 남자 열 명을 태울 수 있다는 기록을 남겼다. 그는 또 알드로반디(Ulisse Aldrovandi)는 직접 볼로냐에서 보았다는 훨씬 더 특이한 동물에 대해서도 언급하고 있는데, 기독교도 왕자가 부르면 환호하며 답했지만 터키 왕자가 부르자 응답을 거부했다고 말하고 있다.
** 프랑스의 '왕립 전시실(Cabinet du Roi)'에는 약 6,000종의 어류 표본이 있다.

헤엄치는 말을 물속으로 끌고 들어가기도 한다. 게르마니아에 있는 모이누스Moenus강[3]에 사는 돌고래와 매우 흡사한 물고기[4]는 물에서 끌어내려면 멍에를 씌운 소가 필요하다는 것도 역시 놀라운 사실이다. 그리고 다누베Danube강에서는 쇠로 만든 커다란 갈고리로 이 물고기를 잡는다.[5] 보뤼스테네스Borysthenes강[6]에도 어마어마하게 큰 물고기가 사는데 살에는 뼈나 가시가 없고 기가 막히게 연하다.

인도에 있는 갠지스강에는 인도인이 강돌고래라고 부르는 물고기가 살고 있다. 이 물고기의 주둥이와 꼬리는 돌고래같이 생겼고 크기는 7미터에 이른다.[7] 사티우스 세보수스Statius Sebosus에 따르면, 적이 놀라운 것이 갠지스강에는 벌레라고 부르는 물고기가 있는데 아가미가 두 개이고 길이가 2.6미터다. 푸른색을 띠고 있는 이 물고기를 '벌레'라고 칭하는 것은 특이한 생김새 때문이다. 이 물고기는 힘이 세어, 물을 마시러 온 코끼리의 코를 이빨로 물고 물속으로 끌고 간다.

흑해[8]에는 흰점박이바다표범과 작은 돌고래를 제외하고는 물고기를 잡아먹는 동물이 침범하지 않았다.[9] 다랑어는 흑해에 들어가면 오른쪽으로 해안을 끼고 돌아다니다 흑해를 벗어날 때는 왼쪽으로 해안을 끼고 빠져나온다. 이것은 다랑어가 오른쪽 눈이 더 좋다는 사실에 기인하는 것으로 보인다. 돌고래의 시력은 태어날 때부터 별로 좋지 않다. 프로폰티스Propontis해를 흑해와 이어 주고 아시아와 유럽을 가르는 해협의 가장 좁은 부분인 트라키아의 보스포루스Bosporus 수로에는 칼케돈Chalcedon 가까이에 물속에서도 전체를 볼 수 있을 정도로 눈에 잘 띄는 하얀 바위가 있다. 엄청난 수의 다랑어가 이 바위를 보고 놀라 반대쪽에 있는 뷔잔티움Byzantium을 향해 황급히 몰려간다. 이런 연유로 이 바위는 황금곶이라는 이름을 얻었다.* 모든 고기잡이가 뷔잔티움에서 이뤄지기 때문에 폭이 1.6킬로미터도 안 되는 물길로 나눠진 칼케돈의 손해가 막심하다. 다랑어 떼는 유리한 조류를 타고 흑해를 떠날 수 있는 북풍이 불기를 기다리며, 뷔잔티움 항구에 들어갈 때까지는 결코 잡히지 않는다. 다랑어는 겨울에는 돌아다니지 않는다. 어디에서든 겨울이 닥치면 놀랍게도 그곳에서 춘분이 올 때까지 겨울을 보낸다.

다랑어 떼가 종종 전속력으로 항해하는 배를 따라오며 매우 즐거워하는 모습을 보여 주는데, 몇 킬로미터 거리를 두고 몇 시간이고 배를 따라오는 것을 갑판에서 볼 수 있다. 고기 잡는 작살을 많이 던지지 않으면 다랑어 떼는 별로 놀라지 않는다. 어떤 학자는 이런 식으로 배를 따라오는 다랑어를 전갱이 또는 방어라고 불렀다.

---

* 플리니우스가 말하는 의미는 돈이 되는 다랑어를 많이 잡을 수 있기 때문에 '황금곶(golden horn)'이라는 이름을 얻었다는 것이다.

제 7 장

식용으로 적합한 물고기

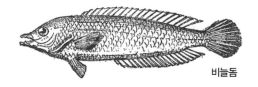

비늘돔

오늘날 그 맛으로 볼 때 최고로 치는 고기는 유일하게 되새김질을 하며 다른 물고기가 아니라 풀을 먹고 사는 것으로 알려진 비늘돔scarus이다. 이 물고기는 주로 카르파티아Carpathia[1]해에 서식하며 자발적으로는 절대 트로아스Troas곶의 렉툼Lectum[2]을 넘어가지 않는다. 클라우디우스 황제 휘하의 함대 사령관인 오프타두스 엘리페르티우스Optatus Elipertius는 그 지역에서 이 물고기를 가져와 오스티아에서 캄파니아Campania에 이르는 해안의 여러 곳에 퍼뜨렸다. 5년 동안 최대한 신경을 써서 잡은 고기들을 다시 바다로 돌려보냈다. 그런 일이 있은 뒤 이전에는 한 마리도 잡히지 않았던 이 물고기가 이탈리아 연안에 많이 서식하게 되었다. 그래서 식도락

플리니우스는 라틴어로 족제비에 해당하는 mustela를 써서 족제비물고기라고 불렀지만, 아르두앙은 이 물고기를 모캐(Burbot 또는 Lota lota)라고 추정했다. 모캐는 대구과 어류 중 유일하게 담수에서도 서식한다.

가들은 이 물고기를 가까운 데서 얻을 수 있는 진미로 소개했고, 새로운 물고기 품종을 추가했다. 이것은 로마에서 외래종 새들을 키우는 것과 마찬가지로 놀랄 만한 일이 아니다.

식용으로 그다음으로 높게 치는 물고기는 족제비물고기mustela다. 그러나 이 물고기의 간만 귀하게 여긴다. 특이한 것은 알프스산맥에 둘러싸인 라이티아Rhaetia[3]에 있는 브리간티아Brigantia 호수에서도 바다에서 나는 것[4] 못지않게 족제비물고기가 잡힌다.

언급할 만한 나머지 물고기들 가운데 숭어mullet[5]는 가장 흔하면서도 가장 귀한 대접을 받는다. 숭어는 크기가 보통인데 900그램이 넘는 경우가 드물고 낚시를 금하는 저수지나 양어장에서도 결코 그 이상 자라지 않는다. 숭어 가운데 그 이상 무게가 나가는 것들은 북해[6]에서만, 그것도 북해의 서쪽 바다에서만 발견된다. 다른 물고기들에 대해 이야기하자면, 그 종류가 수없이 많다. 어떤 물고기는 해초를 먹고 살고, 어떤 물고기들은 굴이나 진흙 그리고 다른 물고기의 살을 먹고 산다. 숭어의 두드러진 특징은 아랫입술에서 두 개로 갈라져 나온 촉수다.

모든 숭어 중에서 가장 낮은 대접을 받는 것은 라우타리우스lautarius(갯벌숭어)[7]다. 라우타리우스 옆에는 항상 사르구스sargus라는 또 다른 숭어들이 따라다니는데, 라우타리우스가 갯벌을 휘저어 놓으면 사르구스는 거기서 먹고살 자양분을 찾는다. 숭어 가운데 가장 높은 평가를 받는 것은 조개 맛이 강하게 난다. 유명한 요리사들 말에 따르면 유리 수조 안에 넣고 관찰해 보면, 숭어가 죽을 때 색깔과 색조가 다양하게 변하는데 붉은 비늘 색깔이 점차 희미해진다고 한다.* 사치품에 대해서는 어느 것이든 뛰어난 재능을 보여 주었던 마르쿠스 아피키우스Marcus Apicius[8]는 숭어를 '가룸garum[9]'에 담가 죽이는 것이 가장 좋을 것이라고 생각했다.** 그리고 숭어 간으로 새로운 소스를 발명해 내는 사람에게는 상을 주겠다고 제안했다. 나로서는 누가 상을 받았는지는 모르겠지만 이런 사실은 어렵잖게 전할 수 있다.

집정관으로 재직하면서 생선 요리를 먹는 데 돈을 아끼지 않았던 것으로 유명한 아시니우스 켈레르Asinius Celer[10]는 칼리굴라Caligula 황제 치세에 8,000세스테르케스를 주고 생선 한 마리를 로마에 가져왔다.*** 이

---

* 세네카는 이에 대해 로마인의 야만적 취향을 강하게 시사하는 두 구절을 남겼다. 그는 "숭어도 손님들이 직접 죽이도록 허용하는 경우를 제외하고는 대수롭지 않게 취급된다. 숭어들이 유리병에 갇힌 채로 운반되어 죽어 가는 동안 그 고통으로 색조와 색깔이 다양하게 변하는 것을 지켜본다"고 말했다. 그리고 다시 "당신들은 죽어 가는 숭어의 색깔보다 아름다운 것은 없다고 말한다. 왜냐하면 숭어가 살기 위해 고통스럽게 숨을 내쉴 때 처음에는 자줏빛이던 것이 점점 희미해지고 숭어가 삶과 죽음의 경계에 있을 때 숭어의 몸이 미묘한 색깔을 띠기 때문이다'라고 말했다.

** 세네카는 살아 있는 생선으로 젓을 담그는 잔인한 관습에 대해 언급하고 있다. "그들은 또 다른 물고기들을 간장에 담가 산 채로 젓을 담근다. 물고기들이 지하에서 살 수 있다는 것을 믿을 수 없다고 생각하는 사람들이 있는데 양념 속에서 수영하는 물고기에 대한 이야기, 그리고 잔치에서 최고로 치는 요리가 그 자리에서 죽여 입보다는 눈을 만족시키는 요리라는 것을 들으면 얼마나 황당해할까."

*** 유베날리스는 『풍자시(Satire)』 제4권 15행에서 숭어 한 마리가 6,000세스테르케스에, 파운드당 1,000세스테르케스에 팔린 것을 말하고 있으며, 수에토니우스는 티베리우스 연간에 숭어 세 마리가 3만 파운드에 팔린 것을 전하고 있다. 같은 책에서 유베날리스는 이런 사치스러움에 대해 물고기보다 물고기를 잡는 어부를 그보다 더 적은 돈으로 살 수 있었을 것이라고 풍자하고 있다.

런 사실들을 돌이켜 보면, 사치에 대해 큰 목소리로 즉각 불만을 나타내며 요리사를 한 번 부르는 돈이 말 한 마리 값보다 비싸다고 통탄했던 사람들을 떠올린다. 오늘날에도 요리사 한 명을 고용하는 데 개선 축제를 벌이는 것과 같은 비용이 들고, 생선 한 마리 값으로 이전에 요리사 한 명을 고용하는 돈이 들다니! 실로 주인이 돈을 쓰는 방법을 가장 과학적으로 이해하는 사람보다 더 높이 평가받을 자는 없을 것이다.

리키니우스 무키아누스는 홍해에서는 무게가 8파운드 나가는 숭어가 잡힌다고 전한다. 로마 인근 바다에서 잡히기만 한다면 로마의 식도락가들이 얼마나 많은 돈을 지불할 것인가!

뱀장어는 수명이 8년이다. 뱀장어는 북동풍이 불어오면 물 밖에서 엿새 동안 살 수 있지만, 남풍이 거셀 때는 그렇게 오래 견디지 못한다. 겨울에는 물이 아주 얕거나 물결이 높으면 살 수 없다. 일곱자매별자리Pleia-des[11]가 뜰 무렵 강물이 탁할 때 뱀장어를 잡는다. 뱀장어는 밤에 먹이 활동을 한다. 뱀장어는 죽고 나서 물 위로 떠오르지 않는 유일한 물고기다.

민키우스Mincius[12]강은 이탈리아의 베로나Verona에 있는 베나쿠스Bena-cus 호수[13]를 지나간다. 베나쿠스 호수에서는 일 년에 한 번, 주로 10월에 아무래도 가을철 별자리 때문인 것으로 보이는 큰 물결이 일어나는데, 민키우스강이 흘러 들어오는 곳에는 물결을 타고 무리를 지어 1,000마리 이상의 뱀장어 떼가 몰려든다. 이때 강바닥에 뱀장어를 잡을 목적으로 통발을 설치해 뱀장어를 잡는다.

제 8 장

특이한 물고기들

북부 갈리아 지방에는 곰치muraena가 산다. 곰치의 턱 오른쪽에는 점이 일곱 개 있는데, 북두칠성 모양으로 황금색이며 곰치가 살아 있는 동안에는 반짝거리지만 죽으면 즉시 빛을 잃는다. 에퀘스 출신이자 아우구스투스 황제의 친구들 가운데 한 사람인 베디우스 폴리오Vedius Pollio[1]는 곰치를 이용해 그의 잔인성을 보여 주는 방법을 고안했다. 그는 마음에 들지 않는 노예를 곰치가 우글거리는 양어장에 던져 넣도록 했다. 그런 목적으로 쓸 육상동물이 없어서가 아니라 다른 동물들로는 노예가 순식간에 완전히 갈기갈기 찢기는 것을 볼 수 없기 때문이었다. 곰치는 식초의 맛을 보면 미쳐 날뛴다고 한다. 이 물고기의 껍질은 매우 얇다. 여기에 비하면 뱀장어 껍질은 두꺼운 편이다. 베르리우스는 로마의 아이들은 프라이텍스타를 입는 동안[2] 뱀장어 가죽으로 매를 맞았다고 알려 주고 있다.

265

성대

빨판상어echeneis*는 바위틈에 사는 매우 작은 물고기다. 이 물고기가 배의 용골에 달라붙으면 배가 항해하는 데 방해가 된다고 하는데 여기서 이 물고기의 이름이 유래했다.

무키아누스는 자줏빛고둥보다 더 큰 뿔고둥에 대해 이야기하고 있다. 뿔고둥의 머리는 거칠지도 둥글둥글하지도 않고, 껍데기는 하나로 되어 있으며 안팎으로 주름져 있다고 한다. 그는 또한 뿔고둥 몇 마리가 귀한 집 어린아이들을 태운 배에 붙어 전속력으로 항해하던 배를 멈추게 했다고 알려 준다.[3] 트레비우스 니게르Trebius Niger[4]는 뿔고둥은 크기가 30센티

---

* 배를 붙잡아 둔다는 의미의 그리스어에서 이 같은 이름이 나왔다.

미터 정도이며 배의 속력을 늦출 수 있고 두께는 9센티미터라고 전하고 있다. 이 밖에도 뿔고둥은 또 다른 특성을 갖고 있는데, 소금물에 담갔다가 우물에 넣으면 아무리 깊어도 빠뜨린 금을 건져 올린다고 한다.

스스로 둥지를 짓는 유일한 물고기가 성대gurnard다. 성대는 해초로 둥지를 짓고 거기에 알을 낳아 적으로부터 알을 지킨다. 날 수 있는 죽지성대는 같은 이름을 가진 새를 많이 닮았다.[5] 날치도 역시 날 수 있다.

상황에 따라서 수면으로 올라와 불꽃처럼 환하게 빛나는 혀를 입에서 내미는 비늘치[6]라는 물고기도 있는데, 조용한 밤에 밝은 빛을 내뿜는다. 또 다른 물고기는 뿔이 달린 데서 이름을 얻게 되었는데, 수면 위로 50센티미터까지 뿔을 올린다. 실고기[7]라는 이 물고기는 잡아서 모래사장에 던져 놓으면 놀라울 정도로 잽싸게 주둥이로 숨을 구멍을 판다.

제 9 장

피 없는 물고기들

지금부터는 피 없는 물고기들에 대해 이야기할 것이다. 이 물고기들은 세 가지 종류로 나뉜다. 첫 번째는 '연한 것', 그다음은 얇은 겉껍질이 있는 것, 마지막은 딱딱한 껍데기에 싸여 있는 것이다.* 연체류에는 오징어, 갑오징어, 문어 등이 있다. 문어는 머리가 발과 배 사이에 있고, 모든 연체류는 여덟 개의 발을 가지고 있다. 오징어와 갑오징어는 여덟 개의 발 중에 두 발이 매우 길고 억세다. 오징어는 그 두 발을 이용해 먹이를 입으로 가져가고 그것을 마치 닻처럼 드리워 한곳에 붙어 있다. 다른 발들은 팔처럼 움직이고 이것을 사용해 먹이를 포획한다.

오징어는 수면 위로 빠르게 부상할 수 있는데 가리비도 마치 화살처

---

* 아리스토텔레스가 처음으로 피 없는 어류들을 연체류(mollusca), 유각류(testacea), 갑각류(crustacea)로 구분했다. 박물학자들은 오늘날까지도 이런 분류를 따르고 있다.

럼 같은 동작을 한다. 갑오징어의 수컷은 색깔이 알록달록하고 암컷보다 더 짙은 색을 띠며 더 공격적이다. 만약 암컷이 작살로 공격을 받으면 수컷이 도와주러 달려온다. 그러나 수컷이 작살에 찔리면 암컷은 도망친다. 갑오징어는 암수 모두 붙잡힐 위험에 놓인 것을 알면 즉각 먹물 같은 것을 뿜어 물을 시커멓게 흐려 놓고 도망친다.

문어는 종류가 셀 수 없이 많다. 갯벌문어[1]는 바다문어보다 크다. 문어는 모든 팔[2]을 발과 손처럼 사용한다. 문어는 등에 관이 있는데 이 관으로 물을 내뿜어 때에 따라 좌우로 이동하는데, 이쪽저쪽으로 관을 움직인다. 문어는 머리를 한쪽으로 하고 비스듬히 헤엄친다. 살아 있는 문어의 머리는 공기가 팽팽하게 차 있어 놀라울 정도로 단단하다. 게다가 문어는 팔 전체에 구멍이 나 있는데 이 구멍으로 흡입함으로써 머리를 위로 들고 목표물에 달라붙을 수 있다. 아주 단단히 달라붙기 때문에 떼어 낼 수 없다. 하지만 문어는 해저에는 붙을 수 없다. 문어의 기억력은 덩치가 크면 클수록 더 나쁘다. 문어는 육지에 올라오는 유일한 연체류인데 울퉁불퉁한 땅에만 올라오고 평탄한 곳에는 가까이 오지 않는다. 문어는 조갯살을 먹고 산다. 문어는 팔로 조개를 감싸 쉽게 껍데기를 부술 수 있다. 문어가 숨어 있는 곳은 그 앞에 놓인 조개껍데기 조각을 보고 쉽게 찾을 수 있다.

문어는 어떤 면에서는 사람의 손안으로 헤엄쳐 들어와 잡힐 정도로 멍청한 동물이지만, 먹고사는 데는 대단한 지능을 보여 준다. 문어는 먹이를 잡으면 집으로 가져가 살을 다 먹은 다음 잔해를 버려서 어쩌다 그것을 보고 찾아올 수 있는 작은 물고기들을 노린다. 문어는 또 자신이 사

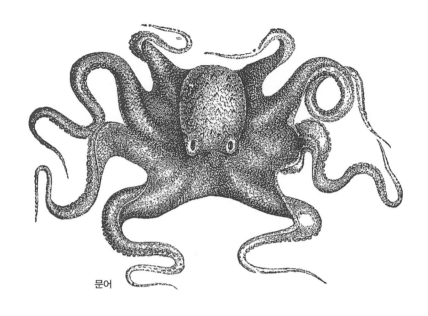

문어

는 곳의 배경에 따라 그리고 특히 놀랐을 때 색깔을 바꾼다. 문어가 자신
의 팔을 씹어 먹는다는 설은 근거가 없다. 이런 불운은 붕장어가 팔을 물
어뜯을 때다. 그러나 문어의 팔이 도마뱀붙이[3]나 도마뱀의 꼬리처럼 다시
자라난다는 것은 사실이다.

　　바다에 사는 생물 가운데 진기한 것 중 하나는 앵무조개다. 어떤 사
람은 이것을 폼필로스pompilos라고 부른다. 앵무조개는 조금씩 몸을 들
어 올려 머리를 위로 들고 수면 위에 눕는다. 몸에 있는 관을 이용해 물
을 방사하고 이렇게 함으로써 몸에 있던 물이 모두 빠져나가면 수면 위에
서 유영하는 것이 전혀 어렵지 않게 된다. 그런 다음에 앞에 있는 두 팔
을 뒤로 뻗어 그 사이에 기가 막히게 얇은 막을 펼친다. 이 막은 바람을

받는 돛처럼 활용하고 나머지 팔들은 수면 밑에서 노처럼 움직인다. 그리고 몸 한가운데 있는 꼬리를 키처럼 움직여 방향을 잡아 나간다. 앵무조개는 경쾌한 리부르니아의 범선 모습을 흉내 내며 깊은 바다를 항해한다. 혹시라도 뭔가 불안감을 느끼면 앵무조개는 즉각 물속으로 들어가 모습을 감춘다.

다족류에 속하는 문어 중에는 오자이나ozaena[4]로 알려진 것이 있는데, 머리에서 매우 강한 냄새를 풍겨 그런 이름을 얻었다. 냄새를 풍기기 때문에 곰치는 오자이나를 열심히 쫓아다닌다. 문어는 일 년에 두 달은 몸을 숨긴다. 문어는 2년 이상 살지 못하고 예외 없이 기력이 쇠잔해져 죽는다.

나는 여기서 바이티카Baetica[5] 총독을 지낸 루쿨루스Lucullus가 문어에 관해 기록한 뒤 그의 부관 중 한 명인 트레비우스 니게르가 책으로 출판한 관찰기를 빼놓지 않고 전해야만 한다. 루쿨루스는 문어는 조개를 무척 좋아하는데 조개는 문어가 건드리는 것을 느끼는 순간 껍데기를 닫고 문어의 촉수를 잘라 약탈의 대가로 먹어 치운다. 조개는 배고플 때와 위험이 다가오는 것을 느낄 때를 제외하고는 다른 감각뿐만 아니라 시력도 형편없다. 따라서 문어는 조개가 껍데기를 벌릴 때까지 숨어서 기다리고 있다가 껍데기를 벌리는 순간 그 안에 작은 돌멩이를 집어넣는다. 이때 조개가 움직여 돌멩이를 뱉어 내지 않도록 조심하며 조개의 몸을 건드리지 않는다. 이렇게 안전을 확보한 연후에 먹잇감을 공격해 살을 빼낸다. 조개는 움츠리려고 하지만 끼워 놓은 쐐기 때문에 껍데기가 벌어져 있어 모든 것이 허사로 끝난다. 다른 면에서는 둔하고 미련한 것으로 유명한 문어지만 본능적인 약삭빠름은 대단하다.

루쿨루스는 이런 내용에 덧붙여 물속에서 인간을 죽일 수 있는 힘을 가진 현존하는 동물 가운데 문어보다 더 위험한 것은 없다고 말한다. 종종 있는 일이지만 문어는 난파한 배의 선원이나 어린아이를 공격할 때 허우적거리는 사람의 몸을 감싸 그를 팔과 그 팔에 붙어 있는 수많은 빨판으로 붙잡고 물속으로 끌고 들어간다. 그러나 문어는 뒤집어지면 힘을 못 쓴다. 왜냐하면 문어가 뒤로 눕게 되면 팔들이 저절로 벌어지기 때문이다.

트레비우스 니게르가 전해 준 다른 특이한 사항은 더욱더 놀랄 만하다. 카르테이아Carteia에 있는 양어장에서는 바다에서 나온 문어 한 마리가 뚜껑을 열어 놓은 젓갈 통을 찾아내서 소금에 절인 물고기를 마구 먹어대곤 했다. 모든 수생동물은 소금에 절인 젓갈 냄새를 놀라울 정도로 잘 맡고 따라오기 때문에 어부들은 빼놓지 않고 버들고리로 만든 통발의 안쪽에 젓갈을 바른다. 마침내 반복되는 문어의 절도와 약탈에 젓갈 담그는 사람들이 화가 났다. 젓갈 통 앞에는 울타리가 세워졌다. 그러나 문어는 나무를 타고 올라 울타리를 넘었다. 그러다 훈련받은 개들의 도움으로 문어를 잡았다. 개들은 문어가 먹잇감이 있는 곳으로 왔을 때 주위를 에워싸고 짖었다.

개 짖는 소리에 잠이 깬 관리인들은 눈앞에 펼쳐진 진기한 광경에 아연실색했다. 무엇보다도 먼저 문어의 크기가 모든 상상을 초월할 정도로 어마어마한 데다 말라붙은 소금물로 덮여 있었으며 더할 수 없이 끔찍한 악취를 풍기고 있었다. 누가 거기서 문어를 볼 수 있다고 생각이나 했겠으며 이런 상황 속에서 그것이 문어라는 것을 어떻게 알아볼 수 있었겠는가? 그들은 실제로 자신들이 어떤 괴물과 싸우고 있다고 생각했다. 왜냐하면 이 문어가 무시무시한 독기[6]를 뿜으며 순식간에 개들을 쫓아 버리고 팔 끝에 있는 촉수로 개들을 후려쳤기 때문이다. 그다음에는 마치 같은 숫자의 몽둥이로 때리듯이 강한 팔로 개들을 때렸다. 상당히 많은 삼지창 형태의 작살이 동원되고 나서야 어렵사리 문어를 죽일 수 있었다.

그들은 이 문어의 대가리를 루쿨루스에게 보여 주었다. 그 크기는 포도주 항아리 열다섯 개가 들어갈 정도로 컸고 수염이 있었다. 트레비우스 니게르의 표현을 빌리면, 그 대가리는 크기가 양팔로 감쌀 정도의 아름드리였고 곤봉처럼 옹이가 가득했으며 길이는 9미터였다. 흡판[7]은 물동이만 했는데 생김새는 세숫대야 같았고 이빨도 그 크기가 몸통에 비례했다. 문어의 사체는 진기한 것으로 여겨져 잘 보존되었는데 그 무게가 약 320킬로그램에 달했다. 트레비우스 니게르는 또한 그만한 크기의 갑오징어와 오징어 사체도 해안에 밀려왔다고 알려 주고 있다. 로마의 바다에서도 길이가 2미터인 오징어와 0.8미터인 갑오징어가 가끔 발견된다. 이 동물들은 2년 이상 살지 못한다.

무키아누스는 프로폰티스에서 돛을 활짝 펼친 배를 닮은 진기한 동물을 보았다고 전하고 있다. 그곳에는 아카티움acatium이라고 알고 있는 배, 즉 고물은 안으로 휘어졌고 이물에는 충각[8]이 붙어 있는 배와 같은 모습의 용골을 가진 조개가 있다.[9] 이 조개에는 나우플리우스nauplius라는 동물이 들어가 사는데, 갑오징어와 매우 흡사하며 조개와는 오로지 놀기 위해 함께 지낸다. 나우플리우스가 바다에서 움직일 때는 두 가지 방법이

그리스의 아카티움은 소형 범선(skiff)을 가리키는데, 고대 로마의 스카파(scapha)에 해당한다.

있다. 바다가 잔잔할 때는 두 팔을 밑으로 늘어뜨려 한 쌍의 노처럼 물을 치고 나간다. 그러나 바람이 불어오면 두 팔을 뻗어 방향타로 사용하며 조개의 입을 돌려 바람을 받는다. 이 조개의 즐거움은 다른 동물을 데리고 다니는 데 있고, 나우플리우스의 즐거움은 방향을 잡는 데 있다. 그래서 이 두 동물은 동시에 본능적인 즐거움을 느낀다. 이 동물들은 사람에 대한 반감을 제외하고는 아무런 감정이 없다. 그래서 이 두 동물이 함께 유영하는 것을 보는 것은 나쁜 징조이고 그것을 본 사람에게 불행이 닥칠 전조라는 것은 잘 알려진 사실이다.*

피 없는 동물에 속하는 가재[10]는 잘 부서지는 각질로 몸을 보호한다. 가재는 게와 마찬가지로 다섯 달 동안 숨어 지낸다. 그러나 봄이 되면 뱀이 하는 방식을 따라서 가재와 게는 낡은 껍질을 벗고 새로운 껍질을 쓰

---

*   아마도 이런 이야기는 앵무조개에 관해 세부적인 것을 과장되게 설명하여 재생산한 것에 지나지 않을 것이다.

게 된다. 다른 동물들은 물에서 헤엄을 치지만 가재는 살살 기어 다니거나 떠다닌다. 가재는 앞에 무서운 것이 없으면 양쪽에 뿔을 뻗은 채 일직선으로 곧장 전진한다. 가재의 뿔은 독특하게도 끝이 둥글게 되어 있다. 그러나 겁을 먹었을 때는 뿔을 똑바로 세운 채 옆으로 걷는다. 가재는 서로 싸울 때 뿔을 사용한다. 가재는 끓는 물에 삶았을 때를 제외하고는 과육과 같이 질기지도 않고 단단하지도 않은 육질을 가진 유일한 동물이다.

가재는 바위가 많은 곳에서 흔히 볼 수 있다. 게[11]는 바닥이 부드러운 곳에 나타난다. 겨울이 되면 게와 가재는 태양의 열기를 느낄 수 있는 해변을 찾는다. 여름에는 깊고 후미진 바다의 그늘진 곳에 들어가 지낸다. 모든 갑각류는 겨울철 추위에는 약하지만 가을과 봄, 특히 만월일 때 살이 오른다. 밤에 빛나는 달의 온기가 기온을 더 온화하게 만들기 때문이다.

게의 종류는 가재,[12] 오마흐가재,[13] 바닷가재, 대게,[14] 소라게,[15] 녹색게,[16] 사자게,[17] 그리고 별로 알려지지 않은 것들까지 다양하다.[18] 가재는 꼬리가 있다는 점에서 다른 게와 구별된다. 페니키아에서는 게가 유난히 잽싸게 움직여 잡을 수 없다고 해서 '히포이hippoi('말'이라는 뜻)'라고 부른다. 게는 여덟 개의 발을 가지고 있는데 모두 비스듬히 구부러져 있다. 게는 발 외에 톱니 모양으로 된 두 개의 집게발을 가지고 있다. 집게가 달린 앞발은 집게의 윗부분만 움직일 수 있다. 오른쪽 집게발이 모든 발 중에서 가장 크다. 게들은 때로 거대한 무리를 이룬다. 그러나 게들은 흑해 입구를 넘어갈 수 없기 때문에 다시 돌아서 육로로 우회하는데, 게들이 지나간 길에는 게 발자국이 빼곡히 남아 있는 것을 볼 수 있다.

'섭속살이게'라는 아주 작은 게가 있다. 이 게는 특히 위험에 쉽게 노

게

출되지만 굴 껍데기에 몸을 숨길 때는 민첩함이 돋보인다. 이 게는 자라
면서 더 큰 굴 껍데기로 이사한다.

　게는 위험을 느끼면 뒤로 이동하는데, 앞으로 갈 때만큼 빠르다. 게는
숫양처럼 뿔로 서로 들이받으며 싸우고, 다친 곳을 스스로 치료하는 능력
이 있다. 태양이 게자리를 지나는 동안 바닷가에 버려져 있던 죽은 게들
이 뱀으로 변신한다는 이야기가 있다.

　성게 역시 게 종류에 속한다. 성게는 발이 있을 자리에 가시가 있으므
로 이동할 때 공처럼 굴러다닌다. 그래서 종종 가시가 닳아빠진 성게들을
볼 수 있다. 성게 가운데 가시가 가장 긴 것은 '가는관극성게echinometrae'[19]
로 알려져 있다. 이 성게의 몸은 매우 작다. 성게가 모두 거무튀튀한 색깔

을 띠는 것은 아니다. 토로네Torone[20] 해역에 서식하는 성게는 하얀색으로 가시가 매우 짧다. 성게알은 맛이 쓰고 다섯 쪽으로 이루어져 있다. 입은 몸 중앙에 있으며 바닥을 향하고 있다. 성게는 바다에 폭풍이 불어올 것을 미리 알고 작은 돌멩이들을 주워 모아 몸 위에 올려놓는다고 한다. 성게는 굴러다니면서 가시가 닳는 것을 매우 싫어하기 때문에 그렇게 함으로써 굴러가는 것을 막아 주는 평형추를 만드는 것이다. 성게가 이렇게 하는 것을 보면 뱃사람들은 즉시 닻을 여러 개 드리워 배를 정박시킨다.

육지와 바다에 사는 달팽이도 같은 종류에 속한다. 달팽이는 껍데기에서 몸을 내밀고 두 개의 뿔을 확장하거나 축소한다. 달팽이는 눈이 없어서* 뿔을 이용해 더듬으며 이동한다.

바다 가리비도 같은 종류다. 가리비는 혹한기와 혹서기에는 숨어서 지낸다. 갈매기조개[21]도 역시 같은 종류에 속하는데, 어둠 속에서는 불같이 빛나고 먹이를 먹는 동안에는 입에서 빛이 나온다.

---

* 오늘날에는 스바메르담(Jan Swammerdam)의 연구 덕분에 육상 달팽이의 눈은 뿔 끝에 있는 검은 점이고, 바다 달팽이의 눈은 뿔 밑에 있는 검은 점이라는 것이 밝혀졌다.

제10장

다양한 종류의 갑각류

이제 더 단단한 껍데기를 가진 뿔고둥과 다른 갑각류로 넘어가자. 자연은 장난스럽게도 다양한 갑각류를 만들어 놓았다. 색깔도 다양하고 생김새도 천차만별이다. 납작한 것, 오목한 것, 긴 것, 초승달 같은 것, 공처럼 둥근 것, 반구 형태로 잘려 나간 것, 등이 아치를 이룬 것, 결이 고운 것, 거친 것, 톱니 같은 것, 줄무늬가 있는 것, 윗부분이 나선형으로 말려 올라간 것, 가장자리가 날카롭게 돌출한 것, 가장자리가 밖으로 말리거나 안으로 접힌 것 등이 있다.

그리고 특징도 각양각색이다. 방사형으로 된 조개, 섬모가 있는 조개, 물결 모양의 털이 있는 조개, 관이 있는 조개, 빗살 모양의 조개, 기와 모양의 조개, 그물 모양의 조개, 사선이나 직선이 그어진 조개, 두꺼운 조개, 넓은 조개, 구불구불한 조개, 두 개의 껍데기가 하나의 작은 결절로 이어진 조개, 껍데기 한쪽에만 붙어 있는 조개, 박수하듯이 벌어진 조개, 고둥처럼 나선형 모양의 조개 등이 있다.

베누스의 조개[1]로 알려진 종류에 속하는 조개는 깊은 해저에서 이동할 수 있으며 미풍이 불 때 조개껍데기의 오목한 부분으로 바람을 받아 수면 위에서도 이동할 수 있다. 가리비도 수면 위로 뛰고 날 수 있다. 가리비는 때로는 껍데기를 돛단배처럼 이용한다.

갑각류 이상으로 우리의 도덕을 해치고 사치를 빠르게 조장한 것이 없다는 것을 잘 알고 있는 마당에 왜 나는 이와 같이 시시콜콜한 것을 언급하는가? 현존하는 모든 음식 가운데 바다에서 나는 것이 가장 비싼 음식이다. 그리고 바다에서 나는 물고기로 만든 수많은 먹을 것, 수많은 요리, 수많은 진미가 어부들이 겪는 위험에 비례해서 값이 매겨진다는 것을 알고 있다.

그러나 자주색과 파란색 염료 그리고 진주를 생각하면 이 모든 것은 얼마나 하찮은가? 바다의 산물을 목구멍에 밀어 넣는 것만으로는 정말 충분하지 않고 그것들로 손과 귀, 머리와 온몸 그리고 여자들의 몸뿐만 아니라 남자들의 몸도 거의 비슷한 정도로 치장한다. 바다가 우리 옷과는 무슨 관계가 있을까? 파도와 양털 사이에는 무슨 공통점이 있을까? 상식에 따르면 우리는 바다에 들어갈 때 옷을 벗어야만 한다. 식도락의 관점에서 바다와 위장 사이에는 긴밀한 상관관계가 있다고 치자. 하지만 바다와 등은 무슨 관계가 있다는 말인가? 우리는 위험을 무릅쓰고 잡아 온 것으로 배를 채우는 데 만족하지 못하고 비슷한 방식으로 옷도 입어야만 한다.[2] 우리 몸에 필요한 것 가운데 사람이 목숨을 내걸고 얻는 것이 그 어떤 것보다 더 확실하게 우리를 즐겁게 한다는 것은 분명하다.

제11장

진주

모든 진귀한 것 가운데 높은 자리를 차지하는 것이 진주다. 우리가 귀하게 여기는 진주는 주로 인도양에서 수입하는 것이다. 진주를 구하려면 여러 바다를 건너고, 작열하는 태양으로 메마른 광활한 대지를 가로질러 앞에서 이미 언급했던 무시무시하고 거대한 괴물들 사이를 지나가야만 한다. 진주가 많이 나는 곳은 타프로바나Taprobana와 스토이디스Stoidis의 섬들과 인도에 있는 페리물라Perimula반도다. 그러나 가장 귀하게 여겨지는 진주는 아라비아해 인근과 홍해[1]의 일부인 페르시아만에서 나온다.

진주조개가 진주를 만드는 방법은 굴이 껍데기를 만드는 것과 별로 다르지 않다. 일 년 중 적당한 때가 되면 진주조개는 그야말로 하품을 하며 껍데기를 열어 이슬 같은 것을 받아들인다. 이렇게 받아들인 이슬이 충만하게 되면 마침내 진주 모양의 작고 단단한 알맹이가 조개껍데기 안에 만들어진다. 진주는 이슬의 질에 따라 매우 다양하다. 이슬이 조개껍데기 안에 들어왔을 때 완벽하게 순수한 상태면 진주는 희고 광채가 난다. 그러나 이슬이 탁하면 진주도 뿌연 색깔이다. 진주가 만들어질 때 하늘이 낮아지면 진주는 창백한 색을 띠게 된다. 이 모든 것을 고려하면 진주의 품질은 바다보다는 하늘의 고요한 상태에 달려 있다. 하늘의 청명한 정도에 따라 탁한 색을 띠기도 하고 맑은 색을 띠기도 한다.*

그리고 조개가 때맞춰 잘 먹으면 진주의 크기는 급속히 자란다. 진주를 만들 때 우연히 번개가 치면 진주조개는 껍데기를 닫고 금식을 한다. 그리고 이에 비례해 진주의 크기가 줄어든다. 그러나 만약 천둥이 쳐서 진주조개가 놀라게 되면 즉각 입을 다물어 공기가 들어간 퓌세마physema(기포) 또는 진주 거품이 만들어진다. 진주를 닮았지만 겉보기만 그렇고 알맹이가 없이 속이 비어 있다. 더할 나위 없이 건강한 상태에서 만들어진 진주는 수많은 층으로 이루어져 있다. 그러나 진주가 태양 활동의 영향으로 흰빛을 잃어버리고 사람 몸과 같은 붉은색으로 변하는 것을 보면, 경이롭게도 진주가 하늘의 상태에 영향을 받는 게 틀림없다. 흰색을 가장 선명하게 띠고 있는 진주는 펠라기아이pelagiae(원양진주)[2]로, 이 조개는 햇빛이 도달하지 못하는 깊은 바다에 산다. 또한 한쪽 면은 평평하고 다른 면은 둥근 진주의 생김새 때문에 튐파나tympana(북진주)[3]라고도 한

---

* 물론 이러한 이론은 모두 허구다. 진주 자체는 체액이 변한 것이다. 이 체액의 역할은 조개껍데기 내부를 채워 껍데기를 두껍고 크게 확대하는 것이다. 진주는 결론적으로 어떤 질병의 결과다. 진주는 모든 조개류에서 만들어질 수 있지만, 껍데기 내부 자체가 윤기가 나고 아름답지 않은, 즉 '진주모(mother of pearl)'가 없는 조개에서 만들어진 진주는 아름답지 않다. 따라서 가장 좋은 진주는 동쪽 지방에서 껍데기가 한 쌍으로 되어 있는 진주조개(Mytilus margaritiferus)에서 만들어진다. 이 조개는 껍데기 내부에 가장 아름답다고 알려진 '진주모'를 가지고 있다. 플리니우스가 언급한 인도양 해역에는 지금도 진주조개가 많이 서식하고 있다.

다. 나는 조개껍데기에 붙어 있는 진주를 본 적이 있다. 이런 조개껍데기들은 연고를 담는 용기로 사용되었다.

진주조개는 사람의 손이 닿는 것을 느끼면 무엇을 찾는지 잘 알고 껍데기를 다물어 진주를 지킨다. 만약 조개가 손가락을 물면 껍데기의 날카로운 날에 손가락이 잘린다. 이 이상 정당한 징벌이 있을 수 없다. 다른 벌칙도 있다. 진주조개는 대부분 험한 바위와 돌 틈에 있으며 대양에 있는 것들은 보통 바다표범과 함께 있다.* 그러나 사정이 이러한데도 여자들은 귀에서 진주를 떼어 버리지 않을 것이다! 어떤 저자는 진주조개가 벌처럼 공동체를 이루어 살고 있으며 크기가 크고 나이가 든 조개가 공동체를 지배한다고 전하고 있다.⁴ 이 우두머리 조개는 위험에 적절히 대비하는 놀라운 기술을 가지고 있어서 잠수부들은 특별히 신경을 써서 이 조개를 찾는다. 왜냐하면 일단 이 우두머리 조개를 잡기만 하면 다른 조개들은 이리저리 흩어져 쉽게 그물에 잡히기 때문이다. 진주조개를 잡으면 오지항아리에 담아 소금을 듬뿍 쳐 둔다. 그러면 살이 점점 없어지고 진주가 분리되어 항아리 바닥에 가라앉는다.

진주는 쓸수록 닳고 잘못 관리하면 색이 변하는 것은 의심의 여지가 없다. 진주는 희고, 크고, 둥글고, 반짝이고, 무거운 것일수록 좋다. 이런 특징을 동시에 갖춘 진주는 흔치 않다. 사실 두 개의 진주가 완벽하게 같은 경

---

* 프로코피우스(Procopius)는 이런 주제와 관련해 놀라운 이야기를 전하고 있다. 그의 이야기는 다음과 같다. 바다표범은 진주조개를 대단히 좋아해 진주조개를 따라 바다로 나간다. 바다표범은 먹이를 잡으러 나갔다 돌아와서도 진주조개를 바라본다. 어떤 어부가 함께 있던 바다표범이 먹이를 찾아 자리를 비우는 바람에 무방비 상태가 된 진주조개를 잡아 해안으로 가져왔다. 바다표범은 곧바로 진주조개를 도둑맞은 것을 알고 바로 어부를 찾아 나섰다. 궁지에 몰린 것을 안 어부는 최후의 수단으로 조개를 해안에 버렸다. 그러자 바다표범은 어부를 갈기갈기 찢어 죽였다.

우는 없다. 이런 사정으로 로마의 사치품에 '우니오unio[5] 또는 유일한 보석이라는 이름이 붙은 게 분명하다. 그리스인은 진주를 이렇게 부르지 않았고, 진주가 나는 지역의 이방인들도 그냥 '마르가리타margarita[6]'라고 불렀다.

같은 흰색의 진주라고 해도 큰 차이가 있다. 홍해에서 나는 진주는 더 맑은 물빛을 띤다. 반면에 인도양에서 나는 진주는 운모[7]의 색과 비슷하지만 크기에서는 다른 모든 진주를 능가한다. 모든 진주 가운데 가장 비싼 것은 명반 색깔을 띠는 진주다. 또한 기다란 진주는 특별한 가치를 지니는데, 특히 '귀고리elenchus'라는 진주가 그렇다. 이 진주는 설화석고 용기*를 닮은 긴 원추형으로 끝에서는 완전한 구의 형태를 이루고 있다. 로마의 귀부인들은 손가락이나 귀에 이 진주를 두세 개 매달고 다니는 것을 무척 자랑스럽게 생각한다. 이렇게 사치스러운 취향을 가진 사람들을 만족시키기 위해 낭비와 방종에서 나온 다양한 이름과 역겨운 고상함이 있다. 이 귀고리를 만들어 낸 뒤에 마치 귀고리끼리 부딪쳐 나는 딸랑거리는 소리를 즐기기라도 하듯이 '크로탈리아crotalia[8] 또는 캐스터네츠 펜던트라는 이름을 붙였다. 그리고 요즘에는 "여자들이 사람 많은 곳에서 진주를 장식하고 다니는 것은 경호원을 앞세우고 다니는 것과 같다"**는 말이 있을 정도로 평민 계급 사람들도 진주를 좋아한다. 아니다. 이보다 더하

---

*   alabaster boxes. 플리니우스가 다른 부분에서도 언급한 연고를 담아 두는 설화석고 통은 보통 진주 모양이다. 너무 미끄러워 손에 쥐기 어려워 이런 이름을 얻었다. 성서에도 감송향 연고를 담은 설화석고 용기를 예수에게 바치는 대목이 나온다. 세네카는 로마의 귀부인들은 집안에 가보로 내려오는 설화석고 귀고리를 두세 개 걸지 않으면 만족하지 못했다고 전하고 있다.

**   고위 공직에 있는 사람이 경호원을 앞세우고 가듯이 진주 장신구는 착용하는 사람의 신분에 맞춰 만들어졌다. 로마 제국에서 고위 공직자의 부인이나 가족은 보통 한두 명의 경호원이 수행하는 것이 보장되어 있었다.

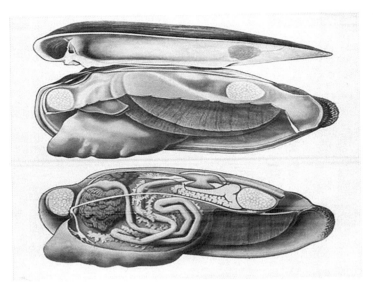

판새류(瓣鰓類)는 두 개로 이뤄진 조개껍데기를 가진 조개(bivalve)에 대한 총칭으로 『박물지』의 영역본에서는 mye라는 프랑스어로 표기되어 있다. 라틴어로는 lamellibranchiata, 즉 얇은 판으로 된 아가미가 있는 동물이라는 뜻이며 굴이나 홍합이 여기에 속한다.

다. 여자들은 발에도 진주를 달고 다닌다. 신발 끈뿐만 아니라 신발 전체를 진주로 장식한다. 진주로 장식하는 것에 그치지 않고 발밑에도 진주를 넣고 다니며 진주를 밟는다.

　이전에 쓰이던 진주는 로마 근해에서도 생산되었으나, 트라키아의 보스포루스 근해에서 더 많이 났다. 그 진주들은 붉은색을 띠며 크기가 작고 미에스myes 조개에 들어 있다. 아카르나니아Acarnania[9]에는 '피나pina'라는 조개가 있는데 이 조개에서도 진주가 나온다. 아라비아 해안의 유바

Juba[10]에는 생김새가 톱니 모양의 빗같이 생긴 조개가 사는데, 성게처럼 온통 털로 덮였고[11] 진주는 조갯살 속에 들어 있는데 우박을 빼닮았다고 전하고 있다. 그러나 이렇게 생긴 조개가 로마에 들어온 적은 없다. 아카르나니아의 진주는 모양이 찌그러졌고 거칠며 대리석 색깔을 띠고 있다. 악티움 근해에서 나는 진주가 훨씬 좋다.

진주의 속이 단단하다는 데는 이론의 여지가 없다. 떨어뜨려도 깨지지 않는다. 진주는 조개의 여러 부분에서 발견된다. 실제로 나는 대여섯 개의 조개에서 진주가 마치 밀고 나온 듯이 가장자리에 붙어 있는 것을 보았다. 오늘날까지 무게가 14그램 이상 나가는 진주는 거의 본 적이 없다.* 브리타니아에서 나는 진주는 작고 색깔도 좋지 않다고 잘 알려져 있다. 신격화된 율리우스 카이사르는 그가 신전에 있는 베누스 게네트릭스 Genetrix에게 바친 흉갑이 브리타니아 진주로 만들어졌다는 것을 분명히 알기를 바랐다.[12]

나는 과거에 칼리굴라Caligula 황제의 부인 롤리아 파울리나Lollia Paulina를 본 적이 있다. 대중적인 축제나 엄숙한 의식이 아니라 일반적인 약혼식[13] 자리였다. 그녀는 에메랄드와 진주를 뒤집어쓰고 있었는데, 머리와 두발, 화관, 목, 손목, 손가락 등에서 보석들이 빛을 섞으며 번갈아 반짝였다. 그 보석들의 가치는 모두 4천만 세스테르케스[14]에 달했다. 실제로 그녀는 영수증과 명세서로 그 사실을 언제라도 증명할 준비가 되어 있었

---

* 17세기 프랑스의 보석상 타베르니에(Jean-Baptiste Tavernier)는 아라비아해의 카티파(Catifa)에서 발견된 놀랄 만한 크기의 진주에 대해 이야기하고 있다. 배 모양으로 생긴 이 고대의 귀고리 진주는 형태가 고르고 티가 없었다. 가장 굵은 부분의 직경이 0.63인치에 길이는 3인치였다. 이 진주는 현재 페르시아의 왕이 소장하고 있다.

다. 이 보석들은 씀씀이가 큰 황제로부터 받은 선물이 아니라 그녀의 할아버지가 임지에서 약탈해 모은 것을 상속받은 것이었다. 그것들이야말로 약탈과 착취의 결과물들이다! 마르쿠스 롤리우스Marcus Lollius[15]가 로마 제국의 동쪽 지방에서 왕들에게 진상품을 강요한 것으로 악명이 높았던 까닭이 여기에 있다. 그런 이유 때문에 그는 결국 율리우스 카이사르[16]에게 배척당하고 독약을 마시게 된다. 그런데도 그 손녀가 등잔 불빛으로도 볼 수 있을 정도로 4천만 세스테르케스의 보석으로 칠갑을 하고 다니는 일이 벌어지고 있다니!

한편으로는 쿠리우스Curius[17]나 파브리키우스Fabricius[18]가 개선 행진 때 입었던 옷의 값어치가 얼마였는지 상상해 보고, 다른 한편으로는 여성이자 제국의 황후인 롤리아가 그렇게 차려입고 식탁의 한자리를 차지하고 있는 것을 상상해 보라. 두 정복자라면 이 같은 꼴을 보려고 정복을 하느니 차라리 전차에서 떨어져 죽지 않았을까?

하지만 이것이 사치의 극치를 보여 주는 사례는 아니다. 과거에 진주 두 개가 있었다. 세상에 이보다 큰 진주는 없었다. 이집트의 마지막 여왕 클레오파트라가 동방의 왕들로부터 물려받아 그 두 개의 진주를 소유하게 되었다. 안토니우스와 함께 즐기던 연일 계속되는 화려한 연회에 싫증을 느낀 클레오파트라는 허영심과 오만에 사로잡혀 이 모든 사치품과 산해진미를 깔보듯이 행동했다. 그때 안토니우스가 그토록 성대한 연회가 뭐가 부족하냐고 물었다. 이 질문에 대해 클레오파트라는 한 번 연회를 여는 데 1천만 세스테르케스를 쓰겠다고 대답했다. 안토니우스는 어떻게 그렇게 많은 돈을 쓸 수 있는지 의아해하면서 불가능한 일이라고 생각했다. 그래서 내기를 했다.

그다음 날 클레오파트라는 내기에서 지지 않기 위해 안토니우스에게 평상시 식사보다는 나을 게 없지만 모든 면에서 화려한 연회를 베풀었다. 그러자 안토니우스는 연회에 들어간 비용이 얼마냐고 농담처럼 물었다. 이 질문에 클레오파트라는 지금까지의 연회는 보잘것없는 부대행사[19]에 불과하다면서 그녀 혼자 하는 식사비용도 틀림없이 그 정도는 되고 혼자 마시는 것만 해도 1천만 세스테르케스는 된다고 말했다. 그리고 후식을 준비하라고 명령했다. 그녀의 지시에 따라 시녀들이 식초가 채워진 그릇을 내왔다. 톡 쏘는 냄새와 진주를 녹일 수 있는 효력을 지닌 액체였다.

진주를 식초에 넣는 클레오파트라(안드레아 카살리)

이때 클레오파트라는 양쪽 귀에 최상급 중에서도 최상급에 속하는 매우 진귀한 자연의 산물을 걸고 있었다. 안토니우스가 지켜보는 가운데 그녀는 귀고리 중 하나를 빼내 식초에 던져 넣었다. 그리고 녹자마자 그것을 마셨다.

이 내기에서 심판으로 임명된 루키우스 플란쿠스Lucius Plancus[20]는 클레오파트라가 또 다른 귀고리도 녹이려고 하자 재빨리 손으로 제지하며 안토니우스가 졌다고 선언했다. 그러나 결과적으로 그녀의 말은 실현되었다.[21] 녹은 귀고리와 마찬가지의 명성을 지닌 녹지 않고 남겨진 귀고리 한 짝은, 클레오파트라가 붙잡힌 이후에 판테온에 있는 베누스상의 귀고리를 만드는 데 쓰기 위해 두 동강 났다.

안토니우스와 클레오파트라가 낭비벽으로 얻은 명성은 유지되지 못할 것이며 사치의 연대기에서도 그 으뜸의 자리를 차지하지 못한다. 왜냐하면 이미 그 이전에 비극 배우인 아이소푸스Aesopus[22]의 아들 클로디우스는 아버지로부터 엄청난 부와 재산을 물려받아 로마에서 같은 행동을 했기 때문이다. 안토니우스는 여러 차례 삼두정치에 참여했지만 자만할 게 없다. 고작 한 사람의 배우와도 어깨를 나란히 할 수 없기 때문이다. 이 배우는 아끼지 않고 돈을 낭비하는 내기를 그 누구와도 하지 않았다. 단지 자신의 미각을 충족시키기 위해 진주의 맛을 알아보려고 했을 뿐이다. 그는 진주의 맛이 놀랍도록 좋다는 것을 알고 다른 사람들도 그것을 알 수 있도록 자신이 초대한 모든 손님에게 진주를 대접해 삼키도록 했다.

알렉산드리아를 점령한 이후로 진주가 흔해졌고 실제로 로마에서는 진주가 광범위하게 쓰이고 있다. 크기도 작고 별로 비싸지 않은 것들이었지만 진주가 처음으로 쓰이기 시작한 것은 술라가 집권하던 시기였다고 페네스텔라Fenestella[23]는 전한다. 이런 점에서 볼 때 아일리우스 스틸로 Aelius Stilo[24]가 틀린 것이 분명하다. 왜냐하면 그는 크기가 매우 큰 진주에 '우니오'라는 이름을 붙인 것이 유구르타Jugurtha와 전쟁[25]할 때라고 말하고 있기 때문이다.

제12장

자줏빛고둥

진주는 거의 영구적으로 유지되는 재산으로 간주된다. 진주는 자손 대대로 상속되고 토지 부동산과 마찬가지로 이 사람에게서 저 사람에게 양도된다. 그러나 자줏빛고둥에서 추출되는 염료는 시간이 갈수록 바랜다. 염료의 어머니와도 같은 이 사치품은 진주와 거의 맞먹는 가치를 지니고 있다.

자줏빛고둥은 보통 7년을 산다. 다른 고둥과 마찬가지로 자줏빛고둥은 천랑성이 뜨는 전후로 30일 동안 숨어 지내며, 봄에는 커다란 군집을 이루어 서로 몸을 비비며 끈끈한 타액을 분비해 밀랍 같은 것을 만들어낸다. 그러나 자줏빛고둥은 식도의 중앙에 옷감의 염색에 절대적으로 필요한 진귀한 자주소紫朱素를 갖고 있다. 이 분비물은 흰색 체관에 들어 있는 작은 방울들로 이뤄져 있다. 이것을 증류해 염색에 쓰이는 검붉은 장미 색깔을 띠는 값비싼 액체를 추출한다. 몸의 나머지 부분에는 이 체액이 없다. 자줏빛고둥을 산 채로 잡는 것이 대단히 중요한데, 죽을 때 체액을 분비하기 때문이다. 큰 것은 껍데기를 벗겨 내고 체액을 추출하지만, 작은 것은 껍데기와 함께 산 채로 으깨면 체액을 방출한다.

아시아에서는 튀레Tyre산 자줏빛고둥이 가장 좋고, 아프리카에서는 지중해 연안의 메닌크스Meninx[1]와 가이툴리아에서 나는 것이, 유럽에서는 라코니아Laconia산이 가장 좋다. 로마에서 파스케스('로마의 도끼')가 군중을 헤치고 나갈 수 있는 것은 자주색 때문이며 어린아이의 존귀함을 보여 주는 것도 자주색이다. 원로원 의원과 기사를 구분하는 것도 자주색이다.* 앞에 나서 기도하며 신을 달래는 것도 자주색 옷을 입은 사람들이다.[2] 자주색은 모든 의복에 품격을 더해 주며 개선장군의 의상[3]에서는 자주색과 금색이 어우러진 것을 볼 수 있다. 자주색을 광적으로 좋아하는 것을 용서하자. 하지만 염색할 때 냄새가 역하고 색깔도 폭풍우가 몰아치는 바다를 빼닮은 듯 푸르죽죽한 게 아름답지 못한 것을 보면 묻지 않을 수 없다. 왜 고둥으로 만드는 물감에 그토록 비싼 값을 매겨야 하는지?

자줏빛고둥의 혀는 손가락 길이만 하다. 이것을 이용해 다른 조개들을 파고 들어가 먹을 것을 찾는다. 혀끝은 매우 단단하다. 자줏빛고둥은 담수와 강이 바다로 유입되는 지역에서는 살지 못한다. 잡힌 자줏빛고둥은 침을 먹으며 50일 동안 산다. 모든 조개가 매우 빨리 성장하는

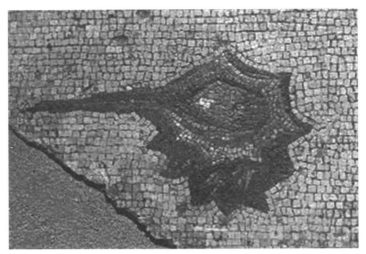
자줏빛고둥(로마 목욕탕 모자이크)

데 자줏빛고둥은 특히 그렇다. 자줏빛고둥은 태어나서 일 년이면 완전 성체가 된다.

이쯤에서 다른 사치품으로 이야기를 옮겨 간다면 틀림없이 할 일을 방기하는 것이고 태만하다고 비난받을 것이다. 그래서 식품에 관한 글에서 여러 가지 곡물과 그 특징에 대해 알려 주었듯이 실제적인 이야기를 함으로써 사는 낙을 사치품에 걸고 사는 사람들에게 그들이 죽도록 좋아하는 물건들에 대해 더 자세한 정보를 주고자 한다.

자주색 염료를 만드는 데 쓰는 조개는 두 가지 종류다. 그러나 두 가지 조개에 들어 있는 성분은 같고 배합의 비율이 다를 뿐이다. 두 가지 중에 더 작은 것은 뿔나팔이나 트럼펫을 닮아 '나팔고둥buccinum'[4]이라고 부른다. 껍데기의 입구는 둥글고 그 테두리는 날카롭다. 다른 하나는 '자주소라purpura' 또는 '자줏빛고둥'이라고 하는데 홈이 있고 튀어나온 주둥이를 가지고 있다. 이 주둥이는 내부가 관 모양으로 되어 있어서 그곳으로 혀가 들락거린다. 그 밖에도 자줏빛고둥에는 원추의 꼭대기까지 나선을 따라 뾰족한 돌기가 나 있는데 보통 일곱 개다. 두 종류의 조개 모두 나이가 들면서 나선의 숫자가 늘지만 나팔고둥에는 이 돌기가 없다. 나팔고둥은 울퉁불퉁한 바위에 몸을 부착하고 바위 주변에 모여 산다.

자줏빛고둥은 함유하고 있는 성분과 서식지에 따라 여러 종류가 있다. 갯벌 자줏빛고둥과 해초 자줏빛고둥은 최하등급으로 평가된다. 암초 자줏빛고둥은 암초나 먼바다에서 잡히며, 여기서 나오는 염료는 색이 매우 밝고 옅다. 그리고 조약돌 자줏빛고둥으로 알려진 종류가 있는데 염색에 아주 적합하다. 그리고 다른 어떤 것보다 좋은 게 '떠돌이 자줏빛고둥 dialutensis'[5]이다. 서식지를 가리지 않아서 이런 이름이 붙었다.

자줏빛고둥은 작은 크기의 고리버들로 만든 통발과 그물코가 성긴 구럭으로 잡는다. 어부들은 새조개를 미끼로 넣은 이런 어구들을 바다에 던져 둔다. 새조개는 먹이를 물면 즉각 껍데기를 다무는데, 바다에 던지면 반쯤 죽어 있던 새조개들이 다시 활기를 띠고 먹이를 먹으려고 껍데기를 벌린다. 이때 자줏빛고둥은 이것을 먹으려고 혀를 내밀고 공격하기 시작한다. 반면에 새조개는 자신이 찔렸다고 생각하면 껍데기를 다물어 자신을 찌른 물체를 꽉 붙잡는다. 이런 방식으로 자줏빛고둥은 탐욕의 희생자가 되어 혀에 매달려 물 위로 끌려 올라온다.

자줏빛고둥을 잡기에 가장 좋은 철은 천랑성이 나타난 뒤 또는 봄이

293

오기 전이다. 왜냐하면 그 이전에 방출하는 분비물은 점착성이 없기 때문이다. 가장 중요한 요소지만 염색 장인의 공방에는 알려지지 않은 사실이다. 자줏빛고둥을 잡으면 체액이 들어 있는 관을 뽑아내 소금을 뿌린다. 분비액 45킬로그램에 소금 0.5킬로그램의 비율로 뿌린다. 그런 다음에 최장 사흘 동안 소금에 절여 둔다. 왜냐하면 그 분비액은 신선할수록 좋은 점이 더 많기 때문이다. 그러고 나서 주석으로 만든 솥에 넣고 뭉근한 불로 3,500킬로그램의 분비물이 200킬로그램이 될 때까지 달인다. 이렇게 하기 위해 솥은 화덕과 연결된 깔때기 같은 연통 위에 올려놓아야 한다. 달이는 동안 체관에 붙어 있는 살점을 비롯한 건더기들을 체로 건져 낸다. 열흘쯤 되면 솥 안에 들어 있는 내용물이 액상으로 변한다.

여기에 지방질을 제거한 양모를 시험적으로 집어넣는다. 하지만 염색을 하는 사람이 만족할 만한 색상을 얻을 때까지는 이 용액이 끓게 놓아두어야 한다. 빨강에 가까운 색은 검붉은색보다 못한 것으로 여겨진다. 양모를 염료에 다섯 시간 동안 담갔다가 빗질을 하고 밝은 색깔이 충분히 스며들 때까지 다시 염료에 담가 두면 특히 귀한 대접을 받는 연지벌레 빛깔의 윤기 있는 색을 띠게 된다.

제13장

동물과 식물의 특성을 함께 지닌 제3의 생명체

다른 사람은 몰라도 나는 동물도 식물도 아니지만 감각을 가지고 있는 이 둘 사이의 중간자적 생물이 분명히 존재한다고 생각한다. 해파리와 해면 동물이 그렇다.

해파리는 밤에 이리저리 돌아다니며 서식지를 옮긴다. 이 생명체는 본래 살로 만들어진 촉수를 사용해 먹이를 잡는다. 해파리는 땅에 사는 쐐기풀과 같이 쏘이면 따끔거리는 통증을 유발한다. 먹이를 찾는 해파리는 몸을 최대한으로 수축시켰다가 작은 물고기가 지나가면 느닷없이 촉수를 펼쳐 잡아먹는다. 평상시에는 죽어 가는 척하며 마치 해초 조각처럼 물결에 휩쓸려 물고기가 건드릴 때까지 이리저리 흔들거리며 떠다닌다. 그러다가 촉수와 접촉한 물고기가 따끔거리는 통증을 없애기 위해 바위에 대고 몸을 문지르는 순간 물고기를 덮친다. 밤에는 가리비나 성게를 찾아다닌다. 해파리는 사람의 손이 다가오는 것을 감지하면 즉각 색깔을 바꾸고 몸을 수축시키고, 조금이라도 시간이 있으면 도망친다. 맨손으로 해파리를 만지면 타는 듯한 통증을 느낀다.

해면은 바위에 붙어살며 조개와 다른 물고기 그리고 점액을 먹고 산다. 이 생물체는 지능이 있는 것처럼 보인다. 왜냐하면 손으로 떼어 내려고 하는 것을 느끼면 몸을 수축시켜 떼어 내기가 무척 어렵기 때문이다. 해면은 파도에 뒤흔들릴 때도 같은 행동을 한다. 토로네 근해에서는 해면이 바위에서 떨어진 뒤에도 살아 있고 바위에 남아 있는 뿌리에서 또 다른 해면이 자란다고 한다. 해면을 바위에서 떼어 내면 그 자리에는 핏빛 자국이 남아 있다. 특히 아프리카 시르테스 해안에 사는 해면이 그렇다.

해면 중에서 가장 크게 자라는 마노스manos[1] 해면은 뤼키아 근해에서 자라는 것이 가장 연하다. 그곳은 수심이 깊고 파도가 잠잠해서 해면이 특히 연하다. 반면에 헬레스폰트Hellespont[2] 근해에서 자라는 해면은 질기고, 말레아Malea해[3]에서 자라는 해면은 거칠다.

해면은 햇빛이 드는 곳에서는 썩는다. 그래서 깊은 바다에서 자라는 것이 가장 좋다. 살아 있을 때는 물이 가득 찼을 때와 같은 거무스름한 색깔을 띤다. 해면은 몸의 일부가 아니라 몸 전체를 바위에 붙여 놓고 산다. 몸속에는 네다섯 개의 관이 들어 있는데 이것을 이용해 먹이 활동을 하는 것으로 짐작된다. 다른 관들도 있는데 위쪽 끝이 막혀 있다. 그리고 바위에 고착된 뿌리 밑에는 막이 펼쳐져 있는 것으로 보인다. 해면이 오래 산다는 것은 잘 알려져 있다.

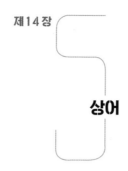

제14장

상어

해면을 따라 물속으로 들어가는 사람들에게는 위험천만하게도 해면이 사는 주위에는 상어canis marinus가 우글거린다. 잠수부들은 가오리같이 넓적한 물고기들이 먹장구름이 몰려오듯이 위에서 몰려 내려오면 수면으로 부상하기가 어렵다고 말한다. 이런 일을 막기 위해 그들은 끝이 뾰족한 단검을 끈으로 묶어 차고 다닌다. 이것으로 그 넓적한 물고기들을 찌르지 않으면 쫓을 수 없다고 한다.

하지만 내 생각에는 틀림없이 바다 밑이 어두워 공포감을 느끼기 때문에 그렇게 보이는 것 같다. 왜냐하면 살아 있는 생물 가운데 잠수부들이 자신을 위협한다고 생각해서 이름을 붙인 구름물고기나 안개물고기를 보았다는 사람이 지금까지 아무도 없기 때문이다.

하지만 잠수부들은 사타구니와 발꿈치 그리고 밝게 보이는 모든 신체 부위를 사납게 공격하는 상어들과 치열한 싸움을 벌인다. 안전을 확보하는 유일한 방법은 용감하게 맞서 선제공격을 가해 겁을 주는 것밖에 없다. 사실 상어도 사람이 상어를 보고 놀라는 만큼 놀라기 때문이다. 물속에 있을 때는 상어와 인간이 같은 입장에 있다. 그러나 잠수부가 물 위로 올라오는 순간 상황은 훨씬 급박해진다. 왜냐하면 물속에서 나오려고 허우적거리면서 상어에 대항할 힘을 소진하기 때문이다.

안전하게 살아남는 유일한 길은 어깨에 동여맨 밧줄을 당겨 끌어내 줄 배 위의 동료들에게 달려 있다. 상어와 맞서 싸우는 동안 왼손으로 줄을 당겨 다급하게 구조 신호를 보내면서 오른손으로는 방어할 때 쓰는 단도를 휘두른다. 동료들은 처음에는 천천히 줄을 당기다가 잠수부가 배에 가까이 오면 휙 낚아채듯 끌어올린다. 단번에 배에 태우지 못하면 잠수부는 그들의 눈앞에서 갈기갈기 찢기게 된다. 그리고 물에서 올라온 잠수부가 동료들의 노력을 허사로 만들면서 그들의 손에서 벗어나 공처럼 몸을 동그랗게 말고 끌려 들어가는 경우도 많다. 실제로 그런 일이 벌어지는 동안 다른 선원들이 삼지창 모양의 작살을 휘둘러 보지만 이 괴물은 영악하게도 배 밑으로 들어가 안전을 확보한 상태에서 싸움을 벌인다. 따라서 잠수부들은 상어들이 접근하는 것을 주의 깊게 살펴야 한다.

상어가 없다는 가장 확실한 안전의 신호는 가오리들이다. 가오리는 상어가 있는 곳에는 결코 무리지어 나타나지 않는다. 이런 이유로 잠수부들은 가오리를 신성시한다.

제 15 장

굴 양식장과 양어장

처음으로 굴 양식장을 만든 사람은 세르기우스 오라타Sergius Orata[1]다. 그는 동맹시 전쟁Marsic War[2]이 발발하기 직전 웅변가이자 정치가인 루키우스 크라수스Lucius Crassus가 활동하던 시기에 나폴리 인근의 바이아이 Baiae만[3]에 양식장을 조성했다. 그는 식도락을 위해서가 아니라 돈을 벌기 위한 사업적 목적으로 양식장을 만들었는데 독창성을 발휘해 수익을 올릴 수 있도록 설계했다. 그는 처음으로 가열 장치를 설치한 현수형 목욕탕[4]을 만들기도 했고, 큰 저택을 사들여 새로 단장해 되파는 사업도 했다. 그는 루크리누스Lucrinus 호수[5]에서 나는 굴이 뛰어난 진미라는 것을 맨 처음으로 알아차린 사람이기도 하다.

모든 수산물은 산지에 따라 맛이 다르다. 예를 들어, 티베리스강에서 나는 베도라치는 두 다리[6] 사이에서 잡히는 게 가장 맛이 좋다. 가자미는

세르기우스 오라타가 굴 양식법을 가르쳐 주는 것을 묘사한 중세 프랑스의 그림

라벤나Ravenna산을, 곰치는 시킬리아산, 청어는 로도스산을 최고로 친다. 식재료 일람표를 살펴볼 것도 없이 다른 물고기들도 마찬가지다. 오라타가 루크리누스 호수에서 나는 굴을 높이 평가하던 당시는 브리타니아 해안에서 나는 해산물들이 로마로 수입되지 않았다. 그러나 나중에 이탈리아의 맨 끝에 있는 브룬디시움Brundisium에서 나는 굴을 로마로 가져오는 것은 해 볼 만한 일로 생각되었다. 최근에는 맛의 차이를 없애기 위해 먼 길을 오느라 아사 상태에 빠질 수밖에 없는 브룬디시움산 굴을 루크리누스 호수에 넣어 키우는 방안을 생각하게 되었다.

같은 시대에 루키니우스 무레나Lucinius Murena는 물고기를 키우기 위한 양식장을 만들었다. 그리고 곧이어 귀족인 필립피Philippi와 호르텐시이 Hortensii 가문에서 그가 양식장을 만든 방식을 따라 했다. 루쿨루스는 바닷물을 양식장으로 끌어들이기 위해 저택을 짓는 데 들어간 돈보다 훨씬 많은 돈을 들여 나폴리 근처의 산을 뚫도록 했다. 이 일 때문에 폼페이우스는 그에게 '토가를 입은 크세르크세스'*라는 별명을 붙여 주었다. 그가 죽은 뒤에 그의 양어장에 있던 물고기들은 400만 세스테르케스[7]에 팔렸다.

히루스Hirrus[8]는 최초로 곰치 양어장을 만든 사람이다. 그는 절대 권력자 카이사르가 개선 축하연을 벌일 때 곰치 6,000마리를 제공했다. 그는 돈이나 다른 어떤 재물로 그 대가를 받는 것은 사양했지만 그에 대한 합당한 보상을 받았다. 그의 저택은 내부는 보잘것없었지만 거기에 딸린 양어장의 가치 때문에 400만 세스테르케스에 팔렸다. 이런 일이 있은 뒤로 물고기에 대한 관심이 높아졌다. 웅변가인 호르텐시우스는 바이아이 지방에 있는 바울리Bauli[9]에 물고기를 키우는 가두리를 몇 개 가지고 있었다. 그는 여기서 곰치를 키웠는데, 곰치가 죽었다는 소식을 듣고 눈물을 흘릴 정도로 곰치를 좋아했다. 티베리우스 황제의 동생인 드루수스의 아내 안토니아Antonia[10]가 자신이 좋아하는 곰치에게 귀고리를 걸어 주었다고 하는 곳도 바로 같은 저택이다. 이런 진기한 일들이 알려지면서 많은

---

* 폼페이우스는 페르시아 제국의 크세르크세스 왕이 아토스(Athos)산과 칼키디케(Chalcidice)를 잇는 지협을 관통해 운하를 건설한 것을 넌지시 지칭해 '토가를 입은 크세르크세스(Xerxes togatum)' 또는 '로마의 크세르크세스(Roman Xerxes)'라고 말했다.

사람이 구경하러 이곳을 찾아왔다.

풀비우스 루피누스는 카이사르와 폼페이우스 간에 내전이 일어나기 직전에 타르퀴니아 지방에 골뱅이를 키우는 양식장을 처음으로 만들었다. 그는 골뱅이를 품종에 따라 세심하게 분류해 따로 키웠다. 일뤼리아 Illyria산은 씨알이 굵은 것으로 유명했다. 반면에 아프리카산은 번식력이 좋았다. 그러나 가장 좋은 것은 아프리카 태양의 곳에서 나는 것이었다. 그는 골뱅이를 살찌우기 위해서 끓인 포도주, 통밀가루 그리고 다른 재료들을 섞은 혼합 사료를 개발했다. 그래서 살이 오른 골뱅이는 미식가들의 표적이 되었다. 그리고 골뱅이를 양식하는 기술도 거의 완벽에 가까워져 골뱅이 한 마리의 크기가 80콰드란트[11]에 달했다. 이런 내용을 마르쿠스 바로가 기록으로 남겼다.

제16장

민물고기

테오프라스토스가 언급했다고 알고 있는 놀라운 물고기 종류들이 더 있다. 그의 말에 따르면, 바빌로니아 주변 지역의 관개를 위해 가두었던 물이 빠지면 아직 물이 들어 있는 구멍에 물고기들이 살고 있는데 그들은 지느러미와 빠르게 움직이는 꼬리로 이동하며 먹이 활동을 위해 밖으로 나온다고 한다.[1] 그리고 이 물고기를 쫓아가면 구멍 쪽으로 도망치는데, 구멍 가까이에서 몸을 돌려 멈춰 선다. 대가리는 바다개구리처럼 생겼고, 다른 부분들은 망둑어와 비슷하며, 다른 물고기들처럼 아가미가 있다.

또한 테오프라스토스는 헤라클레아Heraclea와 크롬나Cromna[2] 주변, 뤼쿠스Lycus강[3] 유역, 그리고 흑해 연안의 여러 지역에는 강둑 언저리 물가에 스스로 구멍을 파고 물이 빠지고 강바닥이 말라붙어도 거기서 그냥 사는 물고기가 있다고 전한다. 물이 빠질 때를 대비해 땅에 구멍을 파는

로마 시대의 다양한 물고기
(모자이크, 폼페이, 기원전 1세기)

데 몸을 움직이지 않으면 죽은 것이나 다름없어 보인다고 한다.

그는 또한 헤라클레아 인근에서는 뤼쿠스강의 물이 빠진 진흙 속에 있던 알에서 부화한 치어들이 아주 작은 지느러미를 파닥거리며 먹이를 찾아 나선다고 말한다. 이들은 매우 작아서 물을 거의 필요로 하지 않는다. 뱀장어도 물 밖에서 이런 방법으로 오랫동안 살 수 있다. 그리고 망둑어알은 거북이알과 마찬가지로 육지에서도 부화한다. 테오프라스토스는 흑해 연안에 사는 다양한 종류의 물고기는 얼음에는 꼼짝달싹 못하는데, 망둑어가 특히 그렇다고 전한다. 망둑어는 죽은 척하고 있다가 냄비에서 온도가 올라가면 살아 움직인다는 것이다. 이 모든 이야기는 매우 놀랍지만 좀 더 알아볼 여지가 있다.

제17장

능성어 잡는 법

능성어anthias[1]에 대해 언급된 내용을 빠뜨리지 말고 짚고 넘어가는 게 좋겠다. 이 물고기에 대한 이야기는 대다수 저자들이 사실로 간주하고 있다. 아시아 연안의 바위와 암초가 널린 바다 한가운데 있는 켈리도니아이 Chelidoniae[2]섬 해역에 능성어가 많이 산다. 이 물고기는 한 가지 방법으로 잡는다.

어부는 배와 비슷한 색깔의 옷을 입고 작은 배를 타고 바다로 나간다. 그리고 며칠 동안 같은 시간에 같은 곳을 항해하며 많은 양의 밑밥을 바다에 던져 넣는다. 배에서 바다에 던지는 모든 것은 능성어들에게는 의심의 대상이다. 물고기들은 경계심을 품고 물에 떨어진 물체로부터 거리를 유지한다. 그러나 이런 일이 매일 거듭되면 물고기 한 마리가 경계심을 풀고 마침내 밑밥을 문다. 어부는 자신의 모든 희망이 걸린 이 물고기의 움직임을 주시한다. 이 물고기가 다른 물고기들을 끌어들인다. 이 물고기를 알아보는 것은 어렵지 않다. 왜냐하면 며칠 동안 지켜보았지만 과감하게 밑밥에 접근한 유일한 녀석이기 때문이다. 드디어 다른 물고기들도 이 물고기를 따라 한다. 수많은 물고기 떼가 몰려올 때까지 따라오는 물고기들이 하나둘 늘어난다. 밑밥을 먹으러 온 지 오래된 물고기들은 어부를 알아보고 손으로 주는 먹이도 받아먹는다. 이때 어부는 낚싯바늘을 숨겨 놓은 미끼를 하나씩 꺼내 가까운 곳에 던진다. 그리고 배의 그늘진 곳에 서서 다른 물고기들이 눈치채지 못하도록 재빨리 잡아채서 펄떡거리는 소리가 나지 않도록 미리 준비해 둔 보자기 같은 망에 넣는다. 여기서 중요한 것은 다른 물고기를 끌어들인 물고기를 잡지 않는 것이다. 그렇지 않으면 물고기 떼는 도망치고 앞으로 한동안 모습을 나타내지 않는다.

한번은 어떤 어부가 같은 배에 탄 다른 어부와 언쟁을 벌인 후 유인용 물고기라는 것을 알고서도 악의적으로 그 물고기를 잡아 버렸다. 그런데 시장에 물고기를 팔러 나왔을 때 그 어부가 물고기를 바로 알아보고 손해배상 소송을 제기했다. 무키아누스가 덧붙인 대로 유인용 물고기를 잡은 어부는 소송에서 그 어부에게 배상하라는 판결을 받았다. 능성어들은 그들 가운데 한 마리가 낚시에 걸린 것을 보면 톱날같이 생긴 등지느러미로 낚싯줄을 자르는데 낚시에 걸린 물고기는 다른 물고기들이 낚싯줄을 자를 수 있도록 최대한 팽팽하게 줄을 당긴다.

제18장

빨판상어와
전기가오리

사물의 순서에 따라 이제 자연의 조화가 우리에게 만들어 보여 주는 경이의 절정에 이르게 되었다. 바람이 불고 회오리바람이 일어나고 폭풍우가 몰아치는 바다보다 더 종잡을 수 없는 것이 있을까? 그렇지만 자연이 만들어 놓은 것들 가운데 돛과 노를 만든 인간의 뛰어난 재능을 바다보다 더 잘 보여 주는 곳이 있을까? 그에 더해 끊임없이 밀려가고 밀려오며 마치 거대한 강물인 듯 조류를 조절하는 대양의 조석간만이 보여 주는 형언할 수 없는 힘에 우리는 놀라지 않을 수 없다.

이 힘들은 일제히 같은 방향으로 움직인다. 하지만 빨판상어echeneis라고 알려진 크기가 아주 작은 물고기는 이 힘들에 저항하는 능력을 가지고 있다. 바람이 불고 폭풍우가 몰아쳐도 빨판상어는 분노를 조절하며 항해하는 배들을 멈춰 세우려고 한다. 감당할 수 없을 만큼 크고 육중한 배를 그 어떤 동아줄이나 닻으로 멈출 수 있었을까! 물고기 한 마리가 그 맹렬한 힘을 제어하고 우주의 걷잡을 수 없는 분노를 가라앉힌다. 이 모든 일은 물고기 자체의 힘으로 이루어지는 것도, 물고기 쪽에서 저항하는 것도 아니며 실제로 그 어떤 움직임에 의해서가 아니라 물고기가 배에 달라붙는 것을 통해 이루어진다! 이 물고기는 하찮아 보이지만 이 모든 힘에 대응하기에 충분하고 배가 계속해서 진행하는 것을 가로막는다! 전쟁을 위해 무장한 함대는 갑판 위에 탑과 방벽을 세우고 인간은 깊은 바다에 나가서도 문자 그대로 방벽 뒤에서 숨어 싸울 수도 있다. 하지만 청동과 철로 된 충각을 달고 출정을 위해 무장했지만 반 척도 안 되는 작은 물고기가 뱃머리를 붙잡아 배를 그 자리에 멈춰 세울 수 있다니, 인간이란 얼마나 무력한가!

악티움 해전 당시 빨판상어는 항해 중이던 안토니우스와 클레오파트라 연합 함대의 기함을 멈춰 세웠다고 한다.* 안토니우스가 이 배 저 배로 다가가 병사들을 독려하던 바로 그때였다. 안토니우스는 어쩔 수 없이 다른 배로 옮겨 탔다. 그리하여 옥타비아누스의 함대가 초전에 승기를 잡고 힘을 배가하여 돌진했다. 우리가 사는 이 시대에도 빨판상어 한 마리가 항해 중이던 칼리굴라 황제의 배를 멈춰 세웠다. 황제가 아스투라Astura[1]에서 안티움Antium[2]으로 돌아올 때였다. 결과가 증명하듯 보잘것없는 물고기 한 마리가 커다란 사건의 전조가 되었다. 왜냐하면 황제가 로마로 돌아오자마자 자신의 근위병들에게 칼로 살해당했기 때문이다. 배가 갑

---

* 안토니우스의 패배를 변명하기 위한 터무니없는 이야기다.

작스럽게 멈춰 선 수수께끼는 오래지 않아 밝혀졌다. 함대의 모든 배 중에서 5단 노를 장착한 갤리선인 황제의 배만 유일하게 멈춰 섰다는 것을 알고 수병 몇 명이 바다로 뛰어들어 배 주위를 살펴보았다. 그들은 방향타에 빨판상어가 붙어 있는 것을 발견했다. 빨판상어를 황제에게 보여 주자 황제는 이런 훼방꾼이 황제의 항해를 가로막고 격군 400명의 힘찬 노 젓기를 무력하게 만든 데 대해 심히 분개했다.* 배 위로 가지고 올라온 물고기에게 그럴 힘이 없어 보여 더욱 화가 났다.

그때 물고기를 조사했고 그 이후로도 그것을 본 사람들에 따르면, 빨판상어는 커다란 민달팽이slug와 매우 흡사하다. 로마의 일부 저자들은 이 물고기에게 '모라mora'**라는 라틴어 이름을 붙여 주었다.

빨판상어의 특성을 보여 주는 사례가 없었다면 바다에 사는 또 다른 동물인 전기가오리torpedo의 사례를 인용하는 것만으로도 자연의 막강한 힘을 보여 주기에 충분하지 않았을까? 전기가오리는 상당한 거리를 두고 창이나 지팡이 끝으로 건드리기만 해도 가장 건장한 사람의 팔을 무감각하게 하고 경주에서 아무리 빨리 달리는 사람의 발도 마비시키는 특성을 가지고 있다.

---

*   이 모든 이야기에 어떤 근거가 있다면 칼리굴라 황제가 미신을 믿는다는 것을 이용해 속임수를 썼고 잠수한
       수병들뿐만 아니라 노 젓는 격군(格軍)들도 이런 비밀을 알고 있었다는 게 거의 확실하다.

**   '지연' 또는 '지체'라는 뜻의 라틴어.

제19장

5

물고기의
본능과 특성

내가 보기에 오비디우스Publius Ovidius Naso가 『어업에 관하여Halieutica』에서 물고기의 본능에 관해 언급한 내용들은 정말 대단하다.* 예를 들면 놀래기는 고리버들로 만든 통발에 갇혔을 때 머리 먼저 탈출하려고 하지도 않고 주둥이를 고리버들 틈으로 밀어 넣으려고도 하지 않는다. 몸을 돌려 꼬리로 반복해서 틈을 벌려 뒤로 빠져나간다. 통발 밖에 있는 다른 놀래기는 애써 빠져나오려고 하는 그 놀래기의 꼬리를 입으로 물어 당기면서 탈출 작업을 도와준다. 농어는 그물에 갇히면 꼬리로 모래를 파고 그물을 걷어 갈 때까지 숨는다. 곰치는 둥그런 등의 미끌미끌한 피부를 믿고 그물코로 과감히 돌진해 반복해서 몸을 비틀어 탈출한다. 해파리는 낚시로 가까이 가서 미끼를 삼키지 않고 촉수로 미끼를 손뼉 치듯 마주 잡고 다 먹어 치우

---

* 오비디우스가 폰투스에 유배되었을 때 집필을 시작한 이 책은 아마 완성되지 못했을 것이다. 지금까지 전해져 오는 것은 극히 일부인 132행에 불과하다.

거나 낚싯대로 미끼를 끌어 올리는 것을 느낄 때까지 놓지 않는다.

숭어도 미끼 안에 낚싯바늘이 숨겨져 있다는 것을 알고 있어서 낚싯바늘에 걸리지 않도록 경계한다. 그러나 식탐이 워낙 강해 꼬리로 낚싯바늘을 쳐서 미끼와 분리시킨다. 다시 돌아가서, 농어는 예지력이나 능숙함은 별로 없지만 놀라운 힘으로 경솔한 행동을 뉘우치는 모습을 보여 준다. 낚시에 걸렸을 때 고약한 낚싯바늘이 입에서 떨어져 나갈 때까지 좌우로 버둥거려 상처를 벌리는 것이다. 곰치는 낚싯바늘을 삼킬 뿐만 아니라 줄까지 이빨로 물어뜯어 끊어 버린다. 오비디우스는 능성어는 낚싯바늘에 걸린 것을 아는 순간 몸을 돌려 등을 아래로 하고 칼처럼 예리한 지느러미로 낚싯줄을 끊는다고 전하고 있다.

트레비우스 니게르는 오징어가 수면으로 쏜살같이 솟아오르면 그것은 날씨가 바뀔 전조라고 알려 준다. 황새치xiphias는 주둥이가 날카롭고 뾰족한데 이것으로 선체에 구멍을 내 침몰시킬 수도 있다. 알려진 사례로는 마우레타니아의 릭수스Lixus강에서 멀지 않은 코테Cotte 근해에서 그런 일이 있었다. 트레비우스 니게르는 때로는 엄청나게 많은 오징어가 물 위로 솟아올라 배에 떨어지면 배가 가라앉기도 한다고 말한다.

황실 소유의 전원 별장에 있는 물고기들은 손으로 건네주는 먹이를 먹는다.* 라브란다Labranda¹의 유피테르 샘에 사는 뱀장어들은 손으로 주는 먹이를 먹고 귀고리**를 하고 있다.

---

* 마르티알리스(Marcus Valerius Martialis)는 『풍자시』(Epigram) 제4권 30행에서 바이아이에 있는 양어장의 사례를 언급하고 있는데, 거기서 키우는 황제의 물고기들은 이름을 부르면 나타나는 습성이 있다고 적고 있다.

** 라틴어로 inaures, 즉 '금도금을 한 것'이라고 표현했는데, 뱀장어가 그런 것을 지니고 있었다면 아마 아가미에 매단 장식이었을 것이다.

아테르가티스 또는 아타르가티스. 인어에 대한 이야기 중 오늘날까지 남아 있는 최초의 전승은 기원전 1000년경 아쉬리아의 것이다. 아쉬리아의 여왕 세미라미스의 어머니 아타르가티스는 목동을 사랑하는 여신이었으나 그를 죽이게 된다. 부끄러움을 느끼고 물속으로 뛰어든 그녀는 물고기의 형상으로 바뀌었고, 이후 그녀는 가슴 위는 인간의 모습을, 아래는 물고기의 모습을 하게 되었다. 그리스인은 아타르가티스를 데르케토(Derketo)라는 이름으로 받아들였다. 밀레토스학파의 철학자 아낙시만드로스는 기원전 546년 그가 죽기 전까지 데르케토가 실제로 존재했고 인간 앞에 모습을 자주 보였다고 기록했으며, 인간이 물속에 사는 생물로부터 뛰어 올라온 것이라고 말했다.

뤼키아의 뮈라Myra[2]에 있는 아폴로 샘에 사는 물고기들은 피리를 세 번 불면 나타나 신탁의 예언을 한다. 물고기들이 던져 준 고기에 욕심 사납게 달려들면 그들을 찾아온 사람에게 길조이고, 반대로 물고기들이 고기를 보고 꼬리를 퍼덕거리면 흉조로 간주된다. 쉬리아의 히에라폴리스Hierapolis*에 있는 베누스 호수의 물고기들은 신전 관리인들의 말에 복종한다. 금제 장신구로 치장한 물고기들은 관리인들이 부르면 물에서 머리를 드러낸다. 그리고 쓰다듬어 주면 꼬리를 치며 손을 집어넣으라고 입을 크게 벌린다.

---

* 　반신반어(半身半魚)의 여신 아디르가(Addirga), 아테르가티스(Atergatis), 또는 데르케토(Derceto) 숭배의 중심지.

제 20 장

산호

로마 사람이 인도산 진주를 높이 평가하듯이 인도 사람은 산호corallium를 귀하게 여긴다. 나라마다 대중의 취향이 다르기 때문에 귀하게 여기는 것도 제각각이다. 산호는 홍해에서도 나는데 색깔이 로마에서 나는 것보다 더 가무잡잡하다. 페르시아만에서도 산호가 나는데 여기서는 산호를 '이아케iace'라고 한다. 그러나 가장 높은 평가를 받는 산호는 갈리아만의 스토이카데스Stoechades[1]섬 근해에서 나는 것과 시칠리아해의 아이올리아Aeolian 군도[2]와 드레파나Drepana[3] 인근에서 나는 것을 최고로 친다. 에뤼트라이Erythrae[4]에서도 산호가 나는데, 여기서 나는 산호는 심홍색을 띠고 무르기 때문에 별로 높은 평가를 받지 못한다.

산호는 떨기나무같이 생겼고* 녹색이다. 산호의 열매는 물속에 있을

---

* 　테오프라스토스는 산호를 보석이라고 생각했으며, 플리니우스는 산호가 식물과 동물 중에 어느 쪽인지 확신하지 못했던 것으로 보인다.

때는 희고 연하지만 물에서 꺼내는 순간 딱딱해지며 붉은색을 띤다. 크기나 모양이 재배하는 산딸나무 열매와 비슷하다. 살아 있는 동안에는 사람이 만지기만 해도 바로 돌처럼 딱딱하게 굳는다고 한다. 그래서 그물을 드리워 해저에서 건져 올리거나 쇠로 만든 예리한 도구로 자를 때 굳지 않도록 무진 애를 쓴다. 이런 사정 때문에 '코랄리움'*이라는 이름이 붙은 것으로 일반에 알려져 있다. 산호는 더 붉고 가지가 많을수록, 그리고 돌처럼 거칠지도 딱딱하지도 않고 구멍이나 파인 곳이 없어야 높은 평가를 받는다.

로마의 귀부인이 진주를 좋아하는 것 못지않게 인도 사람은 산호 열매를 좋아한다. 인도의 예언가와 점쟁이는 산호를 영험한 기운을 받은 부적이자 모든 위험을 막아 주는 확실한 액막이라고 생각한다. 따라서 인도 사람은 산호를 장신구이자 숭배의 대상으로 여긴다. 인도 사람이 산호를 귀하게 여긴다는 것을 알기 전에 갈리아 사람은 칼과 방패 그리고 투구를 산호로 장식하는 관습이 있었다. 그러나 오늘날 산호가 수출품으로서 가치를 인정받으면서 그런 관습은 거의 사라졌고 산지에서조차 좀처럼 산호를 볼 수 없다. 산호 가지를 갓난아기 목에 걸어 두면 위험을 막아 준다고 한다. 열이 날 때 산호를 불에 구워 가루로 만들어 포도주나 물에 타 먹으면 최면 효과가 있다. 산호는 내열성이 강해 불에 굽는 데 시간이 오래 걸린다.

---

* 산호를 나타내는 corallium이 '짧게 자르다'라는 의미를 가진 그리스어 케이레이타이(κειρειται)에서 유래했다는 플리니우스의 설명은 설득력이 약하다.

제21장

다양한
종류의 굴

로마인은 굴로 만든 요리를 가장 고급 요리로 여겨 왔다. 굴은 물이 깨끗하고 바다로 흘러드는 곳에서 잘 자란다. 일반적으로 굴은 달이 차오르는 데 따라 자라는데, 특히 초여름에 그리고 햇빛이 수심이 낮은 곳을 투과할 때 그렇다. 그래서 이때는 굴에 즙이 많다.*

　굴의 색깔은 다양하다. 히스파니아산 굴은 붉은색이며, 일뤼리쿰Illyri-cum[1]산은 황갈색, 키르케이이Circeii[2]산은 껍데기와 살 모두 검은색이다. 그러나 산지를 불문하고 굴은 체액에 끈적끈적한 분비물이 없는 것을 최고로 친다. 그리고 넓적한 것보다는 두툼한 것이 금상첨화다. 갯벌이나 모래에서 자라는 굴은 잡을 필요가 없고 바위에서 자라는 것을 잡아야 한다.

---

*　산란기의 굴에서는 우윳빛 액체가 나온다. 이때 먹는 굴은 건강에 좋지 않은 것으로 여겨진다. 그래서 우리는 R자가 들어 있지 않은 달에는 굴을 먹지 말라고 이야기한다. 중세의 시에도 그런 내용이 들어 있다. "Mensibus erratis vos ostrea manducatis(R자가 들어 있는 달에는 굴을 먹어도 좋다)."

마르마라해 남안에 있는 퀴지쿠스

하지만 굴의 살[3]은 납작해야 하고 통통하지 않은 게 좋다. 껍데기의 가장 자리에는 살이 없고 움푹하게 파인 곳에만 들어 있다. 굴을 많이 먹어 본 사람들은 여기에 한 가지 특징을 더 추가하는데 아가미 주위에 붉은색 섬모가 있는 굴을 최상급으로 평가하고 '칼리블레파라calliblephara'*라는 이름을 붙여 주었다.

청정한 물을 찾아 옮겨 다니는 굴이 훨씬 더 좋다. 예를 들어, 아베르누스Avernus 호수에서 자란 부룬디시움Brundisium 굴은 본래의 맛에 더해 루크리누스Lucrinus산 굴의 맛도 함께 지니고 있는 것으로 여겨진다. 굴 맛의 진정한 감별사인 무키아누스는 말한다. "퀴지쿠스Cyzicus의 굴은 루크리누스 호수에서 나는 굴보다 크고, 루투피아이Rutupiae**에서 나는 굴보

---

* '아름다운 눈썹을 가진'이라는 뜻이다.

** 영국 켄트 지방에 있는 리치버러(Richborough). 로마인은 여기서 나는 굴을 높이 샀다.

316

다 신선하고, 메둘리Medulli[4]의 굴보다 향기로우며, 에페수스Ephesus의 굴보다 맛있고, 루카스Lucas의 굴보다 살이 많고, 코뤼파스Coryphas[5]의 굴보다 덜 끈적거리며, 이스트리아의 굴보다 부드럽고 키르케이이의 굴보다 희다." 이 모든 이야기를 종합할 때 마지막으로 언급한 키르케이이의 굴보다 신선하고 연한 굴이 없다는 것은 분명한 사실이다.

로마인 중에서도 알렉산드로스의 원정에 따라나선 역사가들에 따르면 인도에는 직경이 30센티미터나 되는 굴이 있다.* 로마에서 나는 굴 중에도 일부 한량이나 식도락가들이 세 번에 나눠서 먹어야 할 만큼 크다는 의미를 전달하고 싶은 생각에서 '트리다크나tridacna'**라고 명명한 굴이 있다.

여기서 굴이 가지고 있는 약리적 특성을 알아보자면, 굴은 위를 건강하게 하고 식욕을 회복시켜 준다. 산꼭대기와 해저에서 나는 것을 연결시킨다는 의미에서 굴을 눈에 묻어 청량감을 더해 주는 사치스러운 음식도 있다. 굴 껍데기를 불에 구워 꿀을 섞어 바르면 화상에 좋고 치약으로도 최고다.

---

*　　아마 그들은 크기가 큰 다른 조개를 굴이라고 한 것 같다. 토머스 쿡의 항해기를 읽어 보면 태평양에는 두 사람이 운반할 수 없을 정도로 큰 새조개가 있다고 한다.

**　　'세 번에 나눠 먹어야 하는'이라는 뜻.

조류

제 6 부   조 류

제1장

타조

이제 조류에 관한 기록이다. 조류 중 가장 큰 새는 아프리카¹나 에티오피아에 사는 네발짐승 못지않게 큰 타조다. 이 새는 키가 말 탄 사람보다 크다. 빠르기도 말 탄 사람보다 빠르다. 날개는 달리는 것을 도와주기 위해 달려 있을 뿐이다. 날개를 제외하면 타조는 새라고 볼 수 없다. 그리고 땅에서 이륙하지도 않는다. 타조는 갈라진 발톱을 가지고 있는데 사슴의 발굽과 비슷하다. 타조는 싸울 때 이 발톱을 쓴다. 그리고 잡으려고 쫓아가는 사람에게 이 발톱으로 돌을 집어 던진다.*

타조는 이것저것 가리지 않고 무엇이든 먹어 소화시킬 수 있는 놀라

---

* 로보(Jerónimo Lobo) 신부는 아비시니아에 대한 기록에서 타조가 빨리 달릴 때면 돌이 뒤로 빠르게 튀어서 마치 쫓아가는 사람에게 던지는 것 같다고 말하고 있다. 쿠비에는 타조는 무엇이든 삼킬 수는 있지만 소화시킬 수는 없다고 말한다. 그는 타조가 못을 삼키고 위장 장애를 일으키거나 유리 조각을 삼키고 위에 심한 열상을 입은 것을 보았다고 말한다.

투탕카멘의 무덤에 나온 커다란 부채의 머리 부분에 새긴 타조 사냥 그림. 이것의 윗부분에는 그림 왼쪽에 묘사된 것과 같이 타조 깃털 등이 달려 있었을 것이다(기원전 1350년).

운 특성을 가지고 있다. 그러나 미련한 것도 그에 못지않다. 큰 몸은 밖에 내놓은 채 머리와 목만 덤불 속에 처박으면 숨었다고 생각한다. 타조 알은 그 크기에서 타의 추종을 불허하며 여러 가지 용도의 그릇으로도 사용된다. 날개와 꼬리의 깃털은 전사들의 관모와 투구를 장식하는 데 쓰인다.

제 2 장

불사조

특히 에티오피아와 인도에는 형용할 수 없을 정도로 다채로운 깃털을 가진 새들이 산다. 이런 새들 가운데 가장 유명한 새는 아라비아 불사조 phoenix다. 이런 새가 존재한다는 것이 전혀 사실이 아니라고 말할 수는 없다. 전해지는 이야기로는 세상에서 통틀어 한 마리밖에 없고 그것도 잘 눈에 띄지 않는다고 한다. 이 새는 크기가 독수리와 같고,[1] 목 주위에는 빛나는 황금 깃털이 있으며, 나머지 몸통은 자주색이고, 꼬리는 푸른색으로 장밋빛을 띠는 긴 털이 섞여 있으며, 입 주위에는 볏이 있고 머리에는 깃털 다발이 있다고 한다.

이 새에 대해 최초로 설명한, 그것도 아주 세세하게 묘사한 사람은 스승도 없이 독학으로 엄청난 지식을 섭렵한 것으로 유명한 원로원 의원 마닐리우스Manilius[2]다. 그가 전하기로는 이 새가 먹이를 먹는 것을 본 사람

불사조(로마 시대 모자이크)

이 아무도 없으며 아라비아에서는 이 새가 태양을 숭배하며 540년을 살다가 늙어서는 계수나무와 정향나무 가지로 둥지를 짓고 둥지 안을 향으로 채운 다음 그 위에 누워 죽음을 맞는다고 한다. 죽고 나면 뼈와 골수에서 작은 벌레 같은 것들이 나오는데 시간이 지나면 이 벌레들이 작은 새로 변한다. 이 새들이 처음으로 하는 일이 어미 새의 장례를 치르는 것이다. 새들은 둥지를 고스란히 판카이아Panchaia[3] 인근에 있는 태양의 도시로 가져가 태양신의 제단에 내려놓는다. 마닐리우스는 대년大年이 이 새의 생애와 같고 한 대년이 지나면 계절과 별자리의 주기가 이전과 같은 모습으로 돌아가 다시 시작된다고 전하고 있다. 마닐리우스는 새로운 대년은 태양이 백양궁자리로 진입하는 날 정오 무렵에 시작된다고 말한다. 또한 그는 앞에서 언급한 내용을 기록할 때는 리키니우스Licinius와 코르넬리우스Cornelius가 집정관으로 있었고[4] 대년이 시작된 지 215년이 되던 해였다고 말한다.

코르넬리우스 발레리아누스Cornelius Valerianus는 플라우티우스Plautius[5]와 파피니우스Papinius[6]가 집정관으로 있을 당시 불사조가 아라비아반도에서 이집트로 날아갔다고 전하고 있다. 클라우디우스 황제가 재위할 때 로마 건국 800주년을 기념하여 불사조를 로마로 가져와 코미티움comitium[7]에서 대중에게 공개했다. 이런 사실은 로마의 공문서인 연감에 기록되어 있다. 그러나 그것이 정말 불사조라고 생각하는 사람은 아무도 없다.

제 3 장

독수리

나는 우리가 알고 있는 모든 조류 중에서 독수리가 가장 위풍당당하고 가장 힘이 센 새라고 생각한다. 독수리는 여섯 종류가 있다.[1]

첫 번째는 그리스인이 '멜라나이토스melanaetos',[2] 로마인이 '발레리아 valeria'라고 부르는 검은독수리다. 독수리 가운데 크기는 가장 작지만 힘이 가장 뛰어나고[3] 거무죽죽한 색깔을 띠고 있다. 독수리 중에 새끼를 먹여 키우는 유일한 독수리다. 곧 이야기하겠지만 다른 독수리들은 새끼를 쫓아낸다. 또한 검은독수리는 유일하게 울지도 끽끽거리지도 않는다. 검은독수리는 산에서 산다.

두 번째는 흰꼬리독수리pygargus[4]로 도시나 평야에 살고 흰색 꼬리로 구별할 수 있다.

세 번째는 물수리morphnos[5]다. 크기는 두 번째로 크고 호수 주변에 산

대머리독수리 또는 흰머리독수리

다. '아폴로의 딸'이라는 별명을 가진 페모노에Phemonoe[6]는 이 독수리가 이빨은 있지만 울지도 못하고 혀도 없다고 말했다. 또한 그녀는 물수리가 독수리 중에서는 가장 검고 가장 꼬리가 길다고 말했다. 보이오스Boios[7]도 같은 생각이다. 물수리는 거북이 알을 높은 데서 떨어뜨려 깨뜨리는 본능적 습성이 있는데 시인 아이스퀼로스Aiskhylos[8]가 그렇게 목숨을 잃었다. 신탁은 그날 아이스퀼로스가 집이 무너져 죽을 것이라고 예언했다. 아이스퀼로스는 이 예언을 듣고 예방책으로 집에서 나와 맨 하늘을 이고 있었다.

　네 번째 독수리는 '페르크노프테루스percnopterus(검은 날개)'다. 생김새는 솔개를 닮았는데, 날개가 현저히 작고 몸은 다른 독수리에 비해 크다. 습성이 겁이 많고 비굴해서 큰까마귀에게도 쫓겨 다닌다. 이 독수리는 언제나 걸신들린 듯 먹을 것을 탐하며 애처롭게 웅얼거리는 소리를 낸다. 독수리 중에서는 유일하게 짐승의 사체를 훔쳐 도망간다. 다른 독수리들은 먹이를 죽이면 바로 그 자리에서 먹는다.

이 독수리의 치사한 습성 때문에 '그네시오스gnesios'라는 이름을 가진 다섯 번째 독수리가 돋보인다. 그네시오스는 진정한 독수리이자 순수한 혈통을 가진 독수리다. 크기는 중간급이지만 붉은색에 가깝고 흔히 보기 어렵다.

마지막으로 바다독수리haliaetu가 있다. 눈이 밝고 매섭기로 유명하다. 높이 떠서 바다에 있는 물고기를 포착한 순간 바로 그 위로 곤두박질쳐서 가슴으로 물을 가르며 먹이를 낚아챈다.

지금까지 언급한 독수리 가운데 물수리는 고여 있는 물가에서 물새들을 잡아먹는다. 물새들이 물수리를 피해 도망치려고 여기저기서 물속으로 뛰어들다 보면 기운도 빠지고 졸리기도 하다. 바로 이때 물수리가 물새들을 덮쳐 낚아챈다. 물수리가 물새들과 벌이는 공방전은 정말 볼 만한 장관이다. 물새들은 피난처를 찾아 가장 먼저 갈대밭이 있을 만한 물가로 날아간다. 그러는 동안 물수리는 열심히 날갯짓을 여러 번 해서 물새들을 갈대밭에서 쫓아낸 다음 물로 뛰어들어 나머지 물새를 잡으려고 한다. 물수리가 물가에 앉아 있으면 물새가 물수리의 그림자를 보고 곧장 물밑으로 잠수해 건너편으로 건너간 다음 가장 숨기 좋다고 생각하는 곳에서 물 위로 나온다. 물새들이 여러 마리씩 떼를 지어 다니는 것은 숫자가 많으면 날개를 퍼덕거려 물을 뿌려대며 물수리의 시선을 차단해 물수리에게 당할 위험이 적기 때문이다. 또 가끔 물수리가 무게 때문에 먹이로 잡은 새를 움켜쥔 상태에서 날아오르지 못하고 같이 물에 빠지는 일이 벌어진다.

물수리와 바다독수리는 깃털이 나지 않은 자신의 어린 새끼들을 날개로 때려 간간이 햇빛을 뚫어지게 쳐다보도록 한다. 새끼가 눈을 깜박거리거나 눈물이라도 흘릴라치면 어미 새는 그 새끼를 못나고 덜떨어진 것으로 간주해 바로 둥지 밖으로 던져 버린다. 그러나 시선을 고정시키고 눈 하나 깜박거리지 않는 새끼는 돌봐 주며 키운다.

독수리들은 바위와 나무 사이에 둥지를 짓는다. 알은 세 개를 낳는데 보통 두 개만 부화한다. 간혹 세 개 모두 부화하는 경우도 있다. 독수리들은 새끼 두 마리를 키우는 어려움을 피하려고 한 마리는 둥지에서 밀어낸다. 바로 이 무렵 자연은 신의 뜻에 따라 신통력을 발휘해 다른 동물의 새끼들이 독수리 먹이가 되지 않도록 독수리들이 먹이를 충분히 구하지 못하도록 만든다. 이 기간 동안 독수리는 계속 굶주리기 때문에 발톱이 뒤집어지고 깃털도 흰색으로 변한다. 그렇기 때문에 독수리들이 새끼를 미워하는 것을 보고 놀랄 필요가 없다. 독수리의 친척뻘인 수염수리는 버려진 독수리 새끼들을 맡아 자신이 낳은 새끼들과 함께 키운다. 그러나 성장하고 나서도 부모 독수리는 약탈의 경쟁자를 대하듯 자신들이 버린 새끼들을 적대적으로 대하고 쫓아 버린다.

어떤 환경이든 독수리 한 쌍이 충분한 먹이를 얻기 위해서는 상당히 넓은 영역이 필요하다. 이런 이유 때문에 독수리는 각자 정해진 영역의 경계를 표시해 둔다. 독수리는 사냥감을 잡으면 바로 가져가지 않고 일단 땅에 내려놓고 무게를 가늠한 다음 가지고 날아간다.

독수리는 늙어 죽거나 병으로 죽지 않고 굶어 죽는다. 부리 윗부분이 지나치게 자라 구부러지면서 부리를 벌릴 수 없기 때문이다. 독수리는 한낮에 날아올라 먹이 사냥을 시작한다. 오전 시간에는 광장이 사람들로 붐빌 때까지 한가롭게 앉아 있다. 독수리는 번개에 맞아 죽지 않는 유일한 새라고 한다. 그런 연유로 독수리가 유피테르의 갑옷을 지키는 종자가 되는 관례가 생겼다.

가이우스 마리우스Gaius Marius는 두 번째로 집정관이 되었을 때 로마 군단에게 독수리 군기만 들도록 했다. 그 이전에는 독수리 군기가 선두에 섰고 다른 네 개의 군기, 즉 늑대·소·말·멧돼지 군기가 뒤따라오는 각 부대 앞에서 행진했다. 가이우스 마리우스는 집정관이 되기 몇 년 전 전투에 나갈 때부터 다른 군기들은 주둔지에 두고 독수리 군기만 가지고 나갔다. 그러다가 나머지 군기들을 아예 없애 버린 것이다. 그 이후로 로마 군단이 주둔하는 곳에는 거의 빠지지 않고 독수리 한 쌍이 나타난다는 이야기가 있다.

맨 앞에 소개한 검은독수리와 흰꼬리독수리는 작은 네발짐승만 잡아먹는 게 아니라 사슴도 공격한다. 흙먼지 속에 몸을 굴려 온통 흙먼지를 뒤집어쓴 다음 사슴뿔 위에 앉아 먼지를 털어 사슴의 눈에 들어가게 하는 동시에 사슴이 결국 바위 절벽에서 떨어질 때까지 사슴의 대가리를 날개로 후려친다. 사슴은 독수리가 맞상대하기에는 격에 맞지 않는 적이다. 독수리는 용[10]과 맞서 더 치열한 싸움을 벌인다. 싸움이 공중에서 벌어지지만, 결과는 예단하기 무척 어렵다. 용은 야욕을 참지 못하고 독수리알을 찾아 나선다. 독수리는 이에 응수하여 용이 나타날 때마다 달려들어 떼어 낸다. 이런 상황이 벌어지면 용은 독수리의 날개를 칭칭 감아 결국 둘은 함께 땅으로 떨어진다.

세스토스Sestos[11]에는 독수리 한 마리에 얽힌 아주 유명한 이야기가 있다. 한 어린 소녀가 독수리를 돌봐 주었다. 이 독수리는 소녀의 은혜에 고마움을 나타내기 위해 처음에는 새를 잡아다 주었고 시간이 지나면서 다른 동물도 사냥해서 가져다주었다. 그러던 어느 날 소녀가 죽자 독수리는 타오르는 장작더미에 몸을 던져 소녀와 함께 타 죽었다. 이 사건을 기념하기 위해 주민들은 그 장소에 사당을 세우고 유피테르와 소녀 그리고 신에게 몸을 바친 성스러운 독수리를 기리는 제사를 지냈다.

잔점배무늬독수리

제 4 장

큰독수리와 매

독수리 중에서 가장 힘이 센 것은 검은색을 띤 큰독수리[1]다. 아직까지 큰독수리의 둥지를 본 사람은 아무도 없다.[2] 그래서 어떤 사람은 이 새가 지구 반대편에서 온다고 생각하는데, 이는 잘못된 것이다. 사실 이 새들은 높은 바위 절벽에 둥지를 튼다. 어린 새끼들도 간혹 볼 수 있는데 보통 두 마리다. 우리 시대의 영험한 점쟁이 가운데 한 사람인 움브리키우스Umbri-cius에 따르면, 큰독수리는 한 번에 세 개의 알을 낳는데 그중 하나는 다른 알과 둥지를 정화하는 데 쓰고 버린다고 한다.[3] 또한 그는 큰독수리는 사체가 있을 만한 곳에서 사흘 동안 공중에 떠 있다고 전한다.

매는 그 종류가 16가지가 넘는다. 그중에 '아이기투스aegitus'[4]라는 새가 있다. 이 새는 한쪽 다리를 전다. 이 새는 결혼이나 가축 같은 재물과 관련해서는 최고의 길조로 여겨진다. 로마의 한 집안은 가족 중 한 사람이 배를 몰 때 이 새가 배에 내려앉은 것을 좋은 징조로 여겨 성을 '부테오buteo'[5]로 지었다. 그리스인은 이 새를 '에필레이오스epileios'[6]라고 부른다. 사시사철 볼 수 있는 새다. 다른 새들은 겨울이 되면 떠난다.

먹이 활동의 적극성과 방법에 따라서도 여러 가지 종류로 구분된다. 어떤 독수리는 새들이 땅에 내려앉아 있을 때만 공격하고 어떤 독수리는 새들이 나무 주위를 날아다닐 때만 잡는다. 먹잇감이 되는 새가 높은 곳에 앉아 있을 때 사냥하는 독수리도 있고 공중에 날 때 사냥하는 독수리도 있다. 비둘기는 독수리를 보면 위험에 처했다는 것을 알고 땅에 내려앉거나 위로 날아오른다. 독수리들의 타고난 습성에 대항하여 본능적으로 적절한 예방책을 강구해 자신을 보호한다.

암피폴리스Amphipolis[7] 위에 있는 트라키아의 한 지방에서는 사람과 매가 합동으로 사냥을 한다[8]는 이야기가 전해 내려온다. 사람들이 숲이나 갈대밭에서 새들을 쫓아내어 날아오를 때 매가 덮친다. 사냥감을 잡은 뒤에 매잡이들은 매에게 먹이를 나누어 준다.* 매를 높이 날리면 매는 원하는 사냥감을 발견하고 매잡이가 기회를 놓치지 않도록 소리를 내거나 특유한 방식으로 날면서 매잡이를 부른다. 매들은 새의 심장은 먹지 않는다. 매 중에서 밤에 돌아다니는 쏙독새cybindis[9]는 숲속에서도 잘 눈에 띄지 않는데 낮에는 시력이 별로 좋지 못하다. 이 새는 독수리와도 사생결단으로 싸우는데 가끔 서로 발톱이 엉켜 죽은 채로 발견된다.

뻐꾸기cuculus도 다름 아닌 매의 한 종류로 보인다.* 뻐꾸기는 일 년 중

---

* 퀴비에는 이 잘못된 개념을 프랑스 농부들은 여전히 인정하고 있다고 말한다.

특정 시기가 되면 생김새가 변한다. 사실 이 기간에는 며칠밖에는 다른 매들을 볼 수 없다. 뻐꾸기는 여름 한철 짧은 기간 동안만 볼 수 있고 그 뒤로는 모습을 나타내지 않는다. 뻐꾸기는 매 중에서는 유일하게 갈고리 발톱을 갖지 않았다. 머리는 색깔을 제외하고는 어느 것 하나 매를 닮지 않았다. 부리는 매보다는 비둘기 부리와 더 비슷하다. 게다가 뻐꾸기는 언제라도 매와 마주치면 매에게 잡아먹힌다. 모든 조류 가운데서 같은 종에게 먹잇감이 되는 것은 뻐꾸기가 유일하다. 뻐꾸기는 외모와 함께 목소리도 바꾼다. 봄에 나왔다가 천랑성이 뜰 무렵이면 은둔에 들어간다.

뻐꾸기는 보통 알을 하나만 낳는데 항상 다른 새의 둥지에 낳는다. 다른 어떤 새에서도 볼 수 없는 습성이다. 그런데 아주 드물게 알을 두 개 낳기도 한다. 뻐꾸기는 모든 새가 자기를 미워한다는 것을 알기 때문에 탁란托卵을 하는 것으로 생각된다.[10] 그래서 다른 새들을 속이지 않으면 종을 지속시킬 수 없다고 생각하고 자신의 둥지를 만들지 않는다. 게다가 뻐꾸기는 매우 겁이 많은 동물이다.

그러는 동안 다른 어미 새는 둥지에 앉아 영문도 모르고 속아 남의 새끼를 키운다. 천성이 이기적이고 식탐이 많은 뻐꾸기 새끼는 다른 새끼들의 먹이를 빼앗아 먹는다. 그 덕분에 살이 토실토실 오르고 윤기가 돌아 양어미의 사랑을 받는다. 남의 새끼를 키운 어미 새는 건강한 모습에 큰 기쁨을 느끼며 그렇게 잘난 자식의 어미가 되었다는 데 감격해한다. 어미 새는 뻐꾸기 새끼와 비교할 때 볼품없기 짝이 없는 친자식들을 돌보지 않고 버려둔다. 마침내 뻐꾸기 새끼는 날 수 있게 되고 키워 준 어미 새를 잡아먹는다.* 이 정도 자란 뻐꾸기보다 더 고기 맛이 좋은 새는 없다.

솔개miluus는 매와 같은 종류에 속하는데 크기가 크다는 점에서 다른 매들과 구분된다. 솔개는 지극히 식탐이 많아 항상 껄떡거리지만, 장례식이나 올림피아 때 유피테르 신전의 제단에 있는 음식을 먹었다는 이야기는 들어 보지 못했다. 제물로 바치려고 운반하는 음식을 손에서 낚아채 먹지도 않는다. 예외가 있다면 제물을 바치는 도시에 어떤 재난이 예고되었을 때다. 사람들은 이 새가 날 때 꼬리의 움직임을 보고 배를 조타操舵하는 기술을 배운 것 같다. 자연은 공중을 나는 솔개의 움직임을 통해 원양을 항해하는 데 필요한 방법을 가르쳐 준다. 솔개는 겨울에는 자취를 감춘다. 그러나 제비가 떠나기 전에는 먼저 떠나지 않는다.

---

* 퀴비에는 이 이야기를 인정하지 않는다. 하지만 양어미새가 작은 새라면 새끼 뻐꾸기가 먹이를 받아먹으면서 부리로 어미새의 머리까지 먹을 것이라고 말하고 있다.

제 5 장

까마귀와 큰까마귀 그리고 부엉이

까마귀cornix는 견과류도 먹는다. 열매 껍데기가 너무 단단해 부리로 깨기 어려우면 까마귀는 아주 높이 올라가 견과를 반복해서 돌이나 타일 위에 떨어뜨려 껍데기를 연다. 까마귀를 매우 좋아하는 사람도 있다. 하지만 까마귀는 불길하게 수다를 떠는 흉조다. 대각성Arcturus[1]이 나타날 무렵부터 제비가 돌아올 때까지 까마귀는 신성한 숲과 미네르바 신전 주변에는 별로 얼씬거리지 않고 아테네에는 아예 나타나지 않는다.[2] 까마귀는 새끼들이 날기 시작한 뒤에도 한동안 계속해서 먹이를 물어다 먹이는 유일한 새다. 까마귀는 포란기에, 즉 하지 직후에 가장 재수 없는 새로 여겨진다.

까마귀 종류의 다른 새들, 예를 들면 큰까마귀corvus corax는 새끼들을 둥지에서 몰아내 강제로 날게 만든다. 작은 마을에는 두 쌍 이상의 큰까마귀가 살지 않는다.[3] 테살리아의 크란노나스Krannonas[4] 마을에는 한 쌍

고대 로마 동전에 새겨진 부엉이

이상 살지 않는다. 큰까마귀 부부는 어린 큰까마귀에게 살던 곳을 내주고 다른 곳으로 떠난다. 큰까마귀는 현재 일어난 일의 의미를 온전히 이해하는 것으로 생각되는 유일한 새다. 왜냐하면 메디아Media의 손님[5]들이 암살당하자 큰까마귀들은 펠로폰네소스Peloponnesos와 아티카Attica 지역을 모두 떠났다. 큰까마귀가 목이 잠긴 것처럼 소리를 내지 못하면 가장 나쁜 징조다.

밤의 새로 불리는 쇠부엉이noctua,[6] 수리부엉이 그리고 가면올빼미는 발톱이 갈고리처럼 생겼다. 이 새들은 낮에는 시력이 형편없다. 수리부엉이는 특히 울음소리가 구슬퍼 사람들이 흉조로 여기며 싫어한다. 이 새는 험하고 접근하기 힘든 적막한 곳에 산다. 밤이 되면 이 새가 우는 소리가 들리는데 듣기 좋은 화음이 아니라 비명 같은 소리를 내지른다. 그래서 사람이 사는 도시에 수리부엉이가 나타나는 것을 불길한 징조로 여긴다. 하지만 내가 알기로는 이 새가 민가의 지붕에 내려앉는 것은 사실 나쁜 징조가 아니다. 수리부엉이는 목적지를 향해 직선으로 날아갈 수 없고 항상 지그재그로 빗겨 날아간다. 팔펠리우스Palpellius[7]와 페다니우스Pedanius가 집정관으로 있을 때 수리부엉이 한 마리가 카피톨리누스 언덕의 성역으로 날아 들어왔다. 이 때문에 그해 3월 5일 로마에서는 정화 의식을 치렀다.

'방화새incendiarius'[8]도 흉조다. 연대기의 기록에 따르면 로마가 여러 차례 정화 의식을 치른 것을 알 수 있는데, 예를 들어 카시우스Cassius와 마리우스Marius가 집정관으로 있을 때[9] 수리부엉이가 나타나 정화 의식을 치렀다.[10] 이 방화새가 어떤 종류의 새인지 기록에는 남아 있지도 않고 전해들은 바도 없다.* 어떤 사람은 이 새의 명칭을 설명하면서 방화새라는 이름이 장작더미나 제단에서 잉걸불을 집어 가는 새에 대한 총칭이라고 말한다.

쇠부엉이는 다른 새와 싸움을 할 때 무척 민첩하다. 쇠부엉이는 중과부적으로 적에게 포위당하면 뒤로 누워 발로 대항하며 몸을 한 덩어리로 말아 웅크린다. 그러고 나서 매가 어떤 알 수 없는 친밀감에 이끌려 도와주러 날아와 함께 싸울 때까지 부리와 발톱으로 자신을 보호한다. 니기디우스Nigidius[11]는 쇠부엉이가 아홉 가지 울음소리를 낸다고 전한다.

---

*　이 새는 갈까마귀의 일종인 붉은부리까마귀(corvus graculus)일 것이다. 이 새는 빛나는 것을 좋아하는 습성이 있어 불타는 석탄을 가져가는데, 이런 버릇 때문에 화재를 일으키는 것으로 알려졌다.

제 6 장

마르스
딱따구리

갈고리발톱을 가진 작은 새들이 있다. 예를 들면 딱따구리picus가 여기에 속한다. 이 새에는 '마르스Mars'라는 이름이 붙을 정도로 예언하는 데 매우 중요하다. 나무에 구멍을 파는 새들이 이 종류에 속하는데 몰래 나무에 올라가 머리를 위로 들고 나무껍질을 두들기며 그때 나는 소리로 그 밑에 먹이가 있는지 없는지 파악한다. 이 새들은 나무 구멍 속에 알을 낳아 새끼를 키우는 유일한 조류다.

이런 속설이 전해져 온다. 한 목동이 딱따구리들이 파놓은 구멍을 쐐기로 막았다. 그러자 딱따구리들이 어떤 약초를 가져다 거기에 대니 쐐기가 금방 빠졌다. 트레비우스 니게르는 딱따구리가 둥지를 튼 구멍에 못이나 쐐기를 아무리 세게 때려 박아도 금방 튀어나오고 딱따구리가 못이나 쐐기에 앉는 순간 나무가 우레와 같은 소리를 낸다고 전한다.

라티움Latium에서 첫 번째 왕이 이 새들에게 이름[1]을 지어 준 이래로 점이 영험하기로는 이 새를 최고로 쳤다.* 딱따구리들이 내놓은 점괘 중에 하나는 언급하지 않고 그냥 넘어갈 수 없다. 로마의 최고 재판관 아일리우스 투베로Aelius Tubero가 포룸forum에서 재판을 할 때 딱따구리 한 마리가 날아와 머리에 앉았다. 그리고 손으로 잡을 때까지 얌전히 있었다. 딱따구리의 이런 행동에 대해 새를 그냥 보내 주면 로마가 위태로워지고 새를 죽이면 최고 재판관 가문에 재앙이 닥칠 것이라는 점괘가 나왔다. 그는 그 자리에서 새를 찢어 죽였다. 그리고 얼마 가지 않아 이 점괘는 현실로 나타났다.**

딱따구릿과에 속하는 많은 새는 도토리와 과일도 먹는다. 고기만 먹는 솔개를 제외하고는 육식동물이 아니다. 이 새는 흉조로 여겨진다.

갈고리발톱을 가진 새들은 결코 떼를 지어 살지 않고 혼자서 먹이 활동을 한다. 또한 이 새들은 야행성 새와 덩치가 특별히 큰 새를 제외하고는 거의 다 높이 난다. 이 새들의 날개는 크고 몸집은 작아 걷는 데 익숙지 못하다. 더구나 발톱이 구부러진 형태로 생겨서 불편하기 때문에 바위에는 잘 앉지 않는다.

---

* 파쿠스는 농경의 신 사투르누스(Saturnus)의 아들이자 라티움의 첫 번째 왕이었다. 그는 점술에 뛰어난 재능이 있었는데 나중에 딱따구리로 변신했다고 전해진다.
** 발레리우스 막시무스는 그의 집안사람 17명이 '칸나이(Cannae) 전투'에서 전사했다고 전한다.

제 7 장

공작과 수탉

이제 점을 치는 데 이용되는 두 번째 부류의 새들에 대해 알아보고자 한
다. 이 새들은 두 종류로 나뉜다. 하나는 울음소리로 점괘를 알려 주는
새고, 다른 하나는 비행 형태로 예언을 하는 새다. 첫 번째 부류는 울음
소리의 차이, 두 번째 부류는 크기의 차이로 구분된다. 공작pavo은 독보
적인 아름다움뿐만 아니라 우수한 습성 그리고 기품 있는 모습에서 다른
새들을 능가한다.

　공작은 칭찬해 주면 아름다운 색깔을 펼쳐 보이는데 햇빛이 밝게 빛
나는 시간이면 금상첨화다. 왜냐하면 빛나는 광휘 속에서 공작이 훨씬 돋
보이기 때문이다. 동시에 공작이 꼬리를 조가비 형태로 펼치면 다른 깃털
에도 빛이 반사되어 그림자가 드리워질 때 더욱더 빛을 발한다. 그러고 나
면 구경꾼들이 감탄하는 것을 보고 좋아서 깃털에 새겨진 눈같이 생긴

점들을 하나로 모아 그 기쁨을 드러낸다.

공작은 매년 낙엽이 질 무렵에 꽁지깃이 빠지고 꽃이 필 무렵에 그 자리에 새로 깃털이 난다. 그 기간에 공작은 기가 죽고 힘이 빠져 숨어 있을 곳을 찾는다. 공작은 수명이 25년이다. 세 살 때부터 깃털 색깔이 나타나기 시작한다. 어떤 저자들은 공작이 거위 앞에서는 수줍어하지만, 허영심이 강할 뿐만 아니라 심술궂은 동물이라고 말한다. 하지만 그들이 공작의 특성이라고 말한 내용들은 전혀 근거가 없는 것 같다.

웅변가 호르텐시우스는 공작을 식용으로 잡아먹은 최초의 로마인이다. 그가 사제단에 입회하는 것을 축하하기 위해 연회를 베풀 때였다. 해적과 마지막 전쟁을 벌이던 무렵[1] 아우피디우스 루르코Aufidius Lurco[2]는 공작을 사육하는 방법을 처음으로 가르쳐 주었다. 그는 공작을 사육해 6만 세스테르케스의 수입을 올렸다.

공작 다음으로는 밤이면 야경꾼 역할을 할 뿐만 아니라 자연이 사람들을 잠에서 깨워 일하러 나가게 할 목적으로 창조한 동물이 있다. 이 동물은 공명심에 이끌려 처신하는 경우가 많다. 수탉gallus이다. 수탉은 별자리를 구별할 줄 알고 세 시간마다 울어 하루의 시간을 알려 준다. 수탉은 해가 지면 홰에 올라간다. 그리고 숙영지에서는 새벽 네 시에 병사들을 깨워 업무를 시작하게 한다. 수탉은 사람들이 잠들어 있을 때 해가 뜨는 것을 참지 못하고 울음소리로 하루가 밝아 오는 것을 알린다. 그리고 때를 알리기 전에 예령으로 날개를 푸드덕거리며 옆구리를 친다.

수탉은 다른 닭들을 강력하게 지배하며 자신의 영역에서 최고의 지위를 유지한다. 그러나 이런 지위는 다른 닭들과 여러 차례 싸워 이겨야만

획득할 수 있다. 수탉의 다리에는 싸움을 위해 만들어진 무기가 있지만, 때로는 싸우던 두 마리가 같이 죽는 결과를 가져오기도 한다. 다른 한편으로 둘 중 하나가 이기게 되면 이긴 수탉은 즉시 울음소리로 자신의 승리를 선언하며 자신이 지배자임을 알린다. 반면에 패배한 상대는 슬그머니 물러나 마지못해 복종하는 태도를 보인다.

양계장 안에서는 닭들이 다 같이 자부심을 느끼며 머리를 들고 벼슬을 세운 채 으스대며 걷는다. 날개 달린 짐승 가운데서 닭은 꽁지를 높이 치켜올리고 반복해서 하늘을 바라보는 유일한 존재다. 늘어진 꽁지깃의 모습은 낫처럼 보인다. 동물 중에 가장 용감하다는 사자는 수탉을 무서워한다.

수탉 중에 어떤 것들은 싸움닭이라고 하는데 오로지 투계를 위해서 사육한다. 싸움닭의 산지로는 로도스와 타나그라Tanagra³가 유명하다. 그 다음으로는 멜로스Melos⁴와 칼키스Chalcis가 유명하다.

로마의 고위 공직자들이 수탉을 귀하게 여긴 데는 그럴 만한 이유가 있다. 수탉이 모이를 먹는 모습을 보고 점을 쳤기 때문이다. 그들은 날마다 수탉이 알려 주는 일진을 보고 치안 판사들의 움직임을 통제하고 그들의 집을 개방하거나 닫기도 하고, 전투를 지휘하거나 중지하기도 한다. 그리고 닭을 보고 얻은 점괘는 세계 도처에서 승리하는 데 하나의 전조가 된다. 그러니 세계를 지배하는 사람들을 지배하는 게 수탉이라고 할 수 있다.

수탉의 내장과 근육은 승리를 거두고 얻은 첫 번째 전리품만큼이나 신을 기쁘게 하는 제물이다. 수탉이 평소에 울지 않던 시간이나 저녁에 울면 그것 역시 특별한 예언적 의미가 있다. 일례로 한 수탉이 며칠 밤 동안 꼬박 자지 않고 울어 댄 것은 보이오티아Boeotia가 라코니아Laconia⁵를 상대로 거둔 괄목할 만한 승리를 보이오티아 사람들에게 미리 알려 준 것이었다. 실제로 이런 일이 하나의 전조였다고 해석하는 것은 승리를 거둔 뒤에는 이 수탉이 울었다는 이야기가 없기 때문이다.

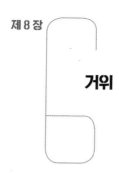

제 8 장

거위

거위anser도 집을 지킨다. 이것은 개들이 짖지 않아서 로마 공화국이 적에게 침공을 당했을 때[1] 거위들이 카피톨리누스 언덕 일대를 지킨 것으로 확인된 사실이다. 이런 연유로 감찰관이 되면 처음으로 하는 일이 신성시되는 거위의 사육을 위탁하는 것이다. 거위가 현자를 좋아한다고 생각하는 것도 크게 무리는 아닌 것 같다. 왜냐하면 한 마리 거위가 철학자 라퀴데스Lacydes[2]를 공공장소든 목욕탕이든 어디든지 따라다니며 주야장천 함께 지냈다고 하니 말이다.

하지만 로마인은 더 현명하다. 왜냐하면 로마인은 유일하게 거위 간이 뛰어난 음식이라는 것을 알았기 때문이다. 거위에게 먹이를 많이 먹이면 간이 아주 커진다.[3] 잡은 거위에서 간을 꺼내 락테 물소lacte mulso[4]에 담가두면 더 커진다. 이 대단한 진미를 최초로 발견한 사람이 누구인지에 대해서는 설이 분분하다. 집정관을 지낸 메텔루스 스키피오라는 설도 있고 그와 동시대인이며 에퀘스 출신인 마르쿠스 세이우스Marcus Seius[5]라는 설도 있다. 그러나 물갈퀴가 있는 거위 발을 처음으로 구워 먹고 거위 발을 닭 볏과 함께 요리로 만들어 먹은 사람이 웅변가 메살라의 아들 메살리누스 코타Messalinus Cotta라는 데는 의견이 일치한다.

거위를 사육하는 데서 얻는 두 번째 수입은 흰 깃털에서 나온다. 몇몇 지방에서는 일 년에 두 번 거위 털을 뽑는다. 거위 털은 뽑아도 이내 다시 자란다. 몸통 가까운 곳에 있는 솜털이 가장 부드럽고 게르마니아산 거위털이 가장 비싸다. 게르마니아 거위는 체구가 작지만 가장 희다. 거위 털 가격은 파운드당 5데나리[6]다. 우리가 보충 부대의 사령관들을 여러 차례 비난한 것도 바로 이 돈이 되는 거위들 때문이다. 사령관들은 병력 전원을 투입하여 주둔지를 지켜야 함에도 불구하고 일부 병력을 떼어 내 거위를 잡으러 보내는 경향이 있기 때문이다. 오늘날에는 인간의 나약함이 절정에 이르러 남성조차도 거위 털 베개를 베지 않으면 잠들 수 없게 되었다.

제 9 장

두루미

우리는 두루미grus가 동쪽 바다에서 먼 길을 떠나온다고 생각할 뿐이지만 두루미가 이동하는 범위는 광대하다. 두루미는 출발 시점을 같이 합의해서 정하고 멀리 바라볼 수 있도록 일단 높이 뜬다. 그리고 선도할 지도자 두루미를 선정하고 파수꾼 두루미들은 시간을 정해 순서에 따라 서로 교대로 후위를 지키면서 큰 소리로 신호를 보내 두루미 전체가 제대로 대오를 흩뜨리지 않고 날 수 있도록 한다. 밤에는 파수꾼 두루미들이 저마다 발톱에 돌을 쥐고 보초를 선다. 발톱이 느슨해져서 돌이 땅에 떨어지면 경계를 게을리했다는 것을 알게 된다. 그 사이 나머지 두루미들은 머리를 날개 밑에 넣고 다리를 바꿔 가며 한 다리로 서서 잠을 잔다. 지도자 두루미는 목을 세우고 내다보다가 필요하면 경고를 한다. 길들인 두루미들은 장난기가 많다. 혼자 있을 때도 마치 여럿이 무리를 이루어 이동하는 것처럼 어색한 걸음걸이로 걷는다.

두루미가 흑해를 횡단 비행할 때는 크리우메토폰Criumetopon[1]에서 카람비스Carambis[2] 사이의 최단 구간을 최우선적으로 선택하고 무게중심을 잡기 위해 거친 모래를 먹는다는 것은 잘 알려진 사실이다. 중간쯤 왔을 때 두루미들은 발톱에 쥐고 있던 돌을 버린다. 그리고 목적지에 도착하자마자 목에서 모래를 토해 낸다.

아우구스투스 황제의 재위 기간에 죽은 코르넬리우스 네포스Cornelius Nepos[3]는 개똥지빠귀를 사육하기 시작한 것은 그리 오래되지 않았다면서 음식으로는 두루미보다는 황새가 더 좋다고 덧붙였다. 그러나 오늘날 두루미가 가장 귀한 대접을 받는 조류 가운데 하나라는 데는 아무도 이의를 제기하지 않을 것이다.

제10장

황새와 백조

황새herodius가 어디서 오며 또 로마를 떠나서 어디로 가는지는 아직까지 확인되지 않았다. 그러나 두루미와 같이 황새도 아주 먼 곳에서 오는 것만은 의심할 여지가 없다. 두루미는 겨울에, 황새는 여름에 로마에 찾아오는 철새다. 이동을 시작할 무렵 황새들은 정해진 곳에 모여든다. 이때 한 마리도 뒤에 남아 있지 않도록 모두 모이는 것을 특히 중요하게 생각한다. 잡혀 있거나 사육하는 황새들만 예외다. 그리고 특정한 날이 되면 그렇게 하라는 어떤 불문율이 있기라도 한 것처럼 출발한다.

두루미들이 이동을 준비하는 것을 본 사람은 있어도 막상 출발하는 것을 아무도 본 적이 없고, 도착해 있는 것은 보았지만 도착하는 것을 아무도 보지 못했다. 도착이나 출발은 밤에 이루어진다. 두루미들은 광활한 아시아 평원의 어딘가에 모여 소란스럽게 울면서 여러 무리로 분산

붉은부리황새

해 출발한다. 8월 중순 이후[1] 그곳에서는 눈을 씻고 보아도 두루미를 볼 수 없다.

일부 저자들은 황새는 혀가 없다고 자신 있게 말한다. 황새는 뱀을 잘 잡기로 유명하다. 테살리아 지방에서는 황새를 죽이는 것은 법에 따라 살인에 해당하는 중죄로 처벌한다.

거위와 백조cygnus는 비슷한 방식으로 이동한다. 그러나 날아오르는 것을 볼 수 있다. 이 무리들은 리부르니아Liburnia의 충각 갤리선 함대와 매우 유사한 쐐기 형태를 이룬다. 이렇게 하면 추진력이 커져 일렬 횡대로 나는 것보다 공기 저항을 훨씬 줄이며 날 수 있다. 비행 대열은 뒤로 갈수록 넓어져 쐐기 형태가 되며 바람에 더 넓은 표면적을 제공해 새들의 무리를 앞으로 밀어내게 된다. 뒤따르는 새들은 앞서가는 새들에게 목을 기대 얹어놓는다. 맨 앞에서 날던 새가 지치면 뒤로 간다.

황새는 이전에 살던 둥지를 찾아 돌아온다. 그리고 새끼 황새들은 나이가 들면 부모 황새를 부양한다. 백조는 죽을 때 애절한 노래를 부른다고 알려져 있다.* 그러나 내가 보기에 이런 이야기는 틀렸다. 이 새들은 서로 잡아먹는다.

---

* 판쿠크(Charles-Joseph Panckoucke)가 번역한 모뒤(Mauduit)의 문헌에는 여러 페이지에 걸쳐 해박한 논거를 제시하며 이런 이야기가 완전히 꾸며 낸 이야기가 아니며 북쪽 한대 기후에 사는 백조들은 아름다운 선율과 리듬의 울음소리를 낼 수 있다는 것이 그런대로 잘 나타나 있다. 물론 죽기 전에 노래를 한다는 것은 꾸며 낸 이야기로 일축해야만 할 것이다.

제11장

로마를 찾아오는 철새들

기왕에 바다와 육지를 건너오는 새들의 이동에 대해 이야기를 꺼냈으니, 같은 본능을 지니고 있는 다른 작은 새들에 대해서도 짚고 넘어가지 않을 수 없다. 이미 언급한 새들은 크기와 힘을 고려하면 그런 타고난 습성이 무리가 아닌 것으로 보인다.

두루미보다 로마에 먼저 날아오는 뜸부기는 공중에 떠서 날기보다는 주로 땅에서 지내는 작은 새다. 이 새는 이미 언급했던 새들과 비슷한 방법으로 비행한다. 그리고 지상에 가까이 왔을 때 선원들에게 심각한 위험을 초래하기도 한다. 밤이면 배가 가라앉을 정도로 많은 뜸부기가 돛에 내려앉는 사태가 간혹 벌어지기 때문이다. 이 새들은 쉴 만한 곳이 있는 지역을 중간 기착지로 삼아 이동한다. 뜸부기는 남풍이 불어올 때는 바람 속에 습기가 많아 몸이 무거워지기 때문에 비행을 하지 않는다. 이 새들은 몸이 가벼워 나는 힘도 그에 비례해 매우 약하다. 가끔 뜸부기들이 날아가면서 웅얼거리는 울음소리를 내는데 피로에 지쳐서 내는 소리다. 이런 이유 때문에 뜸부기들은 북풍이 불어올 때 흰눈썹뜸부기ortygometra* 를 앞세워 날아오른다. 맨 먼저 지상에 접근하는 뜸부기는 보통 매가 채간다. 뜸부기들이 로마에서 돌아가려고 할 때는 항상 다른 새들을 무리에 합류시킨다. 메추라기, 소쩍새, 멧새cychramus[1] 등이 뜸부기의 설득에 넘어가 함께 출발한다.

메추라기glottis는 놀랄 정도로 혀를 길게 내민다. 거기서 그 이름이 유래한다.[2] 메추라기는 처음에는 이동하는 것을 좋아해 대단히 열심히 비행을 시작한다. 그러나 얼마 가지 않아 피로를 느끼기 시작해 후회막급하게 생각한다. 하지만 혼자 돌아가는 것도 다른 새들을 따라가는 것만큼이나 내키지 않는 일이다. 메추라기의 비행은 하루를 채 못 간다. 첫 번째 휴식처에서 메추라기는 무리를 이탈하고 그곳에서 작년에 같은 식으로 낙오해 남아 있는 다른 새들을 발견한다. 다른 새들에게 이 같은 일이 매일같이 일어난다. 멧새는 훨씬 더 인내심이 강해 목적지에 빨리 도착하려고 서두른다. 멧새는 밤에는 뜸부기들을 깨워 이동 중에 있다는 사실을 상기시켜 준다.

소쩍새Otus scops는 쏙독새보다는 크지만 수리부엉이보다는 작다. 깃털이 귀처럼 튀어나와 있어서 그런 이름을 얻었다.[3] 어떤 사람들은 이 새를 라틴어로 '아시오asio'[4]라고 부른다. 일반적으로 이 새는 흉내 내기와

---

* '뜸부기의 어머니'라는 의미를 가진 그리스어. 흰눈썹뜸부기나 메추라기를 이렇게 불렀다.

큰 벌레를 좋아하고 춤추는 것도 조금은 즐긴다. 쏙독새와 마찬가지로 쉽게 잡힌다. 한 사람이 시선을 끄는 동안 다른 사람이 뒤에 가서 붙잡는다.

역풍이 불어 앞으로 나아가는 것을 어렵게 하면 소쩍새는 즉각 작은 돌을 집어 들거나 모이주머니에 모래를 채워 날아가는 동안 몸의 평형을 유지한다. 독초의 씨앗은 뜸부기가 가장 좋아하는 먹이다. 그런 이유로 사람들은 뜸부기를 먹지 않는다. 사람들은 간질 때문에 뜸부기 고기 먹는 것을 굉장히 혐오한다.[5] 사람을 제외한 모든 동물 중에서 뜸부기만 간질에 걸린다.

제12장

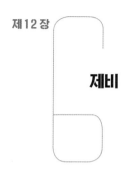

제비

제비hirundo는 갈고리발톱이 없는 조류 중에서 유일하게 육식을 한다. 제비도 겨울이 되면 떠나지만 산기슭에 햇빛이 잘 드는 쉴 곳을 찾아 이웃 나라로 간다. 가끔 그런 곳에서 깃털도 나지 않은 채 맨살로 발견되는 경우가 있다. 제비는 테베에서는 민가에 들어가지 않는다. 이 도시가 자주 적에게 함락되었기 때문에 그렇다. 또한 제비들은 테레우스Tereus[1]가 범죄를 저지른 곳이기 때문에 비쥐에Bizye[2]에는 접근하지 않았다.

기사단 회원이면서 전차를 여러 대 가지고 있던 카이키나Caecina[3]는 제비를 잡아 오도록 해서 그 제비들을 데리고 로마로 돌아왔다. 그는 승리를 거두면 친구들에게 제비를 보내 소식을 알렸다. 그날 승리를 거둔 편의 색깔로 제비를 물들여 날려 보내면 그 제비들은 이전에 깃들였던 곳을 찾아갔다. 파비우스 픽토르Fabius Pictor[4]도 연대기에서 한 로마 요새가

리구리아Liguria[5] 군대에 포위되었을 때 제비 발목에 끈을 묶고 매듭을 지어 그 숫자로 지원군이 도착하는 날짜와 공격에 유리한 시간을 알릴 수 있도록 새끼가 있는 제비 한 마리를 잡아 오도록 했다고 전하고 있다.

제13장

겨울에 로마를 떠나는 철새들

검은새meruleus, 개똥지빠귀trudus, 찌르레기sturnus 등도 이웃 나라로 떠난다. 그러나 깃털이 빠지지도 않고 자취를 감추지도 않는다. 이 새들은 겨울철에 먹이 활동을 하는 곳에서 종종 눈에 띤다. 그래서 겨울철에도 찌르레기를 게르마니아에서 자주 볼 수 있다. 하지만 호도애tutur는 종적을 감추고 깃털이 빠진다는 것이 사실로 확인되었다. 산비둘기도 떠나지만 어디로 가는지는 확실치 않다. 찌르레기는 특이하게 무리를 이루어 비행을 하는데 공같이 하나의 둥그런 군체를 만들어 선회한다. 가운데 있는 무리가 나머지 무리들의 중심축 역할을 한다. 제비는 놀랄 만한 속도로 선회하며 비행하는 유일한 새다. 제비는 그래서 다른 맹금류의 공격을 피할 수 있다. 제비는 날고 있을 때만 먹이 활동을 하는 유일한 새다.

새들이 나타나는 시기는 매우 다르다. 비둘기 같은 새는 우리 주변에서 사시사철 볼 수 있으며 제비 같은 새는 일 년 중 여섯 달, 개똥지빠귀나 멧비둘기 같은 새는 석 달을 로마에서 보낸다. 그리고 청딱따구리나 후투티 같은 새는 새끼가 자라면 바로 떠난다.

몇몇 저자들은 에티오피아에서 일리움Ilium[1]으로 매년 어떤 새[2]들이 날아와 멤논Memnon[3]의 무덤에서 싸움을 벌인다고 말한다. 이런 연유로 그들은 이 새들을 멤노니데스Memnonides(멤논의 새)라고 명명했다. 크레무티우스Cremutius[4]는 이 새들이 에티오피아에 있는 멤논의 궁전에서도 5년마다 한 번씩 이 같은 행동을 하는 것을 직접 확인했다고 말한다.

이와 비슷하게 보이오티아에서는 뿔닭meleagrides이라는 새들이 싸운다. 이 새들은 아프리카에서 키우는 가금으로 등에 얼룩덜룩한 깃털로 덮인 혹이 하나 나 있다. 이 새들은 냄새가 좋지 않아서 외래종 조류 가운데 가장 최근에 와서야 먹기 시작한 새다. 하지만 이 새는 멜레아그로스Meleagros[5]의 무덤 때문에 유명세를 타게 됐다.

극락조seleucides[6]라는 새가 있다. 이 새는 메뚜기들이 곡식들을 유린할 때 카시우스Casius산[7]에 사는 주민들이 기도하면 제우스가 여기에 응답하여 보내 주는 새다. 이 새들이 어디서 와서 어디로 가는지 아직 확인된 바가 없다. 그리고 사실 사람들이 필요로 할 때를 제외하고는 모습을 나타내지 않는다.

이집트인도 뱀들이 침입해 들어올 때는 이비스ibis를 불러들인다. 그리고 엘리스의 주민들은 엄청나게 많은 파리가 몰려와 그들에게 병을 옮기면 그들이 신성시하는 뮈이아그로스Myiagros[8] 신에게 기도한다. 그의 노여움을 진정시키는 제물을 바치면 파리들은 그 즉시 죽는다.

멜레아그리데스(meleagrides).
칠면조와 뿔닭(붉은부리황새)이 여기에 속한다.

로도스섬에는 독수리가 없다. 이탈리아의 파두스강 너머 알프스 근처에는 라리우스Larius라는 호수가 있다. 떨기나무들로 뒤덮인 지역 한가운데 있는 아름다운 호수다. 그러나 이 호수에는 황새가 찾아오지 않는다. 호수뿐만 아니라 호수 주변 12킬로미터 이내에서는 황새를 볼 수 없다. 한편 인근의 인수브레스Insubres[9]인이 사는 땅에는 까치pica와 갈까마귀monedula가 떼를 지어 찾아온다. 까치는 금과 은을 훔쳐 가는 매우 특이한 습성을 가지고 있다.[10]

타렌툼에는 마르스 딱따구리가 한 번도 나타난 적이 없었다고 한다. 아펜니누스Apenninus산맥과 로마 사이에 있는 지역에 이따금 여러 종류의

359

까치가 나타나기 시작한 것은 최근의 일이다. 얼룩딱따구리variae[11]는 꼬리가 유난히 길고 특이하게도 매년 유채 씨를 뿌릴 때면 대머리가 된다. 자고새perdrix는 보이오티아의 국경을 넘어 아티카로 들어가지 않는다. 아킬레우스가 묻힌 흑해에 있는 한 섬에서는 어떤 새도 아킬레우스를 모신 신전에 들어가지 않는다. 로마 근처의 피데나이Fidenae[12] 지역에 사는 황새는 새끼도 까지 않고 둥지도 짓지 않는다. 볼라테르라이Volaterrae[13] 지역에는 매년 바다 건너에서 산비둘기들이 수없이 날아온다. 로마 소시장에 있는 헤라클레스 신전에는 파리나 개가 들어오지 않는다. 온갖 종류의 동물과 관련된 비슷한 자연 현상에 대해서는 다른 많은 사례들이 있다. 독자들에게 피로감만 주는 게 아닌가 싶어 때때로 이런 사례들을 생략하는 것을 신중하게 고려하게 된다.

울음소리로 예언을 하는 새에 관한 또 다른 놀라운 사실도 있다. 이런 새들은 일반적으로 매년 특정한 절기가 되면 색깔과 울음소리가 바뀐다. 그리고 갑자기 모습이 달라진다. 대형 조류 중에서는 두루미가 유일하게 나이가 들면서 색깔이 점점 검어진다. 검은 새는 나이가 들면서 붉은색으로 변하는데 여름에는 노래를 하고 겨울에는 짹짹거리며 하지 때에는 울지 않는다. 한 살이 되면 부리가 흰색을 띠는데 수컷들만 그렇다. 개똥지빠귀는 여름에는 목 주위가 얼룩덜룩한데 겨울이 되면 몸 전체가 한 가지 색을 띠게 된다.

제14장

나이팅게일

나이팅게일Luscinia은 잎눈이 터져 잎이 자라날 때면 보름 밤낮을 쉬지 않고 계속해서 운다.[1] 이 새는 우리가 대단히 감탄할 만한 요소를 가지고 있다. 무엇보다도 작은 몸집에서 그렇게 우렁찬 소리가 나오다니! 울음소리의 음조는 얼마나 고르고 길게 이어지는가!

나이팅게일은 조류 중에서는 유일하게 음악의 화성학 규칙에 따라 울음소리를 조절한다. 한 번은 숨을 쉬면서도 소리를 길게 내고 다음에는 그 소리를 여러 가지 음정으로 변주한다. 그리고 다시 특유의 짹짹거리는 소리를 내거나 길게 이어지는 떨리는 울음소리를 토해 낸다. 그런 다음 숨을 쉬면서 혼자 시냇물처럼 재잘거리거나 순간적으로 목소리를 바꾼다. 어떤 때는 혼자 지저귀고, 어떤 때는 전체 음을 다 내고, 어떤 때는 낮은 음으로, 어떤 때는 높은 음으로, 어떤 때는 단속적인 소리로, 어떤

나이팅게일(로마 시대 그림)

때는 길게 이어지는 소리로 노래한다. 그리고 가끔 적절한 때라고 생각하면 떨리는 소리로 알토·테너·베이스를 이어 가며 노래한다.

한마디로 말해 나이팅게일은 머리 좋다는 인간이 지금까지 만들어 낸 가장 정교한 피리로 낼 수 있는 모든 멜로디를 그 조그만 목으로 다 낸다.[2] 그러니 나이팅게일 한 마리가 시인 스테시코로스Stesichoros[3]가 아기였을 때 그 입술에 내려앉아 노래를 불렀다는 것은 의심할 여지없이 그가 장래에 감미로운 시를 쓰게 될 것을 분명히 예언한 것이다.

나이팅게일의 노래에는 놀라운 기교가 숨어 있는 게 분명하다. 왜냐하면 같은 나이팅게일이라고 해도 저마다 낼 수 있는 음의 범위가 다르기 때문이다. 나이팅게일은 모두 같은 소리를 내는 것이 아니라 각자 자신만의 고유한 선율로 노래한다. 나이팅게일은 서로 승부욕을 가지고 경쟁하는 것이 분명하다. 경쟁에서 진 새들은 노래보다는 목숨을 버리는 쪽을 선택하여 경연하다 죽는다. 경연하는 동안 어린 새들은 들어서 도움이 될 만한 새들한테 배운다. 배우는 새들은 주의 깊게 경청하고 들은 것을 반복해 연습한다. 어린 새들은 번갈아 가며 침묵하는데, 이것은 배우는 입장에서는 잘못을 교정하는 것이고 가르치는 입장에서는 질책하는 것으로 보인다. 나이팅게일은 노예보다 가격이 비싸다. 간혹 과거에 용병 한 사람에게 준 돈보다 더 비싸게 팔리는 나이팅게일도 있다.

나는 나이팅게일 한 마리를 사는 데 6,000세스테르케스⁴를 지불한 사례를 알고 있다. 여태까지 거의 볼 수 없었던 하얀 나이팅게일은 사실 클라우디우스 황제의 부인 아그리피나Agrippina에게 바치는 선물용으로 구입한 것이었다. 나이팅게일은 노래를 부르라고 하면 노래를 부른다. 반주를 하면 반주에 따라 음역을 바꿔 가며 노래한다. 나이팅게일 울음소리를 똑같이 흉내 내는 사람들도 있다. 십자가 형태로 묶은 갈대에 물을 넣은 다음 새와 비슷한 소리를 낼 수 있도록 떨림판을 끼워 넣고 불면 분간하기 힘들 정도로 나이팅게일의 소리를 인위적으로 모방할 수 있다.

그러나 나이팅게일이 이렇게 음조를 독창적이고 예술적으로 조절하며 소리를 내는 것은 딱 보름 동안이다. 새가 노래를 부르는 데 지치거나 피곤해서가 아니라 기온이 올라가면 소리를 변조하거나 다양한 음정을 낼 수 없기 때문에 그만둘 수밖에 없다. 목소리뿐만 아니라 색깔도 바뀐다. 그리고 겨우내 나이팅게일은 완전히 자취를 감춘다. 나이팅게일의 혀끝은 다른 새처럼 뾰족하지 않다. 이 새는 봄에 많게는 여섯 개까지 알을 낳는다.

제15장

호반새, 그리고 항해하기 좋은 '호반새의 날'

호반새halcyon는 참새보다 약간 크고 깃털 색깔은 대부분 밝은 청색이며 긴 깃털에만 흰색과 자주색이 약간 섞여 있다. 목[1]은 길고 가늘다. 호반새의 한 종류는 큰 덩치와 울음소리로 잘 알려져 있고, 작은 호반새들이 갈대밭에서 노래하는 것을 들을 수도 있다. 호반새가 눈에 띄는 경우는 매우 드물다. 이 새는 묘성Vergiliae이 사라질 무렵 그리고 하지와 동지 무렵에만 볼 수 있다. 호반새는 가끔 배 위를 선회하다가 금방 사라진다. 동지 무렵 호반새의 새끼가 알을 깨고 나오는데, 여기서 잘 알려진 '호반새의 날'이 유래했다. 이 기간에는 바다가 잔잔해 항해하기 좋은데, 시킬리아해가 특히 그렇다.

호반새는 동지 전 7일 동안 둥지를 짓고 동지 이후 7일 동안은 둥지 안에 앉아 있다. 호반새의 둥지는 정말 대단하다.* 공을 길쭉하게 잡아 늘

---

* 호반새는 실제로는 둥지를 짓지 않고 물가에 있는 구멍에 알을 낳는다. 그리고 그 구멍 안에 해면동물인 바다 맨드라미를 가져다 넣는다. 퀴비에에 따르면 그것이 새둥지와 비슷하게 생겼다.

호반새

인 모양으로 입구가 매우 좁아 꼭 커다란 해면동물 같다. 그 둥지는 철로 만든 도구로 부순다. 말랐을 때 강하게 때리면 바다의 물거품같이 흩어져 버린다. 둥지를 짓는 데 쓰는 재료가 무엇인지는 아직 밝혀지지 않았다. 어떤 사람은 호반새가 물고기를 잡아먹고 살기 때문에 날카로운 물고기 뼈로 둥지를 짓는다고 생각한다. 호반새는 강가에서도 사는데, 알은 다섯 개를 낳는다.

갈매기larus는 바위에 둥지를 짓고, 논병아리tachybaptus는 나무에 둥지 를 짓는다.

제 16 장

둥지를 지을 때 나타나는 새들의 본능적 지혜

호반새가 짓는 둥지의 형태를 보고 나는 다른 새들의 지혜로움도 생각해 보게 되었다. 영리한 새들을 보면 정말 감탄하지 않을 수 없다. 제비는 진흙으로 둥지를 짓고 밀짚으로 보강한다. 진흙이 떨어져 나가면 깃털에 물을 적셔 온 다음 깃털을 흔들어 물을 마른 흙에 뿌린다. 알을 따뜻하게 유지하고 새끼가 알에서 깨어나면 딱딱하고 거친 흙에 다치지 않도록 둥지의 안쪽에는 부드러운 새털과 양털을 덧댄다. 제비는 새끼들에게 지극히 공평하게 골고루 먹이를 나누어 준다.

제비들 가운데 한 종류는 농촌 들판에서 흔히 볼 수 있다. 이 제비의 둥지는 집제비가 짓는 둥지와 재료는 같지만 형태는 다르다. 들판에 사는 제비가 민가에 둥지를 짓는 경우는 드물다. 둥지의 입구는 위를 향해 있는데 안으로 들어가는 통로는 길고 좁지만 둥지 안은 널찍하다. 어린 새끼들을 숨기고 새끼들이 누워 있을 폭신한 자리를 만들어 주기 위해 둥지를 만드는 솜씨를 보면 정말 감탄이 절로 나온다.

이집트의 나일강 하구 삼각주 지대에 사는 제비들은 둥지를 지으면서 길이가 약 2미터의 둑을 쌓아 강물이 범람하지 못하도록 난공불락의 장애물을 만들어 놓는다. 인간의 힘으로는 엄두도 못 내는 불가능한 일이다. 이집트의 콥토스Coptos[1] 근처에는 이시스Isis 신에게 봉헌된 섬이 하나 있다. 이른 봄이면 제비들이 왕겨와 밀짚을 섬의 각진 부분에 붙여 더 이상 강물에 침식되지 않도록 보강한다. 제비들은 사흘 밤낮을 쉬지 않고 이 작업을 끈질기게 계속한다. 그러다 많은 제비가 탈진해 죽기도 한다.

제비 가운데 또 한 종류는 강둑에 구멍을 파고 둥지로 쓴다.[2] 이 제비의 새끼들을 불에 태워 재로 만들어 먹으면 중증의 목 질환에 특효가 있으며 인체의 다른 질병에도 좋은 효과가 있다. 이 새들은 둥지를 짓지 않는다. 강물이 불어나면 제비들은 미리 알고 파 놓은 구멍까지 물이 차오르기 여러 날 전에 용의주도하게 다른 곳으로 이동한다.

제17장

검은방울새와 자고새

방울새vitiparrae라고 알려진 조류가 있다. 이 새들은 마른 이끼로 둥지를 짓는데* 둥지가 마치 공같이 생겼다. 그래서 둥지 입구를 찾기가 어렵다. 검은방울새라는 이름을 가진 새는 아마 가닥으로 비슷한 모양의 둥지를 엮어 짠다. 딱따구리 중 한 종류의 둥지는 컵 모양으로 생겼는데, 나무의 잔가지 끝에 매달아 놓기 때문에 네발짐승이 접근할 수 없다. 청딱따구리는 발로 매달려 잠을 자는 것이 더 안전하다고 생각하기 때문에 그렇게 잠을 잔다는 것이 지배적인 의견이다. 이 새들은 선견지명이 있어서 나무에서 뻗어 나온 가지 중에서 둥지를 지탱할 만큼 튼튼한 가지를 고른 다음 비를 피할 수 있도록 아치형으로 만들거나 잎이 무성한 가지를 이용해 둥지를 보호한다.

---

* 퀴비에는 이끼가 아니라 풀잎이나 포플러 등 물가에서 자라는 다른 나무에서 채취한 부드러운 섬유질로 둥지를 짓는다고 말한다.

헤로도토스와 아리스토텔레스가 아주 상세히 전한 계수나무새에
관한 이야기를 플리니우스가 여기서 간략하게 설명하고 있다.

아라비아에는 계수나무새cinnamolgus가 있다. 이 새는 계수나무 잔가
지로 둥지를 짓는데, 아라비아인은 납을 단 화살로 둥지를 떨어뜨려 내다
판다. 스퀴티아에는 부엉이만 한 새가 있는데, 항상 가장 높은 나뭇가지
에 토끼 가죽을 매달아 그 안에 알을 예외 없이 두 개 낳는다. 까치들은
사람이 둥지를 계속 주시하는 것을 보면 알을 다른 곳으로 옮긴다. 이때
까치는 정말 놀라운 방법으로 알을 옮긴다. 까치는 알을 집어 옮기는 데
적합한 발톱이 없기 때문에 알 두 개 위에 나뭇가지를 놓고 몸에서 분비
되는 끈기 있는 점액으로 알을 나뭇가지에 붙인 다음 고개를 알 두 개 사
이로 밀어 넣어 균형을 잡고 다른 곳으로 옮긴다.

몸의 무게 때문에 높이 날 수 없는 새들은 지상에 둥지를 짓는데, 이
새들도 누구 못지않은 솜씨를 보여 준다. 딱새apiaster[1]는 2미터 깊이의 구

멍을 파서 둥지를 틀고 나이 들어 먹이 활동을 못하는 부모 새를 봉양한다. 딱새의 깃털은 안쪽은 담청색이고 바깥쪽은 심청색인데, 날개 끝은 약간 붉은빛을 띤다.

자고새는 육식동물로부터 효과적으로 보호하기 위해 둥지를 가시나무와 딸기나무로 요새처럼 만든다. 알 낳을 자리는 고운 흙을 깔아 폭신하게 만든다. 그러나 알 낳을 자리에서 새끼가 부화하지 않는다. 같은 장소에 자주 모습을 보이면 새끼가 있다는 낌새를 챌 수 있어서 알을 먼 곳으로 옮긴다. 수컷이 걸핏하면 알을 깨뜨리는 경향이 있어서 암컷은 부화가 늦어지지 않도록 숨어서 알을 품는다. 수컷은 종종 싸움닭처럼 서로 싸운다. 바로 이런 호전성 때문에 무리의 우두머리는 새잡이가 풀어 놓은 유인용 새와 싸우려고 달려들기도 한다. 바로 이때 새잡이가 새를 잡는다. 한 마리가 붙잡히자마자 다른 새가 그리고 그 새가 잡히면 또 다른 새가 나서기 때문에 모든 새가 차례대로 다 붙잡힌다. 이 새들은 정신없이 싸우다 보면 공포[2]에 질려 새잡이의 머리에도 내려앉는다.

새잡이가 우연히 둥지 쪽으로 다가오면 둥지에 있던 암컷은 상처를 입었거나 기력이 없는 척하며 새잡이의 발치에 몸을 던져 떨어진다. 그리고 나서 새잡이가 다가오기 전에 갑자기 가까운 거리를 날아 마치 날개를 다친 것처럼 땅에 떨어진다. 새잡이가 막 잡으려고 하면 또다시 날아올라 새잡이의 희망을 좌절시킨다. 둥지에서 좀 멀리 떨어진 곳으로 새잡이를 유인할 때까지 이런 식으로 계속한다. 모든 물리적 불안이 사라지고 공포에서 벗어나자마자 자고새 암컷은 고랑에 몸을 눕히고 발로 흙덩이를 집어 온몸을 덮는다. 자고새의 수명은 16년으로 알려져 있다.

제 18 장

비둘기

비둘기는 암컷이든 수컷이든 배우자를 잃기 전에는 둥지를 버리지 않는 다. 비둘기는 새끼들에 대한 사랑이 지극하다. 암컷이 알을 품고 앉아 있 으면 수컷은 정성을 다해 암컷을 위로하고 편안하게 해 준다. 수컷이 우 선적으로 하는 일은 새끼들이 제때 영양분을 섭취할 수 있도록 짭짤한 흙을 먹고 와서 토해 내 새끼들에게 먹이는 것이다. 짐 나르는 짐승과 똑 같이 물을 마실 때 목을 뒤로 젖히지 않고 물만 들이마시는 것은 비둘기 와 호도애의 특이한 습성이다.

어떤 저자는 산비둘기의 수명이 30년, 때로는 40년이라고 말한다. 나 이가 들어도 발톱이 너무 길게 자라는 것 말고는 별 불편이 없다고 한다. 하지만 발톱은 자르는 것도 별로 위험하지 않다. 산비둘기가 우는 소리는 다 비슷하다. 울음소리는 세 개의 음정으로 이루어져 있고 끝에 가서는 구슬픈 소리가 이어진다. 산비둘기는 겨울에는 울지 않다가 봄이 되면 다시 울기 시작한다. 니기디우스는 산비둘기는 알을 품고 있다가 누군가 자신을 부르는 것 같으면 둥지를 버리고 떠난다는 견해를 밝히고 있다. 산비둘기 새끼들은 여름에 알을 깨고 나온다.

비둘기와 호도애의 수명은 8년이다. 한편 참새의 수명은 매우 짧다. 비둘기는 명예를 확실히 인식하고 있는 것처럼 보인다. 비둘기는 깃털 색깔과 색조도 잘 알고 있고 사방으로 흩어져 공중을 가르며 날아갈 때 사람들이 어떻게 비행하면 좋아하는지도 알고 있다. 이런 과시욕이 화근이 되어 문자 그대로 꼼짝없이 매의 먹이가 되기도 한다. 왜냐하면 날개를 펄떡이며 나는 탓에 긴 깃털이 꺾이고 흐트러지기 때문이다. 이런 장애만 없다면 비둘기들은 매보다 훨씬 빨리 날 수 있다. 매는 우거진 나뭇잎 사이에 숨어 비둘기들을 지켜보고 있다가 비둘기가 허영심으로 자만에 빠져 있는 바로 그 순간 덮친다.

이런 이유로 비둘기와 황조롱이tinnunculus를 함께 키우는 것이 필요하다. 황조롱이는 비둘기를 보호하고 타고난 우월적 위력으로 매를 쫓아 버린다. 매는 황조롱이를 보거나 그 소리를 들으면 달아난다. 비둘기는 황조롱이를 특별히 존중한다. 죽은 황조롱이를 새로 광을 낸 단지에 담아 비둘기 집의 네 모서리에 각각 묻으면 비둘기는 다른 집으로 가지 않는다. 이렇게 해서 비둘기를 키우는 사람들은 비둘기의 날개 관절 중 하나를 금으로 만든 칼로 자르는 것과 똑같은 효과를 얻는다. 이때 금이 아닌 다른 것으로 만든 도구를 쓰면 상처가 도져 위험할 수 있다. 일반적으로 비둘기는 변화를 좋아하는 새로 알려져 있다. 또한 이 새들은 다른 새를 자기

데키무스 브루투스(Decimus Junius Brutus Albinus, 기원전 81~43)는 기원전 43년 지금의 모데나에서 안토니우스 군대에 포위되어 마케도니아에 있던 마르쿠스 브루투스와 카시우스에게 구원 요청을 비둘기 편에 보냈다. 이를 '전서(傳書) 비둘기(homing pigeons)'라고 한다.

편으로 끌어들여 친구로 만드는 기술을 가지고 있다. 우리는 비둘기가 다른 새들을 꾀어내 자기 집으로 데리고 돌아오는 것을 자주 목격한다.

중요한 사건이 있을 때 비둘기는 전령의 역할을 해 왔다. 무티나Mutina가 포위당했을 때 데키무스 브루투스Decimus Brutus는 비둘기 다리에 긴급서한을 매달아 집정관들이 있는 진영으로 보냈다. 전령이 공중을 날아서 간다면 파 놓은 참호와 포위한 병사들의 경계, 강물에 펼쳐 놓은 그물이 안토니우스에게 무슨 소용이 있었겠는가?

많은 비둘기 애호가는 지붕 위에 비둘기 집을 지어 놓고 저마다 비둘기의 내력과 고귀한 혈통을 자랑하는 것을 낙으로 삼는다. 이런 이야기 가운데 매우 유명한 옛날이야기가 있다. 로마 에퀘스 출신인 루키우스 악시우스Lucius Axius[1]는 폼페이우스의 내전 직전에 비둘기 한 쌍을 400데나리에 팔았다고 바로가 우리에게 전하고 있다. 비둘기로 유명한 지역은 많지만, 캄파니아에서 나는 비둘기가 가장 크다고 알려져 있다.

제19장

새들의 다양한
비행과 이동 방식

비둘기의 비행에 대해 언급하고 보니, 다른 새의 비행으로 이야기가 넘어가게 된다. 모든 동물은 각자 정해진 이동 방식이 있다. 같은 종류의 동물이면 이동 방식도 항상 같다. 조류만 유일하게 두 가지 방식으로 이동한다. 하나는 육상에서의 이동이고, 다른 하나는 공중에서의 이동이다.

땅 위에서 까마귀 같은 새들은 걷고, 참새와 찌르레기 같은 새들은 깡충깡충 뛰며, 자고새와 멧도요scolopax 같은 새들은 달린다. 황새나 두루미 같은 새들은 한쪽 발 앞에 다른 발을 디디며 일직선으로 걷는다.

한편 공중에서 날 때 어떤 새들은 평형을 유지하며 날개를 활짝 펴고 이따금 날갯짓을 하고, 어떤 새들은 좀 더 자주 날갯짓을 하는데 다만 극한적 상황에서만 그렇게 한다. 또한 어떤 새들은 옆구리가 다 드러나도록 날개를 펼치고, 어떤 새들은 날개의 대부분을 옆구리에 붙이고 난다. 그리고 어떤 새들은 한 번에 공중으로 이륙하고 어떤 새들은 마치 날개 밑에 갇혀 있는 공기를 누르듯이 이단으로 이륙한다. 또한 어떤 새들은 수직으로 솟아오르며, 어떤 새들은 수평으로 날고, 어떤 새들은 급전직하로 하강한다. 어떤 새들은 강력한 힘에 의해 공중으로 던져졌고 어떤 새들은 높은 곳에서 바로 떨어졌다고 생각할 수도 있다. 반면에 어떤 새들은 비행 중에 앞으로 튀어 나가는 것을 볼 수 있다.

오릿과에 속하는 새들만 서 있던 곳에서 도약해 단번에 하늘을 향해 위로 솟아오른다. 그리고 오리는 이런 것을 물에서도 할 수 있다. 오리는 야생동물을 잡으려고 설치해 둔 함정에서 탈출할 수 있는 유일한 새다.

큰독수리와 체중이 많이 나가는 다른 야생 조류는 도움닫기를 하거나 높은 곳에서 비행을 시작해야 날아오를 수 있다. 이 새들은 꼬리를 방향타로 이용한다. 어떤 새들은 사방을 다 볼 수 있고, 어떤 새들은 사방을 보기 위해서는 고개를 돌려야만 한다. 어떤 새들은 잡은 먹이를 발로 잡고 먹는다. 대부분의 새들이 날면서도 울지만, 몇몇 새들은 항상 조용하다. 어떤 새들은 가슴을 반쯤 세우고 날며, 어떤 새들은 가슴을 아래로 향한 채 난다. 어떤 새들은 사선으로 또는 옆으로 날고, 어떤 새들은 부리가 가리키는 방향을 따라간다. 동시에 여러 종류의 새들을 본다고 해서 실제로 그 새들이 같은 환경에 적응했다고 생각해서는 안 된다.

칼새apodes*는 대부분 공중에 떠 있다. 왜냐하면 이 새는 발을 쓸 수 없기 때문이다. 이 새는 제비의 일종으로 절벽에 둥지를 짓는다. 바다에

---

* apodes는 그리스어 아포우스(ἄπους)에서 온 라틴어로 '발이 없는'이라는 의미를 가진다. 칼새(martinet), 학명으로는 Hirundo apus가 여기에 해당한다.

칼새는 다리가 없는 게 아니라 다리가 짧아 땅에 내려앉으면 다시 날아오르기가 어렵다. 그래서 다시 날아
오르려면 바람이 필요하다.

서 흔히 볼 수 있는 새다. 배가 아무리 육지에서 멀리 떨어진 먼바다를 항
해할 때도 사라지지 않고 배 주위에서 비행한다. 다른 새들은 땅에 앉아
쉬지만 칼새는 둥지에 있을 때를 제외하고는 휴식을 모른다.

기이하고 멋진 새들

새들의 습성은 그들이 먹는 먹이만큼이나 다양하다. 유럽쏙독새(또는 '염소 젖새'[1])는 커다란 검은새같이 생겼다. 이 새는 낮에는 보지 못하기 때문에 밤에 도둑질을 한다. 이 새는 목동이 지키는 염소 우리로 들어가서 암염 소의 젖을 향해 곧바로 날아가 염소젖을 빤다. 상처를 입은 염소의 젖통 은 쪼그라들고 젖을 강탈당한 염소는 시력이 떨어져 고생한다.

저어새platalea(또는 넓적부리도요)는 다른 새들이 물에 뛰어들면 내리 덮쳐 부리로 머리를 물어 먹이를 놓아 주게 만든다. 이 새는 조개를 껍데기째 삼켜 배를 채운다. 그리고 모이주머니의 온도로 먹이가 연해지면 다시 토 해 내 껍데기를 버리고 먹기 좋은 부분만 골라 먹는다.

농장에서 사육하는 날짐승은 어떤 종교적인 의미를 갖는다. 이 새들 은 알을 낳으면 진저리를 치고 깃털을 털어 댄다. 이렇게 한 뒤에는 몸을 돌려 자신들을 정화한다.* 또는 잎자루 같은 것으로 자신과 자신이 낳은 알을 정화한다.**

새 중에서 가장 작은 검은방울새carduelis는 부르면 울음소리뿐만 아니라 발로 그리고 손처럼 사용하는 부리로 응답한다. 아렐라테Arelate[2]에는 작은 새가 있는데, 소 우는 소리를 흉내 내는 까닭에 '타우루스taurus[3]'라고 부르기도 한다. 할미새anthus[4]는 말이 우는 소리를 흉내 내는데, 목초지에서 말들이 다가와 쫓길 때면 나름대로 설욕하기 위해 말 울음소리를 흉내 낸다.

그러나 놀랍게 들릴지 모르지만 사람 목소리를 흉내 낼 수 있는 새들이 있다. 앵무새psittacus는 사람과 대화를 나눌 수도 있다. 앵무새는 인도에서 왔는데,[5] '붉은색 깃털이 난 목둘레를 제외하고는 온몸이 녹색 깃털로 덮여 있다. 이 새는 황제에게 공식적으로 인사를 했으며 사람들이 말하는 것을 듣고 그 말을 그대로 따라 했다. 이 새는 포도주를 마시면 특히 더 장난기가 발동한다. 앵무새의 머리는 부리만큼이나 단단하다. 말을 배울 때 쇠막대기로 머리를 때려도 별로 반응을 보이지 않는다. 앵무새는 땅에 내려앉아 있을 때는 부리를 땅에 대고 있다. 부리에 의지함으로써 천성적으로 약한 발에 쏠리는 체중을 덜려고 하는 것이다.

말하는 능력에서 까치는 앵무새보다 훨씬 덜 유명하다. 왜냐하면 까치는 먼 곳에서 온 새가 아니기 때문이다. 그러나 까치는 훨씬 더 분명한 발음으로 말을 할 수 있다. 까치는 따라 할 수 있는 말을 듣는 것을 좋아

---

* 땅바닥에 드러누웠다가 일어나 몸에 묻은 흙먼지를 떨어 버리는 것은 고대 정화 의식의 하나였다.
** 로마인은 월계수나 올리브 가지로 이런 의식을 치렀다.

378

한다. 말을 배울 뿐만 아니라 배우는 것을 즐긴다. 그리고 까치는 혼자서 집중력을 발휘해 열심히 말을 연습하면서 흥미를 느끼고 있다는 것을 숨기지 않는다. 예전에 어떤 까치가 발음할 수 없었던 어려운 말을 능숙하게 다 할 수 있게 되자 죽었다는 것은 널리 알려진 사실이다. 그러나 까치의 기억력은 별로 좋지 못해 가끔씩 같은 말을 반복해서 듣지 못하면 그 말을 잊어버린다. 까치는 기억해 내려고 애쓰는 말을 우연히 듣게 되면 더할 수 없이 좋아한다. 까치의 외모를 보면 그 자체로는 특별할 것도 별로 없고 그렇다고 결코 못생기지도 않았다. 하지만 사람의 말을 흉내 내는 특별한 능력은 사람들의 관심을 끌기에 전혀 부족함이 없다.

　　까치 중에서는 오로지 도토리를 먹고 사는 까치*만 말하는 것을 배울 수 있다. 이런 까치들 중에서도 각 발에 발가락이 다섯 개인 까치가 가장 쉽게 배운다.** 하지만 이런 까치라고 해도 두 살 때까지만 가능하다. 사람의 말을 흉내 내는 새들이 모두 그렇듯 까치도 혀가 넓다. 거의 모든 조류 가운데 몇몇 특이한 새들이 말하는 능력을 가지고 있다.

　　클라우디우스 황제의 부인 아그리피나는 사람의 말을 흉내 낼 수 있는 개똥지빠귀를 한 마리 키웠다. 이전에는 들어 보지 못한 일이다. 내가 이 책을 쓰는 동안에도 황제의 아들들***은 그리스어와 라틴어를 배우는 찌르레기 한 마리와 나이팅게일 몇 마리를 기르고 있다. 게다가 이 새들은 계속해서 새로 배운 말을 반복하고 상당히 긴 구절을 소리 내어 흉내

---

* 　이 까치는 어치(Jay)인데, 학명으로 Corvus grandarius다. 그러나 어치가 다른 까치보다 말을 잘하지 못한다.

** 　이런 까치는 기형 까치일 뿐이다.

*** 클라우디우스 황제의 아들인 브리타니쿠스(Britannicus)와 양자인 네로(Nero)를 가리킨다.

내면서 하루 종일 공부를 한다. 새들은 수업에 방해되지 않도록 다른 소리가 들리지 않는 한적한 곳에서 교육을 받는다. 새들 옆에 앉아 있는 사람은 새들에게 가르치려는 말을 끊임없이 반복하는 동시에 먹이를 주며 새들을 격려한다.

갈까마귀에 대해서도 정당한 평가를 해 보자. 갈까마귀의 우수성은 로마 시민이 보여 준 친근감뿐만 아니라 강한 노여움으로도 잘 입증된다. 티베리우스 황제 연간에 카스토르와 폴룩스 신전 꼭대기에서 알을 깨고 태어나 자라던 갈까마귀 새끼들 가운데 한 마리가 건너편에 있던 제화공방으로 날아들었다. 그러자 그 공방 주인은 더할 수 없이 좋은 일로 여겨 이 새를 종교처럼 떠받들었다. 이 갈까마귀는 일찍이 말하는 것을 배워 매일 아침이면 포럼의 연단으로 날아갔다. 여기서 한 사람 한 사람을 거명하며 티베리우스 황제, 황제의 아들과 조카 게르마니쿠스 그리고 황제의 동생 드루수스에게 인사하고 공방으로 돌아왔다. 여러 해 동안 이런 일이 계속 이어지다 보니 주목을 받을 만했다. 그런데 어느 날 자신이 만든 구두를 더럽히는 이 갈까마귀에게 화를 내곤 했던 인근의 제화공방 주인이 갑자기 발끈하여 이 갈까마귀를 죽여 버렸다. 이런 일이 있자 많은 군중이 분노했고 그는 그 즉시 로마 시내에서 쫓겨나 얼마 후 사형에 처해졌다.

이 갈까마귀의 장례식에는 조문 행렬이 끝도 없이 이어졌다. 에티오피아인 두 사람이 어깨에 멘 상여는 새의 주검을 싣고 피리 부는 사람을 앞세워 각양각색의 조화들이 쌓여 있는 곳으로 나아갔다. 조화 더미는 아피아 가도Via Appia[6] 오른쪽, 로마 기점 두 번째 이정표가 있는 '레디쿨루스

Rediculus 평야[*]에 있었다. 그러니 새 한 마리의 보기 드문 재능은 로마 시민들이 한 사람의 시민을 응징하는 것뿐만 아니라 성대한 장례식으로 새를 예우할 만한 충분한 이유가 된 것으로 보인다. 로마의 유명 인사들을 통틀어 어느 누구의 장례식에도 이만한 인파가 나와 운구 행렬을 따른 적이 없었다.

오늘날 로마에는 에퀘스의 일원인 바이티카Baetica 출신 까마귀가 있다. 이 새는 검디검은 깃털 색깔로 유명하다.[7] 이 새는 여러 개 단어로 이루어진 말을 할 수 있고 새로운 말을 반복적으로 연습한다. 최근에는 아시아에 있는 에리제나Erizena[8]의 크라테루스Craterus[9]에 관한 이야기가 오르내리고 있다. 크라테루스는 항상 갈까마귀들의 도움을 받아 사냥을 했는데, 갈까마귀들을 투구 깃털장식이나 어깨에 앉힌 채 숲으로 데리고 가 사냥감을 찾아 날아가게 했다. 크라테루스는 훈련을 통해 이런 기술을 거의 완벽하게 습득시켰다. 그래서 심지어는 야생 갈까마귀까지 그가 나가면 비슷한 방법으로 따라다니곤 했다. 어떤 저자는 다음과 같은 일은 기록해 둘 만하다고 생각했다. 목이 마른 까마귀 한 마리가 기념비에 있는 단지에 돌을 넣는 것이 관찰되었다. 그 안에 고여 있는 빗물에 부리가 닿지 않자 까마귀가 물을 마실 수 있을 만큼 수위를 높이고 있었던 것이다.

울지 않는 '디오메데스Diomedes의 새[10]'에 대해서도 언급하지 않고 그냥 지나칠 수 없다. 유바는 이 새를 폭포새cataractae라고 부르면서, 이빨이 있고 몸은 흰색이며 눈은 강렬한 붉은색이라고 말한다. 이들 무리에는

---

*   페스투스(Festus)는 "레디쿨루스 신전은 카페나 문(Porta Capena) 밖에 있었다. 카푸아에서 진군하던 한니발이 이곳에서 불길한 환영을 보고 회군(redire)한 데서 그 이름이 유래한다"고 말한다.

항상 우두머리 새가 둘인데 한 마리는 본진을 이끌고 다른 한 마리는 후위 대열을 맡는다. 이 새는 부리로 땅에 구멍을 판 다음 나뭇가지로 덮고 그 위에 다시 흙을 토해 내 덮는다. 그리고 그 안에 알을 낳고 새끼를 키운다. 이 새들이 만든 구멍에는 두 개의 통로가 있다. 동쪽을 향한 통로는 먹이 활동을 하러 나갈 때 쓰고, 서쪽으로 나 있는 통로는 돌아올 때 이용한다. 전 세계를 통틀어 이 새를 볼 수 있는 곳은 아풀리아Apulia 해안 건너편에 있는 섬뿐이다. 디오메데스의 무덤과 신전이 있는 것으로 잘 알려진 곳이다.

이 새들은 검둥오리를 많이 닮았다. 문명인이 아닌 이방인이 섬에 들어오면 우렁차고 시끄러운 소리를 내며 쫓아간다. 그리고 그리스 태생인 사람들을 정중하게 대한다. 놀랄 정도로 뛰어난 안목으로 디오메데스의 동포를 알아보고 그들에게 경의를 표하는 것 같다. 이 새들은 매일 물을 목에 머금어 깃털을 적시고 그곳에 있는 신전을 청소하고 정화한다. 이로 인해 디오메데스의 친구들이 새로 변신했다는 전설이 나왔다.

새들의 타고난 습성에 관해 이야기하면서 조류 중에서는 제비가, 육상동물 중에서는 쥐가 학습시킬 수 없는 동물이라는 것을 빼놓을 수 없다.[11] 반면에 코끼리는 시키는 대로 하고, 사자는 멍에를 지며, 점박이바다표범과 많은 어류는 길들일 수 있다.

조류는 물을 빨아올려 마신다. 목이 긴 새는 여러 번 마시고 물을 목구멍으로 부어 넣듯이 목을 뒤로 젖힌다. 쇠물닭chloropus은 물을 마실 때 물을 씹어 먹는 것처럼 보이는 유일한 조류다. 이뿐만 아니라 쇠물닭은 다른 조류에서는 찾아볼 수 없는 독특한 점들을 가지고 있다. 이 새는 가끔 먹이를 물에 담근 다음 손처럼 사용하는 발로 들어 올려 부리로 가져간다. 가장 높은 평가를 받는 쇠물닭은 콤마게네Commagene[12]에 서식한다. 이 새들은 부리와 다리가 붉은색이며 다리는 매우 길다.

덩치가 큰 모든 새는 과일을 먹고 산다. 높이 나는 새들은 고기만 먹는다. 수상 조류 중에서 '잠수하는 새'[13]들은 다른 새들이 토해 낸 것을 먹는 습성이 있다.

펠리컨pelicanus은 생김새가 백조와 비슷하다. 목 밑에 두 번째 모이주머니가 있다는 점을 제외하고 몸통만 보면 백조와 서로 다를 바가 없다. 항상 허기를 느끼는 펠리컨은 두 번째 모이주머니에 무엇이든 닥치는 대로 쓸어 담는다. 이 주머니의 용량은 정말 대단하다. 먹이 사냥을 끝내고 나면 쓸어 담았던 것들을 하나씩하나씩 다시 토해 내고 되새김을 통해 진짜 위로 보낸다. 갈리아의 북해 인접 지역에 이 새들이 서식한다.

게르마니아의 헤르퀴니아Hercynia[14] 삼림에는 특이한 새[15]가 있다고 들었다. 밤이 되면 이 새의 깃털이 불빛처럼 빛난다. 거기에 사는 다른 새들은 멀리 떨어진 곳에 있는 동물에 대해 일반적으로 갖는 관심 말고는 달리 특기할 만한 게 없다.

파두스강 건너 베드리아쿰Bedriacum[16]에서 벌어진 내전 당시 '새로운 새'[17]가 이탈리아에 들어왔다. 이 새는 지금도 그냥 '새로운 새'로 통한다. 생김새는 개똥지빠귀를 닮았는데 크기는 비둘기보다 약간 작고 맛이 괜찮은 편이다. 발레아 군도Baleares[18]에서도 말똥가리뿐만 아니라 쇠물닭과 플라밍고가 들어왔다. 말똥가리는 식용으로 매우 높은 평가를 받고 있다. 그리고 두루미의 일종이지만 크기가 작은 재두루미도 들어왔다.

말의 머리에 흰목대머리수리의 큰 귀, 갈고리 부리를 지닌 새 페가수스 상상도

　나는 페가수스pegasus라는 새가 아주 멋지다고 생각한다. 이 새는 말
처럼 생긴 머리에 흰목대머리수리처럼 귀가 크고 갈고리 부리를 가졌다고
한다. 호로새meleagris도 아름답게 생겼다고 생각한다. 많은 저자가 호로
새는 독수리보다 크고 관자놀이에 구부러진 뿔이 달렸으며 머리를 제외
하고 깃털이 무쇠 같은 색이라고 주장한다. 머리는 자주색이다. 클레이타
르코스Cleitarchos[19]의 아버지 디논Dinon[20]은 이 새들이 인도에 서식하고 있

으며 울음소리로 사람을 끌어들여 잠들게 한 다음에 갈기갈기 찢는다고 주장한다. 하지만 시렌siren이 그런다고 해도 별로 믿기지 않는다.

이런 이야기가 믿을 만하다고 생각하는 사람은 용이 멜람포우스 Melampous[21]의 귀를 핥아서 그가 새들의 언어를 알아듣는 능력을 갖게 되었다는 이야기, 또는 어떤 새에게 이름을 붙여 주고 이 새와 혼혈로 뱀이 한 마리 태어났는데 어떤 사람이 이것을 먹자 새들의 언어를 알아들을 수 있게 되었다는 데모크리토스가 전하는 이야기 등을 곧이곧대로 믿을 지도 모르겠다. 또한 도가머리종달새galeríta avis(뿔종다리)에 관해서 데모크리토스가 한 이야기도 믿을 것이다.

뿔종다리

제21장

사육용 새장
가둬 키우는 날짐승들

델로스 주민이 최초로 날짐승을 가두어 키우기 시작했고, 이후 번들거리는 개기름을 흘리면서 그 날짐승 고기들을 게걸스럽게 먹어 치우는 혐오스러운 식도락가들이 나타나기 시작했다. 나는 과거에 만들어진 연회에 관한 사치 규제법을 보고, 제3차 포에니 전쟁이 일어나기 11년 전에 당시 집정관이었던 가이우스 파니우스Gaius Fannius[1]가 가금을 무절제하게 먹는 것을 맨 처음 법으로 금지했다는 것을 알게 되었다. 그 법에 따르면, 한 끼 식사에서 살이 찌지 않은 영계 한 마리 이상을 먹지 못한다. 이 조항은 그 이후에 만들어진 모든 사치 규제법에도 들어 있다.

하지만 사람들은 닭을 우유에 담가 먹는 방법으로 법 조항을 피해 갔다. 이렇게 먹으면 훨씬 더 고기가 연하다고들 했다. 병아리 중에서 목둘레 껍질에 지방이 많은 것들만 골라서 키운 후 온갖 요리 솜씨와 장식을 동원해 닭다리가 풍성해 보이도록 등을 적당히 갈라서 닭다리 하나로 접시 하나를 완전히 채울 수 있도록 했다. 파르티아Parthia 사람들은 로마 요리사들에게 자신들이 해 오던 조리법을 가르쳤다. 그러나 사치스런 음식을 만드는 조리법이 정교해졌음에도 모든 사람의 입맛을 다 만족시키는 요리는 없다. 왜냐하면 어떤 사람은 다리를 좋아하고 어떤 사람은 가슴살을 좋아하기 때문이다.

온갖 종류의 날짐승을 가둬 키울 수 있는 새장을 처음으로 만든 사람은 브룬디시움에 살던 에퀘스 출신의 마르쿠스 라이니우스 스트라보Marcus Laenius Strabo였다. 그가 살던 시대부터 우리는 자연이 하늘을 날며 살도록 창조한 동물들을 가두어 키우기 시작했다.

여기서 가장 주목할 만한 것은 비극 배우 클로디우스 아이소푸스Clodius Aesopus가 10만 세스테르케스나 들여 만든 요리다. 이 요리는 울음소리가 아름답거나 사람의 목소리를 흉내 내는 새들만 재료로 썼는데 새 한 마리당 6,000세스테르케스를 지불했다. 이런 어처구니없는 짓은 다름 아닌 사람을 가장 근사하게 흉내 내는 새를 먹을 수 있다는 기쁨을 누리려는 데서 비롯되었다. 자신이 쌓아 올린 엄청난 재산이 자신의 목소리 때문이라는 것은 한 번도 생각해 보지 않은 셈이다. 진주를 삼킨 아들에 대해 언급한 바 있지만 과연 그 아들에 그 아버지답다. 자연이 창조한 삼라만상 중에서 가장 비싼 음식으로 연회를 여는 것이 인간의 말을 흉내 내는 새의 혀^{2}를 먹는 것보다 덜 볼썽사납다는 것을 진정 인정하지 않는다면, 둘 중에 누가 더 상스러운 짓을 했는지 가리기는 쉽지 않을 것이다.

제 2 2 장

동물들의 특성

생김새가 도마뱀 같고 온몸에 별 같은 점이 있는 도롱뇽(살라만드라)은 폭우가 쏟아질 때만 모습을 드러냈다가 날씨가 개면 이내 자취를 감춘다. 도롱뇽은 체온이 너무 낮아서 닿기만 해도 마치 얼음을 부은 듯 불이 꺼진다. 도롱뇽의 입에서 나오는 우윳빛 침에 닿으면 인체의 어느 부위든 그곳의 털이 모두 빠지고 나병 환자의 피부처럼 변한다.

사람의 오감 중에서 가장 예민한 것은 촉각이고 그다음은 미각이다. 다른 감각에서 인간보다 예민한 동물이 많다. 독수리는 어떤 동물보다도 시력이 좋다. 반면에 큰독수리[1]는 후각이 좋다. 두더지는 땅속에 있어서 문자 그대로 명청하고 느리지만 다른 동물에 비해 유난히 청력이 좋다. 그리고 모든 소리는 위로 올라가는 경향이 있는데도 누군가가 자신들에 대한 이야기를 하면 즉시 도망친다고 한다. 어렸을 때 청각이 나쁜 사람

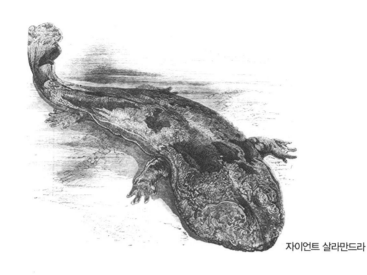

자이언트 살라만드라

은 말하는 능력도 상실하게 된다. 수생동물 가운데서 굴은 청각이 나쁘지만 맛조개는 소리가 나면 바로 바닥으로 내려간다. 이런 이유로 바다에서 고기잡이하는 어부들은 소리를 내지 않는다.

물고기는 소리를 듣는 귀나 외부로 뚫린 구멍이 없다. 하지만 물고기가 소리를 듣는 것만은 분명하다. 왜냐하면 양어장에서 손뼉을 치면 물고기들이 모여든다는 것은 널리 알려진 사실이기 때문이다. 황제 전용의 양어장에 사는 물고기들은 각자 이름을 불러 주면 거기에 반응한다. 숭어, 베도라치, 살파salpa,[2] 자리돔 등은 청각이 매우 예민하다. 그리고 이런 이유로 이 물고기들은 얕은 물에서 자주 볼 수 있다.

물고기는 냄새도 맡을 수 있는 게 분명하다. 왜냐하면 같은 미끼에 모든 물고기가 모여들지 않고 미끼를 물기 전에 냄새를 맡는 것으로 보이기 때문이다. 어부들은 구멍에 들어가 숨어 있는 물고기들을 염장한 물고기 냄새를 이용해 나오게 만든다. 염장한 물고기를 바위 구멍 입구에 문지르면 물고기들은 마치 자신이 죽은 사체 냄새라는 것을 아는 듯 금방 구멍에서 나온다. 그러고 나서 어떤 특정한 냄새, 예를 들면 구운 갑오징어나 문어 냄새에 이끌려 수면으로 올라온다. 고기를 잡는 데 쓰는 고리버들 통발에 이런 미끼를 넣기도 한다. 물고기들은 선창에 고인 폐수, 그중에서도 특히 물고기 피가 섞인 폐수 냄새를 맡으면 즉시 도망친다.

문어가 일단 바위에 달라붙어 있으면 쉽게 떼어 낼 수 없다. 그러나 약초인 박하를 갖다 대면 그 냄새를 맡는 즉시 자리를 뜬다. 자줏빛고둥도 악취 풍기는 물건을 이용해 잡는다. 다른 동물들도 냄새를 맡는다는 것을 그 누가 의심하겠는가? 뱀은 녹용 냄새에 도망치고 개미는 박하나 석회 또는 유황 냄새를 맡으면 죽는다. 각다귀는 신맛이 나는 것에는 몰려들지만 단맛이 나는 것에는 꾀지 않는다.

모든 동물은 촉각을 가지고 있다. 다른 감각이 없는 동물도 촉각만은 가지고 있다. 굴이나 벌레도 촉각을 가지고 있다.

나는 모든 동물이 미각을 가지고 있다고 굳게 믿는다. 왜냐하면 동물에 따라 찾아 먹는 먹이가 다르기 때문이다. 이런 점에서 삼라만상을 기획한 자연의 놀라운 능력을 엿볼 수 있다. 어떤 동물은 이빨로 먹이를 물고, 어떤 동물은 발톱으로 먹이를 잡는다. 어떤 동물은 갈고리 모양의 부리로 먹이를 찢고, 어떤 동물은 넓적한 부리로 흔들어 죽인다. 뾰족한 부리를 가진 동물은 먹이에 구멍을 판다. 빨아먹거나, 핥아먹거나, 홀짝거리나, 씹어 먹거나, 통째로 삼키거나, 저마다 먹는 방법도 다르다. 발도 다른 것 못지않게 다양하게 사용한다. 발을 이용해 물건을 나르거나, 갈기갈기 찢거나, 붙잡거나, 쥐어짜거나, 매달리거나 또는 끊임없이 땅을 긁는다.

큰뱀serpens은 알을 먹는다. 그리고 큰뱀이 보여 주는 솜씨는 무척 놀랍다. 큰뱀은 턱이 벌어지는 한도 내에서 알을 통째로 삼키고 뱃속에서 알이 깨지도록 여러 차례 몸을 굴린다. 그리고 사레들린 것처럼 알껍데기를 뱉는다. 그렇게 할 수 없을 정도로 어린 뱀은 서서히 알을 감아 똬리를 튼 다음 강하게 조이면서 알을 깨고, 마치 칼로 베어낸 듯 조각이 나면 우묵한 조각을 붙잡고 그 안에 들어 있는 것을 빨아먹는다.

전갈scorpiones은 땅에서 산다. 큰뱀은 다른 것은 거의 마시지 않지만 기회가 생기면 포도주는 여봐란듯이 즐겨 마신다. 갇힌 전갈과 큰뱀은 거의 아무것도 섭취하지 않는다. 거미도 마찬가지다. 거미는 다른 때는 먹이를 빨아먹고 산다. 독이 있는 동물은 굶주림이나 갈증으로 죽지 않는다. 개머리원숭이와 사튀로스원숭이는 볼에 있는 주머니에 먹이를 넣어 두었다가 나중에 하나씩 손으로 꺼내 먹는다. 그래서 이 원숭이들은 개미가 일 년 내내 할 일을 하루 또는 한 시간이면 해치운다.

토끼는 발 위에 발가락이 있고, 풀을 먹고 사는 유일한 동물이다. 토끼는 곡식도 먹는다. 반면에 발굽이 하나, 또는 발굽이 둘 이상으로 갈라진 유제류有蹄類 중에서 돼지는 식물뿌리뿐만 아니라 모든 종류의 먹이를 먹는다. 유제류의 특징은 반복해서 되새김하는 것이다. 톱니 모양의 이빨을 가진 동물은 모두 육식을 한다. 곰은 곡식, 나뭇잎, 포도, 과일, 벌, 게, 개미 등을 먹고 산다. 늑대는 굶주리면 흙도 먹는다. 소는 물을 마시면 살이 찐다. 그래서 소에게는 소금이 잘 받는다. 모든 동물은 서서보다

설치류

는 앉아서 되새김질하는 것을 좋아하고 여름보다는 겨울에 되새김질을 더 많이 한다. 흰담비[3]도 비슷한 방법으로 되새김질을 한다.

톱니 같은 이빨과 송곳니가 있는 동물은 혀로 핥아 물을 마신다. 그리고 다른 종류에 속하지만 쥐도 같은 방식으로 물을 마신다. 예를 들어 말이나 소 등과 같이 치아가 붙어 있는 동물은 물을 홀짝거리며 마신다. 곰은 이쪽도 저쪽도 아니고 물을 씹어서 게걸스럽게 먹는 것처럼 보인다.

아프리카에 사는 대다수의 동물은 건기 때 물을 마시지 못한다. 리비아 쥐는 붙잡혔을 때 물을 마시면 죽는다. 항상 물이 부족한 아프리카의 초원에 사는 오릭스oryx는 태어난 곳의 환경 때문에 결코 물을 마시지 않는다. 놀라운 방식으로 가뭄을 이겨 내는 것이다. 가이툴리아 도적들은 오릭스의 몸에서 최고의 건강 음료로 가득 찬 수포를 찾아내 갈증을 채운다.

아프리카에 사는 표범은 울창한 나무 밑에 몸을 숨기고 지나가는 동물이 있으면 나뭇가지에서 뛰어내려 덮치는데, 새들의 그림자를 보고 뛰어내리기도 한다. 고양이는 얼마나 조용하고 은밀하게, 얼마나 발 빠르게 새를 잡으려 접근하는 줄 아는가! 얼마나 용의주도하게 앉아서 지켜보다가 쥐에게 쏜살같이 달려드는가!

제 7 부

곤충

제　　　7　　　부　　　　　　　곤　　　충

제1장

7

지극히
미미한 존재

이제 곤충에 관해 설명할 순서다. 곤충을 설명하는 데는 수많은 어려움이 따른다.[1] 곤충은 무수히 많으며 종류도 다양하다. 그리고 그들의 생태는 육상동물 그리고 조류의 생태와 같다. 벌 같은 곤충들은 날개가 달렸다. 곤충은 일단 날개가 달린 종류와 개미처럼 날개가 달리지 않은 종류로 구분된다. 그런데 날개도 없고 발도 없는 곤충도 있다. 이 모든 동물을 통틀어 아주 적절하게 '곤충insectum'이라고 부른다. 몸이 분절되거나 분할되어 있어서 그렇게 불린다.[2]

　어떤 것은 목에서, 어떤 것은 가슴에서 몸이 분절 또는 분할된 채 가느다란 관으로 이어져 있다. 그러나 어떤 곤충은 이러한 분절이 완전하지 않고 겹겹의 주름으로 둘러싸여 있다. 곤충의 유연한 척추[3]는 그것이 배에 있든 아니면 등에만 있든 여러 층으로 덮여 서로 겹쳐져 있다. 자연의 무한한 창의력을 곤충보다 더 오롯이 보여 주는 피조물도 없다.

자연이 큰 동물들 또는 그중에서도 가장 큰 동물을 창조할 때는 어쨌든 작업이 쉬웠고 재료도 흔하고 마음대로 가공할 수 있었다. 그러나 존재하지 않는 것에 가까운 이 미미한 동물들을 통해 자연은 뛰어난 독창성과 방대한 자원 그리고 형언할 수 없이 완벽한 솜씨를 보여 주고 있다.

아주 작은 곤충은 말할 것도 없고 어떻게 모기culex 한 마리에 자연은 그 많은 감각기관을 넣을 수 있었을까? 어떻게 시각기관을 넣을 수 있는 자리를 찾았을까? 어떻게 미각을 갖게 했고 어떻게 냄새 맡는 능력을 집어넣었을까? 또한 모기가 작은 몸집에 비해 전혀 어울리지 않게 날카롭게 울리는 소리를 어떻게 낼 수 있도록 했을까? 자연은 모기를 만들면서 날개를 몸통에 붙이고 다리를 관절로 이어 길게 늘이고 내장이 들어갈 길고 우묵한 복강을 만든 다음 피에 대한, 그것도 사람의 피에 대한 채울 수 없는 갈증을 주입시켰다. 기막히게 절묘한 솜씨가 아닌가! 그리고 사람 피부를 뚫기에 적합한 침*을 달아 준 것을 보면 자연의 창의력은 정말 기발하다. 그리고 마치 광범위한 분야에 걸쳐 기량을 연마해 온 것처럼 자연은 너무 작아 거의 보이지도 않는 그 무기 끝을 뾰족하게 만들어 피부를 뚫고 동시에 속을 비워 두어 피를 쉽게 흡입하는 이중의 기능을 갖도록 만들어 놓았다.

또한 좀조개Teredo navalis **에게는 파괴적 힘을 보여 주고도 남을 만한

---

* 퀴비에는 모기의 긴 입은 다섯 개의 부드럽고 뾰족한 섬유로 이루어져 있으며, 이것이 모여서 침의 효과를 낸다고 말한다.

** 좀조개는 곤충이 아니라 연체동물이다.

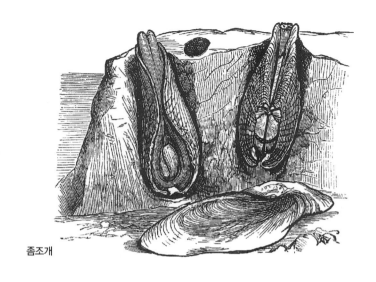

좀조개

소리를 주었으며 참나무에 구멍을 내도록 이빨을 심어 주고 동시에 나무를 주요한 자양분으로 삼도록 했다. 우리는 공성용 탑을 지탱하는 코끼리의 어깨, 앞을 가로막는 것은 무엇이든 받아서 높이 던져 버리는 황소의 튼튼한 목과 힘, 호랑이의 맹렬한 공격, 사자의 갈기에 대해 아낌없는 경외심을 보인다.

그러나 우리는 자연의 피조물 중에서도 다름 아닌 가장 미미한 존재를 통해 자연의 가장 완벽한 솜씨를 보게 된다. 자연을 탐구하면서 나는 이런 연유로 자연의 피조물 가운데 생각해 볼 가치가 없는 것은 하나도 없다는 것을 알았다. 그리하여 독자들이 여러 가지 곤충을 하찮게 생각할지 모르겠지만 곤충에 관련된 정보는 무시하지 않기를 바란다.

제 2 장

곤충의
호흡과 혈액

많은 저자가 곤충이 호흡한다는 것을 인정하지 않는다. 그 근거는 곤충의 내장을 들여다보면 호흡기*가 없다는 것이다. 그들은 곤충은 풀과 나무 같은 생명체라면서 호흡을 하는 것과 단지 생명이 있는 것은 매우 큰 차이가 있다고 주장한다. 또 비슷한 근거로 곤충에는 피가 없다면서 심장과 간이 없는 동물에게 피가 있을 수 없다고 주장한다. 그들의 주장에 따르면 폐가 없는 동물은 마찬가지로 숨을 쉴 수 없다.

하지만 이러한 관점은 자연스럽게 많은 물음을 제기한다. 벌이 붕붕거리는 소리, 메뚜기가 사각사각대는 소리, 그리고 저마다 정해진 곳에 사는 수많은 다른 곤충이 내는 소리에도 불구하고 이 저자들은 곤충은 소

---

* 곤충은 기공으로 알려진 옆구리에 나 있는 구멍으로 호흡한다. 퀴비에는 몸 전체가 폐와 같은 기능을 한다고 말한다.

리를 내지 못한다고 서슴없이 주장한다.*

　나로서는 자연을 연구할 때마다 자연에는 불가능한 게 없다는 생각이 든다. 또한 내가 해양생물에 관해 설명할 때 이미 언급했듯이, 어떤 호흡도 불가능할 정도로 물이 깊고 밀도가 높다고 해도 살아서 호흡할 수 있는 것처럼 내장기관 없이도 호흡할 수 있을 뿐만 아니라 생존할 수 있고 먹을 수도 있다고 생각한다.

　호흡할 수 있는 대기 속에 살면서 대기를 호흡하지 않고 이리저리 날아다니는 생명체가 있다는 것을 어떤 사람이 쉽게 믿을 수 있을까? 그 생명체들이 자연이 준 다른 귀중한 선물인 구애·용기·노련함뿐만 아니라 듣고, 냄새 맡고, 맛볼 수 있는 능력을 누리며 양육하고 일하고 미래를 위해 식량을 비축하는 데 필요한 본능을 지닐 수 있다는 것을 어떤 사람이 쉽게 믿을 수 있을까?

　나는 지구상 모든 동물이 피를 가지고 있는 것은 아니라고 인정한다. 마찬가지로 곤충에게 피가 없다는 것을 인정할 용의가 있다. 하지만 곤충은 피에 상응하는 비슷한 무엇인가를 가지고 있다.[1]

　내가 직접 확인할 수 있는 범위 안에서 보면, 곤충은 힘줄[2]이나 뼈, 척추, 연골, 지방, 살 등이 없는 것으로 보인다.** 또한 몇몇 수생동물은 연약한 껍질도, 속성상 피부라고 할 만한 것도 없다. 곤충은 이 모든 것의 중간적인 속성의 몸을 가지고 있다. 곤충의 몸은 근육보다 부드럽고, 다른 속

---

*　곤충이 내는 다양한 소리는 사실 목에서 나는 소리가 아니라 공기가 후두(喉頭)를 스치는 소리다.

**　모든 곤충은 뇌와 척수 그리고 신경이 있다. 곤충은 번데기 상태일 때를 제외하고는 지방이 없다. 그러나 희끄무레한 섬유질 살이 있다. 곤충은 내장, 기도, 신경 등 가장 복잡한 조직을 가지고 있다.

성을 고려할 때 엄격히 말해 단단하다기보다는 유연성이 두드러진 건조한 물질로 이루어져 있다. 이것이 곤충의 모든 것이고 그 이상은 없다.

몸통의 주름에 배열된 내장을 가진 몇몇 종류를 제외하고는 곤충의 몸속에는 아무것도 없다. 그래서 잘려 나가도 목숨이 끈질기게 붙어 있고 잘린 조각들이 움직이는 것을 볼 수 있다. 곤충의 생명력은 몸통에 집중되어 있지 않으며 몸의 각 부분에 분산되어 있어 부분이 하나의 생명체를 이루고 있다. 하지만 머리에는 생명력이 없어서 흉부와 함께 떼어 내지 않으면 머리는 움직이지 않는다. 곤충보다 다리가 많은 동물은 없다. 지네에서 볼 수 있듯이 다리가 가장 많은 곤충이 잘렸을 때 가장 오래 산다. 곤충은 눈과 촉각 그리고 미각을 가지고 있고 어떤 곤충은 냄새를 맡기도 하고 몇몇 곤충은 소리를 듣는다.

제 3 장

벌

모든 곤충 가운데 가장 경탄해 마지않는 최고 반열에는 당연히 벌이 올라가야만 할 것이다. 곤충 중에서 오직 벌만이 인간을 이롭게 하기 위해 창조된 것 같다. 벌은 꿀을 따다 모은다. 꿀은 달콤하고 소화가 잘 되며 건강에 도움이 되는 매력적인 물질이다. 벌은 집을 짓고 밀랍을 모은다. 밀랍은 1,000여 가지 용도를 갖는 생활에 유용한 물건이다. 벌은 피로를 잘 견디는 내성이 있고 맡은 일을 열심히 하고 정치적인 공동체를 형성하며 비공개로 회의를 하고 공동으로 지도자를 선출한다. 그리고 가장 놀라운 것은 자신들만의 도덕규범을 가지고 있다는 점이다. 게다가 벌이 길들여지는 것도 아니고 야생도 아닌 것을 보면 자연은 실로 무소불위의 능력으로 동물의 그림자에 불과한 하찮은 피조물을 통해 비할 데 없는 경이로움을 보여 주었다.

어떤 근육의 힘이나 노력을 벌이 가지고 있는 엄청난 에너지와 근면성에 비교할 수 있을 것인가? 인간이 발휘하는 어떤 천재성을 벌들이 보여 주는 합리성에 비교할 것인가? 이런 점에서 벌들은 어쨌든 우리보다 낫다. 벌은 구성원 모두를 위한 공동의 이익 말고는 아무것도 모른다. 벌이 숨을 쉬는지 안 쉬는지에 관한 문제는 접어 두고, 벌의 혈액에 관한 문제에 대해서는 기꺼이 동의하기로 하자. 이제 벌들이 보여 주는 본능적 속성에 대해 생각해 보기로 하자.

벌은 겨울에는 집 안에서 지낸다. 벌은 어디서 추위와 눈 그리고 북쪽에서 불어오는 삭풍을 견디는 데 필요한 힘을 얻는가? 사실 모든 곤충이 같은 행동을 하지만 그렇게 늦게까지 칩거하지는 않는다. 민가의 벽에 숨어서 겨울을 지내는 곤충들은 벌보다 훨씬 빨리 기온이 온화해진 것을 감지한다. 벌에 관한 기록을 살펴보면 계절과 기후가 급격히 변했거나 또는 이전의 저자들이 큰 실수를 한 것이다. 벌은 묘성이 사라질 때[1] 겨울을 나기 위해 활동을 중단했다가 초봄이 지나고 묘성이 나타난 이후[2]에서야 집에서 나온다. 벌은 콩꽃이 필 때까지는 일하러 다니지 않는다. 그러나 그 이후에는 날씨가 방해만 하지 않는다면 하루도 허투루 보내지 않는다.

우선 벌들은 밀랍으로 집을 짓기 시작한다. 다른 말로 하면 들어가 지낼 수 있는 거처와 방을 만든다. 집을 지은 뒤에는 알을 낳고 이어서 꽃에서 꿀과 밀랍을 채취한다. 그리고 수액·점액·수지 같은 점착성 물질을 분비하는 버드나무, 느릅나무, 갈대 등에 맺힌 물방울에서 봉교蜂膠[3]를 추출한다. 벌들은 다른 작은 벌레들의 탐욕스러운 습성에 대한 방어책으로 이런 물질과 더 독한 성질을 가진 다른 물질을 섞어 벌집 내부에 바른다. 벌들은 그들이 만들려는 것을 다른 벌레들이 탐낼 게 분명하다는 것을 잘 알고 있기 때문이다. 이 일이 끝나면 비슷한 재료를 사용해 입구를 좁힌다. 그렇게 하지 않으면 입구가 너무 넓기 때문이다.

또한 벌들은 일하는 동안 먹이로 쓸 '봉병蜂餠'[4]을 만든다. 이것은 쓴맛이 나는데, 벌집 구멍 깊은 곳에 저장된 것을 볼 수 있다. 봉병은 봄에 나무에 맺히는 수액 방울이나 끈적끈적한 나무 진액으로 만든다. 이렇게 나무에서 나오는 수액은 남서풍이 부는 동안에는 양이 많지 않고 본격적으로 남풍이 불면 검게 변한다. 때로는 붉은색을 띠는데 북동풍이 불어오면 양이 늘어난다. 이런 수액은 그리스에서 자생하는 개암나무에서 가장 많이 나온다.

벌은 나무와 풀에 피어나는 모든 꽃에서 밀랍을 얻는다. 올리브나무가 가장 많은 곳에 벌 떼도 가장 많이 모여든다. 벌은 어떤 과일에도 상

그리스 신화에 나오는 '꿀벌의 여신' 멜리사가 새겨진 미노아의 장신구

아리스토마쿠스는 58년 동안 벌을 연구하여 저서를 남겼다고 하는데 전하는 문헌은 없다. 플리니우스와 콜루멜라(Lucius Junius Moderatus Columella, 4~70년경)가 농업에 관한 저서에서 그에 대해 단편적으로 언급하고 있을 뿐이다.

처를 내지 않고 시든 꽃에는 내려앉지 않는다. 죽은 동물은 더욱 피한다. 벌은 벌집이 있는 곳에서 45미터 안에서 일한다. 주변에 있는 꽃들이 다 시들면 더 먼 곳에서 꿀을 따기 위해 이따금 정찰병을 보낸다. 멀리 원정을 나갔다가 밤이 되면 벌들은 날개가 이슬에 젖지 않도록 등을 땅에 대고 누워 아침이 올 때까지 잠들지 않는다.

벌만 연구하는 사람들이 있다는 것은 놀라운 일이 아니다. 예를 들어 솔리Soli[5]의 아리스토마쿠스Aristomachus는 58년 동안 벌에 대한 연구 말고는 아무 일도 하지 않았다. 아그리우스Agrius[6]라는 별명을 가진 타소스Thasos[7]의 필리스쿠스Philiscus는 외딴곳에서 벌을 치며 살았다. 이 두 사람 모두 벌에 대한 기록을 남겼다.

제 4 장

벌이
일하는 방식

벌이 일하는 방식은 다음과 같다. 낮에는 벌집 입구를 병영의 보초처럼 문지기벌이 지킨다. 문지기벌 한 마리가 마치 기상나팔을 불 듯 아침에 두세 번 윙윙거리는 소리를 내며 깨울 때까지 벌집 안의 벌들은 잠을 잔다. 그리고 나서 날씨가 좋을 것 같으면 무리를 이루어 날아간다. 벌은 바람과 비를 예견하는 타고난 재능이 있다. 만약 바람이 불거나 비가 올 것 같으면 집 안에서 숨어 지낸다. 반면에 날씨가 좋으면 벌 떼는 밖으로 몰려나가 즉시 일에 전념한다.

어떤 벌은 꽃에 들어가 다리에 꽃가루를 묻히고 어떤 벌은 입에 물을 머금고 솜털이 난 몸의 표면을 수액 방울로 적신다. 벌들 중에서 젊은 벌은 밖에 나가서 여러 가지 재료들을 수집하고 나이가 지긋한 벌은 벌집 안에서 일한다. 꽃가루를 나르는 벌은 앞발을 이용해 자연이 이런 목적을 위해 털이 나도록 만들어 놓은 허벅지에 꽃가루를 묻히고 주둥이를 이용해 앞발에도 꽃가루를 묻힌다. 벌은 힘에 겨울 정도의 짐을 싣고 집으로 돌아온다. 집에 돌아오면 서너 마리가 대기하고 있다가 짐을 내리는 것을 도와준다. 벌집 안에서도 각자에게 주어진 임무가 있다. 어떤 벌은 집을 짓고 어떤 벌은 벌집을 정리하고 어떤 벌은 들여온 물건들을 나르고 어떤 벌은 들여온 물건으로 먹이를 준비한다. 벌들 사이에서는 노동이든 먹이든 시간 배정이든 불평등한 구분은 없다. 벌들은 먹을 때도 따로 먹지 않는다.

벌들은 반구형 지붕을 먼저 짓고 이어서 방을 짓기 시작한다. 우리가 천을 짜듯이 벌들은 위에서부터 밑으로 세심하게 입구와 출구로 쓸 두 개의 통로를 남겨 두고 방을 만들어 간다. 방이 들어 있는 판의 윗부분은 벌집 위에 고정되어 있고 옆으로는 다른 판들과 서로 조금씩 붙어 있다. 따라서 함께 매달려 있는 셈이다. 이 판들은 바닥과는 떨어져 있는데 벌집의 모양에 따라 네모지거나 둥글다. 사실 가끔 한 벌집에 네모지고 둥근 판이 동시에 들어 있기도 하다. 두 무리의 벌들이 한 집에 같이 살지만 집을 짓는 방식이 다를 때 그렇다. 벌들은 판이 떨어질 것 같으면 아치형 기둥을 만들어 떠받친다. 이때 효과적으로 보수할 수 있는 통로를 남겨 두기 위해 바닥과 간격을 둔다. 방이 들어 있는 판들 가운데 세 번째 판까지는 다 지었어도 보통 비워 둔다. 유별나게 꿀이 많이 차 있는 판은 맨 뒤에 있는 판이다. 그래서 맨 뒤에 있는 판을 꺼내 꿀을 채취한다.

짐을 나르는 일벌은 순풍을 타려고 기회를 엿본다. 돌풍이 불면 작은 돌을 움켜쥐고 이것을 평형추 삼아 공중에서 균형을 잡는다. 어떤 저자

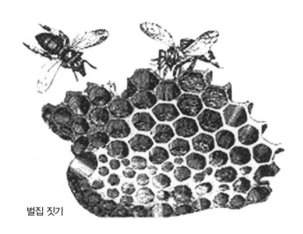
벌집 짓기

는 돌을 어깨 위에 올려놓는다고도 한다. 역풍이 불면 벌들은 용의주도하게 가시가 있는 관목을 피해 가며 지면 가까이에서 비행한다.

벌이 일할 때는 놀라울 정도로 감시가 철저하다. 게으름을 부리면 어김없이 적발해 규칙을 어긴 벌은 문책을 받고 그런 잘못이 반복되면 사형을 당한다. 벌들의 청결 관념은 상당히 유별나다. 쓸모없는 물건은 모두 제거한다. 안에서 일하는 벌이 만들어 내는 쓰레기나 폐기물은 모두 한 장소에 모아 두었다가 폭풍우가 몰아쳐 일상적인 작업을 중단할 수밖에 없을 때 한꺼번에 밖으로 내다 버린다.

저녁이 되면 벌집 안에 윙윙거리는 소리가 점점 잦아들고 마침내 벌들 가운데 한 마리만 아침에 깨어날 때 들었던 것과 똑같이 크게 윙윙거리는 소리를 내며 벌집 주위를 날아다닌다. 말하자면 이제 그만 돌아가 쉬라는 신호를 보내는 것이다. 이렇게 벌들은 병영에서 하는 것을 흉내 내고 있다. 그 소리가 들리는 즉시 사방이 조용해진다.

벌들은 일벌들이 살 집을 짓고 나서 여왕벌이 살 집을 짓는다. 꽃이 많이 필 것으로 예상되면 수벌들을 위한 집도 짓는다. 수벌은 일벌보다 몸집이 크지만 수벌의 집은 일벌의 집보다 작다. 수벌은 침이 없으며, 불완전한 벌 같다. 벌 중에서는 가장 늦게 태어난 열등한 존재다. 일벌의 노예가 될 운명을 어느 정도 타고난 것 같다. 다른 벌들은 수벌들을 엄하게 다스리며 일할 때 가장 선봉에 서도록 강요하고 수벌들이 조금이라도 게으름을 피우면 무자비하게 처벌한다.* 꿀이 모이기 시작하면 일벌들은 수벌들을 집 밖으로 쫓아낸 다음 떼 지어 달려들어 수벌들을 죽인다. 봄에만 수벌을 볼 수 있다. 수벌의 날개를 떼어 내 벌집에 넣으면 이 수벌이 다른 수벌의 날개를 떼어 낸다.

벌집의 아랫부분에는 앞으로 태어날 여왕벌을 위한 궁전 같은 방[1]을 만든다. 이 방은 널찍하고 웅장하며 다른 방들과는 떨어져 있고 위에는 돔이 얹혀 있다. 만약에 이 도드라진 부분이 무너지면 후손에 대한 모든 희망이 사라지게 된다. 벌집의 모든 방은 육각형이다. 이런 일을 하는 데는 때가 정해져 있지 않다. 벌들은 날씨가 좋으면 때를 가리지 않고 자신의 과업을 수행한다. 벌들은 기껏해야 하루 또는 이틀이면 정해진 방을 꿀로 채운다.

꿀샘에 가득 꿀을 담고 있는 아름다운 꽃이 피는 곳에서 가장 좋은 꿀이 생산된다. 예를 들어, 아티카의 휘메투스Hymettus,[2] 시킬리아의 휘블

---

* 수벌들은 일을 하지 않는다. 수벌들은 짝짓기용이다.

라Hybla,[3] 그리고 칼뤼드나Calydna[4]섬 같은 곳이다. 이런 곳에서 나는 꿀은 처음에는 물처럼 맑은데 그 후로 며칠 동안 거품이 일어나며 신선한 포도 즙처럼 스스로 정화 작용을 한다. 그러다 이십 일째가 되면 꿀이 걸쭉해 지기 시작하면서 바로 얇은 막으로 덮인다. 그리고 점점 열을 받아 찌꺼 기가 끼면서 막이 두꺼워진다. 가장 맛이 좋으면서 나뭇잎 냄새가 덜 나 는 꿀은 참나무와 보리수 그리고 갈대에서 채취한 꿀이다.

시킬리아와 펠리그니Peligni[5] 지방의 벌집에서 나오는 밀랍의 질이 좋고, 크레타와 퀴프루스 그리고 아프리카에서는 꿀이 많이 난다. 그리고 또 어떤 지방은 벌집이 크기로 유명한데 게르마니아에서 나는 벌집은 그 길이가 2미터가 넘는다고 한다.

벌집은 항상 주의 깊게 살펴보아야 한다. 먹이가 부족하면 벌들은 악에 받쳐 죽거나 다른 곳으로 날아가 버리고, 꿀이 넘치면 벌들은 봉병을 먹지 않고 꿀을 먹기 때문이다. 가장 노련한 양봉가는 모아 놓은 꿀의 15 분의 1을 벌들에게 남겨 주기 위해 신경을 쓴다.

보름달이 떴을 때 꿀을 거둬들이면 가장 많이 얻을 수 있고 날씨가 맑을 때 가장 맛좋은 꿀을 얻을 수 있다. 꿀 중에서는 여름에 거둬들인 꿀이 가장 좋다. 날씨가 가장 건조할 때 만들어진 꿀이기 때문이다. 여름 꿀 중에서도 백리향에서 얻은 꿀이 가장 좋은데, 황금색을 띠며 맛도 가장 좋다. 백리향 꿀은 굳지 않으며, 손으로 찍으면 점성이 있는 가는 실이 나온다. 꿀이 진하다는 증거다. 꿀에 끈기가 없이 금방 방울져 떨어지면 가치가 없는 꿀로 여겨진다.

제 5 장

벌들의
관리 방식

헤라클레스가 한 사람뿐이었는지, 바쿠스 신은 얼마나 많았는지 그리고 고대의 유적지에 깊이 묻혀 있는 다른 의문점들을 정말 진지하게 탐색해 보자! 시골구석 어디서나 볼 수 있는 이 작은 생명체를 보라. 그중 몇 마리는 항상 가까운 곳에 있다. 그런데 그중에서 여왕벌만 유일하게 침이 없는지 그렇지 않은지,* 여왕벌은 위엄 있는 지위 때문에 자신에게 복종하는 벌들 말고는 다른 무기가 없는지, 자연이 여왕벌에게 침은 주었으나 그 것을 사용할 수 있는 능력은 주지 않았는지에 대해 의견이 엇갈린다.

여왕벌이 침을 쏘지 않는다는 것은 널리 알려진 사실이다. 여왕벌이 있는 자리에서 부하들이 보여 주는 복종적 태도는 가히 놀랄 만하다. 여왕벌이 앞으로 나서면 모든 부하가 따라나서 그 주위를 에워싸며 보호하

---

* 여왕벌도 일벌과 마찬가지로 침이 있다. 하지만 자주 사용하지 않는다.

고 여왕벌이 보이지 않도록 가린다. 평소에 벌 떼가 안에서 일할 때는 여왕벌이 일하는 현장을 방문해 벌들을 격려하는 것처럼 보인다. 벌 중에서 여왕벌은 유일하게 일을 하지 않아도 된다. 그 주위에는 경호원과 호위무사 역할을 하며 여왕벌의 권위를 수호하는 다른 벌들이 있다.

여왕벌은 벌 떼가 떠날 때를 제외하고는 결코 벌집을 떠나지 않는다. 벌 떼가 자리를 옮기는 것은 오래전에 미리 알 수도 있다. 왜냐하면 여러 날 동안 안에서 특이하게 윙윙거리는 소리가 나기 때문이다. 이런 현상은 벌들이 이동하기 좋은 날을 기다리며 출발에 필요한 준비를 하고 있다는 것을 의미한다. 그런 경우 여왕벌의 날개를 하나 떼어 내면 벌들은 멀리 가지 않는다. 벌들은 여왕벌 가까이에서 있으려고 하고 각자 주어진 임무를 수행하는 것을 여왕벌에게 보여 주는 데서 기쁨을 느낀다. 여왕벌이 지치면 벌들은 어깨로 부축하고 기진맥진하면 아예 실어 나른다. 벌 중 한 마리가 지쳐서 뒤에 처지거나 대열에서 이탈하면 예민한 후각의 도움으로 다음에 오는 벌 떼에 합류할 수 있다. 어디든 여왕벌이 내려서 자리 잡는 곳이 모든 벌의 숙영지가 된다.

민가나 신전에 벌들이 무리를 이뤄 날아들어 포도송이처럼 뭉치는 것은 흔히 길조로 해석되기도 하고 큰 사건의 전조로 여겨지기도 한다. 플라톤이 아직 어렸을 때 벌들이 그의 입술에 앉았다. 이는 플라톤이 감미로운 화술로 사람들을 설득할 것을 예고한 것이고 플라톤은 그 때문에 유명해졌다. 티베리우스 황제의 동생 드루수스가 아르발로Arbalo에서 혁혁한 승리를 거두었을 때[1] 그의 진영에는 벌들이 날아와 앉았다. 점쟁이들의 해석이 모두 맞는 것은 아니라는 증거다. 왜냐하면 점쟁이들은 이것

아르발로 전투에서 대승을 거둔 드루수스

을 항상 나쁜 징조로 해석하기 때문이다. 여왕벌을 무리에서 떼어 놓으면 벌 떼를 다 잡을 수 있다. 여왕벌을 잃어버리면 벌 떼는 흩어져서 다른 여왕벌을 찾아 나선다. 여왕벌이 없으면 벌 떼는 존재할 수 없다.

한 벌집에 사는 벌들이 먹을 것이 부족하면 떼를 지어 이웃 벌집을 약탈하기 위해 조직적으로 공격한다. 벌 떼는 즉시 전투 대형으로 공격을 시작하는데 만약 양봉하는 사람이 우연히 그곳에 있게 되면 그를 자기편이라고 생각하는 벌들은 그를 공격하지 않는다. 벌 떼는 다른 이유 때문에도 싸움을 하는데 두 마리 장수벌이 벌들을 규합해 전투 대형을 갖추고 적에 맞서는 것을 볼 수 있다. 벌 떼에 모래를 뿌리거나 연기를 피워 올리면 전투는 바로 끝나고 물에 우유나 꿀을 섞어 벌들 앞에 놓아두면 벌들은 금방 화해한다.

제 6 장

말벌과
호박벌

말벌은 아주 높은 곳[1]에 진흙으로 집을 짓고 밀랍을 만든다. 반면에 호박벌은 구멍이나 나무둥치의 빈 곳에 집을 짓는다. 이 두 종류의 벌이 짓는 방도 육각형이다. 그러나 그 이외의 점에서 볼 때 말벌집은 나무껍질 등이 섞여 있지만 본질적으로 거미줄을 많이 닮았다. 어린 말벌들은 불규칙하게 시차를 두고 태어나는데 생김새가 흉측하다. 어떤 것은 날 수 있지만 어떤 것은 아직 번데기로 있고 어떤 것은 애벌레 상태로 있다.

맵시벌로 알려진 말벌은 다른 말벌보다 크기가 작다. 맵시벌은 특히 장님거미로 알려진 거미를 죽인 다음 사체를 집으로 가져가 그 위를 점성이 있는 물질로 덮고 알을 낳는다.* 이뿐만 아니라 보통 벌들은 어떤 동물성 물질도 손대지 않지만 말벌 종류는 모두 육식성이다. 말벌은 특히 큰

---

* 사실 맵시벌은 거미 사체를 새로 태어날 애벌레의 먹이로 알과 함께 묻는다.

호박벌(왼쪽)과 말벌(오른쪽)

파리들을 잡아먹는다. 파리를 잡아서 머리를 잘라 버리고 남은 몸통 부분을 가져간다.

야생 호박벌은 나무 구멍에서 산다. 겨울에는 다른 곤충들과 마찬가지로 자취를 감춘다. 호박벌의 수명은 길어야 2년을 넘지 못한다. 호박벌에 쏘이면 흔히 열이 난다. 어떤 저자는 말벌이 27번 쏘면 사람을 능히 죽일 수 있다고 말한다. 호박벌은 봄에 집을 짓는데 보통 출입구가 네 개다. 여기서 일하는 호박벌이 태어난다. 일하는 호박벌들이 알을 깨고 나오면 호박벌들은 더 큰 집들을 짓는다. 말벌이나 호박벌 중에도 수벌이 있다. 말벌이나 호박벌 모두 여왕벌도 없고 모여서 무리를 이루지도 않는다.

제 7 장

누에

크기가 더 큰 유충에서 태어나는 또 다른 곤충 종류가 있다. 이 유충들
은 매우 특이하게 생긴 뿔이 두 개 달려 있다. 알에서 깨어난 유충은 애
벌레가 된다. 그다음에는 봄빌리스bombylis, 이어서 네키달루스necydalus
가 되고, 6개월이 지나면 누에bombyx가 된다.[1] 누에는 거미줄과 비슷하게
고치를 짓는데 여기서 나오는 '실크bombycina'는 귀부인이 입는 값비싸고
사치스러운 옷을 만드는 데 쓰인다. 그리스의 코스Kos[2]에 사는 플라테아
Platea의 딸 팜필레Pamphile가 이 고치에서 실 잣는 기술을 처음으로 개발
했다.[3]

누에는 코스섬이 원산지라고 한다. 이 섬에서는 땅에서 올라온 증기
가 소나기를 맞고 늘어진 사이프러스나무, 옻나무, 물푸레나무 그리고 참
나무의 꽃에 생명을 불어넣는다고 한다. 누에는 처음에는 털이 없는 작은

명주실을 뽑고 있는 팜필레(보카치오, 『유명한 여성들에 관하여』에서)

나비 같은 모습이다. 그러나 추위를 견딜 수 없기 때문에 까칠까칠한 발을 이용해 나뭇잎의 솜털을 문질러 벗겨 두툼하게 만들어 몸에 걸친다. 정확하게 말하면 나뭇잎의 솜털을 발톱으로 빗질해 둥근 공 모양으로 만든 다음 늘려서 나뭇가지 사이에 매달아 놓고 계속 쓰다듬어 고르게 만든 후 그것을 떼어 내 둥글게 말아 몸을 감싼다. 그렇게 자신이 들어갈 둥지를 만드는 것이다.

이 상태에서 누에를 빼내 따뜻한 곳에서 질그릇에 넣고 겨를 먹여 키우면 특이한 종류의 솜털이 몸에서 자라난다. 누에가 그 솜털로 몸을 감싸면 또 다른 작업에 들어가게 된다. 누에가 만들기 시작한 고치에 물을 부으면 부드럽고 탄력 있게 변한다. 그러면 갈대로 만든 굴대를 이용해 실을 뽑아낸다. 여름철 옷으로는 대단히 가볍기 때문에 남자들도 비단옷 입는 것을 부끄럽게 여기지 않는다.[4] 우리 시대에 와서는 복식이 형편없이 타락해 흉갑胸鉀을 입는 것은 고사하고 얇은 옷을 입고도 너무 무겁다고들 한다.

제 8 장

거미

누에에 덧붙여 우리가 특별히 눈여겨보아야 할 거미에 관해 이야기하는 것은 전혀 이상하지 않다. 독거미phalangium는 몸의 크기가 작고 점들이 박혀 있으며 끝이 가늘다. 이 거미는 독이 있다. 장소를 이동할 때는 껑충 껑충 뛰어다닌다. 또 다른 종류의 거미는 검은색에 앞다리가 긴 것이 특징이다. 모든 다리에는 각각 세 개의 관절이 있다. 독거미 중에서 작은 것들은 거미줄을 치지 않는다. 큰 것은 땅에 구멍을 파고 좁은 입구에 거미줄을 친다.

세 번째 종류는 먹이 활동을 하며 보여 주는 기술이 비범하다. 이 거미는 거미줄을 크게 치는데 특이한 종류의 양털 같은 물질을 방출하는 기능을 몸 안에 지니고 있다. 자신의 몸무게를 평형추 삼아 작업을 하면서 순서대로 차근차근 발톱으로 거미줄을 엮고, 아름답게 원을 만들고,

고르게 재료를 뽑아내 거미줄을 친다. 거미는 가운데서 거미줄을 짜기 시작해서 씨줄 위에 날실을 엮어 짜듯 원형으로 돌아가며 거미줄을 확장해 나간다. 같은 간격으로 그물망을 만들어 가는데 폭이 넓어지면 간격도 계속 늘어난다. 마지막으로 그 줄을 풀리지 않는 매듭으로 결합한다.

거미는 절묘한 방법으로 먹잇감을 노리며 격자형 그물에 올가미를 숨겨 놓는다. 거미줄은 바람만 세게 불어도 터져 나갈 것같이 허술해 보이지만 그곳으로 지나가는 모든 먹잇감을 얼마나 쉽게 포획하는가! 윗부분에 있는 실자락들을 보면 거미가 지쳐서 거미줄을 미완성으로 남겨 두고 떠났다고 생각할 것이다. 그 실오라기들을 엮어 짜는 것은 매우 어려워 보이기 때문이다. 하지만 먹잇감이 이 실오라기를 건드리는 순간 그것들은 마치 사냥꾼 그물에 달린 줄처럼 먹잇감을 그물망으로 던져 넣는다.

거미굴의 아치는 얼마나 뛰어난 건축 기술로 만들어졌으며 또 거미굴에 덧댄 두툼한 보풀은 얼마나 추위를 잘 막아 주는가! 거미는 구석으로 조심스럽게 물러나 철저히 모습을 드러내지 않고 다른 일에 열중하는 것처럼 보인다. 그 안에 무엇이 있는지 없는지는 알 수 없다. 그리고 또 거미줄은 얼마나 튼튼한가! 거미줄이 바람에 끊긴 적이 있는가? 먼지가 얼마나 쌓여야 거미줄을 늘어지게 할 수 있을까?

거미는 보통 나무 꼭대기에서 거미줄을 늘어뜨린 다음 두 나무 사이에 거미줄을 친다. 거미는 다시 땅에서 자신이 쳐 놓은 실을 타고 순식간에 공중으로 올라가 돌아다니면서 동시에 실을 방출한다. 먹이가 거미줄에 걸리면 예의주시하고 있던 거미는 기다렸다는 듯이 달려가 먹이를 포획한다. 거미줄 맨 가장자리에 붙어 있다가도 언제나 거미줄을 가장 효과적으로 흔들 수 있는 가운데로 즉각 달려가 먹이를 얽어맨다. 거미줄이 찢어지면 즉시 보수를 시작한다. 거미는 심지어는 어린 도마뱀까지 노린다. 도마뱀의 머리를 감싼 다음 입술을 문다. 그 광경을 목격한다면 행운이라고 할 수 있지만, 결코 원형경기장에서 보여 줄 만한 장면은 아니다.

거미도 전조를 나타낸다. 강물이 불어날 기미가 보이면 평소보다 더 높은 곳에 거미줄을 친다. 거미는 평온한 날씨가 아니라 흐린 날에 거미줄을 방출한다. 그래서 거미줄이 많이 쳐지면 소나기가 올 확실한 징조다. 일이 공평하게 분업화돼 있어 일반적으로 수거미가 먹이를 기다리는 동안 암거미는 거미줄을 친다고 한다.

제 9 장

메뚜기

메뚜기는 가을에 땅에 파 놓은 구멍에 대단히 많은 알을 낳는다. 알들은 땅속에서 겨울을 난다. 그리고 이듬해 늦은 봄에 알들에서 검은색을 띤 작은 메뚜기들이 깨어난다. 그러나 봄에 비가 많이 오면 알이 죽고, 날씨가 건조하면 메뚜기가 엄청나게 많이 늘어난다.

메뚜기는 땅에 틈과 구멍이 많은 평원 지대에서만 산다. 인도에서는 메뚜기가 90센티미터까지 자란다고 한다.* 그래서 인도 사람은 메뚜기 다리와 허벅지를 말려서 톱으로 사용하기도 한다. 가끔 엄청난 메뚜기 떼가 바람을 타고 날아와 바다나 호수에 떨어져 죽는다. 어떤 저자는 메뚜기가 밤에는 기온이 떨어져 날 수 없다고 말한다. 하지만 메뚜기들이 굉장히 넓은 바다를 여러 날 동안 함께 이동하는 것을 모르고 하는 소리다. 더욱더 놀

---

* 퀴비에는 일부 메뚜기들이 30센티미터까지 자라기는 하지만 그 이상은 자랄 수 없다고 말한다.

『쾰른 성서』 속의 메뚜기(목판화, 1478)

라운 사실은 메뚜기들이 이동하는 내내 굶주림을 견딘다는 것이다. 이런 이유 때문에 메뚜기 떼는 다른 육지에 도착하면 풀밭을 찾아 나선다.

이렇게 메뚜기 떼가 몰려오는 것은 신이 분노해 일어나는 재앙으로 여겨진다. 왜냐하면 메뚜기들이 날 때 보면 실제보다 커 보이는 데다 날개로 내는 소리가 무척 커서 언뜻 다른 날개 달린 동물로 오인할 수도 있기 때문이다. 메뚜기의 수도 엄청나 태양을 어둡게 가릴 정도다. 밑에 있는 사람들은 불안한 마음으로 메뚜기 떼가 내려와 대지를 뒤덮을 것인지 살피기 위해 메뚜기에게 시선을 고정하고 쳐다본다.

어쨌든 메뚜기는 날 수 있는 데 필요한 에너지를 지니고 있다. 바다를 건너는 것이 사소한 일인 것처럼 메뚜기 떼가 광범위한 육지를 가로질러 이동하며 구름처럼 대지를 덮고 농작물의 파괴를 예고한다. 메뚜기 떼는 이빨로 무엇이든 닥치는 대로 먹어 치우기 때문에 그들이 지나간 자리는 누렇게 말라붙는다. 심지어 집의 문짝까지도 먹어 치운다.

주로 아프리카에서 건너온 메뚜기들이 이탈리아를 유린한다. 로마 시민은 기근이 닥칠 우려가 있으면 대처 방안을 찾기 위해 『시뷜라의 서Libri Sibyllini』[1]에 여러 차례 의존해 왔다. 퀴레나이카Cyrenaica＊ 지방에는 주민들이 일 년에 세 번 메뚜기 퇴치 투쟁을 의무적으로 해야 하는 법이 있다. 처음에는 메뚜기 알을 으깨 버리고, 다음으로 어린 메뚜기들을 죽이고, 마지막으로 성체가 된 메뚜기를 죽이는 것이다. 그렇게 하지 않는 사람은 탈영병에 준하는 처벌을 받게 된다. 렘노스Lemnos섬에는 법으로 정해 놓은 일정한 양이 있다. 주민들은 각자 죽은 메뚜기를 정해진 양만큼 채워 지방 수령에게 제출해야 한다. 이곳 주민들은 수많은 메뚜기를 죽이는 갈까마귀를 매우 귀하게 여긴다. 쉬리아에서도 군법에 따라 메뚜기를 죽여야만 한다. 많은 지역에서 이 극성스러운 해충이 기승을 부린다. 파르티아Parthia 사람은 메뚜기를 방아깨비와 함께 특별한 음식으로 여긴다.

메뚜기의 소리는 머리 뒷부분에서 나는 것으로 보인다. 일반적으로 어깨가 몸통과 이어지는 부분에 메뚜기의 이빨이 있는데, 이 이빨을 맞부딪혀 갈면서 귀에 거슬리는 소리를 내는 것으로 생각된다. 하지 전후에 방아깨비가 쯧쯧 소리를 내는 것처럼 메뚜기는 춘분과 추분 무렵에 비슷한 소리를 낸다. 모든 종류의 곤충은 수컷이 암컷보다 작다.

＊ 율리우스 옵세퀜스(Julius Obsequens)는 메뚜기의 사체에서 역병이 번져 퀴레나이카 주민 8,000명이 사망했다고 전하고 있다.

제 10 장

개미

개미는 보통 일벌처럼 일한다. 그런데 벌은 먹이를 만들지만, 개미는 저장만 한다.[1] 개미가 나르는 짐을 체구와 비교해 보면 개미보다 힘센 동물이 없다는 것을 인정하지 않을 수 없다. 개미는 짐을 입으로 물어 나르는데, 물 수 없을 정도로 큰 것은 등을 돌려 짐에 대고 발로 밀어 앞으로 보낸다. 개미가 가장 많이 힘쓰는 부위는 어깨다. 개미는 자체적으로 정치적 공동체를 이루고 산다.

개미는 기억력과 예지력이 있다. 개미는 땅속에 있는 동안 싹이 나지 않도록 저장하기 전에 곡식을 갈아 놓는다. 안에 들여놓기에 너무 큰 곡식은 입구 앞에서 잘게 나눈다. 그리고 비에 젖은 곡식은 밖으로 가지고 나가 말린다.* 개미는 보름달이 떴을 때는 밤에도 일을 한다. 개미가 얼마

---

* 사실 개미가 밖으로 끄집어내 말리는 것은 유충이다. 일개미 또는 무성개미가 이 일을 맡는다. 수개미와 암개미는 날개가 있고 일개미는 날개가 없다.

426

나 열심히 그리고 얼마나 놀랄 정도로 용의주도하게 일하는가!

개미는 다른 개미들의 행동에 개의치 않고 서로 다른 지역에서 식량을 수집해 오기 때문에 날을 따로 정해 시장을 연다. 여기서 모여서 남는 것을 교환한다. 수많은 개미가 한자리에 모여 분주하게 몰려다니며 열심히 시장 조사를 하고 진지하게 흥정하는 것을 볼 수 있다.[2]

우리는 개미의 발길에 돌조차 닳아 없어지고 일하는 현장에서는 길이 다져진 것도 볼 수 있다. 작고 보잘것없는 미물도 부지런하고 온 힘을 다하면 얼마나 큰일을 이룰 수 있는지 그 누군들 모르겠는가! 그리고 개미는 인간을 제외하고 유일하게 죽은 동족을 위해 무덤을 만들어 주는 동물이다.

에뤼트라이Erythrae[3]에 있는 헤라클레스 신전에는 인도 개미의 뿔이 매달려 있는데, 크기가 하도 커서 불가사의로 여겨져 왔다. 이 개미는 다르다이Dardae[4] 사람들이 사는 인도 북부 지역에 있는 굴에서 금을 캐낸다. 이 개미는 고양이 같은 색깔을 띠고 있는데 크기가 이집트 늑대만 하다.* 인도인은 무더운 여름에 개미가 더위를 피해 굴에 들어가 있는 동안 개미가 겨울에 채굴해 놓은 금을 가로챈다. 그러나 인도 사람들의 냄새를 맡은 개미들이 밖으로 달려 나와 그들을 가리가리 찢어 놓는다. 인도 사람들은 도망갈 생각으로 가장 빠른 낙타를 타고 오겠지만, 개미들은 사납고 금에 대한 집착이 대단할 뿐만 아니라 무척 날렵하다.

---

* 이러한 설명으로 볼 때 인도에 사는 작은 여우인 코사크여우(Camis corsac)를 말하는 것 같다. 여행자들이 개미로 오해한 것을 그대로 옮긴 것으로 보인다.

금속 그리고
예술품과 장인

제 8 부 금 속 그 리 고 예 술 품 과 장 인

제1장

금

이제 금속에 관해 이야기하고자 한다. 금속은 실질적인 재산[1]이며 가치 비교의 기준이다. 그리고 우리가 땅속에 들어가 여러 가지 방법으로 열심히 찾는 물건이다. 어떤 곳에서는 살면서 꼭 필요한 것들을 마련하기 위해 금chrysos, 은argentum, 호박금electrum,[2] 구리aes 등을 찾아 땅을 헤집고 다닌다. 어떤 곳에서는 사치 욕구를 충족시키기 위해 손가락과 집 안의 벽을 장식할 보석과 안료를 찾아 헤맨다. 또 다른 곳에서는 전쟁과 살육이 벌어지면 금보다 더 귀한 대접을 받는 철ferrum을 구하기 위해 물불을 가리지 않는다.

　인간은 발 딛고 사는 땅속을 온통 뒤지고 다니며 광맥을 찾는다. 가끔 땅이 산산이 무너져 내리거나 흔들리면 우리의 신성한 부모인 자연이 분노한 게 분명하다며 경악한다. 우리는 밟고 다니는 대지가 아낌없이 베풀어 주는 풍요에 만족하지 못하고 심지어는 죽은 조상들의 영혼이 머무는 집까지 침범하며 땅속을 헤집고 들어가 보물을 찾는다.

게다가 이렇게 소란을 피우며 찾는 것으로 약을 만드는 것도 아니다. 병을 치료할 의학적 지식을 함양할 생각으로 땅을 뒤지는 사람은 정말 흔치 않다! 땅은 인간을 위해 모든 것을 베풀기 때문에 대지 위에도 먹을 것과 함께 금속 같은 물질을 아낌없이 풍족하게 마련해 놓았다. 인간을 지옥의 나락으로 떨어뜨리는 것은 인간의 눈에 보이지 않고 실로 오랜 시간 동안 형성되어 깊은 땅속에 묻혀 있는 것들이다.

헛된 상념으로 마음이 산란해지면 이런 채굴 작업이 대대손손 이어져 언제쯤 지구가 고갈되어 끝장날지, 탐욕이 종국에는 어디까지 이를지, 이것만 생각하자. 우리가 땅 위에 있는 것, 한마디로 자연이 우리에게 기꺼이 내주는 것에만 만족한다면 삶이 얼마나 홀가분하고, 얼마나 행복하고, 정말 얼마나 즐겁겠는가!

금은 땅속에서 캐낸다. 그리고 금이 있는 곳에는 규공작석chrysocolla[3]이 있다. 금보다 더 귀해 보일 수도 있는 이 물질은 금에서 이름을 빌려 왔다. 인류는 불행의 씨앗을 하나 찾아낸 것으로도 모자라 금과 비슷한 물질[4]도 귀하게 여기고 있다.

아아, 인간의 낭비벽이여! 인간은 갖가지 방법으로 사물에 가치를 덧붙여 왔다. 이런 금속이 원래 지닌 가치에 색을 입혀 값을 올렸다. 금과 은에 무늬를 새겨 넣어 한층 더 비싼 것으로 만들었다. 인간은 자연에 도전하는 방법과 악행을 선동하는 기술을 꾸준히 연마해 왔다.

그러나 시간이 지나면서 금속은 유행에서 사라졌으며 사람들은 금속을 하찮게 생각하기 시작했다. 사실 금과 은은 너무 흔해졌다. 우리는 이 땅에서 헤아릴 수도 없이 많은 석영quarzum을 캐냈다. 깨지기 쉽기 때문에 귀하게 여기는 광물이다. 순식간에 돌이킬 수 없이 깨져 버릴 수 있는 것을 소유한다는 것은 부유함을 보여 주는 증거이자 사치스러움의 진수였다. 이것도 부족했다. 우리는 보석으로 만든 잔으로 술을 마시고 술잔을 녹옥smaragdus[5]으로 장식했다. 우리는 인도산 보석으로 술잔을 만들어 술을 마시며 술맛이 더 난다고 즐거워한다. 금은 이제 하나의 단순한 장신구에 불과하다.

바라건대 몇몇 유명한 시인들이 지어 낸 촌철살인의 구절[6]로 저주받고 최고의 현자들에게 질책당한 금이 영원히 지구상에서 사라졌으면 한다. 그리고 금의 발견으로 인류가 타락했다는 것을 알아 두었으면 한다. 우리가 호메로스의 말을 믿을 수 있다면 트로이 전쟁이 있던 시절처럼 서로 물물교환을 하던 시대는 더 행복했을 것이다. 왜냐하면 내가 생각하기에 상업이 생활에 필요한 물건들을 공급하기 위해 물물교환 방식으로 이루어졌기 때문이다.

호메로스의 말에 따르면 어떤 사람은 소가죽을 가져오고 어떤 사람은 철과 적에게서 노획한 전리품을 가지고 와서 필요한 것을 구입해 갔다. 호메로스도 금을 높이 평가하긴 했지만 사물의 상대적 가치를 잘 알고 있었다. 그래서 그는 글라우코스Glaucos가 소 백 마리 값이 나가는 자신의 황금 갑옷을 소 아흔아홉 마리 값밖에 안 나가는 디오메데스Diomedes의 갑옷과 교환했다는 이야기를 우리에게 전해 주고 있다.

서로의 갑옷을 교환하는 디오메데스와 글라우코스. 『일리아스』 6권에 나오는 이야기로 글라우코스는 트로이 연합군에 참전한 뤼키아군의 전사였고 디오메데스는 아르고스의 왕으로 그리스 연합군의 전사였다. 두 전사는 할아버지들이 절친한 관계였다는 것을 알고 적이지만 대를 이어 우호 관계를 지속하자며 입던 갑옷을 서로 교환한다. 이때 글라우코스는 황금 갑옷을, 디오메데스는 청동 갑옷을 주었다. 여기서 '어느 한쪽이 손해 보는 거래'를 뜻하는 '디오메데스의 교환(Diomedian swarp)'이라는 말이 생겼다.

제 2 장

금반지의
기원

인류에 대한 최악의 범죄는 자신의 손가락에 최초로 반지를 낀 자가 저질렀다. 나는 고대인이 그가 철로 만든 반지를 낀 것으로 묘사했다는 것을 알고 있지만 프로메테우스에 관한 모든 이야기는 완전히 지어 낸 허구라고 생각한다.[1] 그러나 거기에 장신구가 아니라 쇠사슬이 등장하는 데 고대인의 숨은 뜻이 있다. 반지의 보석 부분을 안으로 돌리면 반지 낀 사람이 투명인간이 된다는 미다스Midas의 반지에 관한 이야기를 듣고 더욱더 거짓말 같은 이야기라고 인정하지 않을 사람이 누가 있겠는가?

모든 면을 고려할 때 금이 그토록 귀하게 여겨지게 된 발단은 손, 그중에서도 왼손 때문이다. 로마에서는 손에 금반지를 끼지 않고 용기를 상징하는 징표로서 철로 만든 반지만 끼는 것이 하나의 관습이었다.

로마 왕국의 왕들이 반지를 어떤 용도로 사용했는지에 대해 의견을 말하는 것은 쉽지 않다. 카피톨리누스 언덕에 있는 로물루스Romulus의 동상에는 반지가 없으며 다른 동상들도 마찬가지다. 심지어는 루키우스 유니우스 브루투스Lucius Junius Brutus의 동상에도 반지가 없다. 예외가 있다면 누마 폼필리우스Numa Pompilius[2]와 세르비우스 툴리우스Servius Tullius[3]의 동상이다. 나는 타르퀴니우스Tarquinius 가문의 동상에도 반지가 없는 것을 보고 특히 더 놀랐다. 왜냐하면 이 가문은 반지를 처음으로 끼기 시작한 곳으로 알려진 그리스에서 왔기 때문이다.[4] 하지만 오늘날에도 라케다이몬의 주민은 철로 만든 반지를 끼는 관습이 있다.

타르퀴니우스 프리스쿠스Tarquinius Priscus는 아들이 성인이 되기도 전에 적을 죽인 기념으로 아들에게 금으로 만든 인장 반지[5]를 준 최초의 왕이다. 이때부터 에퀘스 자녀들이 금제 인장 반지를 끼는 관습이 이어져 내려오고 있다. 평민의 자녀들은 가죽lorum[6] 반지를 만들어 낀다. 그런 저간의 사정으로 볼 때 타르퀴니우스 조각상에 반지가 없다는 것은 더욱 놀라운 일이다.

외국에 사절로 나가는 사람들에게 정부 예산으로 반지를 만들어 준다. 내가 생각하기에 외국 사람들을 만날 때 직위가 높은 사람은 구별되어야 한다고 보아 그렇게 하는 것 같다. 이렇게 정부가 마련해 준 반지를 낀 사람을 제외하고는 다른 사람들이 반지를 끼는 관습은 없었다. 또 외국에 사절로 나갈 때 반지를 받은 사람들도 공적인 자리에서만 금반지를 꼈고 집에서는 철로 만든 반지를 꼈다. 오늘날 약혼할 때 여성에게 예물로 주는 반지는 철제 반지이며 반지에는 어떤 보석도 박혀 있지 않다.

다른 사람은 몰라도 나는 트로이 전쟁이 있던 시절에 반지가 있었다는 이야기를 들어 보지 못했다. 어쨌든 호메로스는 어디에서도 반지를 언급하지 않는다. 호메로스는 점토판에 편지를 써서 보내는 것, 복식 그리고 금과 은으로 만든 판을 가슴에 덧대 끈으로 단단히 동여매고 다닌 관행에 대해 기술하고 있기 때문에 우리가 그 시대상을 이해할 수 있지만, 인장 반지를 눌러 찍은 봉인에 대해서는 언급하지 않고 있다.

처음에는 손가락 중에서 약지에만 반지를 끼는 것이 관습이었다. 이런 사례를 우리는 누마와 세르비우스 툴리우스의 조각상에서 볼 수 있다. 나중에 와서 검지에도 반지를 꼈다. 신상神像들이 그렇다. 그리고 최근에는 새끼손가락에도 반지를 끼는 것이 유행이다. 갈리아와 브리타니아 사람들은 중지에 반지를 낀다고 한다. 그러나 오늘날 로마인은 중지를 제외한 다른 손가락에 반지를 끼며 손가락의 가는 마디에도 작은 반지를 따로 만들어 낀다.

어떤 사람은 새끼손가락에만 여러 개의 반지를 낀다. 또 어떤 사람은 새끼손가락에는 인장을 새긴 반지 하나만 낀다. 이런 반지는 귀하고 값비싼 물건이기 때문에 일상적으로 끼고 다니지 않고 범접할 수 없는 반지함에 잘 넣어 두고 필요할 때만 꺼내서 낀다. 그래서 새끼손가락에 반지를 하나만 끼고 다니는 것은 그 사람의 집에 값나가는 반지가 더 있음을 보라는 듯 과시하는 것이나 마찬가지다.

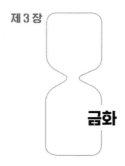

제 3 장

금화

인간의 행복을 저해한 두 번째 범죄는 1데나리우스[1] 금화를 주조한 것이다. 이것은 주조한 사람도 인식하지 못하는 가운데 저질러진 범죄다. 로마 시민은 퓌르로스 왕을 격퇴하기 전까지는 은화도 사용하지 않았다.[2]

세르비우스 왕이 처음으로 동전을 주조했다. 티마이오스Timaeos[3]에 따르면 그가 집권하기 이전에는 금속 자체를 화폐로 사용했다. 최초로 동전에 새겨진 형상은 양이었다. 양을 '페쿠스pecus'라고 하는데, 여기서 그 동전의 이름인 '페쿠니아pecunia'가 유래한다.

오굴니우스Ogulnius와 파비우스Fabius가 집정관으로 재임하고 있었고,[4] 제1차 포에니 전쟁이 발발하기 5년 전인 로마 기원 485년[5]까지는 은에 이름을 새기지 않았다. 그 당시에는 1데나리우스가 10아스로 정해졌다. 그러나 제1차 포에니 전쟁을 치르면서 전비를 조달할 방법이 없자 동전의 무게를 줄이고 전쟁이 끝나면 1아스를 2온스로 주조해야 한다는 법령을 제정했다. 이런 임시변통으로 동전 제조에 들어가는 비용의 6분의 5를 절감했고 공공 부채를 청산할 수 있었다. 이 구리 주화의 앞면에는 두 얼굴을 가진 야누스Janus 신이, 뒷면에는 군함의 앞부분이 새겨졌다.

이후 한니발이 로마로 진격해 오고 퀸투스 파비우스 막시무스Quintus Fabius Maximus가 혼자 집정관으로 있던 시절에는 1온스짜리 동전이 주조되었다. 그리고 1데나리우스의 가치는 16아스에 해당하는 것으로 정해졌다. 이때 동전의 무게를 감량함으로써 로마는 비용을 절반으로 줄이는 실질적인 이득을 보았다. 하지만 군인들에게 봉급을 지급할 때는 데나리우스와 아스의 교환 비율을 이전처럼 1대10으로 했다. 은화에는 쌍두 이륜전차와 사두 이륜전차를 새겼는데, 말의 수에 따라 '비가티bigati'와 '콰드리가티quadrigati'라고 불렀다.[6]

은화가 주조되고 나서 62년 뒤에 처음으로 금화가 주조되었다. 그러나 화폐를 발명하면서 인간은 탐욕의 새로운 장을 열었다. 이자를 받고 돈을 빌려주고 돈을 빌려준 사람은 무위도식하는 풍습이 생겨난 것이다. 탐욕뿐만 아니라 금이라면 사족을 못 쓰는 풍조[7]는 금을 지니고 다니는 것을 유행시키며 빠르게 도를 더해 갔다.

가이우스 그라쿠스Gaius Gracchus의 친구 셉티물레이우스Septimuleius는 그라쿠스에게 머리 무게만큼의 금이 현상금으로 걸리자 그의 목을 베어 오피미우스Opimius[8]에게 가져가기 전에 입에 녹인 납을 넣기까지 했다.[9] 친구를 살해한 것도 모자라 나라를 속이는 범죄까지 저지른 것이다. 로마인의 이름은 탐욕으로 악명이 높았는데, 미트리다테스Mithridates 4세는 포로

로 잡은 로마 장군 아퀼리우스Aquillius의 입에 녹은 금을 쏟아부었다.[10]

그리스어에 종종 등장하는 신조어들을 보면 부끄러움을 느끼지 않을 수 없다. 이런 용어들은 금사 세공이나 금 상감 세공으로 된 은제 식기와 사치품의 제작 기술을 지칭하기 위해 만들어진 것이다. 사치품은 금도금을 했을 뿐인데 순금으로 만든 것보다 더 비싼 값에 팔린다. 스파르타쿠스Spartacus[11]는 어느 누구도 병영 안으로 금이나 은을 반입할 수 없도록 했다. 그 시절에는 생각이 훨씬 더 고결했다. 심지어 도망친 노예들까지도 그랬다.

나는 로마인이 정복한 나라에 금이 아니라 항상 은으로 조공을 바치도록 했다는 사실을 알고 매우 놀랐다. 로마는 한니발 치하의 카르타고를 정복한 뒤 1년에 한 번씩 세금의 형태로 전쟁 배상금을 받았는데 50년 동안 금이 아니라 은 360톤을 받았다. 금이 세계적으로 훨씬 덜 쓰였기 때문에 그런 것 같지는 않다.

과거에 미다스와 크로이소스Kroisos는 헤아릴 수 없이 많은 금을 가지고 있었다. 퀴루스Cyrus는 소아시아 정복 전쟁에서 금제 식기류와 금제 장식품 외에도 잎을 비롯한 나무 전체를 금으로 만든 버즘나무와 포도나무 등 10톤이 넘는 금을 전리품으로 노획했다. 이 정복 전쟁에서 퀴루스는 무게가 15탤런트[12]에 달하는 세미라미스Semiramis[13]의 꽃병* 외에도 50만 탤런트의 은을 약탈해 갔다.

황금 양모의 나라 콜키스Colchis의 왕 사울라케스Saulaces는 궁전의 아치를 금으로, 지주와 기둥 그리고 벽기둥을 은으로 만들었다. 이 모든 것은 이집트의 왕 세누스레트Senusret와의 싸움에서 이겨 그가 빼앗은 것들

---

* 세미라미스는 이 꽃병을 물 마시는 그릇으로 썼다고 한다. 도버 해협에 설치되어 있는 거대한 대포를 "엘리자베스 여왕이 주머니에 넣고 다니는 권총"이라고 표현한 것과 비슷하다.

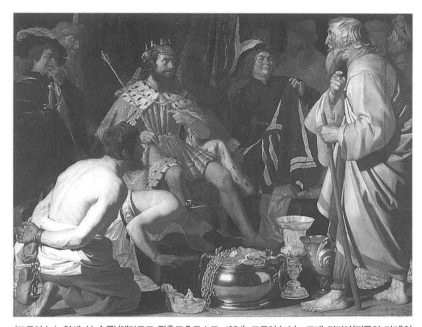

〈크로이소스 앞에 선 솔론〉(헤라르트 판혼트호르스트, 1624). 크로이소스는 고대 리디아(지금의 터키)의 왕으로 엄청난 부를 축적했던 것으로 전해지는데, 그의 이름에서 '크로이소스만큼이나 부자인(as rich as Croesus)'이라는 말이 생겨났다. 그는 부를 자랑하기 위해 그리스의 현자 솔론을 불러 자신이 가장 행복한 사람임을 인정받고자 했지만, 솔론이 이를 수긍하지 않자 그를 미워했다. 또 그는 페르시아와 전쟁을 일으킬 때 엄청난 돈을 델포이 신전에 바치고 신탁을 받았으나, 이를 잘못 해석하는 바람에 결국 페르시아의 키루스 2세에게 패하고 말았다.

이었다.[14] 사울라케스는 매우 오만하여 매년 가신 중 한 명을 추첨으로 뽑아 자신의 전차를 끌게 하면서 자신이 거둔 전승을 다시금 축하했다.

가이우스 안토니우스는 자신이 주최한 경기의 무대를 은으로 만들었다.[15] 칼리굴라 황제는 원형경기장에 56톤의 은으로 관람석을 만들도록 했다. 그의 뒤를 이어 황제가 된 클라우디우스가 브리타니아에서 승리를 거두고 세운 기념비에는 그가 히스파니아 키테리오르Hispania Citerior[16]에서 3톤의 금 화환을 그리고 갈리아 코마타Galia Comata[17]에서 4톤의 금 화환을 받았다고 새겨져 있다. 클라우디우스의 뒤를 이은 네로는 아르메니아의 왕 트리다테스에게 과시하기 위해[18] 폼페이에 있는 극장을 하루 동안 금으로 덮었다. 하지만 이 극장은 그가 사는 황금 궁전Domus Aurea[19]에 비하면 볼품없이 작았다. 그는 황금 궁전으로 로마를 둘러싸다시피 했다.

금으로 만든 최초의 조각상은 여신 중의 지존인 아나히타Anahita 여신의 신전에 세워졌다. 파르티아에 있던 이 조각상은 전쟁 중에 안토니우스 군대에 의해 약탈되었다. 이 조각상에 관련해서 보노니아Bononia 출신의 로마 퇴역 군인이 했다는 재미있는 이야기가 있다. 언젠가 그 퇴역 군인이 아우구스투스 황제를 초대했을 때의 일이었다. 황제가 그에게 아나히타 여신상을 약탈하는 범죄를 저지른 자는 눈이 멀고 사지가 마비돼 죽는다는 것을 아느냐고 물었다. 이에 대해 그는 "황제께서 지금 드시고 있는 저녁 식사는 여신상의 다리 하나를 팔아서 마련한 것"이라고 대답했다. 그가 바로 여신상을 약탈한 장본인이었고, 그가 가진 모든 재산은 약탈해 온 여신상 덕분에 마련한 것이었다.

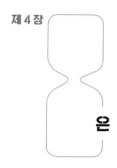

제4장

은

이제 인간이 저지르는 멍청한 짓을 다시금 보여 주는 은 광석에 관해 이야기해 보자. 은은 지하로 깊게 수직으로 파 내려가야만 찾을 수 있다. 금과 마찬가지로 지표에는 은이 있을 것이라고 희망을 품게 하는 반짝이는 징표는 하나도 없다. 은이 발견되는 땅은 붉은색을 띠기도 하고 잿빛을 띠기도 한다.

　방연석Galena과 섞지 않으면 은의 제련은 불가능하다. 방연석은 은 광석의 광맥이 뻗어 있는 곳과 가까운 곳에서 맥을 이루며 묻혀 있는 납 광석을 일컫는 말이다. 은 광석과 방연석을 함께 높은 온도에서 녹이면 납이 녹아 흐르고 그 위에 마치 물 위의 기름처럼 은이 뜨게 된다.*

　은은 로마 제국의 모든 지방에서 난다. 그러나 가장 좋은 은은 히스

---

* 　납의 비중은 11.352, 은의 비중은 10.474다.

파니아에서 산출되는데, 그곳의 경작하지 않는 땅이나 산지에서 은을 채굴한다. 은 광맥 하나를 찾으면 근처에 또 다른 은 광맥이 있다. 이런 사실은 어떤 금속도 마찬가지다. 그래서 그리스인은 이를 '메탈라'*라고 불렀다. 놀라운 사실은 한니발이 히스파니아에서 굴착한 은광들에서 지금도 여전히 은을 캐고 있다는 것이다. 이 은광들에는 그곳을 처음으로 발견한 사람들의 이름이 붙었다. 바이벨로Baebelo라는 은광에서는 매일 130킬로그램이 넘는 은을 캐서 한니발에게 보냈다. 그곳의 갱도는 약 22킬로미터에 이르는데, 사람들이 밤낮으로 교대하며 희미한 횃불 아래서 물을 퍼냈다고 한다.

지표와 가장 가까운 곳에서 발견된 은 광맥은 '크루다리아crudaria'라고 부른다. 고대에는 채굴을 하다가 명반alum층을 만나면 채굴을 포기하고 더 이상 파고 들어가지 않았다. 그러나 후대에 명반층 밑에서 구리 광맥이 발견되면서 희망을 거두지 않고 계속 파 들어갔다. 은광 안에서 나오는 기체는 모든 동물에게 해롭다. 특히 개에게는 치명적이다.

금과 마찬가지로 은도 무르면 무를수록 더 좋은 것으로 간주된다. 은에는 두 종류가 있다. 은 조각을 뜨겁게 달아오른 쇠로 만든 삽 위에 올려놓았을 때 색이 변하지 않고 그대로 하얀색을 띠면 최상급의 은이다. 만약 은 조각이 붉은색으로 변하면 질이 좋지 않은 은이다. 검은색으로 변하면 아무짝에도 쓸모없는 은이다. 그런데 이런 검사 방법을 무용지물로 만들며 사기를 친다. 삽을 암모니아에 담가 두면 은 조각이 암모니아를 흡수하여 겉보기에는 흰색을 띠게 된다.

---

* μετ ἄλλα, '하나 다음에 또 하나'라는 뜻이다.

제 5 장

은거울과 은그릇

일반적으로 순도가 높은 은은 광을 내면 거울이 된다고들 생각한다. 과거에는 순도가 높은 은으로 거울을 만들었다. 그런데 요즘에 와서는 사기꾼들 때문에 이런 믿음도 많이 훼손되었다. 하지만 은이 가진 사물을 반영하는 속성은 정말 놀랍다. 두꺼운 은판을 잘 닦아 광을 낸 다음 약간 오목하게 가공하면 여기에 비친 그림이나 사물이 엄청난 비율로 확대되어 보인다. 게다가 요즘에는 술잔에 많은 거울이 들어 있는 것처럼 오목한 면을 여러 개 만든다. 그래서 술잔 안을 들여다보면 술자리에 참석한 사람들의 모습이 모두 반사되어 보인다.

사물이 괴물같이 일그러지게 보이는 거울을 만들어 스미르나Smirna[1]에 있는 신전에 봉헌한 적이 있다. 이 거울은 오목한 면과 볼록한 면을 모두 갖고 있는데, 이에 따라 사물이 왜곡되게 비친다. 사실 거울에 반영된 이미지는 금속의 빛나는 표면에 드리워진 사물의 그림자에 지나지 않는다.

거울에 대한 이야기가 나온 김에 짚고 넘어가자면, 우리 조상들이 살던 시대에 최고의 거울은 브룬디시움에서 주석과 구리를 섞어 만들었다. 근래에 와서 사람들은 은으로 만든 거울을 선호하는데, 폼페이우스 장군이 집권하던 시절에 파시텔레스Pasiteles가 로마인으로서는 최초로 은거울을 만들었다.

이집트 사람들은 은그릇을 얼룩지게 하면 그들이 숭배하는 아누비스 Anubis 신의 모습을 은그릇에서 볼 수 있다고 생각한다. 그래서 이집트인은 은그릇에 무늬를 새기지 않고 안료를 칠한다. 이런 관습이 지금은 로

기원전 1세기경의 은거울

마에도 전해져 전승을 기념하는 조각상에 적용되고 있다. 진정 놀라운 사실은 은을 무광으로 처리했을 때 가치가 높아진다는 것이다. 은을 무광으로 주조하는 방법은 이렇다. 은에다 은의 3분의 2 비율로 '코로나리움coronarium'으로 알려진 순도 높은 퀴프리아Cypria산 구리를 섞고 은과 같은 양의 가공하지 않은 천연 유황을 넣는다. 이렇게 배합한 원료를 흙으로 빚은 주형에 넣고 봉니로 막은 다음 녹인다. 그리고 시간이 흘러 완전히 굳으면 주형에서 빼내면 된다. 은은 잘 삶은 계란 노른자와 접촉하면 검게 변한다. 하지만 이 검은색은 식초와 석회를 뿌려 닦으면 없어진다.

삼두체제 집정관의 한 사람인 안토니우스는 은을 철과 섞어 데나리우스 은화를 주조했다. 위조된 은화에는 구리가 들어간다. 이런 기술 분야, 그리고 이 한 가지 분야에서 가짜를 만드는 다양한 방법을 연구하고 있다는 데 놀라지 않을 수 없다. 가짜 데나리우스 견본을 면밀히 살펴볼 필요가 있기 때문에 실제로 사람들은 진짜 주화를 주고 가짜 주화를 산다.*

---

* 진짜 주화와 가짜 주화의 차이를 알리기 위해 위조 데나리우스 견본을 팔 수 있도록 법으로 정했던 것 같다.

제 6 장

엄청난 재산을
가진 사람들

고대에는 10만 이상의 양을 표기할 수 있는 숫자가 없었다. 오늘날에는 그 몇 배가 되는 숫자도 표기한다. 예를 들어, 10만의 열 배 등과 같이 곱셈을 하게 된 것은 고리대금업과 화폐 사용 때문이다. '남의 구리aes alienum'라는 표현은 지금도 빚(채무)의 뜻으로 쓰이고 있다. 최근에는 '부자Dives'라는 별명이 등장했는데, 최초로 이런 별명을 얻은 사람이 파산해 채권자들이 분노했다는 소문이 자자하다.*

마르쿠스 크라수스Marcus Crassus는 한 해 수입으로 군단을 유지할 수 없는 사람은 부자가 아니라고 말했다. 그는 가치가 2억 세스테르케스에

---

*   로마 역사에서 최초로 디베스(Dives)라는 별명을 얻은 사람은 푸블리우스 루키니우스 폼페이우스다. 그는 높은 지위에 오르는 영광을 누렸고 일반적으로 좋은 평판을 받고 살다 죽었으므로 플리니우스가 여기서 비난한 장본인일 가능성은 낮다.

달하는 토지를 소유했고 로마에서는 술라 다음가는 부자였다.* 이것도 모자라 그는 파르티아인이 가진 금을 모두 차지하려고 했다. 크라수스는 부를 쌓은 것으로 기억되는 첫 번째 인물로 그의 끊임없는 탐욕을 비난하는 것은 즐거운 일이지만, 그 이후로 그보다 훨씬 더 부유한 해방 노예들도 있었다는 것을 우리는 알고 있다. 클라우디우스 황제 연간의 인물만 꼽아도 팔라스Pallas,[2] 칼리스투스Callistus[3] 그리고 나르키수스Narcissus[4] 등이 떠오른다.

그러나 이런 인물들에 대해서 더 이상 언급하지 않겠다. 가이우스 카이킬리우스 클라우디우스 이시도루스Gaius Caecilius Claudius Isidorus에게로 이야기를 돌리자. 그는 갈루스Gallus와 켄소리누스Censorinus가 집정관으로 재임하던 시절[5] 내전으로 재산이 많이 줄었다. 그래도 그는 여전히 노예 4,116명, 소 1,600쌍, 다른 가축 25만 7,000마리 그리고 그 외에도 6천만 세스테르케스의 현금을 유산으로 남길 수 있다고 음력 2월이 시작하기 엿새 전 유언장에 밝혔다. 그는 110만 세스테르케스를 장례비용으로 쓰라는 것도 유언장에 명기했다.

하지만 이런 엄청난 거부들이 가진 재산을 다 합친다고 해도 프톨레마이오스의 재산이 비하면 조족지혈이다. 바로에 따르면 이 인물은 폼페이우스가 유다 왕국 인접국들을 정복하러 나섰을 때 사비로 8,000명의 기병을 유지했다. 그리고 1,000명의 손님을 초대해 식사를 대접할 때는 손님 한 사람마다 금으로 된 술잔을 준비해 놓았고 새로운 음식이 나올

---

* 파르티아인은 그가 죽은 뒤에 목을 잘라 녹인 금을 목구멍에 부어 넣었다.

때마다 술잔을 바꿔 주었다. 그런데 그의 재산도 소아시아 북부 비튀니아Bithynia의 퓌티우스Pythius의 재산에 비하면 정말 하찮은 규모다.*

여기서 왕들의 재산에 대해서는 언급하지 않겠다. 그 유명한 버즘나무와 포도나무를 다리우스 대왕에게 진상한 이가 바로 퓌티우스다. 그는 18만 8,000명이나 되는 크세르크세스(다리우스 대왕의 아들) 군대의 장병 모두를 초대해 연회를 베풀어 주기도 했다. 그리고 전쟁에 나가는 다섯 아들 중 장남의 병역을 면제시켜 노년에 위안을 삼을 수 있도록 해 주는 조건으로 다섯 달 동안 군대의 급료와 식량을 주겠다고 약속했다. 이러할진대 누가 감히 퓌티우스의 재산을 크로이소스 왕의 재산에 비교할 수 있겠는가?

노예들의 손에 들어간 것과 제왕들조차도 욕심껏 채울 수 없었던 것에 인간의 욕망을 집중시키는 것은 정말이지 미친 짓이며, 어느 모로 보아도 불행한 일이다.

---

* 일부 문헌에 따르면 그는 리디아 출신이다. 그는 프리기아의 켈라이나이(Celaenae) 마을에 있는 금광을 운영해 돈을 벌었다. 플리니우스의 조심스런 태도에도 불구하고 그는 왕에 못지않은 재산을 모았다고 한다. 그의 다섯 아들이 크세르크세스 대왕을 따라 종군했다. 그러나 퓌티우스는 일식이 일어나는 것을 보고 놀라 장남은 남아 있게 해 달라고 간청했다. 그러자 크세르크세스는 아들을 두 동강내 죽여 그의 시체를 길 양쪽에 놓아 두고 병사들을 그 사이로 행진하게 했다. 그의 다른 네 아들은 전쟁에서 죽었다. 그리고 퓌티우스는 쓸쓸하게 여생을 보냈다.

제 7 장

사치스러운
은접시

은접시가 유행에 따라 변하는 것을 보면 인간의 성정이 얼마나 변덕스러 운지 잘 알 수 있다. 한 공방에서 만들어 낸 은접시가 유행을 타는 기간 은 길지 않다. 한때는 푸르니우스 접시가 유행했고 그다음에는 클로디우 스 접시, 그리고 또 그라티우스 접시가 대대적으로 유행했다.* 심지어는 공방에서 접시를 빌려다가 식탁을 차리기도 했다. 이제는 다시 돋을새김 을 한 접시와 접시 가장자리를 깊이 파 문양을 새기고 거기에 색을 입힌 접시들이 유행하고 있다. 그리고 다양한 접시를 넣어 두기 위해 찬장에 새로운 칸을 만들고 있다.

웅변가 칼부스Calvus[1]는 냄비까지 은으로 만든다고 불만을 토로했다. 그러나 그것도 모자라 마차Carruca[2]까지 문양을 새긴 은으로 감싸는 것

---

* 은접시를 만든 은세공사들의 이름을 따서 접시에 이름을 붙였다.

을 생각해 냈다. 우리 시대에 와서도 네로 황제의 두 번째 부인 포파이아 Poppaea Sabina는 자신이 아끼는 노새에게 금으로 된 장신구를 달아 주라고 명했다.

스키피오 아프리카누스Scipio Africanus[3]는 유산으로 은 14.5킬로그램을 남겼다. 그는 카르타고와 전쟁에서 승리를 거두었을 때 2톤의 은을 노획해서 가져왔다. 로마 제국의 경쟁자인 카르타고 주민이 가지고 있던 은을 다 모은 게 그 정도였다. 그런데 이후 로마 시민 한 사람이 식탁을 차리는 데 동원하는 은이 그것을 훨씬 능가했다. 누만티아Numantia를 파멸시킨 뒤 스키피오 아프리카누스는 승리를 거둔 당일 병사들에게 포상금으로 각각 은화 일곱 개를 지급했다. 스키피오 아프리카누스는 그 정도면 적당하다고 생각했고 병사들도 그 정도의 은으로 만족했다. 그의 동생 스키피오 아시아티쿠스Scipio Asiaticus는 최초로 450킬로그램의 은을 소유한 사람이었지만, 드루수스 리비우스Drusus Livius는 호민관으로 재임하던 시절 4.5톤의 은을 소유했다. 장군 출신으로 집정관을 지냈으며 전승을 거두기도 한 루피누스Rufinus[4]가 은 2킬로그램을 소유한 것 때문에 감찰을 받아야만 했던 것은 오늘날의 관점에서 보면 분명 꾸며 낸 이야기로 들릴 것이다.

오래전부터 연회용 장의자triclinium[5]뿐만 아니라 여성들이 앉는 장의자를 완전히 은으로 도금하는 것이 유행이었다. 200년 전에 45킬로그램이나 되는 대형 은접시뿐만 아니라 이런 장의자들이 등장했다. 이런 은접시가 로마에 150개 이상 있었고, 이것을 차지하려는 사람들의 모함 때문에 많은 사람이 추방된 것은 널리 알려진 사실이다. 이런 사악한 물건들이 존재하기 때문에 벌어진 내전은 얼마나 수치스러운 사실로 연대기에 기록되어 있는가!

우리 시대에 와서 이런 경향은 더욱 강해졌다. 클라우디우스 황제 때 그의 노예 드루실라누스Drusillanus(별명이 로툰두스Rotundus[6]였다)는 히스파니아 키테리오르에서 황제의 재산관리인[7]으로 근무했는데, 200킬로그램이 넘는 은접시를 갖고 있었고 이 접시를 만들기 위해 공방을 세웠다. 이 대형 은접시는 각각의 무게가 100킬로그램인 여덟 개의 은접시와 함께 식탁에 올려졌다. 도대체 이런 은접시로 음식을 대접하기 위해 얼마나 많은 노예들이 동원되었으며 또 이런 은접시로 대접받은 손님들은 누구란 말인가?

이런 사치를 파브리키우스가 집권하던 시절의 검소함과 비교해 보라. 그는 휘하에 있는 장군들에게 작은 접시 하나와 소금통 하나 이외에는 어떤 은그릇도 허용하지 않았다. 우리 시대에 와서 전쟁에서 보여 준 용맹함에 대한 보상이 이런 사치품으로 이루어지고 그 때문에 용맹함이 무색해지는 것을 본다면 파브리키우스는 뭐라고 말할까? 아아, 우리 시대의 도덕이 이렇게 타락하다니! 파브리키우스가 우리를 부끄럽게 한다.

은을 돋을새김하는 기술과 관련해서는 여러 장인이 거론되지만 금을 음각으로 세공하는 기술에서는 거론되는 사람이 거의 없다는 것은 주목할 만한 사실이다. 하지만 멘토르Mentor는 대단한 명성을 얻었다. 그는 하나로 된 것 말고도 네 쌍의 꽃병을 만들었는데, 기원전 365년 에페수스의 디아나Diana 신전 화재와 64년 카피톨리누스 언덕의 대화재 때 모두 소실되어 전해지지 않고 있다. 바로는 그의 저서에서 멘토르가 만든 청동상을 자신이 가지고 있었다고 밝히고 있다. 조퓌루스Zopyrus는 아레이오스 파고스Areios Pagos 법정과 어머니 클뤼템네스트라Clytemnestra[8]를 살해한 오레스테스Orestes의 재판을 1,000세스테르케스짜리 잔 두 개에 새겨 넣었다. 또한 퓌테아스가 만든 큰 술잔은 1만 데나리우스에 팔렸는데, 그 술잔에는 트로이의 팔라디움Palladium[9]을 훔치는 오디세우스와 디오메데스가 새겨져 있었다. 그는 아주 정교한 세공 기술로 작은 술잔에 부엌의 모습을 새겨 넣기도 했는데, 파손되기 쉬워서 주형을 떠 복제품을 만드는 것이 불가능했다. 상감 세공 기술자인 테우케르Teucer도 명성이 대단히 높았다.

그러나 이런 기술은 그 절정을 이루자마자 돌연 사라졌다. 그래서 오늘날까지 남아 고대의 기술을 보여 주는 견본 작품들은 그 값을 매길 수 없지만, 형태를 알아볼 수 없을 정도로 새겨진 그림이 마모된 접시들은 그냥 접시로서 대접을 받을 뿐이다.

제 8 장

청동

다음으로 청동aes*에 대해 설명하기로 하자. 실용성의 관점에서 보면 가치가 두 번째인 합금이다. 사실 코린토스에서 생산되는 청동은 그 가치가 금보다 높다고 할 수는 없어도 은보다는 높다. 또한 청동은 화폐가치의 표준이다. 로마 시민은 아주 오랫동안 동전을 만드는 데 청동밖에 쓰지 않았다고 이미 이야기한 적이 있다. 그리고 또 하나의 사실은 청동을 귀하게 여겼다는 증거들이 로마의 건국만큼이나 오래되었다는 것이다. 그런 배경에서 누마는 '청동 세공인 단체'를 세 번째로 설립했다.**

　가장 질이 좋은 것으로 평가받는 구리cuprum는 해외에서 들여온다. 과거에는 캄파니아 지방에서 구리가 났고, 지금은 이탈리아 북쪽 끝에 있는

---

*　　aes는 오늘날 '황동'과는 맞지 않는다. 고대의 aes는 주로 구리와 주석의 합금이다. 따라서 aes를 브론즈, 즉 청동이라고 부르는 게 맞다.

**　첫 번째로 신관(神官) 단체, 두 번째로 복점관(卜占官) 단체를 설립했다.

베르고뭄Bergomum[1]에서 난다. 최근에 와서는 게르마니아 지방에서도 구리가 발견되었다고 한다.

과거에는 구리에 금과 은을 섞어 합금을 만들었고, 이것의 가공을 합금 자체보다 더 귀하게 여겼다. 그러나 요즘에는 세공비와 재료비 중 어느 쪽이 더 비중이 큰지 알기 어렵다. 다른 분야도 마찬가지겠지만 이런 점에서 보면 과거에는 명예를 위해서 일을 했다면 지금은 오로지 돈을 벌기 위해 일한다. 이런 기술은 신들이 부여해 준 것이다. 모든 나라에서 신분이 높은 사람들이 이런 기술을 연마해 명성을 얻으려고 노력했다. 그러나 로마에서는 이렇게 합금으로 가치 있는 금속을 제조하는 방법을 완전히 잊어버렸다. 그래서 과거에 이런 기술에 주어졌던 명예를 누릴 기회조차 이미 오래전에 사라졌다.

옛날에는 이러한 합금 다음으로 코린토스의 합금을 가장 높게 평가했다. 이 합금은 코린토스가 함락될 당시 화재가 일어나면서 우연히 만들어졌다. 많은 사람이 열광적으로 그것을 소유하려고 했다. 키케로 때문에 비난을 받은 베레스Verres는 코린토스 청동으로 만든 작품들을 소장하고 있었는데, 안토니우스가 그 작품들을 달라고 요구했지만 거절했다. 다름 아닌 바로 그 일로 해서 베레스는 키케로와 함께 추방되었다.

코린토스는 제158회 올림픽이 열리고 삼 년 후, 그러니까 로마 기원 608년*에 로마 군대에 의해 함락되었다. 이후 몇 년 동안 코린토스에는 오늘날 로마인이 코린토스 청동 제품이라고 부르는 모든 대표적인 작품을 만든 장인들이 호황을 누렸다. 로마의 호사가들은 진짜 코린토스 청동상

---

*　기원전 146년.

을 가져다 녹여 품격은 아예 무시하고 식기, 때로는 등잔, 심지어는 요강을 만들었다.

코린토스 청동은 세 종류다. 첫째는 흰색 계열의 청동으로 은의 비중이 높아 거의 은과 같은 광택이 난다. 둘째는 황금 같은 누런색이 두드러지는 청동이다. 세 번째는 각각의 금속을 같은 비율로 배합한 청동이다. 이 세 가지 외에도 또 다른 성분의 합금도 있다. 이 합금의 구성을 말로 표현하는 것은 불가능하다. 왜냐하면 이 금속으로 그림이나 동상을 만드는 것은 사람이지만 합금의 형성에서 가장 중요하게 작용하는 것은 우연이기 때문이다. 마지막으로 간과 비슷한 색깔 때문에 높은 평가를 받는 합금이 있는데, 오랫동안 최상급에 속했던 아이기나Aegina² 와 델로스에서 나는 청동보다는 훨씬 낫지만 코린토스 청동보다는 훨씬 못하다.

델로스 청동이 가장 먼저 유명해졌고 전 세계에서 델로스섬으로 청동을 사러 왔다. 그래서 이 청동으로 물건을 만드는 데 관심을 갖게 되었다. 델로스섬은 최초로 청동으로 된 식탁용 의자 다리와 등받이를 만들어 유명해졌다. 시간이 지나면서 신상 그리고 사람과 다른 동물의 상을 만드는 데 청동을 사용했다.

그다음으로 높은 평가를 받는 청동이 아이기나 청동이다. 이 섬에서는 금속이 나지 않는다. 하지만 이 섬에 있는 공방들은 금속을 가공하는 열처리 기술이 뛰어나다. 현재 로마 소시장에 설치된 청동 소는 아이기나섬에서 가져온 것이다. 카피톨리누스 언덕에 있는 유피테르 토난스 신전의 유피테르상이 델로스 청동의 전형이라면, 이 청동 소는 아이기나 청동의 전형적인 작품이다. 뮈론Myron은 아이기나 청동을 썼고, 폴뤼클레이토스Polykleitos는 델로스 청동을 썼다. 두 사람은 같은 시대 사람이고 같은 문하에서 공부했으며 서로 라이벌 의식이 대단히 강했다.[3]

타렌툼이 촛대의 기둥을 만드는 것으로 유명했다면, 아이기나는 특히 촛대의 초꽂이를 만드는 것으로 유명했다. 따라서 대부분의 완제품은 이 두 부품을 결합해서 만들었다. 그 촛대는 이름 그대로 불붙은 초를 세워 두는 것에 불과한데, 사람들은 그것을 구입하기 위해 로마 군단 사령관의 봉급에 맞먹는 돈을 지불하는 것을 부끄럽게 생각하지 않았다.[4] 이 촛대들 가운데 하나를 팔 때 경매사 테온Theon은 촛대를 구입한 사람에게는 직물 장인 클레십푸스Clesippus를 덤으로 얹어 주겠다고 외쳤다(그는 곱추에다 어디로 보아도 외모가 흉측했다). 결국 게가니아Gegania[5]라는 귀부인이 5만 세스테르케스에 이 조건으로 촛대를 샀다.

고대인은 신전의 문틀과 심지어 문짝까지 청동으로 만드는 풍습이 있었다. 그나이우스 만리우스Gnaeus Manlius[6]는 아시아를 정복하고 로마 기원 567년에 로마로 개선했을 때 최초로 청동으로 만든 연회용 의자, 음식 운반용 테이블, 외다리 식탁 등을 만들어 선보였다. 우리는 웅변가인 루키우스 크라수스의 상속인들이 청동으로 장식한 연회용 장의자 여러 개를 팔았다는 것을 안티아스Antias를 통해 알고 있다. 델포이에 있는 아폴로 신전에서 제물을 바칠 때 사용해서 델포이식 테이블이라고 불리는 삼발이 제단은 보통 청동으로 만들었다. 많은 사람이 감탄하며 바라보는 '천장에 매다는 촛대'[7] 역시 청동으로 만들어져 신전에 설치되거나 나무에 과일이 열린 듯한 형태로 빛을 비춰 주었다.

제 9 장

청동상

세월이 조금 지나자 도처에 있는 장인들은 신의 모습을 표현하는 데 전념했다. 내가 알기로 로마에서 처음으로 만들어진 청동상은 여신 케레스Ceres[1]상이다. 케레스 여신상의 건립 비용은 스푸리우스 카시우스Spurius Cassius가 소유했던 토지를 팔아 충당했다. 그는 왕위를 탐하다가 아버지에 의해 사형되었다.[2] 이렇게 동상을 만드는 관습은 신에서 인간의 모습을 재현하는 것으로 바뀌어 다양한 형태의 동상으로 나타났다. 고대인은 동상에 역청을 발랐다. 그리고 후세에 와서는 더욱 놀랍게도 동상에 금을 입히는 것을 선호했다. 이런 관습이 로마에서 처음 시작된 것인지는 모르겠지만 로마의 오랜 관습으로 평판이 나 있는 것은 확실하다.

과거에는 개인이 자신의 모습을 본떠 상을 만드는 풍습이 없었다. 예외가 있다면 빛나는 업적을 쌓아 오래 기억될 만한 사람들이었다. 빛나는 업적의 첫 번째는 스포츠 경기에 나가 승리하는 것이다. 특히 올림픽 경기에 나가 승리한 우승자의 청동상을 세우는 것은 관행이었다. 그리고 운이 좋아 세 번 우승하면 팔다리까지 정확히 똑같이 만든 동상이 세워졌다. 이런 동상을 '이코니카이Iconicae(인물 동상)³라고 불렀다. 나는 아테네 시민이 독재자⁴를 죽인 하르모디오스Harmodios와 아리스토게이톤Aristogeiton에게 경의를 나타내기 위해 세운 동상이 최초의 공공 동상인지는 모르겠다.* 아테네에서 독재자를 죽인 사건이 일어나던 해 로마에서는 왕이 축출되었다.⁵ 이런 관습은 가장 본받을 만한 것으로 인정받아 나중에는 모든 국가에서 따르게 되었다. 그래서 지방 중소 도시의 공공장소에 장식물로 동상들을 세웠다. 그리고 후대 사람들은 묘비뿐만 아니라 동상 좌대에 새겨진 그들의 영광스러운 행적을 읽고 그에 대한 기억을 새롭게 했다. 세월이 흐른 뒤에는 일반 시민도 개인 주택이나 업무용 건물에 회의실이나 공개된 장소를 마련하고 동상을 세워 후원자나 은인에게 경의를 표했다.

예전에는 토가를 입은 모습의 동상들이 만들어졌다. 또한 체력 단련을 하는 젊은이들이 창을 휘두르는 나신상도 대단히 인기를 끌었는데, 이것을 '아킬레우스식 동상'이라고 불렀다. 그리스의 관습은 완전 나신으로 동상을 만드는 것이었다. 반면에 로마 시민과 군인의 동상은 동체 갑옷을 입은 형태로 만들어졌다. 절대 권력자 카이사르는 자신의 업적을 기념하기 위해 갑옷을 입은 자신의 동상을 포룸에 세우도록 했다. 루페르키식

---

* 두 사람이 죽인 아테네의 독재자는 힙파르코스(Hipparkhos)다. 플리니우스는 그를 죽인 두 사람의 동상을 프락시텔레스(Praxiteles)가 만들었다고 다른 곳에서 언급했다.

옷*을 입은 동상들도 망토를 입은 동상과 같은 시기에 세워졌다. 만키누스 Mancinus는 그가 적에게 항복을 받아 낼 때 입었던 옷을 입은 모습의 동상을 만들라고 지시했다. 시인 루키우스 아티우스Lucius Attius는 뮤즈[6] 여신들의 신전에 자신의 동상을 세웠다. 그는 체구가 작았지만 동상은 대단히 컸다.

기마상도 역시 로마에서 인기가 높았다. 그러나 기마상이 원래 그리스에서 시작되었다는 데는 의심의 여지가 없다. 그리스에서는 신성한 경기에서 말을 타고 승리한 자만을 위해 기마상을 세웠다. 하지만 후대에 와서는 쌍두 전차 또는 사두 전차 경기에서 우승한 사람에게도 기마상을 세워 주었다. 그런 연유로 로마에서도 전차 경기에서 승리한 사람에게는 전차에 탄 모습으로 동상을 세워 주었다. 그러나 이런 관습은 나중에 와서 생겼다. 아우구스투스 황제 때 와서야 비로소 말 여섯 마리가 끄는 전차와 코끼리들이 끄는 전차에 탄 모습으로 동상을 만들기 시작했다.**

집정관으로 재직하다 퇴임하면 전차를 타고 원경경기장을 돌고 그 전차에 탄 모습으로 동상을 세우는 관행은 그리 오래되지 않았다. 그러나 동상을 기둥 위에 올려놓는 관행은 오래되었다. 옛날 가이우스 마이니우스Gaius Maenius[7]가 라틴 지역을 평정했을 때 로마 시민은 그와 노획한 전리품의 3분의 1을 준다는 계약을 맺고 경의를 나타내기 위해 기둥 위에

---

* 루페르키(Luperci)는 루페르쿠스(Lupercus)의 복수형이다. 루페르쿠스는 야생동물과 목동 그리고 양 떼의 신 판(Pan)을 모시는 사제다. 그들이 모여 루페르칼리아(Lupercalia)라는 경기를 할 때 염소 가죽으로 국부만 가리고 로마 거리를 달리는 관습이 있었다.

** 18세기 프랑스의 극작가 푸앙시네(Antoine Poinsinet)는 플리니우스가 그네이우스 코르넬리우스(Gneius Cornelius)가 아우구스투스 황제보다 200년 전에 카피톨리누스 언덕에 말 여섯 마리가 끄는 금도금 전차를 세운 것을 잊고 있었다고 지적한다.

동상을 세웠다. 안티움을 정복하고 노획한 배의 충각을 장식한 로스트룸rostrum에 청동 장식을 한 것 역시 가이우스 마이니우스가 집정관으로 있던 로마 기원 416년[8]이었다.

　호라티우스 코클레스Horatius Cocles[9]의 동상은 매우 다르지만 더욱 중요한 의미로 세워졌다. 그는 혼자서 적군이 수블리키우스Sublicius 다리를 건너오지 못하도록 막았다. 그의 동상은 오늘날까지 남아 있다. 그리고 카스토르와 폴룩스 신전 앞에는 튜닉을 입지 않은 로물루스와 타티우스Tatius의 동상, 토가를 입은 마르키우스 트레물루스Marcius Tremulus의 기마상이 있다. 마르키우스 트레물루스는 삼니움족[10]에게 두 번 항복을 받았고 아나그니아를 함락해 공물을 바쳐 오던 주민을 구해 주었다.

　그나이우스 옥타비우스Gnaeus Octavius에 대해서도 원로원이 내린 지시가 있기 때문에 잊지 말고 꼭 언급해야만 한다. 안티오코스Antiochos 왕이 "나중에 대답을 하겠다"고 말하자 옥타비우스는 마침 손에 들고 있던 막대기로 그 주위로 원을 그리고 대답하기 전에는 원을 벗어날 수 없다고 몰아세웠다. 옥타비우스는 불행히도 쉬리아에 사절로 가 있는 동안에 살해당했다.* 원로원은 그의 동상을 가장 눈에 잘 띄는 로스트라에 세우라고 명했다. 그의 동상은 베스타Vesta 여신상에게 보이는 곳에 세우라는 지시도 있었던 것 같다. 그것은 여성에게 동상을 세워 주는 것 못지않은 굉장히 명예로운 일이었다. 연대기에 나와 있는 베스타 여신의 동상을 세울 만한 이유는 이렇다. "티베리스강 주변의 땅을 모든 이에게 무상으로 주었기 때문에."

---

*　라오디케아에서 렙티네스(Leptines)라는 한 쉬리아인에게 암살당한다.

또한 나는 '삼니움 전쟁'이 있던 해 아폴로 신전의 대사제가 가장 용맹한 그리스인과 가장 현명한 그리스인의 동상을 눈에 잘 띄는 곳에 세우라고 말한 것에 따라 알키비아데스Alcibiades[12]와 피타고라스의 동상이 코미티움Comitium[13] 한쪽에 건립된 것을 알고 있다. 이 두 인물의 동상은 독재자 술라가 집권하면서 그 자리에 원로원 건물을 지을 때까지 남아 있었다. 그 당시 원로원이 소크라테스가 아니라 피타고라스를 선택한 것은 놀라운 일이다. 소크라테스의 지혜로움 때문에 신이 그 누구보다도 소크라테스를 좋아했기 때문이다. 또한 그 많은 영웅을 제쳐 두고 알키비아데스를 선택한 것도 놀랍기는 마찬가지다. 지혜와 용기 두 가지 면에서 대단히 출중했던 테미스토클레스Themistocles[14]가 아닌 다른 사람을 선택한 것에서 그렇다. 내가 생각하기에 아테네에서 데메트리오스Demetrios[15]보다 더 많은 동상이 세워진 인물은 없다. 그에게 헌정된 동상이 360개나 된다. 하지만 얼마 가지 않아서 이 동상들은 모두 파괴되었다.

로마에서는 오랫동안 걷는 모습의 동상이 인기가 있었다. 하지만 기마상도 상당히 오래 지속되었다. 그리고 여성도 이런 기마상에 등장하는 영광을 누리게 되었다. 클로엘리아Cloelia[16]의 동상은 토가를 입힌 것만으로는 부족했는지 기마상으로 제작되었다. 카토가 검열관으로 있을 당시 로마 영토에 여성의 동상을 세우는 데 반대하는 연설을 한 내용이 지금도 일부 전해지고 있다. 하지만 카토도 로마 시내에 그라쿠스 형제의 어머니이자 스키피오 아프리카누스 1세의 딸인 코르넬리아Cornelia의 동상이 세워지는 것은 막지 못했다. 그녀의 동상은 좌상으로 제작되었는데 신발 끈이 없는 것으로 유명하다.

다양한 정황으로 볼 때 오래전부터 동상을 만드는 기술이 이탈리아에 널리 보급되었다는 것을 알 수 있다. 소시장에 있는 동상은 에반데르 Evander가 헤라클레스에게 헌정한 것이다. 이 동상은 '개선하는 헤라클레스'로 불리는데, 개선 행진을 할 때 개선장군의 예복을 입은 모습이다. 누마는 두 얼굴을 가진 야누스의 동상을 세웠다. 야누스는 전쟁과 평화를 관장하는 신으로 숭배를 받았다. 이 동상의 손가락은 365일, 그러니까 일 년을 꼽는 형태로 되어 있다.* 이 신이 시간의 신이라는 것을 의미한다.

에트루리아인의 동상도 로마 제국 여기저기에 산재해 있다. 이 동상들은 말할 것도 없이 원래 에트루리아에서 만들어 세운 것이다. 만약 메트로도루스Metrodorus[17]가 없었다면 나는 이 동상들이 모두 신의 동상이라고 생각했을 것이다. 그는 로마인을 싫어하여 '로마 혐오자'라는 별명을 얻었는데, 로마인이 볼시니이Volsinii[18]에 2,000개의 동상이 있다는 것을 알고 이 도시를 약탈했다고 로마를 비난했다. 이탈리아에서 동상의 기원이 이토록 오래되었지만 로마에 많은 사치품을 들여오는 계기가 된 아시아 정복 이전까지 신전에 봉헌된 신상들을 나무나 흙으로 만들었다는 것은 특이한 사실이다.

그리스인이 '모형 제작 기술'[19]이라고 하는 것에 관해 이야기하자면 실물을 닮은 모형을 만들고 그것을 확대하는 것이 최상의 방법이다. 왜냐하면 동상을 만들기 전에 모형을 제작하는 것이 선행되어야 하기 때문이다. 하지만 동상을 만드는 작업은 대단히 복잡해서 거기에 대해 자세히 설명

---

* 손가락으로 로마숫자를 나타낸 것으로 보인다.

하려면 책을 몇 권 써야 할 것이다.

우리는 세 번이나 집정관을 지낸 무키아누스를 통해 로도스섬에는 아직도 3,000개의 동상이 있다는 것을 알고 있다. 그리고 아테네·올림피아·델포이에 있는 동상도 이보다 적지 않을 것으로 생각된다. 어찌 다 일일이 열거할 수 있을까? 또 열거한다고 해도 그런 정보들이 무슨 도움이 될까? 하지만 놀랄 만한 동상들에 대해 간단히 설명하고 남달리 유명한 조각가들에 대해 언급하는 것은 흥미로울 것 같다.

뤼시포스Lysippos[20] 한 사람만 해도 1만 5,000점이 넘는 작품을 만들었고 모든 작품이 그에게 불후의 명성을 안겨 줄 만큼 걸작이었다고 하니 이루 다 열거하는 것은 불가능할 것이다. 동상 한 점 한 점을 팔 때마다 받은 돈에서 1데나리우스짜리 금화 한 개를 금고에 넣는 그의 습관 때문에 그가 만든 작품의 숫자는 죽은 뒤 상속인이 금고를 열자마자 확인할 수 있었다.

동상 제작 기술은 과감한 디자인이나 완성도 면에서 믿을 수 없을 정도로 완벽한 경지에 도달했다. 완성도의 증거로 신도 인간도 아닌 존재를 재현한 동상을 들 수 있다. 최근 비텔리우스Vitellius 일당에 의해 카피톨리누스 언덕의 유피테르 신전이 소실되기 전에 그곳에는 개가 상처를 핥고 있는 동상이 있었다. 이 동상의 불가사의한 아름다움과 완벽한 사실적 표현은 동상이 신전에 봉헌되었다는 사실뿐만 아니라 이 동상을 보호하기 위해 새로 보안 장치를 마련한 것으로도 알 수 있다. 이 동상의 가치는 돈으로 헤아릴 수 없었기 때문에 동상을 지키는 사람들은 동상이 훼손되면 목숨을 내놓아야만 했다.

제10장

로마의 유명한
거상(巨像)들

과감한 디자인을 보여 주는 동상의 사례는 부지기수다. 탑과 같이 거대한 크기의 동상도 있다. 예를 들면, 카피톨리누스 언덕에 있는 아폴로상이다. 이 동상은 루쿨루스가 폰투스 지방의 아폴로니아Apollonia에서 가져왔는데, 높이는 13미터이며 500탤런트의 비용이 들었다. 클라우디우스 황제가 캄푸스 마르티우스Campus Martius[1]에 세운 유피테르상도 있지만, 폼페이우스 극장 주변에 있어 작아 보인다.

타렌툼에 있는 유피테르상은 높이가 18미터인데, 뤼시포스의 작품이다. 이 동상은 매우 정교하게 균형을 이루고 있어서 손으로 밀기만 해도 움직이는데 강풍에는 넘어지지 않는다는 게 놀라울 뿐이다. 뤼시포스는 바람의 힘을 누그러뜨리기 위해 바람이 불어오는 방향으로 동상에서 조금 떨어진 곳에 기둥을 하나 세워 이 동상이 바람에 넘어지지 않도록 했다.

동상이 워낙 크고 옮기기가 어려워 파비우스 막시무스 베루코수스Fabius Maximus Verrucosus[2]는 이 거대한 동상을 타렌툼에서 지금 동상이 서 있는 카피톨리누스 언덕으로 옮기는 것을 승인하지 않았었다.

그러나 우리가 훨씬 더 외경심을 가지고 바라볼 만한 동상은 이전에 로도스에 있었던 태양신의 거상이다. 이 동상은 뤼시포스의 문하생인 린도스Lindos 출신의 카레스Chares가 제작했다.* 이 거상은 건립된 지 56년째가 되던 해 지진으로 쓰러졌지만 누운 채로 있으면서 경탄과 숭배의 대상이었다. 팔의 굵기가 웬만한 사람은 껴안을 수 없을 정도로 굵었고 손가락 하나가 대부분의 동상보다도 컸다. 다리가 부러진 곳을 통해 보이는 내부는 거대한 동굴 같았는데, 그 안에 큰 바위들이 들어 있는 게 보였다. 동상을 건립한 장인은 이 돌의 하중을 이용해 동상의 무게중심을 잡았던 것이다. 이 동상을 건립하는 데 12년이 걸렸고 300탤런트의 비용이 들었다. 로도스를 오랫동안 포위하다 지쳐 철수한 데메트리오스의 군대가 버리고 간 병기를 팔아 비용을 충당했다.

로도스에는 이런 거상이 100여 개나 있었다고 한다. 어떤 것도 앞서 말한 태양신의 거상보다는 크지 않았겠지만, 어디에 세웠어도 눈길을 끌 만한 것들이었다. 게다가 로도스에는 브뤼악시스Bryaxis[3]가 만든 다섯 개의 거대한 신상도 있었다.

이탈리아에는 아우구스투스 때 지은 신전[4] 도서관에 에트루리아의 아

---

* 로도스섬의 거상은 카레스가 만들기 시작했으나 카레스는 설계상의 실수 때문에 자살하고 같은 린도스 출신의 라케스(Laches)가 완성했다. 이 거상은 사라센의 칼리프인 모아비야(Moavia)가 로도스를 함락하고 동상을 조각내 팔아먹은 653년까지 로도스에 있었다. 동상 조각을 운반하는 데 900마리의 낙타가 동원됐다고 한다.

로도스섬에 있었던 태양신의 거상 상상도. 당시 그곳 사람들은 이 거상을 너무 크게 세우는 바람에 태양신이 노해 지진을 일으켰다고 믿었다.

폴로 신상이 있는데 발끝부터의 높이가 15미터다. 이 동상이 주목받는 이유가 청동의 질이 좋기 때문인지 아니면 작품이 아름다워서인지는 분명하지 않다.

스푸리우스 카르빌리우스Spurius Carvilius[5]는 카피톨리누스 언덕에 유피테르상을 세웠다. 그는 신에게 한 엄숙한 약속을 지키기 위해 삼니움을 정복한 뒤[6] 그들이 입었던 흉갑, 정강이받이, 투구 등을 녹여 이 신상을 만들었다. 이 신상은 하도 커서 로마에서 약 20킬로미터 떨어진 알바누스Albanus[7]산의 유피테르 라티아리스Latiaris* 신상이 있는 곳에서도 볼 수 있었다. 그는 유피테르상을 다듬는 과정에서 나온 부스러기 청동을 녹여 유피테르상 발 위에 자신의 동상도 만들었다.

카피톨리누스 언덕에는 사람들이 대단히 숭배하는 두상도 두 개 있다. 집정관 렌툴루스Lentulus가 헌정한 두상으로, 하나는 카레스가 만들었고 다른 하나는 데키우스Decius의 작품이다. 전자보다는 후자가 훨씬 뛰어나다. 카레스가 만든 두상은 장인이 만든 것치고는 더할 수 없는 졸작이다.

그러나 우리 당대에 제노도투스Zenodotus가 갈리아의 아르베르니Arverni[8]족을 위해 만든 메르쿠리우스상은 이 모든 거대한 동상을 능가한다. 이 동상을 만드는 데는 10년의 세월과 40만세스테르케스의 비용이 들어갔다. 거기서 솜씨를 인정받은 그는 네로에 의해 로마로 소환되어 거대한 30미터가 넘는 네로의 동상을 만들었다. 하지만 네로의 악행을 증오한

---

* 라티아리스는 'God of Latium'이란 뜻이다. 라티움은 이탈리아 원주민의 지방이자 라틴어의 발상지다.

로마 시민은 결국 이 동상을 태양신에게 봉헌했다.* 그의 공방에 가서 보면 진흙으로 만든 모형뿐만 아니라 그 모형을 만드는 데 첫 번째 기초 작업이라고 할 수 있는 세밀한 스케치가 보여 주는 빈틈없는 사실성에 놀랄 수밖에 없다. 네로의 동상을 보면 그때쯤에는 질 좋은 청동을 융합하는 기술이 쇠퇴해 네로가 금과 은을 대신 제공해 주었다는 것을 알 수 있다.

제노도투스는 디자인이나 은판화에서 고대의 어느 누구에게도 뒤지지 않았다. 그는 아르베르니족을 위한 동상을 만들면서 칼라미스Calamis⁹가 조각한 술잔 두 개를 복제했는데, 게르마니쿠스가 이 술잔을 매우 귀하게 여겨 자신의 스승이자 아비투스Avitus의 삼촌인 카시우스 실라누스Cassius Silanus에게 주었다. 이 복제품은 매우 정교해서 진품과 거의 분간할 수 없었다.

---

* 히에로뉘무스(Eusebius Hieronymus)는 베스파시아누스(Vespasianus) 황제가 네로의 머리를 떼어 내고 그 자리에 일곱 개의 광선이 나오는 태양을 얹어 놓았다고 전해 준다.

제11장

유명한 청동 작품과 그것을 만든 장인들

셀 수 없을 만큼 많은 장인이 그들이 만든 동상과 조각상으로 명성을 얻었다. 누구보다도 먼저 아테네의 조각가 피디아스Phidias*는 상아와 금으로 올림피아에 유피테르상을 만들었으며 청동 조각상도 여럿 만들었다. 제83회 올림픽이 열릴 때, 그러니까 로마 기원 300년 무렵이 그의 전성기였다. 제90회 올림픽이 열리던 무렵에는 폴뤼클레이토스, 프라드몬Phradmon, 뮈론, 피타고라스, 스코파스Scopas, 페렐루스Perellus 등이 활동했다. 제104회 올림픽 무렵에는 프락시텔레스Praxiteles**와 에우프라노르Euphranor의 전성기였고, 제113회 올림픽 즈음에는 알렉산드로스 대왕과 동시대인인 뤼시포스와 그의 형제 뤼시스트라토스Lysistratos 그리고 실라니온Silanion[1]이 활동

---

* 현존하는 피디아스의 조각품은 없다. 하지만 파르테논 신전의 조각들은 피디아스가 직접 제자들을 지도하며 만든 것이므로 그것을 통해 그의 솜씨와 취향을 엿볼 수 있다. 대영박물관에는 피디아스의 작품으로 알려진 발이 있다.

** 프락시텔레스는 고대 조각가 중에서 높은 평가를 받았는데, 피디아스 다음으로 꼽을 수 있을 것이다.

했다. 실라니온은 스승 없이 독학으로 기술을 배워 대단한 명성을 얻었는데, 제욱시스Zeuxis²가 그의 제자다.

이 장인들 중 유명한 사람들은 비록 다른 시대에 태어났지만, 각자 나름대로 솜씨를 발휘해 아마조네스 여전사들의 동상을 제작하는 데 참여했다. 그들은 동상들을 에페수스의 아르테미스(디아나) 신전에 봉헌할 때 자신의 작품 다음으로 치는 것을 최고의 작품으로 선정하기로 했다. 이렇게 해서 폴뤼클레이토스의 작품이 최고로 선정되었고, 두 번째가 피디아스, 세 번째가 크레실라스Cresilas, 네 번째가 퀴돈Cydon, 다섯 번째가 프라드몬의 작품으로 정해졌다.

어떤 조각도 필적할 수 없는 올림피아의 제우스상 이외에도 피디아스는 아테네 파르테논 신전에 있는 아테나 여신의 입상을 상아로 만들었다. 그는 앞에 언급한 아마조네스 동상뿐만 아니라 정교한 비례미를 보여 주는 대단히 아름다운 아테나 여신의 청동상을 만들었다.³ 또한 그가 만든 또 다른 아테나 여신상을 아이밀리우스 파울루스Aemilius Paullus⁴가 오늘날 우리가 보는 로마의 포르투나 신전에 봉헌했다. 카툴루스는 망토를 걸친 동상 두 개와 거대한 나신상 하나를 포르투나 신전에 세웠다.

아겔라다스Ageladas⁵의 제자인 폴뤼클레이토스*는 아름다운 젊은 청년의 동상인 디아두메노스Diadumenos를 만들었는데, 제작비가 100탤런트나

---

*   플리니우스는 여기서 동명이인인 두 장인을 혼동하고 있다. 폴뤼클레이토스는 피디아스의 제자로 여러 가지 면에서 스승에 못지않았다. 아르고스 출신의 폴뤼클레이토스는 앞의 인물보다는 160년 뒤에 활동했다. 그 또한 많은 작품을 만들었고 여기에 일부 작품이 언급되었다. 키케로, 비트루비우스, 스트라보, 퀸틸리안, 플루타르코스 그리고 루키안도 두 사람을 혼동하고 있는 것 같다. 그러나 파우사니아스는 예술 작품과 관련된 주제를 우리에게 매우 정확하게 설명하고 있으며, 두 사람의 차이를 잘 알고 있다. 수많은 저자가 저지른 실수를 우리가 교정할 수 있는 것은 파우사니아스의 관찰 덕분이다.

들어간 것으로 유명하다. 또한 그는 남성적인 힘이 넘치는 또 다른 청년의 동상인 도뤼포로스Doryphoros도 만들었다.[6] 그는 이 작품을 만들면서 『모범Kanon』이라는 책을 썼는데, 장인들은 그가 자신의 모든 기량을 쏟아부은 이 책을 보고 윤곽을 묘사하는 법을 배웠다. 그는 때를 미는 남자 동상, 아스트라갈리존테스Astragalizontes[7]라는 공기놀이를 하는 두 벌거숭이 아이의 동상 등도 만들었다. 이 동상들은 지금 티투스 황제의 궁전 안뜰에 있는데, 이보다 더 완벽한 동상은 없다는 것이 일반적인 평가다. 그는 또 헤르메스(메르쿠리우스) 신상도 만들었다. 헤라클레스가 헤르메스의 팔을 붙잡고 있는 모습인데, 원래 뤼시마키아Lysimachia에 있다가 지금은 로마에 설치되어 있다.

일반적으로 폴뤼클레이토스는 조소 분야에서 최고의 경지에 도달한 것으로 평가되는데, 피디아스가 개발한 기술을 완성한 것이다. 그가 독자적으로 개발한 기술은 한 발로 서 있는 동상이다. 하지만 위대한 작가 바로는 그의 동상들은 모두 건장한 모습일 뿐만 아니라 같은 모형으로 매우 많은 동상을 만들었다고 말한다.

뮈론* 역시 아겔라다스의 제자로 어린 암소의 동상으로 유명해졌으며 널리 애송되는 시에서도 찬사를 받았다. 이 밖에 그는 개, 원반 던지는 사람, 페르세우스Perseus, 플루트에 감탄하는 사튀로스, 미네르바Minerva, 델포이의 펜타틀레테스Pentathletes,** 팡라티아스테스Pancratiastes *** 그리고

---

* 뮈론은 엘레우테라이(Eleutherae)에서 태어났다. 그러나 이 도시에서 자유민이 되어 아테네로 왔으며, 이후 아테네에 살면서 항상 아테네 출신으로 기록되었다.
** 고대 5종 경기로 원반던지기, 달리기, 멀리뛰기, 레슬링, 창던지기.
*** 권투와 레슬링이 혼합된 투기(鬪技) 경기인 팡라티움(pancratium) 선수.

헤라클레스의 동상을 만들었다. 이 헤라클레스 동상은 전차경기장Circus Maximus[8] 옆 폼페이우스 기념관에 있다.

에린나Erinna[9]는 뮈론이 세운 기념물을 귀뚜라미와 메뚜기에 비유해 시를 썼다. 뮈론이 만든 아폴로 동상은 삼두 집정관 중 한 사람인 안토니우스가 에페수스에서 로마로 가져왔는데, 아우구스투스 황제가 동상을 돌려주라는 꿈을 꾼 뒤에 반환되었다. 뮈론은 조소에 다양한 기술을 개발해 적용한 첫 번째 인물이라고 할 수 있다. 그는 폴뤼클레이토스보다 훨씬 더 다양한 형태의 동상을 만들었고 작품의 균형을 무엇보다 중요하게 여겼다. 그는 정확한 비례에 의한 조형미를 보여 주었지만 풍부한 감정의 표현에는 소홀했다.

레기움Rhegium 출신 피타고라스는 델포이에 있는 팡라티아스테스 동상에서 뛰어난 솜씨를 보여 주었다. 피타고라스는 아스튈로스Astylos[10]의 동상도 만들었는데 이 동상은 올림피아에 전시되어 있다. 그리고 점토판을 들고 있는 리비아 소년의 동상도 같은 장소에 있다. 쉬라쿠사이에는 그가 만든 절름발이 남자의 동상이 있다. 이 동상을 바라보면 동상의 인물이 부상 때문에 느끼는 고통이 그대로 전해져 오는 것 같다. 그는 최초로 힘줄과 혈관을 표현한 장인이며, 머리카락도 세심하게 주의를 기울여 표현했다.

사모스 출신의 동명이인 조각가인 피타고라스도 있는데, 그는 본래 화가였다. 그가 만든 나신상 중 포르투나 신전에 있는 일곱 점, 그리고 노인상 한 점은 보는 이들의 감탄을 자아낸다. 그는 레기움 출신의 피타고라스와 외모가 너무 많이 닮아 분간할 수 없을 정도였다고 한다.

알렉산드로스 대왕의 궁정 조각가로 알려진 뤼시포스는 다른 어떤 장인보다 많은 작품을 만들었다. 그의 작품 가운데 마르쿠스 아그리파가 공중목욕탕에 세운 때를 미는 남자 동상은 티베리우스 황제가 매우 좋아했다. 그는 재위 초기에는 갖고 싶은 욕심을 자제했지만, 나중에는 이 동상을 자기 침실로 가져가는 대신 온천에는 다른 작품을 세워 주었다. 하지만 로마 시민들이 이러한 처사에 반발해 원형극장에서 '아폭쉬오메노스Apoxyomenos'[11]를 제자리에 갖다 놓으라고 아우성치자, 티베리우스 황제는 이 동상을 무척 좋아했음에도 불구하고 돌려줄 수밖에 없었다.

또한 뤼시포스는 피리 연주에 빠져 있는 여인, 사냥개와 사냥꾼, 로도스 사람들이 생각하는 태양신이 전차에 탄 모습 등을 동상으로 만들었다. 그는 어린 시절의 알렉산드로스를 비롯해 알렉산드로스 대왕의 동상을 여러 점 만들었는데,* 네로 황제는 어린 시절의 알렉산드로스 청동상을 무척 좋아해 그 동상을 금도금했다. 하지만 이렇게 금도금을 하자 이 작품의 예술적 아름다움이 사라졌기 때문에 다시 금을 벗겨 냈다. 그렇다 보니 흠집과 함께 금을 붙였던 자국이 남아 있고 금이 아직도 보이기는 하지만,[12] 그래도 작품의 진면목을 볼 수 있게 되었다. 그는 알렉산드로스 대왕의 친구인 헤파이스티온Hephaestion의 동상도 만들었다. 어떤 이는 이 동상이 폴뤼클레이토스의 작품이라고 하지만 그는 알렉산드로스 대왕보다 거의 한 세기 이전에 활동했다.

뤼시포스는 지금 델포이 신전에 봉헌된 추격하는 모습의 알렉산드로

---

* 호라티우스(Quintus Horatius Flaccus)의 시에서 알 수 있듯이, 알렉산드로스 대왕은 자신의 초상은 아펠레스에게만 그리도록 했고 동상은 뤼시포스에게만 맡겼다.

스의 동상, 아테네에 있는 사튀로스의 동상, 그리고 알렉산드로스 대왕이 이끄는 부대의 군상도 만들었는데 모든 인물이 아주 정확하게 묘사되어 있다. 마지막 작품은 카이킬리우스 메텔루스가 마케도니아를 점령한 (제4차 마케도니아 전쟁) 뒤에 로마로 가져왔다. 뤼시포스는 여러 가지 종류의 전차도 만들었다.

뤼시포스는 머리카락의 세세한 부분까지 표현하고, 머리는 더 작게 그리고 몸통은 덩치가 크지 않고 날씬하게 만들어 동상의 키가 더 커 보이게 하는 방법으로 조소 예술에 크게 기여한 것으로 평가받고 있다. 라틴어에는 그리스어 '심메트리아συμμετρία'[13]에 조응하는 어휘가 없는데, 그는 이 개념에 기초해 고대 조각상들에서 답습된 정방형 구조를 변형하고자 그때까지 시도된 적이 없는 새로운 방법을 모색했다. 그는 다른 장인들이 사람을 실제와 똑같이 만든다면 자신은 실제와 똑같이 보이도록 만든다고 입버릇처럼 말했다. 그의 작품에 나타나는 두드러진 특징은 가장 미세한 부분까지도 완벽하고 섬세하게 처리한다는 것이다.

뤼시포스는 세 아들을 두었는데 그들 역시 아버지에게 조각을 배워 장인으로 이름을 날렸다. 라이포스Laippos, 보이다스Boedas, 에우튀크라테스Euthycrates가 그들이다. 에우튀크라테스에 대해 특별히 언급하자면, 그는 작품의 우아함보다는 정교함에서 아버지에 필적했으며 아름다운 작품보다는 사실적인 작품을 만들려고 했다. 델포이의 헤라클레스상, 알렉산드로스 대왕상, 테스피아이Thespiae[14]의 사냥꾼상, 기마전투상은 어떤 작품들보다 그의 표현력을 가장 잘 보여 주고 있다. 트로포니오스Trophonios[15]가 신탁을 내리는 동굴에 그가 만들어 세운 이 신의 동상과 여러 점의 전차 동상, 바구니fiscina[16]를 맨 말과 사냥개 등의 동상도 역시 훌륭하다.

프락시텔레스는 대리석 조각에 솜씨가 뛰어나 명성을 얻었다. 그리고 페르세포네Persephone의 납치[17]를 묘사한 동상, 리베르 신상, 술 취한 사람 동상, 유명한 사튀로스 동상 등 아름다운 청동 작품도 만들었다. 또한 그는 아폴로가 몰래 다가오는 도마뱀에게 활을 겨누고 있는 모습 때문에 '사우록토노스Sauroctonos[18]로 알려진 젊은 아폴로상을 만들었다.

다른 작품에서는 프락시텔레스의 따뜻한 마음씨를 엿볼 수 있다. 칼라미스가 전차와 말을 만들었을 때 프락시텔레스는 전차병을 직접 만들어 주었다. 왜냐하면 칼라미스가 말을 만드는 데는 뛰어났지만 사람을 만드는 데는 솜씨가 없다는 평가를 받을 수도 있었기 때문이다. 칼라미스는 다른 전차들도 만들었는데, 쌍두 전차도 있었고 사두 전차도 있었다. 그는 말을 만드는 데는 타의 추종을 불허했다. 그렇다고 사람을 표현하는 솜씨가 매우 떨어졌다고 볼 수도 없다. 그가 만든 헤라클레스의 어머니 알크메나Alcmena상은 이전에 만든 그 어떤 동상과 비교해도 손색이 없다고 말할 수 있다.

뤼키우스Lycius는 뮈론의 아들이자 제자다. 그는 거의 다 꺼져 가는 불을 입으로 부는 소년의 동상과 아르고나우타이Argonautae(아르고호 영웅들) 동상을 만들었는데, 그 스승에 그 제자라고 할 만하다. 레오카레스Leochares는 독수리가 가뉘메데스Ganymedes*를 채 가는 모습을 청동상으

---

*   두 점의 가뉘메데스 동상이 지금도 로마에 있다. 가뉘메데스는 그리스 신화에 나오는 트로이의 왕자로 제우스는 그의 아름다움에 반해 독수리로 변신해 그를 납치했다.

로 만들었다. 갈고리발톱이 행여 옷이라도 뚫고 들어가 가뉘메데스를 다치게 할세라 조심하는 기색이 역력한 독수리는 지금 채 가는 인물이 얼마나 중요한지 그리고 누구에게 데리고 가는지 알고 있는 것 같다.

크레테섬의 미로를 만든 사모스 출신의 테오도로스Theodoros*는 자신의 모습을 동상으로 만들었는데, 실물과 닮았을 뿐만 아니라 섬세하기 이를 데 없어 사람들이 경탄을 금치 못했다. 오른손으로는 줄을 쥐고 왼손의 세 손가락으로는 작은 사두 전차의 모형을 쥐고 있는데 이 전차는 이후 프라이네스테Praeneste[19]에 세워졌다. 이 전차 모형은 매우 작아서 전차와 전차병을 다 합쳐도 그가 전차와 함께 만든 파리의 날개 크기밖에 안 되었다.

내가 여기서 언급한 모든 작품 가운데 가장 유명한 작품들은 얼마 전에 베스파시아누스 황제에 의해 평화의 신전과 그가 지은 다른 공공건물에 헌정되었다. 이 작품들은 그 이전에 네로가 강탈해 로마로 가져왔고 그의 황금 궁전 접견실에 설치되어 있었다.

여기서 반드시 언급하고 넘어가야 할 작자 미상의 또 다른 유명한 동상이 있는데, 독을 묻힌 튜닉을 입은 헤라클레스의 동상이다. 이 동상은 로스트룸 가까이에 서 있다. 괴로운 듯한 얼굴 표정은 옷 때문에 겪는 최후의 고통을 잘 표현하고 있다. 이 동상에는 세 개의 명문이 새겨져 있는데, 첫 번째는 이 동상이 루쿨루스 장군이 미트리다테스와의 전쟁에서 노획한 전리품으로 만들어졌다는 것을 밝히고 있으며, 두 번째는 아직 미

---

* 사모스 태생의 동명이인이 두 사람 있다. 여기서 말하는 테오도로스는 앞선 시대의 테오도로스다. 파우사니아스에 따르면 그는 동상을 만들 때 최초로 철을 섞어 넣었다고 한다.

성년인 그의 아들이 이 동상을 원로원의 결정에 따라 봉헌한다는 내용이
고, 세 번째는 조영관 셉티미우스 사비누스Septimius Sabinus가 개인적으로
가지고 있던 이 동상을 반환받아 공공장소에 설치했다는 내용이다. 많은
동상이 이 동상과 비교될 정도로 이 동상의 가치는 높은 평가를 받았다.

제12장

철

구리에 이어서 철에 대해 설명할 차례다. 철은 인류에게 주어진 가장 유용하면서도 가장 치명적인 재료다. 철기를 이용해 땅을 일구고 나무를 심고 포도밭을 가꾸며 포도나무에서 죽은 가지를 잘라 내 해마다 새로운 가지가 뻗도록 한다. 철기를 이용해 집을 짓고 바위를 쪼개며 일상에서 갖가지로 유용하게 사용한다. 그러나 철기를 이용해 전쟁, 살인, 강도질을 한다. 철기는 가까이에서뿐만 아니라 멀리 떨어져 있더라도 투척기나 깃털 같은 날개를 달아 쏘아 보내고 던지기도 한다. 마지막에 언급한 것이 인간이 고안한 가장 가증스러운 무기라고 생각한다. 더 빨리 사람의 목숨을 앗아 가려고 철기에 날개까지 달아 날아가도록 했으니 말이다.* 그러니 인간 스스로에게 물어야 할 죄를 자연에게 돌리지 말자.

---

* 플리니우스가 권총, 라이플, 박격포, 기관총 등을 보았다면 뭐라고 말했을까!

왕들을 축출한 뒤에 포르세나Porsena[1]가 로마 시민과 맺은 조약에는 철기는 밭을 경작하는 용도로만 사용한다는 조항이 분명히 들어 있었다. 그리고 로마의 가장 오래된 저자들은 그 시절에는 철로 된 펜이나 첨필로 기록하는 것은 위험한 일로 간주되었다는 것을 후세에 전해 주고 있다.

인간은 문명화된 생활을 영속시키기 위해 여전히 철을 사용하고 있다. 장인匠人인 아리스토니다스Aristonidas는 아타마스Athamas[2]가 아들 레아르코스Learchos를 절벽에서 떨어뜨려 죽인 뒤에 분노가 가라앉아 후회로 변하는 표정을 묘사하기 위해 구리에 철을 섞었다. 광택이 나는 구리 사이로 철의 녹이 스며 나와 수치심으로 얼굴이 붉어지는 것을 더 사실적으로 표현하려고 했던 것이다. 이 동상은 지금도 로도스에 남아 있다. 로도스에는 알콘Alcon이 철로 만든 헤라클레스상도 있다. 헤라클레스의 고군분투를 통해 신이 보여 주려는 인내를 표현하는 데 적합한 재료라고 생각한 것 같다. 로마에는 복수의 신 마르스의 전당에 봉헌된 철제 술잔들이 있다. 자연은 한결같은 자비심으로 녹綠이라는 형벌을 내려 철의 권능을 제한했다. 자연은 변함없는 지혜를 발휘해 인간에게 가장 위협적인 철을 가장 빨리 녹슬어 없어지도록 했다. 철은 거의 모든 곳에서 생산된다. 그러나 철 가운데 가장 우수한 철은 세레스Seres[3]가 만드는 철이다. 그들은 철과 함께 얇은 직물과 가죽을 로마로 수출한다. 그다음으로 질이 좋기로는 파르티아에서 나는 철이다.[4] 그 밖의 다른 철은 순수하고 강한 철이 아니다. 이런 철로는 더 무른 합금을 만든다. 노리쿰Noricum[5] 같은 로마 제국 영역에서도 질이 높은 철을 만들 수 있는 철 광맥이 가끔 발견된다. 그러나 다른 철광석은 가공 방식에 따라 철의 가치가 달라진다.

제13장

회화와 물감에
관한 설명

회화를 전혀 언급하지 않고 장인에 관한 이야기를 끝낼 수는 없을 것 같다. 회화는 과거에 대단히 인기가 있었고 귀족과 평민 모두 좋아했으며, 후손들에게 자신의 모습을 알리려는 사람들은 회화를 귀하게 여겼다. 그러나 당대에 들어와 회화는 대리석과 금을 선호하는 풍조에 휩쓸려 완전히 자취를 감췄다. 벽면 전체를 대리석으로 덮을 뿐만 아니라 다양한 물건과 동물을 대리석을 깎아 만들거나 상감기법으로 대리석에 새긴다. 이제는 대리석을 잘라 어떤 형상을 만들거나 실내를 대리석으로 둘러싸는 것만으로 만족하지 못하고 벽을 이루는 돌 자체에 그림을 새겨 넣기 시작했다.

이런 기술은 클라우디우스 황제 연간에 개발되었다. 하지만 대리석을 상감하는 방법이 등장해 단순함에 변화를 주게 된 것은 네로 황제 대에 와서다. 누미디아Numidia¹ 대리석을 타원형으로 잘라 잎을 만들고 자주색 쉰나다Synnada² 대리석으로 줄기를 만들었다. 사치스럽게 보이는 것을 좋아하리라는 것을 미리 알았다는 듯 자연은 그런 돌을 만들어 두었다. 로마에 채석장이 없음에도 사치 풍조가 멈추지 않았고 대화재가 날 때마다 가능한 한 많은 것을 태워 버리기라도 하려는 듯 그런 재료들을 들여와 사용했다.

과거에는 인물들의 사실적인 모습이 그림으로 후대에 전해졌다. 그러나 이제는 그림 대신 황동판이나 은판에 얼굴을 새기니 얼굴의 희미한 자취만 볼 수 있을 뿐이다. 과거에 많은 풍자적 유행어를 만들어 낸 동상의 머리도 이제는 바뀌었다. 사람들은 실제로 생긴 그대로의 모습보다는 값비싼 재료를 보여 주려고 한다. 그러면서 동시에 집 안의 벽을 오래된 그림을 소재로 한 태피스트리로 장식하고 모르는 사람의 초상화를 소중하게 간직한다. 우리 자신을 그린 초상화는 재료의 가치로만 평가되어 어떤 후손들은 도둑이 훔쳐 가는 것을 방지하려고 부수고 녹여 재료만 간직한다.

우리 조상들이 살던 시대와는 사정이 확연히 다르다. 그때는 외국 장인들이 만든 동상이나 대리석상이 아니라 밀랍으로 본을 뜬 가족들의 초상이 따로따로 응접실 벽감에 보관되어 있어서 가족이 죽으면 언제든지 그 인물의 초상화를 장례 행렬의 맨 앞에 세울 수 있었다.³ 그리고 가족들이 다 모일 때면 항상 초상화가 등장해 채색 초상화를 하나씩 보면서 각자 족보를 되짚어 보았다.

옛 로마 시민의 응접실⁴에는 조상들이 각자 고위 공직에 재직하며 수행했던 일들을 기록한 공문서와 비망록들이 빼곡히 차 있었다. 또한 그들의 집 밖과 현관 부근에는 적에게서 노획한 전리품에 덧붙여 용맹한 군인들의 동상을 세웠다. 집이 팔려도 새 집주인이 이런 기념물들을 제거하는 것은 허용되지 않았다. 그래서 집의 주인이 바뀐 뒤에도 계속 승리를 기념할 수 있었다. 새 집주인이 전쟁을 좋아하지 않는다고 해도 다른 사람의 무공을 가로챘다는 비난을 피하려면 벽에 새겨진 기념물이 상징하는 인물들의 전례를 따르지 않을 수 없었다.

웅변가 메살라가 분기탱천하여 연설한 내용이 지금도 전해오는데, 그는 혈통을 모르는 어떤 사람도 라이비누스Laevinus[5] 가문을 참칭해서는 안 된다고 말했다. 노년의 메살라가 『로마의 명문가들에 대해』라는 계보집을 쓰게 된 것 역시 같은 생각에서 비롯되었다. 그는 스키피오 폼포니아누스Scipio Pomponianus의 기념관을 지나가면서 이전에 성이 살비토Salvitto였던 자가 유언에 따른 입양을 통해 아프리카누스 집안의 명예를 훼손하며 스키피오라는 성을 슬쩍 참칭한 것을 보았다.[6] 내가 유명한 사람의 동상을 보고 비록 거짓으로라도 저 동상의 인물이 우리 집안사람이라고 주장하는 것은 그 인물이 쌓은 덕망에 대한 존경을 나타내는 것이다. 동상의 인물과 같은 집안사람이라고 주장하는 사람이 하나도 없는 것보다는 훨씬 영광스러운 것이다. 이렇게 말한다면 메살라 가문 사람들은 분명히 나를 용서해 줄 것이다.

알리지 않고 그냥 넘어갈 수 없는 새로운 창의적인 발상도 있다. 우리는 지속적으로 대화하는 불멸의 인물들을 금이나 은 또는 청동으로 만들어 도서관에 헌정했을 뿐만 아니라 이미 모든 기억 속에서 사라진 인물들의 모습을 상상으로 재현해 내기까지 했다. 그리고 호메로스처럼 우리에게까지 전해지지 않는 인물들을 애석하게 생각하며 그들의 초상을 만들었다. 후대 사람들이 어떤 인물의 생김새를 알고 싶어 한다면 그것은 인생에서 성공을 거두었다는 가장 확실한 증거라고 할 수 있다. 여러 사람을 하나의 그림으로 그려 남기는 풍습은 로마에서 아시니우스 폴리오에 의해 처음으로 시작되었다. 그는 공공도서관을 처음으로 설립해 천재들의 저작물을 공공의 재산으로 만들었다. 경쟁적으로 장서를 수집했던 알렉산드리아와 페르가몬의 왕들이 과거에 이런 일을 했는지는 잘 모르겠다.

키케로의 친구인 아티쿠스Atticus와 바로는 과거에 초상화가 대단히 유행했다는 것을 잘 증언하고 있다. 아티쿠스는 이런 주제로 책을 썼으며, 바로는 이런저런 방법으로 그가 쓴 여러 저서에 700명의 초상화를 집어넣는 창의적인 생각을 했다. 그는 책 속에 들어 있는 인물들의 자취가 사라지고 수 세기가 지나면 세월이 인간의 모든 기억을 지워 버릴 것이라는 생각을 견딜 수 없었기 때문이다. 그래서 그는 인류에게 신들도 부러워할 만한 좋은 일을 했다. 왜냐하면 그는 그런 인물들에게 불멸성을 부여했을 뿐만 아니라 세계 방방곡곡에 이름을 떨치게 했기 때문이다. 그 덕분에 어디를 가더라도 그 인물들이 지금도 한자리를 차지하고 있는 것을 볼 수 있는지도 모르겠다. 바로는 자기 가문 출신이 아닌 사람들에게 이렇게 좋은 일을 했다.

제14장

초기의 화가들

회화라는 예술의 기원에 대해 확실히 알려진 게 없다. 이집트인은 이집트가 그리스에 병합되기 6,000년 전에 자신들이 회화를 창안했다고 주장한다. 근거 없는 과장이 아닐 수 없다. 그리스인의 이야기를 들어 보면 어떤 사람은 회화가 시퀴온에서 시작되었다고 주장하고 어떤 사람은 코린토스에서 시작되었다고 주장한다. 그러나 회화가 인간이 자신의 그림자를 따라 그리면서 시작되었다고 하는 데는 모두 일치된 견해를 나타낸다.

초기 단계의 회화는 윤곽선을 그리는 것이었다. 두 번째 단계는 '단색單色 페인팅'[1]이라는 기법으로 한 가지 색만 사용해 그림을 그리는 것이다. 선묘기법線描技法은 이집트의 필로클레스Philocles 또는 코린토스의 클레안테스Cleanthes[2]가 창안한 것으로 알려져 있다. 선묘기법을 이용하여 맨 처음 그림을 그린 사람은 코린토스의 아리디케스Aridices와 시퀴온의 텔레파네스Telephanes다. 이 두 장인은 색을 사용하지 않고 윤곽선의 안쪽에 선묘로 음영을 그려 넣었고, 그림을 그리고 나서 그림에 묘사된 인물의 이름을 써넣었다. 코린토스의 에크판토스Ecphantos는 이런 선묘화에 깨진 질그릇을 갈아 만든 가루를 이용해 최초로 채색을 했다.

그러나 이탈리아에서는 이미 회화 예술이 굉장히 앞서 있었다.[3] 다른 것은 차치하고 그 옛날에 그린 그림들이 아르데아Ardea[4]의 신전들에 남아 있다. 지붕이 있는 것도 아닌데 그 그림들은 오랜 세월을 견디며 방금 그린 것처럼 선명하게 보존되어 있다.[5] 내가 볼 때 그 이상 놀라운 일이 없다. 라누비움Lanuvium[6]에는 옷을 입지 않은 아탈란타Atalanta와 헬레나Helena의 그림이 있다. 두 그림이 서로 가깝게 걸려 있는데, 같은 화가가 그린 것이다. 두 그림 모두 미녀를 모델로 삼아 그렸는데 아탈란타는 젊은 처녀를 모델로 한 것이 분명하다. 신전은 폐허가 되었지만 그림은 손상되지 않은 채 남아 있다. 칼리굴라 황제가 그 두 그림을 자신의 궁전으로 옮기려고 했지만, 석회 치장벽토를 떼어 내는 것이 불가능해 뜻을 이루지 못했다. 오래전에 그려진 회화 작품 몇 점이 카이레Caere[7]에 있다. 트로이 전쟁이 있던 시절만 해도 회화가 없었다[8]는 것을 알고 나서 이 그림을 본 사람은 누구라도 회화보다 빠르게 완벽의 경지에 도달한 예술이 없다는 것을 인정하지 않을 수 없다.

로마 시민 가운데 회화로 급성장하여 이름을 떨친 사람은 파비우스Fabius 가문 사람들이다. 로마 최고의 명문가인 이 가문의 별명인 '픽토르Pictor'는 거기서 연유한다. 픽토르라는 별명을 가진 최초의 파비우스 가문 출신이 로마 기원 450년에 살루스Salus[9] 여신을 모신 신전에 벽화를 그렸다. 이 작품은 우리 시대까지 전해져 내려오다 신전에 불이 났을 때 소실되었다. 다음으로 유명한 그림은 소시장[10]에 있는 헤라클레스 신전에 시인 파쿠비우스Pacuvius[11]가 그린 그림들이다. 그는 엔니우스Ennius의 누나가 낳은 아들이었다. 그의 그림은 이 화가가 극작가이자 시인으로 성공하면서 더욱 유명해졌다. 귀족 가문의 남자들이 그림을 그리는 것은 여기까지였다.

우리 시대에 활동한 베네치아 출신 화가 투르필리우스Turpilius를 제외하고는 그 이후로 아무도 없었다. 그는 에퀘스 출신이었으며 그가 그린 훌륭한 작품들 가운데 몇 점이 아직도 베로나에 남아 있다. 그는 왼손으로 그림을 그렸는데 이전에 왼손으로 그림을 그린 사람은 없었던 것으로 알고 있다.*

최고 재판관을 역임한 티티디우스 라베오Titidius Labeo는 이전에 갈리아 나르보넨시스Gallia Narbonensis의 총독을 지냈으며, 최근에 매우 고령의 나이로 사망했다. 그는 생전에 손수 그린 작은 그림을 자랑스럽게 내보이곤 했다. 그러나 조롱과 비웃음을 샀을 뿐이다. 최고위직에 있던 사람들이 회화를 주제로 논의했던 내용도 빼놓을 수 없다. 집정관을 지냈으며 전승을 거두는 영광을 누리기도 한 퀸투스 페디우스Quintus Pedius는 절대 권력자인 카이사르에 의해 아우구스투스와 함께 공동 후계자로 지명된 바 있다. 그에게는 손자가 하나 있었는데 태어나면서부터 언어 장애가 있었다. 그 손자의 할머니가 웅변가 메살라 집안 출신인 인연으로 메살라라는

---

* 한스 홀바인(Hans Holbein the Younger), 미냐르(Nicolas Mignard)도 왼손으로 그렸으며 손이 없이 태어난 샤를 펠뤼(Charles Felu)는 발로 손색없이 그림을 그렸다.

화가로 키우는 게 어떠냐고 권유했다. 그 아이는 그림을 그리는 실력이 괄목할 정도로 늘었지만 젊은 나이에 죽었다.

그러나 내가 생각하기에 그림이 로마에서 높은 평가를 받게 된 데는 로마 기원 490년 로마에서는 처음으로 그림 한 점을 대중에게 선보인 메살라의 영향이 가장 크다. '평의회 의사당Curia Hostilia'의 한쪽 벽에 걸려 있는 그 그림은, 그가 시킬리아에서 카르타고 군대와 히에론Hieron 왕을 격파하는 모습을 묘사한 것이다.

루키우스 스키피오도 같은 일을 했는데 그가 소아시아에서 거둔 승리의 장면을 카피톨리누스 언덕의 유피테르 신전에 그려 넣게 했다. 그러나 그의 형인 푸블리우스 스키피오 아프리카누스는 그것을 언짢게 생각했다. 왜냐하면 그의 아들이 소아시아 전쟁에서 포로가 되었기 때문이다. 카르타고에 대한 마지막 공세에서 최초로 카르타고에 입성한 루키우스 호스틸리우스 만키누스도 그와 비슷하게 카르타고를 공격하는 모습을 포룸에 그리게 해 아이밀리아누스Aemilianus를 화나게 만들었다. 그는 그림 옆에 서서 구경하는 사람들에게 공성전에 대해 상세히 설명하는 약간의 친절을 베풀어서 그다음 민회Comita에서 집정관으로 선출될 수 있었다.

클라우디우스 풀케르Claudius Pulcher[12]가 주최한 경기를 위해 마련된 무대는 회화 예술에 대한 경탄을 자아내게 했다. 기와를 본떠 그려 넣은 장식물이 진짜와 똑같아 까마귀들이 속아서 내려앉을 정도였다.

아우구스투스 황제는 포룸에서 가장 눈에 잘 띄는 곳에 전쟁과 승리를 표현한 그림 두 점을 설치했다.[13] 또한 그는 양아버지 율리우스 카이사르의 신전에도 우리가 여러 화가를 설명할 때 언급할 작품들 외에도 카스토르와 폴룩스 쌍둥이 형제를 그린 그림, 전승戰勝을 기록한 그림을 그리도록 했다. 그리고 그는 코미티움에 축성된 평의회 건물의 벽에도 두 개의 그림을 그려 넣도록 했다. 하나는 네메아Nemea[14]가 종려나무 가지를 들고 사자 등에 올라타 있는 모습이었다. 네메아 옆에는 한 노인이 지팡이를 짚고 서 있는데 노인의 머리 위에는 쌍두 전차의 그림이 걸려 있다. 니키아스Nicias는 이 그림을 '납화Inussisse(蠟畵)'*로 그렸다고 기록을 남기고 있다.

그림 속에서 주로 이목을 끄는 부분은 당연히 나이 차이가 있음에도 불구하고 젊은이가 아버지인 노인을 닮았다는 점이다. 두 사람 위로는 독수리가 갈고리발톱으로 큰 뱀을 거머쥐고 날아오르고 있다. 잘 살펴보면 웅혼한 힘을 느낄 수 있는 이 그림을 필로카레스Philochares[15]가 그렸다고 밝히고 있다. 그림이 없었더라면 전혀 몰랐을 글라우키온Glaucion과 그의 아들 아리스티푸스Aristippus를 필로카레스 덕분에 대대손손 눈앞에 두고 보고 있다.

그리스 초기의 화가 클레오나이Cleonae 출신 키몬Cimon은 측면 초상화catagrapha, 다른 말로 하면 인물에 대한 사각 투시를 처음으로 시도했다. 그리고 사물을 뒤, 위, 아래 등 바라보는 방향에 따라 달리 표현하는 것을 처음으로 알았다. 최초로 팔다리의 관절을 분명히 표현하고 혈관을 그렸으며 옷감이 늘어지고 접힌 것을 표현한 이도 다름 아닌 키몬이다. 피디아스와 형제지간인 키몬은 마라톤에서 아테네 군대와 페르시아 군대

---

* 뜨겁게 달군 쇠로 안료를 섞은 밀랍을 녹여 그리는 것을 납화(蠟畵, inussisse)기법이라고 한다.

가 싸우는 장면도 그렸다. 채색하는 것이 보편화되고 회화 기법이 완벽의 경지에 이르게 되자 키몬은 이 전쟁을 지휘한 여러 장군, 즉 아테네의 밀티아데스Miltiades와 칼리마코스Callimachos와 퀴나이기로스Cynaegiros, 페르시아의 다티스Datis와 아르타페르네스Artaphernes 등의 초상을 그릴 수 있었다.

　타소스 출신의 폴뤼그노토스Polygnotos[16]는 반투명 옷을 입은 여성을 처음으로 그렸는데 머리는 다채로운 색의 스카프를 쓴 모습으로 표현했다. 그는 회화의 발전에 많은 기여를 했다. 예를 들면 과거의 경직된 얼굴 표현 대신 입을 벌리고 치아를 드러낸 모습을 그려 얼굴에 표정을 불어넣었다.

제15장

붓의 화가들

제90회 올림픽이 열릴 즈음에는 아글라오폰Aglaophon, 케피소도토스Ke-
phisodotos, 에릴로스Erillos 그리고 파르라시오스Parrhasios의 아버지 에베노
르Evenor 등이 활동했다. 파르라시오스는 가장 위대한 화가 중 한 사람으
로 그가 언제 인기가 있었는지는 때가 되면 설명할 것이다. 이들 네 사람
은 유명하긴 하지만 더 자세하게 이야기할 정도는 아니다.

　첫 번째로 꼽자면 아테네 출신의 아폴로도로스Apollodoros다. 그는 제
93회 올림픽이 열릴 무렵에 활동했는데, 최초로 사물을 실제 눈에 보이는
것처럼 그렸고 처음으로 붓penicilus*을 이용해 음영을 표현했다고 해도 과
언이 아니다. 아폴로도로스의 작품에는 경배하는 사제와 번개 맞은 아약

---

* 　화가들이 사용한 모필 또는 붓. 납화를 그릴 때 사용하는 세스트룸(cestrum)이나 연필(stylus)과는 대비되는 그
　림 도구다. 붓을 사용하는 화가들은 고대에는 없었던 수채화 물감이나 유화 물감에 상당하는 것으로 그림을
　그렸을 것이다.

아폴로도로스는 기원전 5세기경 그리스의 가장 영향력 있는 화가로 신과 서사시의 영웅들을 주로 그렸다. 음영에 의한 입체감을 통해 착시 효과를 노리는 화법인 '스키아그라피아(skiagraphia)' 때문에 이름도 Apollodoros Skiagraphos가 되었는데, 이는 후대 르네상스 화가들에게 영향을 주었다. "내 기법을 비난하는 건 어렵지 않지만, 그것을 따라 하기는 쉽지 않을 것이다"라는 말을 남기기도 했다.

스Ajax가 있다. 번개 맞은 아약스는 지금도 페르가몬에 가면 볼 수 있다. 아폴로도로스 이전의 화가들이 남긴 작품 중에는 눈여겨볼 만한 작품이 없다.

회화의 문은 아폴로도로스에 의해 활짝 열렸다. 제욱시스는 제95회 올림픽이 열린 지 4년째 되던 해 등장해 두각을 나타냈다. 제욱시스는 별로 힘들이지 않고 회화 분야에서 정상에 오르는 영광을 차지했다. 아폴로도로스는 제욱시스가 남이 해 놓은 것을 도용해서 모두 자신의 것으로 만들었다는 취지로 그에 대한 글을 썼다. 또한 제욱시스는 엄청난 재산을 모았는데, 과시하고 싶은 욕심에서 격자무늬 위에 금으로 수를 놓아 자신의 이름을 새긴 의상을 입고 올림피아에서 직접 행진하기도 했다. 나중에 그는 자신의 그림은 도저히 값을 매길 수 없을 만큼 귀하다며 이를 기증

했다. 알크메나를 그린 그림은 아그리겐툼Agrigentum 시민에게, 판Pan을 그린 그림은 마케도니아의 왕 아르켈라오스Archelaos에게 주었다.

제욱시스는 페넬로페Penelope도 그렸는데, 귀부인 페넬로페의 특징들이 생생하게 묘사되어 살아 있는 듯이 보였다. 어떤 육상경기 선수를 그린 그림 밑에는 그 그림을 모사하는 것보다 비판하는 것이 더 쉬울 것이라는 의미의 글을 써넣기도 했다.* 이 글은 나중에 널리 회자되었다. 그가 그린 제우스는 대단한 작품이다. 제우스는 왕좌에 앉아 있고 다른 신들은 그 주위에 서 있는 그림이다. 어린 헤라클레스가 뱀들의 목을 졸라 죽이는 그림에는 암피트리온과 공포에 사로잡힌 헤라클레스의 생모 알크메나도 그려 넣었는데, 이 그림 역시 걸작이다.

하지만 제욱시스는 여전히 인물의 머리와 각 신체 부위를 비례에 어긋나게 그린다는 혹평을 받았다. 게다가 그는 지나치게 소심해서 한번은 아그리겐툼 시민에게 헤라 라키니아 신전Temple of Hera Lacinia[1]에 봉헌할 그림을 의뢰받아 그리기 시작하면서 아그리겐툼 처녀들을 나체로 소집한 다음 그중 다섯 명을 선발해 모델로 삼아 그들의 신체에서 가장 잘생긴 부분을 그림에 차용하려고 했다. 그는 또 연회색ex albo[2]으로 단색화도 몇 점 그렸다.

제욱시스와 같은 시기에 활동한 경쟁자로는 티만테스Timanthes, 안드뤼퀴데스Andrycides,[3] 에우폼포스Eupompos, 그리고 파르라시오스가 있다. 한번은 파르라시오스와 제욱시스가 그리기 경연을 벌였다. 제욱시스는 그림이 걸려 있는 곳으로 새들이 날아들 정도로 포도를 실물과 똑같이 그

---

* 플루타르코스에 따르면, 제욱시스는 아폴로도로스를 의식해 이런 글을 써넣었다고 한다.

헤라를 그리기 위해 다섯 명의 아그리겐툼 처녀를 나체로 소집한 제욱시스

린 반면에, 파르라시오스는 커튼을 대단히 사실적으로 그려 전시했다. 새가 자신의 작품으로 날아든 것으로 이미 평가는 내려졌다고 생각한 제욱시스는 우쭐대며 자신의 그림이 보일 수 있도록 커튼을 옆으로 치워 달라고 거만하게 말했다. 순간 착각했다는 것을 알아차리자마자 제욱시스는 자신의 패배를 순순히 그리고 솔직히 인정했다. 제욱시스는 고작 새를 속였지만 파르라시오스는 화가인 제욱시스를 속였기 때문이다.

나중에 제욱시스가 포도송이를 들고 있는 한 어린아이를 그렸는데, 새가 그 포도를 쪼아 먹으러 날아왔다는 이야기도 있다. 그런 이야기가 나오자 제욱시스는 곤혹스러운 표정을 지으면서 이전처럼 솔직하게 선언했다. "나는 확실히 아이보다는 포도를 더 잘 그렸다. 만약 내가 어린아이를 완벽하게 그렸더라면 새가 아이를 무서워했을 것이다."

제욱시스는 점토로 인물상도 몇 점 만들었다. 이 작품들은 풀비우스 노빌리오르Fulvius Nobilior[4]가 뮤즈들의 동상을 암브라키아Ambracia[5]에서 로마로 옮길 때 제욱시스의 작품으로는 유일하게 그곳에 남았다. 제욱시스가 만든 헬레나상은 로마의 필리피 주랑Porticus Philippi에 있으며, 묶여 있는 마르쉬아스Marsyas[6]상은 콘코르디아Concordia[7] 신전에 있다.

파르라시오스는 회화의 발전에 크게 기여했다. 그는 처음으로 그림에 등장하는 인물들의 신체적 균형과 비례와 조화를 구현했고, 인물의 동적인 움직임과 감정을 잘 표현했으며 모발은 섬세하게, 입은 기품 있는 모습으로 그렸다. 실제로 그림에서 윤곽의 미에 관한 한 파르라시오스가 최고라는 것에는 누구도 별다른 이의를 제기하지 않는다. 이것은 그림 그리는 데 가장 중요한 요소다. 실재하는 물체와 대상의 내부를 그리는 것이 중요하다는 데는 의문의 여지가 없을 뿐만 아니라 동시에 많은 화가가 이 점에서 뛰어난 솜씨를 보여 준다.

하지만 형상의 외곽선을 그리고 윤곽을 다듬어 가며 그림에 마무리 붓질을 하는 것은 회화의 성패를 좌우하는 요소로 누구나 배울 수 있는 것이 아니다. 형상의 외부 윤곽선을 제대로 그리기 위해서는 세심하게 곡선을 처리하여 그 선 이면에 뭔가 더 있는 것처럼 마무리함으로써 그 선이 감추고 있는 것을 드러내는 것이 필요하다.[8]

회화 예술에 관해 글을 쓴 안티고노스Antigonos[9]와 크세노크라테스Xenocrates[10]는 파르라시오스가 그런 실력이 있었다는 것을 인정하고 있다. 이 두 사람은 파르라시오스가 윤곽선을 그리는 솜씨가 뛰어났다는 것을 인정할 뿐만 아니라 입이 마르도록 최고의 찬사를 보내고 있다. 파르라시오스가 나무판과 양피지에 펜으로 그린 스케치들이 아직도 남아 있는데, 그것을 자세히 관찰하면 화가들도 배울 점이 많을 것 같다.

파르라시오스는 아테네 시민들을 우화적으로 그린 그림에서 주제를 다루는 자기만의 비범한 독창성을 보여 주었다. 그는 이 그림에서 한편으로는 아테네 시민들의 변덕스러움, 다혈질, 부조리함, 자유분방함 등을 묘사하면서 다른 한편으로는 그들이 가지고 있는 완고함, 관용, 자상함과 자존심, 오만과 겸손, 과감함과 소심함 등을 모두 표현했다. 그는 흉갑을 입은 해군 제독의 모습으로 테세우스를 그렸다. 이 그림은 과거에 카피톨리누스 언덕에 있었다. 지금 그의 그림 한 점이 로도스에 있는데, 거기에 멜레아그로스Meleagros,[11] 헤라클레스 그리고 페르세우스의 모습이 그려져 있다. 이전부터 사람들의 사랑을 받아 온 이 그림은 세 번이나 벼락을 맞았는데도 지워지지 않았다는 사연과 얽혀 더욱더 사랑을 받게 되었다.

파르라시오스는 아르키갈루스Archigallus*도 그렸는데, 이 그림은 티베리우스 황제가 매우 좋아했다고 한다. 데쿨로Deculo[12]에 따르면, 티베리우스가 방에 꼭꼭 숨겨 놓은 이 그림의 가치는 60만 세스테르케스로 평가된다.

파르라시오스의 작품으로는, 어린아이를 안고 있는 트라키아의 보모, 필리스쿠스Philiscus,[13] 수줍어하는 리베르 신, 어린아이들의 천진난만함이 돋보이는 '두 어린이', 향로와 묵주가 함께 그려져 있는 '소년과 함께 있는 사제' 등이 있다. 그리고 그가 그린 가장 훌륭한 걸작이 두 점이 있다. 하

---

* 환관(Gall)의 우두머리 또는 키벨레(Cybele)의 대사제.

나는 완전무장을 하고 달리기 경주를 하는 사람을 그린 것인데 땀에 젖은 모습이 자연스럽게 묘사되어 있다. 다른 하나는 달리기 선수가 갑옷을 벗는 모습이다. 이 그림을 보면 그림 속의 선수가 숨을 크게 헐떡이는 소리가 들리는 듯하다. 그는 아이네아스Aeneas·카스토르·폴룩스를 하나의 화폭에 담았다. 이 그림은 텔레포스Telephos[14]·아킬레우스·아가멤논·오디세우스를 한 폭에 그린 그림과 마찬가지로 극찬을 받고 있다.

파르라시오스는 누구보다도 그림을 많이 그린 작가다. 그러나 동시에 그보다 더 잘난 체하며 재능으로 얻은 명성을 즐긴 사람도 없다. 그는 자신을 '하브로디아이투스Habrodiaetus(호사가)' 또는 '그림의 왕'이라고 부르며 자신이 회화 예술을 완성시켰다고 주장했다.[15] 그는 자신이 아폴로 신의 가문에서 태어났으며 지금 로도스에 있는 헤라클레스 그림은 그가 꿈에서 본 헤라클레스를 그대로 그린 것이라고 허풍을 떨었다. 사모스 사람들이 '아약스와 무기의 증정'*이라는 그림을 그릴 화가를 선정할 때 티만테스에게 많은 표차로 탈락하자 파르라시오스는 보잘것없는 경쟁자에게 다시 패배하는 망신을 당했다고 아약스에 자신을 빗대어 말했다.

티만테스는 천재성을 보여 준 재능이 뛰어난 화가였다. 죽음을 기다리며 제단에 서 있는 이피게니아Iphigenia를 묘사한 그의 그림에 대해 많은 웅변가가 소리 높여 찬사를 보냈다. 그림에 나오는 모든 인물의 얼굴, 특히 삼촌인 메넬라오스의 얼굴에는 슬픔이 가득하다. 그러나 인물 하나하나의 개성 있는 슬픈 표정을 그리느라 화가는 이피게니아의 아버지 아가

티만테스의 〈이피게니아의 희생〉. 이피게니아는 미케네의 왕 아가멤논과 왕비 클뤼템네스트라의 딸이다. 아가멤논이 사냥의 여신 아르테미스를 진노하게 만든 탓에 바람이 전혀 불지 않게 되었으므로 트로이 원정길에 나선 그리스 군대가 아울리스 항구에서 2년 동안 출항할 수 없었다. 아가멤논은 예언자 칼카스의 의견에 따라 이피게니아를 아르테미스 여신에게 바쳤다.

멤논의 감정을 제대로 표현할 수 없게 되자 그의 모습은 희미하게 처리했다. 티만테스의 천재성을 보여 주는 다른 증거들도 있다. 예를 들면 작은 나무판에 그린 '잠자는 퀴클로페스Kyklopes'는 퀴클로페스의 거대한 체격을 실감 있게 표현하기 위해 그의 엄지손가락만 한 지팡이를 든 사튀로스를 그 옆에 그려 넣었다.

티만테스는 화가 중에서는 유일하게 작품 속에 붓으로 표현한 것 이상의 의미를 담았다. 그림을 그려 내는 수준도 높았지만 기발한 독창성이 언제나 손재주를 능가했다. 그가 그린 한 전쟁 영웅의 그림은 그가 습득한 완숙한 기술의 정수를 보여 준다. 이 그림으로 그는 회화를 완벽의 경지에 올려놓았다. 이 그림은 현재 로마에 있는 '평화의 신전Templum Pacis'에 있다.

이 시기에 에욱시니다스Euxinidas는 아리스티데스Aristides를 제자로 가르쳤다. 그는 나중에 걸출한 화가들 가운데 한 사람으로 꼽히게 된다. 에우폼포스Eupompos[16]는 팜필로스Pamphilos[17]를 지도했다. 그는 나중에 아펠레스Apelles의 스승이 된다.

에우폼포스가 그린 체육대회에서 우승한 선수가 월계수 가지를 들고 있는 그림이 있다. 화가로서의 그의 명성은 화가를 키우는 학원을 설립하고 회화의 분파를 셋으로 나눌 만큼 높았다. 그때까지 회화의 계보는 그리스 화파와 소아시아 화파로 알려진 두 화파밖에 없었다. 그리스 화파는 시퀴온에서 태어난 에우폼포스를 존경하는 의미에서 둘로 나뉘었다. 그래서 그 이후로는 이오니아 화파, 시퀴온 화파, 아티카 화파, 이렇게 세 화파가 존재하게 되었다.

팜필로스는 플리우스Phlius에서 벌어진 전투와 동맹군을 묘사하는 그림을 그렸고, 선상에 서 있는 오디세우스와 그의 승리를 표현한 그림도 그렸다. 마케도니아에서 태어난 팜필로스는 특히 수리와 기하학을 비롯해 다른 분야에서도 두각을 나타낸 최초의 화가였다. 다른 분야에 대한 지식이 없었더라면 자신이 그린 그림이 완성의 경지에 이를 수 없었을 것이라고 그는 단언했다. 그는 1탤런트 이하로는 다른 사람을 가르치지 않았다. 연간 수업료가 500데나리에 달했다.* 아펠레스와 멜란티오스Melan-

---

* 팜필로스 밑에서 미술 수업을 받는 과정은 12년이 걸렸다.

thios도 이 정도 수업료를 냈다. 처음에는 시퀴온에서 그리고 나중에는 그리스 전역에서 시민 계급의 자제가 그림,[18] 다시 말해 회양목 판자에 소묘하는 것을 배우게 된 것은 팜필로스의 영향 때문이다. 그 결과 그림은 인문학 공부의 기초 과정으로 여겨지게 되었다. 회화는 항상 고상한 예술로 평가를 받았고 최근에는 일반 시민뿐만 아니라 지위가 높은 사람들도 회화를 공부하기 시작했다. 물론 노예가 회화를 공부하는 것은 시대를 막론하고 금지되었다. 따라서 노예가 그린 유명한 회화나 소묘 작품은 없다.

제107회 올림픽이 열릴 무렵에는 아이티온Aetion과 테리마코스Therima-chos가 명성을 떨쳤다. 아이티온이 그린 그림 중 수작을 꼽자면, 바쿠스, 비극과 희극, 하녀 출신으로 여왕에 등극한 세미라미스, 횃불을 든 노파, 그리고 얌전한 태도가 돋보이는 인물화 '신부' 등이다.

그러나 화가로서 전무후무한 명성을 떨친 사람은 제112회 올림픽[19]이 열리던 때 활약한 아펠레스다. 아펠레스 한 사람이 회화에 기여한 것이 이전의 모든 화가가 기여한 것을 합친 것을 능가한다. 그는 더 나아가 회화의 원리에 관한 논문을 쓰기도 했다. 당대의 위대한 화가들은 나름대로 독특한 매력을 가지고 있지만, 아펠레스의 회화가 갖는 예술적 가치의 핵심은 그의 그림에서만 볼 수 있는 독특한 매력venustas[20]이다. 그는 동시대의 위대한 화가들이 그린 작품에 경의와 찬사를 보내면서도 그들의 작품에는 그리스어로 '카리스Χάρις(Charis)'[21]라고 하는 자신만이 가지고 있는 독특한 미적 이상理想이 부족하다고 지적하며, 이 점에서만은 자신에게 필적할 화가가 없다고 주장했다.

아펠레스는 자신의 그림이 가지고 있는 또 다른 훌륭한 요소도 이야기했다. 프로토게네스Protogenes가 엄청나게 공을 들이고 섬세하게 마무리 작업을 해 완성한 그림을 높이 평가하면서 아펠레스는 붓을 놓아야 할 때를 아는 것, 그 한 가지를 제외하면 프로토게네스가 능히 자신과 견줄 만하거나 더 낫다면서 자신은 언제 그림에서 손을 떼야 하는지 알고 있다고 말했다. 과유불급, 지나치게 세심하게 공을 들이면 결과가 더 나쁠 수도 있다는 것을 가르쳐 주는 새겨 둘 만한 교훈이다. 그가 보여 준 솔직담백함은 재능 못지않았다. 그는 군상을 그리는 데는 멜란티오스가 뛰어나고, 계측의 정밀함, 즉 그림에 묘사된 사물 간의 거리에서는 아스클레피오도로스Asclepiodoros[22]가 우수하다고 인정했다.

아펠레스가 프로토게네스와 관련해서 겪었던 일은 알아 둘 만하다. 아펠레스는 프로토게네스가 사는 로도스에 도착했을 때 소문으로만 알고 있는 프로토게네스의 그림을 보고 싶어 한걸음에 그의 작업실로 달려갔다. 마침 프로토게네스는 집에 없었다. 작업실에는 그림을 그리려고 준비해 둔 큰 화판이 이젤 위에 올려져 있었고, 한 노파가 집을 지키고 있었다. 아펠레스가 프로토게네스의 행방을 묻자 노파는 집에 없다며 그의 이름을 물었다. 아펠레스는 "제 이름은 이렇습니다"라고 대답하고 붓을 쥐고 물감을 찍어 섬세한 윤곽선을 화판 위에 그었다.

프로토게네스가 귀가하자마자 노파는 그간에 일어난 일을 이야기했다. 프로토게네스는 화판에 그려진 선을 보자마자 즉각 찾아왔던 방문객이 아펠레스가 틀림없다고 탄성을 질렀다. 왜냐하면 그렇게 귀신같이 완벽하게 선묘를 할 수 있는 사람은 아펠레스밖에 없기 때문이었다. 프로토게네스는 아펠레스가 그려 놓은 윤곽선 안에 색깔이 다른 물감으로 더 가는 선 하나를 그렸다. 그리고 노파에게 손님이 다시 찾아오거든 그림을 보여 주고 "이 선이 당신이 만나려고 했던 사람"이라고 말하라고 지시한 다음 외출했다. 그 뒤에 일어난 일은 프로토게네스가 예측한 대로였다.

다시 프로토게네스를 찾아온 아펠레스는 자신을 능가하는 솜씨로 또 다른 선이 그려져 있는 것을 보고 놀랐다. 그리고 선 하나를 그어 이전의 두 윤곽선을 둘로 나눔으로써* 더 이상 선을 그을 수 있는 여지를 없애 버렸다. 집에 돌아와 이것을 보자마자 프로토게네스는 자신이 졌다는 것을 인정하고 아펠레스를 만나러 항구로 갔다. 그는 화판을 고스란히 후세에 전해 모든 사람, 특히 화가들의 귀감으로 삼는 것이 옳다고 생각했다.

그 그림은 팔라티누스 언덕에 있는 카이사르의 궁전에 화재가 났을 때 소실됐다고 들었다. 나는 불이 나기 이전에는 가끔 들러서 그 그림을 감상하곤 했다. 거대한 화판에 세 개의 선 말고는 아무것도 없다. 그 선들은 보일락 말락 할 정도로 가늘다. 다른 화가들이 정성 들여 그린 대다수 사실적인 작품들 사이에서 이 그림은 그저 아무것도 그려져 있지 않은 빈 화판처럼 보일 뿐이다. 그런데 바로 그 점 때문에 모든 사람의 주목을 받고 그곳에 있는 다른 어떤 작품보다 높은 평가를 받았다.

아펠레스는 아무리 바빠도 하루도 거르지 않고 선묘나 소묘를 하는

---

* 윌리엄 스미스(William Smith, 1813~1893)가 편찬한 『고대 그리스·로마 인물 및 신화 사전(Dictionary of Greek and Roman Biography and Mythology)』에는 "이해하기 어려운 이 문장은 아펠레스가 그린 맨 처음 그은 선 한가운데에 프로토게네스가 두 번째 선을 그어 아펠레스의 선을 둘로 나눴고, 아펠레스가 프로토게네스가 그린 선 한가운데에 같은 방식으로 선을 그은 것으로 보는 게 가장 자연스러운 해석이다"라고 서술되어 있다.

습관을 고집스럽게 유지했다. 아펠레스의 이 습관은 이제는 하나의 격언이 되었다.* 그는 그림을 완성하고 나면 하나의 관례처럼 행인들이 볼 수 있도록 공개된 장소[23]에 그림을 내다 걸었다. 그리고 그림 뒤에 숨어서 사람들이 그림에 대해 평가하는 이야기를 들었다. 아펠레스는 일반 사람들이 화가보다 더 안목이 있고 그들의 평가가 자신의 판단보다 중요하다고 생각했다. 한번은 그림을 밖에 내걸었는데 한 제화공이 그가 그린 그림 속 구두를 보고 한쪽의 구두끈이 너무 짧다고 흠을 잡았다. 다음 날 제화공은 자신이 비판했던 이전의 오류가 수정된 것을 보고 자신이 지적했기 때문이라고 생각했다. 그리고 이번에는 다리에 대해 트집을 잡기 시작했다. 그러자 아펠레스가 잔뜩 화가 나서 불쑥 머리를 내밀고 제화공은 구두에 대해서만 조언을 해야 한다고 충고했다. 아펠레스가 제화공에게 한 말 역시 하나의 속담이 되었다.**

아펠레스는 품행이 매우 방정한 사람이었다. 가끔 작업실로 찾아오곤 했던 알렉산드로스 대왕은 그런 점 때문에 더욱 아펠레스를 좋아했다. 알렉산드로스는 아펠레스 이외에 다른 화가들은 자신의 초상을 그릴 수 없다는 칙령을 내렸다. 한번은 알렉산드로스가 아펠레스의 작업실에 와서 그림에 대해 알지 못하면서 아는 체하며 이야기를 늘어놓았다. 아펠레스는 물감을 갈고 있는 아이들에게 웃음거리가 될 것 같으니 그림에 대해서는 말하지 않는 것이 좋겠다고 나지막이 말했다. 다른 사람이 그랬다면

---

* 에라스뮈스가 기록한 이 라틴어 속담은 "Nulla dies abeat, quin linea ducta supersit", 즉 "윤곽선을 그려 기억에 담아 두지 않고는 하루도 보내지 마라"다.

** "Ne sutor ultra crepidam(제화공은 신발에 대해서만 조언하게 하라)."

알렉산드로스는 불같이 화를 냈을 것이다. 아펠레스는 그 정도로 알렉산드로스와 막역한 사이였다.

알렉산드로스는 성격이 불같았지만, 아펠레스에 대해 품고 있던 존중의 마음을 상징적으로 보여 주는 징표를 그에게 주었다. 알렉산드로스는 그의 후궁 가운데서 가장 사랑한 캄파스페Campaspe의 뛰어난 미모에 탄복해 아펠레스에게 그녀의 누드화를 그리도록 했다. 아펠레스는 그림에 열중하는 동안 그녀를 사랑하게 되었다. 알렉산드로스는 아펠레스가 캄파스페를 진정으로 사랑한다는 것을 알고 그녀를 아펠레스에게 선물로 주었다. 알렉산드로스는 뛰어난 용기를 가진 군주였지만, 이 사건은 그가 자기 절제에는 더 뛰어나다는 것을 보여 주면서 그가 거둔 어떤 승리 못지않게 그의 명예를 높여 주었다. 어떤 사람들은 캄파스페가 아펠레스가

소실된 '바다에서 올라온 베누스'를 바탕으로 그린 로마 시대의 프레스코화

그린 '바다에서 올라온 베누스'의 모델이라고 생각한다.

아펠레스는 자신의 경쟁자들에게도 친절했다. 로도스의 프로토게네스를 유명하게 해 준 것도 바로 그였다. 으레 그렇듯이 프로토게네스는 로도스 사람들에게 별로 인기가 없었다. 아펠레스는 프로토게네스가 소장하고 있는 완성작들의 가격을 물었다. 프로토게네스가 정말 보잘것없는 액수를 말하자 아펠레스는 50탤런트를 주겠다고 제안했다. 그러고 나서 아펠레스가 자신의 작품으로 속여서 팔기 위해 프로토게네스의 작품들을 구입했다는 소문을 퍼뜨리게 했다. 아펠레스는 이런 계책을 써서 프로토게네스가 로도스 주민들로부터 훌륭한 화가로 인정받을 수 있도록 만들었고, 로도스 사람들이 프로토게네스의 작품에 더 높은 가격을 제시하자 그대로 물러서 그 작품들이 로도스에 남아 있도록 했다.

그는 인물화도 매우 사실적으로 그렸다. 그래도 문법학자 아피온이 기록으로 남긴 사실은 도저히 믿기 힘들다. 사람 이목구비의 특징을 보고 과거와 미래의 행적을 점치는 사람들, 즉 우리가 관상쟁이라고 알고 있는 사람 가운데 하나가 아펠레스의 그림을 보고 그림에 묘사된 인물들의 사망 연도를 맞힐 수 있었다고 문법학자인 아피온이 전하고 있다.

아펠레스와 프톨레마이오스[24]는 알렉산드로스의 수행원으로 종사할 때 서로 사이가 좋지 못했다. 프톨레마이오스가 이집트의 파라오가 된 뒤 아펠레스가 탄 배가 거센 폭풍을 만나 알렉산드리아에 기항하게 되었다. 이때 아펠레스의 경쟁자들이 프톨레마이오스 궁전의 어릿광대를 매수해 프톨레마이오스의 저녁 식사에 아펠레스가 오도록 초대했다. 아무것도 모르는 아펠레스는 저녁 식사 자리에 참석했다. 그러나 프톨레마이오스는 몹시 화를 내며 아펠레스 앞에 집사들을 세워 놓고 초대장을 보낸 사람을 지목하라고 아펠레스에게 요구했다. 프톨레마이오스가 계속 다그치자 아펠레스는 벽난로에 있던 불이 꺼진 숯을 하나 집어 들고 벽에 인물의 모습을 정확히 그려 나갔다. 그가 그림을 그리기 시작하자마자 프톨레마이오스는 그 인물이 어릿광대라는 것을 금방 알아보았다.

그는 또 안티고노스[25] 왕의 초상화도 그렸다. 안티고노스는 한쪽 눈이 없었기 때문에 아펠레스는 그의 실제 모습이 갖는 결함이 그림에서는 나타날 수 없도록 측면 초상화를 그렸다. 아펠레스 작품들 가운데는 인간이 죽음을 맞이하는 순간을 그린 그림들도 있다. 그러나 그가 남긴 작품의 우열을 가리기는 쉽지 않다.

'베누스 아나뒤오메네Venus Anadyomene'[26]로 알려진 그의 작품 '바다에서 올라온 베누스'는 아우구스투스 황제가 양아버지 카이사르의 신전에 봉헌했다. 이 그림은 그리스 문학작품을 통해 유명해졌는데,[27] 그림은 사라졌어도 글은 남아 이 작품의 명성을 영원불변으로 만들었다. 그림의 아랫부분이 훼손되었는데 아무도 그것을 복원할 수가 없었다. 그래서 그림에 남아 있는 이런 손상된 부분 때문에 화가로서의 아펠레스의 명성은 더 높아졌다. 그러나 세월의 풍화와 습기를 이기지 못하고 그림은 사라져 버렸다. 그리고 네로 황제는 아펠레스의 그림이 있던 자리에 도로테우스Dorotheus가 그린 복제품을 대신 걸었다.

아펠레스는 코스섬 주민들을 위해 또 다른 아프로디테를 그리기 시작했다.[28] 이 그림은 이전에 그린 아프로디테를 능가했을 것이다. 그러나 야속하게도 그림을 완성하기 전에 죽음을 맞이했다. 그리고 아펠레스가 그려 놓은 밑그림에 걸맞게 그림을 완성할 만한 사람을 그 어디에서도 찾을 수 없었다. 그는 또 에페수스에 있는 아르테미스(디아나) 신전에 '벼락을 몰고 오는 알렉산드로스'를 그렸다. 이 그림을 그려 주기로 하고 금 20탤런트를 받았다. 손가락은 화면에서 돌출한 것처럼 묘사되었고 화면에서 번개가 뻗어 나오는 것 같은 이 그림을 그려 주는 대가로 합의한 금액이 얼마인지는 알 수 없고, 지불한 금화의 무게로밖에 확인되지 않는다.

또한 아펠레스의 작품으로 에페수스의 아르테미스 신전의 사제를 그린 '메가뷔주스Megabyzus의 행진'과 황급히 전투에 나가는 클레이토스에게 갑옷 종자가 지시에 따라 투구를 건네주는 장면을 그린 '마상의 클레이토스'가 있다. 아펠레스는 알렉산드로스와 필리포스의 그림은 수도 없이 많이 그렸다. 그것을 일일이 열거하는 것은 쓸데없는 짓이 될 것이다.

사모스섬에는 그가 그린 '아브론Abron'이 있는데 많은 사람의 감탄을 자아낸다. 알렉산드리아에는 '비극 배우 고르고스테네스Gorgosthenes'가 있고, 로마에는 승리의 형상들과 알렉산드로스 대왕이 함께 그려진 카스토르와 폴룩스의 그림 그리고 손이 뒤로 묶인 전쟁의 여신을 표상하는 인물과 알렉산드로스를 그린 그림이 있다. 이 그림에 알렉산드로스는 개선 마차에 앉아 있는 모습으로 그려져 있다. 두 그림 모두 아우구스투스 황제가 포룸에서 자신이 자주 출입하던 곳에 높은 수준의 절제와 격조를 보여 주며 봉헌한 것이다. 그러나 클라우디우스 황제는 두 그림에서 알렉산드로스의 머리 부분을 지우고 그 자리에 초대 황제인 아우구스투스의 얼굴을 대신 그려 넣는 것이 바람직하다고 생각했다.

안나Anna 신전*의 얼굴을 돌리고 있는 헤라클레스도 아펠레스가 그린 것으로 일반에 알려져 있다. 그림을 그릴 때 가장 어려운 부분 중 하나가 얼굴이다. 이 그림에서도 얼굴은 숨겨져 있지만 상상력의 여지를 남기지 않고 드러난다고 할 수 있다. 그는 또 헤로Hero의 나신을 그렸다. 그 그림에서 아펠레스는 자연 그 자체를 넘어서려고 했다.

아펠레스가 미술 대회에 나가 그린 말 그림도 있다. 아니 있었다. 그 그림의 탁월함에 대해 이야기하자면, 아펠레스는 그 그림에 대한 평가를 심사위원들이 아닌 말에게 맡기자고 호소했다. 심사위원들의 계략으로 경쟁자가 더 좋은 점수를 받을 것을 안 아펠레스는 말을 몇 마리 데려왔다. 그리고 참가한 화가들이 그린 그림을 차례대로 말에게 보여 주었다. 말들은 아펠레스의 그림을 보고서야 울기 시작했다. 이후로 아펠레스는 자신의 화가로서의 기량을 평가할 때는 언제나 그런 식으로 했다. 그는 또 네오프톨레모스Neoptolemos[29]가 말을 타고 페르시아 군대와 싸우는 장면도 그렸으며, 아내와 딸이 함께 있는 아르켈라오스Archelaos[30]와 갑옷을 입은 채 옆에 말을 끌고 걸어가는 안티고노스도 그렸다.

회화 감정가들은 그가 그린 어떤 작품보다도 '말을 탄 아르켈라오스'와 '제물을 바치는 처녀들에게 둘러싸인 아르테미스'를 높이 평가한다. 디아나를 그린 작품은 같은 주제를 묘사한 호메로스의 문학적 표현**을 능가할 것 같다. 아펠레스는 그림으로는 표현할 수 없을 것이라고 여긴 천둥, 번개, 벼락 같은 것도 그리려고 시도했다. 이 그림들의 이름은 각각 '브론

---

* 안나 여신이나 안나 여신의 신전에 대해서는 별로 알려진 것이 없다. 신전에 대한 문헌은 존재하지 않는다.
** 『오디세우스』 제6권 1장 102행.

테Bronte', '아스트라페Astrape', '케라우노볼리아Ceraunobolia[31]'다.

아펠레스가 회화 예술에서 새롭게 창안한 기법들은 다른 화가들에게 크게 도움이 되었다. 그러나 한 가지 기법만은 아무도 아펠레스를 흉내 낼 수 없었다. 그는 작품을 완성하고 나면 화면 위에 몰라볼 정도로 얇게 검은색 니스를 발랐다. 그렇게 함으로써 색채에 생동감을 불어넣고 그림에 먼지나 때가 타는 것을 막았다. 니스를 발랐다는 것은 거의 눈에 닿을 정도로 가까이 보아야 알 수 있었다.* 그리고 형언할 수 없는 기법으로 마치 멀리 떨어져 구름을 통해 보는 것처럼 색채의 밝기를 부드럽게 가라앉혀 그대로는 너무 현란해 보일 수 있는 그림에 무게감을 줌으로써 고상해 보이도록 만들었다.

아펠레스와 같은 시대에 활동한 화가 중에 테베 출신의 아리스티데스Aristides가 있다. 그는 화가 중에는 최초로 인간의 정서와 감정, 즉 그리스어로 'ηθη(ithos)'[32]라고 하는 것을 제대로 표현했다. 그는 그리스 군대와 페르시아 군대의 전투 장면을 그렸는데 이 그림에는 100명의 인물이 등장한다. 그는 엘라테아Elatea의 독재 군주 음나손Mnason에게 인물 한 명당 10미나[33]를 받았다. 그의 작품으로는 '전속력으로 질주하는 사두마차', 거의 말하는 소리가 들릴 것 같은 '탄원인', '사냥감을 들고 있는 사냥꾼', '오빠를 죽도록 사모하는 처녀' 등이 있다. 그리고 카피톨리누스 언덕에 있는 피데스Fides 신전에 가면 노인이 어린아이에게 하프 연주를 가르쳐 주

---

* 조슈아 레이놀즈(Joshua Reynolds)는 플리니우스의 이러한 기록이 "글레이징(glazing)이나 스컴블링 (scumbling)을 회화적으로 묘사한 것으로, 티치아노(Tiziano)와 다른 베네치아 화가들도 이런 기법을 사용 했다"고 보고 있다.

는 그림을 볼 수 있는데 아리스티데스가 그린 것이다. 그가 그린 '부상병'에는 극찬이 쏟아졌다. 실제로 이 화가의 솜씨는 정말 탁월해서 아탈로스Attalos 왕은 그의 그림 한 점을 100탤런트에 샀다고 한다.

같은 시기에 로도스를 복속시킨 카우노스Kaunos 출신의 프로토게네스도 화가로서 명성을 떨쳤다. 그는 젊은 시절 매우 가난했을 뿐만 아니라 그림을 그리는 데 극도로 정성을 기울였기 때문에 작품이 많지 않다. 그가 누구한테 그림을 배웠는지는 확실하지 않다. 어떤 이는 그가 쉰 살이 될 때까지는 선박 도장공에 불과했다고 말한다. 아테네의 명소 가운데 하나인 아테나 신전의 전실을 장식할 때 프로토게네스는 파랄루스Paralus와 몇몇 사람이 나우시카Nausicaa라고 하는 함모니아스Hammonias를 훌륭하게 묘사한 그림을 그렸다. 이 그림의 측면에 '부속 그림parerga'으로 작은 배를 몇 척 그려 넣은 사실은 그가 어떤 부문에서 처음으로 두각을 나타내고 아테네로 건너와 화가로서 성공을 거두었는지를 보여 주는 하나의 증좌라고 할 수 있다.

그의 모든 작품 중에서 가장 찬사를 받는 작품은 현재 로마 평화의 신전에 봉헌된 아폴로 신의 손자 이알뤼소스Ialysos를 그린 그림이다. 그는 이 그림을 그리는 동안 물에 불린 콩밖에는 아무것도 먹지 않았다고 한다. 그는 맛있는 음식을 먹고 감각이 무뎌지는 것을 피하려고 물에 불린 콩으로 허기와 갈증을 달랬다고 한다. 그는 이 그림이 잘못 보관해 훼손되거나 오래되어 바래는 것을 막기 위해 네 번을 덧칠했다. 그래서 겉에 있는 그림이 떨어져 나가면 그 밑에 그림이 다시 드러나도록 만들었다.

이 그림에는 개가 한 마리 등장한다. 이 개는 매우 놀라운 기법으로 그려졌는데 거기에는 우연도 한몫을 차지하고 있다. 프로토게네스는 개를 그리면서 개가 헐떡일 때 나오는 입가의 거품을 제대로 표현하지 못했다고 생각했다. 그림의 다른 부분은 모두 나무랄 데가 없었지만 거품은 대단히 미흡했다. 그를 불만스럽게 한 것은 거품을 그릴 때 남는 분명한 붓 자국이었다. 붓질을 하면 그 흔적이 자연스럽게 스며들지 않아 전체 그림의 모습을 매우 부자연스럽게 만들어 실제의 모습과는 너무 달라 보이게 한다. 그래서 거품을 그리면 그린 흔적 때문에 자연스럽지 않았다. 사실 그 자체를 그리려고 하는데 사실과 비슷한 것밖에 그릴 수 없는 이런 상황은 작가에게는 당혹스럽고 괴로운 딜레마였다. 그는 그림을 여러 번 지우고 붓도 이것저것으로 바꿔 보았다. 그렇지만 결코 만족스러운 결과를 얻지 못했다. 그는 자신의 그림 솜씨의 한계에 화가 나서 해면을 그림의 문제가 되는 곳에 던졌다. 그런데 해면이 정확히 그가 지운 물감이 있던 자리에 그가 그토록 간절히 그리려고 했던 모습으로 달라붙었다. 결과적으로 우연이 자연을 그림으로 재현한 것이다.

그가 했던 방식을 본받아 네알케스Nealces는 말이 입에 문 거품을 표현하는 데 성공했다. 언젠가 그가 말 두 마리를 데리고 목소리로 말을 달래는 한 사내의 모습을 그릴 때 그도 역시 비슷한 효과를 나타내기 위해 화판에 해면을 던졌다.

데메트리오스 왕은 프로토게네스가 그린 '이알뤼소스'가 훼손될까 염려해 그 그림을 가져갈 수 있도록 로도스 시가의 일부만 불태우도록 했다. 그는 그림을 살리려는 욕심 때문에 승리할 수 있는 유일한 기회를 놓쳤다. 프로토게네스의 거처는 데메트리오스 진영의 한복판인 로도스 근교의 작은 숲속에 있었다. 프로토게네스는 그곳에서 벌어지고 있는 전투에 전혀 개의치 않고 아무 일 없다는 듯 그리던 그림을 태연히 계속 그려 나갔다. 마침내 데메트리오스가 그를 잡아들였다. 그는 프로토게네스에게 보호해 줄 담장도 없는 곳에서 어떻게 그렇게 태연하게 그림을 그릴 수 있느냐고 물었다. 그는 "당신은 로도스 사람들과 전쟁을 하는 것이지 그림과 전쟁을 하는 게 아니라는 것을 알고 있기 때문입니다"라고 대답했다. 그러자 왕은 화가를 죽이지 않고 살려 두기를 잘했다고 생각하고 흔쾌히 프로토게네스를 보호하기 위해 특별히 전담 경비병을 배치하라고 명령했다. 아울러 그를 자주 불러들이면 화가의 집중력이 떨어질 것을 우려해 비록 적이지만 그가 직접 프로토게네스의 거처를 종종 방문하곤 했다. 그는 전투가 벌어지고 성벽이 무너지는 와중에도 승리의 목표는 아랑곳없다는 듯 프로토게네스가 그리고 있는 그림들을 유심히 바라보곤 했다. 오늘날까지도 그 이야기는 프로토게네스가 그 당시에 그토록 몰두했던 그림에 다음과 같은 내용으로 따라다닌다. "프로토게네스는 전쟁 중에 이 그림을 그렸다."

프로토게네스의 작품으로는 그 밖에도 '퀴딥페Cydippe,' '명상에 잠겨 있는 비극 시인 필리스코스Philiscos의 초상', '안티고노스 왕의 초상', 아리스토텔레스의 어머니인 '파이스티스Phaestis의 초상' 등이 있으며, 동상으로는 '달리기 선수'가 있다.

제16장

다양한 그림들

이제 일상생활의 모습을 담은 그림을 그려 명성을 얻은 화가들에 대해 언급하지 않을 수 없다. 이런 화가 중에는 페이라이코스Peiraikos가 있다. 그는 그림 그리는 솜씨만큼은 어떤 화가에게도 뒤지지 않는다. 그러나 나는 그가 서민의 일상생활을 그림의 소재로 삼았다고 해서 부당한 평가를 받았다고 보지 않는다. 그림은 서민적이었지만, 그는 가장 높은 명성을 얻었다. 그가 그린 대상은 이발소, 구둣방, 바보, 식료품 같은 것들이다. 하지만 그의 그림은 보는 사람들을 매우 즐겁게 하며 많은 유명 화가들이 그린 많은 대작보다 높은 값에 팔린다.

　아르데아Ardea[1]의 신전에 그림을 그린 화가를 언급하지 않고 넘어가는 것은 예의가 아닐 것이다. 특히 그는 아르데아의 시민권을 얻었으며 그가 그곳에 그린 그림들 가운데 한 작품에는 고대 라틴어로 다음과 같은 시가 새겨져 있다.

> 유피테르의 부인이자 여왕인 유노의 신전,
> 이 고귀한 곳에 어울리는
> 알랄리아Alalia[2] 출신의 플라우티우스 마르쿠스Plautius Marcus가 그린 그림들.
> 아르데아는 그의 재능을 영원히 찬미할지어다.

아우구스투스 황제 시기에 활동한 루디우스Ludius도 언급하지 않고 넘어갈 수 없다. 왜냐하면 그는 최초로 저택과 주랑 현관, 관상용 정원, 나무, 숲, 언덕, 연못, 운하, 해변 등 원하는 것은 무엇이든 들어 있는 분위기를 살려 주는 풍경화를 일반 주택의 벽면에 그려 넣었다. 그리고 거기에는 걷거나, 배를 타고 가거나, 집으로 향해 가거나, 당나귀나 마차를 타고 있거나, 낚시하거나, 닭을 치거나, 포도를 수확하는 다양한 사람의 모습이 담겨 있었다. 그가 벽 장식으로 그린 한 작품에는 흥정하는 여자들과 어깨에 무거운 짐을 지고 계단을 하나 오를 때마다 짐 때문에 비척대는 남자와 함께 멋진 저택과 호수를 건너 저택에 이르는 길이 묘사되어 있다. 비슷한 성격의 수많은 주제는 삶의 재미와 재기발랄한 독창성을 떠올리게 한다. 지붕이 없는 대형 건물이나 산책로를 해양도시의 그림으로 장식한 것도 그가 처음이다. 이러한 그림은 비교적 적은 비용을 들여 그렸지만 큰 즐거움을 선사한다.

여성 화가들도 있다. 미콘Micon의 딸 티마레테Timarete는 가장 오래된 판 그림 중 하나인 에페수스의 아르테미스를 그렸다. 화가 크라티노스

아르테미스를 그리는 티마레테(15세기)

Cratinos의 딸이자 제자 이레네Irene는 지금은 엘레우시스Eleusis에 있는 소
녀의 초상, 칼륍소Calypso, 노인, 마술사 테오도루스Theodorus, 무용수 알
키스테네스Alcisthenes 등을 그렸다. 네아르코스Nearchos의 딸이자 제자 아
리스타레테Aristarete는 아스클레피오스Asklepios를 그렸다.

평생을 독신으로 산 퀴지코스 출신의 이아이아Iaia는 바로가 젊었을
때 로마에서 활동하면서 붓과 조각도로 상아에 그림을 그렸다. 이아이아

이레네(15세기)   자화상을 그리는 이아이아(15세기)

의 작품은 여성들의 초상화가 대부분이다. 나폴리에는 그녀가 그린 대작 '늙은 여인의 초상'이 있는데, 거울을 보면서 자신의 모습을 그린 자화상이다. 실험성이라는 면에서 그녀를 따를 화가가 없다. 화가로서 이아이아의 재능은 발군이어서 그녀의 작품은 그 당시 전람회에서 인기를 끌었던 소폴리스Sopolis나 디오뉘시오스Dionysios 같은 명망 있는 초상화가들의 작품보다 비싼 값에 팔렸다.

　　명성은 그림을 그린 화가들이 오롯이 차지하지만, 우리는 그림을 통해 앞선 시대를 산 조상들이 보여 주는 검약의 정신을 높이 사야 할 더 많은 이유를 갖게 된다. 옛사람들은 전통적으로 집주인 혼자만 즐기기 위해서 집 안을 그림으로 장식하지도 않았고 한곳에 붙박여 있을 수밖에 없고 불이 나도 옮길 수도 없는 집에 그들이 가지고 있는 자원을 낭비하지도 않았다. 프로토게네스는 작은 밭이 딸린 오두막에 만족했고, 아펠레스는 자신의 집 치장 벽토에 그림을 그리지 않았다. 그들이 살던 시대에는 집 안의 칸막이벽을 천장부터 바닥까지 칠하는 풍조가 없었다. 그 시대의 모든 화가는 시민 전체의 이익을 위해 그림을 그렸고, 화가는 시민 모두의 공동 자산으로 간주되었다.

제17장

모델링 기법의 창안자들

회화에 대해서는 이제 충분하고도 남을 만큼 설명을 했다. 하지만 조소에 대해서는 조금 더 덧붙이는 게 맞을 것 같다.

시퀴온의 도공인 부타데스Butades는 코린토스에서 도자기를 빚을 때 사용하는 흙으로 사람의 얼굴을 만드는 것을 처음으로 생각해 냈다. 그는 딸 때문에 이런 방법을 생각한 것이다. 딸은 장기간 여행을 떠나려는 젊은 남자와 깊이 사랑에 빠졌다. 딸은 램프 등불에 비친 남자의 그림자를 따라 그의 측면 윤곽을 벽에 그렸다. 이것을 발견한 아버지는 그 윤곽선을 따라 벽에 흙을 눌러 붙여 얼굴을 부조로 만든 다음 다른 도자기들과 함께 불에 구웠다. 부타데스는 흙으로 형상을 빚을 때 붉은색이 나는 황토를 덧붙이거나 붉은 석회가루를 섞어 채색하는 방법을 개발했다. 또한 그는 최초로 건물 지붕에 얹는 막새기와에 얕거나 높은 부조로 인면

상을 새겨 넣었다. 이런 테라코타로부터 신전 박공벽의 장식 조형물이 시작되었다.

처음으로 얼굴에 회반죽으로 만든 틀을 씌우고 거기에 녹인 밀랍을 부어 미세한 부분까지 보완한 다음 사람의 얼굴을 찍어 낸 사람은 이미 언급했던 뤼시포스와 형제지간인 시퀴온의 뤼시스트라토스다. 그는 처음으로 실제와 같은 형상을 만드는 것을 연구했다. 그 이전의 조형 예술가들은 최대한 근사한 모습을 만드는 방법만 생각했다. 처음으로 조각을 만들기 위한 모델을 만들 생각을 했던 것도 다름 아닌 뤼시스트라토스다. 이 방법은 나중에는 일반화되어 점토로 모델을 만들지 않고는 모형이나 조각상을 만들 수 없었다. 그렇게 본다면 점토로 모델을 만드는 것은 청동상을 주조할 때 형틀을 만드는 것보다 더 오래된 것 같다.

모델링을 하는 데 가장 유명한 사람은 다모필로스Damophilos와 고르가소스Gorgasos다. 이들은 화가이기도 하다. 이들은 자신들의 그림과 조각으로 로마의 전차경기장에 있는 케레스 신전을 장식했다. 이 신전에는 오른쪽 장식은 다모필로스의 작품이며 왼쪽은 고르가소스의 작품이라는 명문이 그리스어로 새겨져 있다. 이 신전을 짓기 전에는 신전마다 에트루리아 방식으로 만든 작품들이 있었는데, 나중에 신전을 보수하면서 벽화들은 작은 판으로 나누어 떼어 내 액자에 넣었지만 박공벽에 있는 부조는 해체되었다고 바로는 전한다. 칼코스테네스Chalcosthenes는 아테네에서 진흙으로 작품을 만들었는데 그때부터 그의 공방이 있던 장소는 '케라미코스Ceramicos'라는 이름을 얻게 되었다.

바로는 로마에 사는 포시스Possis라는 이름의 화가를 알고 있는데, 그는 과일·포도·물고기를 대단히 사실적으로 그려서 그림과 실제를 구분하기가 불가능할 정도라고 말한다. 바로는 아르케실라오스Arcesilaos도 입이 마르도록 칭찬한다. 아르케실라오스는 루키우스 루쿨루스Lucius Lucullus와 친한 사이였으며, 그가 만든 조소 작품은 화가들 사이에서도 다른 작품보다 비싼 값에 거래되었다. 바로는 카이사르의 포룸에 있는 베누스 게네트릭스상을 이 조각가가 만들었는데, 봉헌을 급히 서두르는 바람에 완성되기도 전에 동상을 세웠다고 말한다. 아르케실라오스는 펠리키타스Felici-tas 여신상을 6만 세스테르케스에 제작하기로 루쿨루스와 계약을 맺었는데 완성을 보지 못하고 두 사람 모두 사망했다. 에퀘스 출신인 옥타비우스Octavius가 술을 섞는 대형 사발의 모형을 하나 갖고 싶어 하자 아르케실라오스는 1탤런트를 받고 석고로 모형을 만들어 주었다.

제18장

도예 작품

로마는 물론이고 지방 도시에 가면 사원의 박공博栱에 많은 장식을 만들어 붙인 것을 볼 수 있다. 그것을 만든 기술이나 예술적 가치 그리고 내구성은 놀라울 정도여서 금보다 더 귀한 대접을 받을 만하다. 그리고 결코 금같이 해악을 끼치지 않는다. 로마에 재물이 넘쳐나는 오늘날에도 우리는 형석 유리 술잔이나 크리스털 술잔이 아니라 질그릇 대접simpuvium에 술을 담아 초헌初獻 잔으로 바친다.

흙이 베풀어 주는 다양한 선물을 눈여겨 살펴보면 흙은 헤아릴 수 없이 많은 것을 담고 있다. 곡식, 포도주, 과일, 향초, 떨기나무, 약재, 금속 등은 말할 것도 없고 수많은 것을 아낌없이 베풀어 준다는 것을 우리는 이미 잘 알고 있다. 흙을 사용해 도자기를 빚는 것 하나만으로도 흙은 우리 살림살이에 필요한 이런저런 것들을 충분히 주고도 남는다. 배수로 타일이며, 포도주를 담아 두는 통, 상수도 파이프, 목욕탕에 물을 공급하는 도관, 지붕을 잇는 구운 기와, 기초를 쌓는 벽돌, 도공이 물레를 돌려 제작하는 도자기들까지 모두 흙에서 나온다. 이 모든 것은 도자 기술의 결과물인데, 그런 이유로 누마가 일곱 번째로 만든 단체가 도공 단체다.

많은 사람이 도자기로 만든 관solium에 들어가 묻히기를 원했다. 바로도 은매화와 올리브 그리고 미루나무 잎들이 수북한 곳에 피타고라스와 똑같은 방식으로 묻혔다. 인류의 대부분은 옹기를 관으로 사용한다. 식탁용 그릇으로는 사모스섬에서 만든 도기가 귀한 대접을 받는다. 그리고 이탈리아의 아레티움Arretium도 이 방면에서 명성이 높다. 수렌툼Surrentum, 아스타Asta, 폴렌티아Pollentia, 히스파니아의 사군툼Saguntum 그리고 아시아의 페르가몬에 있는 도자기 공방들은 잔을 잘 만드는 것으로 유명한다.

아시아의 트랄레스Tralles와 이탈리아의 무티나Mutina는, 지금은 모든 나라 그리고 바다를 건너 세계 도처에 전파된 물레를 이용해 도자기를 만드는 것으로 유명하다. 에뤼트라이에 있는 한 신전에는 지금 봐도 특이할 정도로 얇게 빚어 봉헌한 항아리 두 개가 있다. 어떤 장인과 그의 제자가 누가 더 얇게 항아리를 빚는지 내기를 해서 나온 작품들이다. 코스섬에서 생산되는 도기들은 미적인 면에서 평판이 매우 높다. 반면에 아드리아Adria산 도기들은 가장 견고하다는 평가를 받는다.

코포니우스Coponius는 유권자들에게 포도주가 담긴 항아리를 선물해서 유죄 판결을 받았다. 사치가 도기 그릇의 주가를 어느 정도 올렸다고 할 수 있는데, 페네스텔라의 기록에서 알 수 있듯이, 로마 시민이 연회를 열 때 최고의 정찬 요리는 '트리파티니움tripatinium'[1]이라는 이름을 얻게 되었다. 이 코스는 곰치요리, 늑대요리 그리고 모둠 생선요리로 구성되어 있다. 아리스토텔레스의 상속자들이 유품을 경매할 때 도기 접시 70개를 매각했다는 것을 보면 로마 시민의 도덕성이 여전히 그리스 시대 철학자들의 도덕성보다 낫다고 할 수 있지만, 우리 시대에 와서는 대중의 도덕성이 이미 희박해졌다.

새들에 관한 주제를 다룰 때 이미 언급했듯이 비극 배우인 아이소푸스는 요리 한 접시에 10만 세스테르케스를 지불했다. 엄청나게 독자들을 화나게 하는 이야기가 아닐 수 없다. 그러나 맙소사! 비텔리우스는 황제로 재위하던 시절 100만 세스테르케스나 하는 요리를 주문했으며 요리를 준비하기 위해 야외에 화덕을 설치했다. 형석 유리그릇보다 비싼 값에 팔리는 도기그릇이 나올 정도로 사치가 극에 달했다. 무키아누스는 두 번째로 집정관을 지낼 당시 장황한 연설을 하면서 이런 일을 빗대어 "비텔리우스의 접시는 폼프티네Pomptine 늪지대만큼 크다"고 그의 생전 행실을 비난했다. 카시우스 세베루스의 고발에 따르면, 아스프레나스Asprenas는 독이 든 음식을 대접해 130명 손님의 목숨을 앗아 갔는데 비텔리우스도 이에 못지않게 비난을 받아 마땅하다.

인간의 능력으로 이루지 못할 것이 무엇이 있겠는가? 심지어는 깨진 도기 조각도 쓸모가 있다. 도기 조각을 갈아 가루로 만든 다음에 석회를 적당히 섞으면 비슷한 성질의 다른 물질보다 더 단단하고 오래간다. 그것은 시그니네Signine[2] 혼합물로 알려진 시멘트다. 그 이름은 집 안의 통로를 포장하는 데 많이 쓰이는 타일로 유명한 이탈리아의 시그니아에서 유래한다.

제19장

조각

조각 기술은 회화나 청동상을 만드는 기술보다 훨씬 더 오래되었다. 로마의 옥타비아Octavia 기념관에 있는 빼어나게 아름다운 베누스상은 피디아스가 직접 대리석을 조각해 만든 것이다. 그는 아테네 출신으로 조각가 중에서는 가장 유명한 알카메네스Alcamenes의 스승이었다. 아테네에 있는 여러 신전에는 알카메네스가 만든 조각이 산재해 있다. 그리고 아테네에는 야외에 '정원의 아프로디테'로 알려진 유명한 베누스상이 있다. 이 작품은 피디아스가 직접 마감 작업을 했다고 한다.

피디아스의 또 다른 제자로는 아고라크리토스Agorakritos가 있다. 아고라크리토스는 나이가 어렸기 때문에 피디아스는 그를 가장 아꼈다. 그래서 아고라크리토스가 만든 많은 작품에 자신의 이름을 붙였다고 한다. 비너스상을 누가 더 잘 만드는지를 놓고 두 제자가 경쟁했는데 알카메네스가 이겼다. 그의 작품이 상대적으로 우수해서가 아니라 아테네 시민이 이방인인 아고라크리토스보다는 알카메네스의 손을 들어 주었기 때문이다. 아고라크리토스가 자신이 만든 베누스상을 아테네에 세우지 않고 이름을 네메시스Nemesis상으로 바꿀 것을 명시적인 조건으로 달아 팔아 버린 것은 그런 이유 때문이다. 그래서 이 조각 작품은 아티카의 다른 도시인 람노우스Rhamnous에 세워졌다. 바로는 이 작품이 다른 어떤 조각보다 우수하다고 평가했다.

올림피아에 있는 제우스상의 명성이 미치는 모든 나라에서 피디아스가 가장 유명한 장인이라는 데는 의문의 여지가 없다. 그러나 피디아스의 작품을 보지 못한 사람들에게도 그가 그만한 평가를 받을 만하다는 것을 알려 주기 위해서 그가 보여 준 천재성의 증거들을 일부 제시하고자 한다. 그런 증거들을 제시하면서 굳이 올림피아의 제우스상이나 크기가 11.5미터에 상아와 금으로 장식한 아테네의 아테나 여신상을 들먹이지는 않겠지만 아테나 여신상의 방패는 눈여겨볼 만하다. 피디아스는 방패의 볼록한 부분에는 아마존 여전사들의 전투 장면을, 오목한 부분에는 신들과 거인들의 전쟁을 새겨 넣었다. 조각상의 신발에도 라피타이Lapithae와 켄타우로스Kentauros가 싸우는 모습이 새겨져 있는 것을 볼 수 있다. 그 정도로 작품의 세세한 부분까지 신경 써서 자신의 예술적 재능을 보여 주는 증거를 남겼다. '판도라의 탄생'이라는 이름을 갖게 된 작품의 좌대에 새겨진 장면에는 신들의 형상이 적어도 스무 개 등장한다. '승리'라는 조각상은 더할 수 없이 경탄을 자아내게 하는데, 미술 감정가들은 창끝에 눌려 누워 있는 뱀과 스핑크스의 청동상을 보고 놀라움을 금치 못한다. 아무리 칭찬을 해도 부족할 수밖에 없는 조각가에 대해 이야기하다 보니 좀 옆길로 샌 것 같다. 요컨대 피디아스의 넘치는 천재성은 명불허전으로 작품의 미세한 부분에서도 드러나고 있다는 것만 알아 두면 될 것 같다.

앞에서 동상에 대해 이야기할 때 프락시텔레스가 활동했던 시기를 언급한 바 있다. 프락시텔레스는 자신의 다른 작품들마저 능가하는 대리석 조각으로 명성을 떨쳤다. 그의 작품 가운데 일부가 아테네의 케라미코스에 있다. 그러나 프락시텔레스뿐만 아니라 이전 시대의 모든 조각가가 지금까지 만든 작품들을 모두 뛰어넘는 것은 '크니도스Knidos의 아프로디테'다. 과거에 많은 사람이 이 조각을 보려고 일부러 크니도스까지 배를 타고 갔다. 프락시텔레스는 아프로디테 여신상 두 점을 만들어 팔려고 내놓았다. 여신상 하나는 옷을 입은 모습이었는데, 둘 중 하나를 선택할 수 있었던 코스섬 주민들은 이 여신상을 구입했다. 다른 여신상도 같은 가격에 내놓았으나 미풍양속에 어긋나고 상스럽다는 이유로 거부하고 옷 입은 여신상만 사 갔다. 그러고 나서 크니도스 주민들이 코스섬 사람들로부터 퇴짜를 맞은 아프로디테상을 구입했는데, 옷 입은 아프로디테상보다 훨씬 더 훌륭한 작품이라는 것이 일반적인 평가다.*

---

* 이 아름다운 조각품을 칭찬한 고대 문필가들은 차고 넘친다. 루키아노스(Lukianos)는 이 작품에 대해 가장 완벽하고 예술적인 묘사를 했다. 고대 그리스인은 이 작품이 트로이의 파리스 왕자가 베누스의 아름다움을 상찬해 상을 내릴 때 그 앞에 서 있던 베누스의 모습을 형상화한 것이라고 생각했다. 하지만 오른손에 옷을 들고 있고 베누스상 옆에 물동이가 있는 것으로 볼 때 막 목욕을 끝냈거나 시작하려고 하는 베누스를 묘사한 것이라는 게 더 적절한 설명이다. 이 작품은 마지막으로 콘스탄티노플로 옮겨진 다음 유스티니아누스 황제 때 소실되었다. 복제품이 존재하는지는 의문이다.

후대에 와서 니코메데스 왕은 크니도스의 아프로디테를 갖고 싶어 조각상을 주면 거액의 공적 채무를 모두 탕감해 주겠다고 크니도스에 제안했다. 그러나 크니도스 주민은 아프로디테상을 내주느니 차라리 어떤 곤경도 감수하겠다는 쪽을 택했다. 크니도스 주민으로서는 그럴 만한 이유가 있었다. 왜냐하면 프락시텔레스가 아프로디테상을 만들어 크니도스의 이름을 길이 빛냈기 때문이다. 아프로디테상이 안치된 작은 신전은 사방이 트여 있다. 그래서 아프로디테상의 아름다운 모습을 전후좌우에서 볼 수 있다. 일반인은 아프로디테 여신도 그렇게 개방적으로 보여 주는 것을 좋아할 것이라고 생각한다. 사실 어느 방향에서 보더라도 조각상을 만든 경탄할 만한 솜씨에는 그리 차이가 없다.

프락시텔레스의 아들인 케피소도투스Cephisodotus는 아버지의 재능을 물려받았다. 페르가몬에는 그가 만든 레슬링 선수의 군상이 있는데, 극찬을 받는 작품이다. 이 작품에 표현된 손가락은 대리석이 아니라 실제 사람의 살을 누르고 있는 것처럼 보인다.

파로스섬 출신 스코파스Scopas도 명성만큼은 앞에 언급한 조각가들에 필적한다. 스코파스는 사모트라케Samothrace 주민들이 행사를 벌일 때면 거의 빼놓지 않고 예를 바치는 아프로디테상을 만들었다. 또한 그는 팔라티누스 언덕의 아폴론상도 만들었다. 그러나 그의 작품 가운데 가장 높은 평가를 받는 것은 플라미누스 원형경기장Flaminian Circus 안에 그네이우스 도미티우스Gneius Domitius가 세운 신전의 조각들이다. 그는 포세이돈상은 물론이고 테티스와 아킬레우스, 돌고래들 위에 앉아 있는 요정들, 돌고래와 해마, 소라들, 줄지어 있는 바다달팽이, 고래들, 다른 여러 바다

괴물을 만들었다. 이 작업을 하는 데 평생이 걸렸다고는 해도 대단한 솜씨를 보여 주는 작품들이다.

이미 이야기한 작품들 이외에도 그는 우리가 잘 모르는 다른 작품을 남겼는데, 브루투스 칼라이쿠스Decimus Junius Brutus Callaicus가 역시 플라미누스 경기장에 세운 신전에 있는 거대한 마르스 좌상, 프락시텔레스보다 시기적으로 앞서 만든 베누스 나신상 등이 있다. 베누스 나신상은 어디에 내놓아도 찬사를 받기에 모자람이 없다.

로마에는 비슷한 미술 작품들이 하도 많아서 이런 작품에 별로 관심을 두지 않는다. 게다가 해야 할 일도, 하고 싶은 일도 많다 보니 관심이 없어져 조각 작품 같은 주제를 깊이 생각하는 일은 거의 불가능하다. 이런 작품들을 보고 감동을 느끼려면 여유 있게 현장에 나와 작품을 보고 조용히 관조하는 자세가 필요하다.

베스파시아누스 황제가 평화의 신전에 봉헌한 베누스상을 만든 작가는 잊혔다. 하지만 그 옛날에 만든 작품은 높은 평가를 받고 있다. 가이우스 소시우스Gaius Sosius가 지은 아폴로 신전에 있는 '죽어 가는 니오베Niobe의 아이들'은 스코파스 작품이라는 설도 있고 프락시텔레스 작품이라는 설도 있는데, 불확실하기는 둘 다 마찬가지다.

스코파스에 필적한 같은 시대 조각가로는 브뤼악시스, 티모테우스Tim-otheos 그리고 레오카레스Leochares가 있다. 이 세 조각가에 대해서는 제107회 올림픽이 열리고 2년째 되던 해 사망한 카리아의 어린 왕 마우솔루스Mausolus를 추모하기 위해 그의 왕비 아르테미시아Artemisia가 할리카르나소스Halikarnassos에 영묘를 조성할 때 스코파스를 포함해 네 사람이 같이 작업했기 때문에 한꺼번에 묶어서 언급하고자 한다. 이 조각가들의 특별한 노력 덕분에 이 영묘는 세계 7대 불가사의가 되었다. 이 건축물 주변의 둘레는 약 135미터에 이르고 남북으로 20미터, 동서로는 그보다 작다. 높이는 11미터이며 '프테론pteron'[1] 또는 '익면翼面'은 36개의 기둥으로 이루어진 열주가 에워싸고 있다. 동쪽은 스코파스, 북쪽은 브뤼악시스, 남쪽은 티모테우스 그리고 서쪽은 레오카레스가 조각을 했다. 그러나 완공하기 전에 아르테미시아 왕비가 사망했다. 하지만 그들은 이 영묘가 완성되면 자신들의 명성과 조각 기술을 기억해 줄 기념비적인 작품이 될 것으로 생각해 건축물을 완성할 때까지 작업을 멈추지 않았다. 이들 네 명의 조각가 중에서 누가 더 뛰어났는지는 오늘날까지도 논란이 분분하다. 이들 네 사람 이외에 다섯 번째로 이 건축물을 세우는 데 참여한 조각가는 지붕 위에 꼭대기로 갈수록 좁아지는 24개의 계단으로 이루어진 피라미드를 하부의 건축물과 같은 높이로 세웠다. 맨 꼭대기 좌대에는 피티아스가 만든 사두 전차 모양의 조각상이 올려져 있다. 이 때문에 영묘의 전체 높이는 40미터가 넘게 되었다.

이들 이외에는 명성을 떨친 조각가들이 그다지 많지 않다. 매우 유명한 작품의 경우 조각가들이 공동으로 작업한다는 것은 작가로서의 명예를 어느 한 사람이 독차지할 수도 없고 작가들의 이름에 걸맞게 명예를 배분하는 것도 불가능하다. 따라서 각자의 이름을 알리는 데 심각한 장애가 된다. 다른 어떤 회화나 조각 작품보다 훌륭하다고 평가받는 티투스 황제의 궁전에 설치된 라오콘Laocoon*이 그런 본보기다. 이 조각은 주인공인 라오콘뿐만 아니라 아이들 그리고 놀라운 힘으로 사람을 감아 조이는 뱀이 하나의 돌로 조각되었다. 이 군상은 가장 유명한 로도스 출신의 세 조각가 아게산데르Agesander, 폴뤼도루스Polydorus 그리고 아테노도루스Athenodorus가 공동 작업으로 만들었다.

---

* 이 군상은 우리가 로마 바티칸 궁전의 벨베데레 정원(Court of the Belvedere)에서 볼 수 있는 라오콘상과 같다는 것이 통설이다. 1506년 1월 14일 펠리체 데 프레디스(Felice de Fredis)는 이 조각상을 오피우스 언덕에 있는 자신의 포도밭의 저수지 폐허에서 발견했다. 그는 연금을 기대하고 이 조각상을 교황 율리우스 2세에게 헌납했다. 그러나 이 조각상은 하나의 돌로 만들어지지 않아 진품 여부에 의문이 제기되었다. 하지만 처음에 만들어졌을 때 일반인이 접합 부분을 알아채지 못했을 가능성도 있다. 이 조각상이 발견된 곳은 원래 티투스 황제 궁전의 일부였다. 라오콘상을 만든 조각가들은 베르길리우스가 쓴 라오콘에 대한 이야기를 읽었을 가능성이 매우 높다.

제 20 장

오벨리스크

금빛 점들이 온통 박혀 있는 테베석Thebaic stone은 아프리카의 이집트 근처에서 난다. 이 돌 원석의 특성은 숫돌용으로 적합하다. 테베의 시에네 Syene 지역에는 지금은 장석長石으로 알려져 있고 과거에는 붉은점 화강암 pyrrhopœcilon으로 불리던 돌이 있다.

　　군주들은 이 돌을 오벨리스크obelisk*로 알려진 끝이 뽀족한 각석刻石으로 길게 잘라내 태양신에게 봉헌하기 위한 경쟁을 벌였다. 이 각석은 빛이 뻗어 나가는 형태로 만들어져서 이집트어로 '광선'을 뜻하는 이름을 갖게 되었다.**

　　태양의 도시라는 뜻의 헬리오폴리스Heliopolis를 지배했던 메스프레스

---

*　그리스어 ὀβελίσκος(오벨리스코스)는 '끝이 좁아지는'이라는 의미로 끝으로 갈수록 가늘어지기 때문에 이런 이름이 붙었다.

**　이집트어로 꼬챙이와 광선을 뜻할 때 같은 어휘가 쓰일지 모르지만, obeliscus는 그리스어에서 기원했다는 것이 통설이다.

라테라노 오벨리스크. 로마 제국은 이집트에서 13개의 오벨리스크를 옮겼다. 투트모세 3세 때 옮긴 이 오벨리스크가 현재 남아 있는 것 중 가장 크다(높이 32.18미터).

Mesphres는 꿈에서 그렇게 하라는 충고를 받고 최초로 오벨리스크를 세웠다. 오벨리스크에는 이와 같은 내용의 명문이 새겨져 있다.

후세에 와서는 다른 왕들이 돌을 잘라내 오벨리스크를 세웠다. 세소스트리스Sesostris는 헬리오폴리스에 높이가 20미터에 이르는 네 개의 오벨리스크를 세웠다. 트로이가 함락될 때 지배자였던 람세스Ramses도 62미터짜리 오벨리스크를 하나 세웠다. 람세스는 아피스의 궁전이 있던 자리를 정리하고 높이가 53미터인 또 다른 오벨리스크를 세웠다. 이 오벨리스크는 엄청나게 굵어서 측면의 폭이 최소 5미터였고 이 오벨리스크를 세우는 데 무려 12만 명이 동원되었다고 한다.* 그리고 이 오벨리스크를 들어 올릴 때 기중기가 오벨리스크의 무게를 지탱할 수 있을 정도로 튼튼하지 않을 수도 있다는 우려에서 인부들이 조심하지 않으면 위험이 커질 수도 있다고 보고 맨 꼭대기에 자신의 아들을 묶도록 지시했다고 한다. 그렇게 해서 왕자의 안전이 오벨리스크의 안전을 담보할 수 있도록 했다. 멤피스Memphis를 기습적으로 점령한 캄뷔세스Cambyses 왕이 오벨리스크가 있는 곳까지 번진 불을 끄라고 명령한 것도 오벨리스크에 탄복했기 때문이다. 그가 경이롭게 생각한 것은 도시 자체가 아니라 이 거대한 돌기둥이었다.

프톨레마이오스 필라델포스Ptolemaios Philadelphos는 알렉산드리아에 35미터짜리 오벨리스크를 세웠다. 이 오벨리스크는 넥테비스Necthebis 왕이 건립하려고 준비했던 것으로 명문이 한 글자도 없다. 그런데 오벨리스

---

* 아르두앙은 이 오벨리스크가 나중에 콘스탄티누스 대제의 아들인 콘스탄티누스 2세가 로마의 전차경기장에 세운 오벨리스크와 같은 것이라고 말한다. 이 오벨리스크는 1588년 교황 섹스투스 5세(Sextus V)에 의해 라테라노 대성당으로 옮겨졌다.

크로 쓸 돌을 채석하는 비용보다는 운반하고 세우는 비용이 더 많이 들었다. 어떤 저자는 채석한 돌은 건축가인 사튀루스Satyrus의 감독하에 뗏목에 실어 운반했다고 전한다. 돌을 운반하기 위해서 나일강에서 오벨리스크를 세울 장소까지 운하를 팠다. 그러고 나서 두 척의 배에 오벨리스크와 같은 돌을 오벨리스크 부피와 무게의 두 배만큼 배 바닥에 실었다. 그리고 그 배 두 척을 양쪽 끝이 운하 양안에 걸쳐져 있는 오벨리스크 밑으로 집어넣고 배 밑에 실린 돌덩이들을 배 밖으로 들어냈다. 그러면 배가 점점 가벼워져 위로 떠올라 오벨리스크를 실을 수 있었다.

이 오벨리스크는 같은 산에서 채석한 여섯 개의 주춧돌 위에 세워졌다. 이 작업을 한 건축가는 모두 50탤런트를 받았다. 프톨레마이오스 필라델포스는 자신의 부인이자 여동생인 아르시노이Arsinoe에 대한 애정을 나타내기 위해 아르시노이움Arsinoeum*에 똑같은 오벨리스크를 세웠다. 후세에 와서 이 오벨리스크가 항구를 이용하는 데 불편을 야기하는 것을 알고 당시 이집트 총독인 막시무스가 아르시노이움의 광장으로 옮겼다. 오벨리스크의 첨두尖頭를 금박으로 대체할 생각을 하고 잘라낸 다음에 옮겼으나 이 계획은 무산되었다.

알렉산드리아 항구 근처 카이사르 신전에는 두 개의 다른 오벨리스크가 있었다. 높이가 18미터로 원래는 메스프레스 왕의 명으로 채석한 돌이었다. 그러나 가장 어려운 일은 이 오벨리스크를 배에 실어 바다 건너 로마로 운반하는 것이었다. 운반하는 배를 보고 사람들은 경탄을 금치 못

---

* 프톨레마이오스 필라델포스가 왕비이자 여동생인 아르시노이를 기념하기 위해 지은 거대한 기념관이나 복합 건물로 알려져 있다.

했다. 실제로 아우구스투스 황제는 자신의 위업을 기리기 위해 첫 번째 오벨리스크를 운반해 온 배 한 척을 푸테올리 부두에 영구적으로 정박시켜 놓았으나 화재로 소실되었다. 다른 오벨리스크를 로마로 운반한 배는 칼리굴라 황제의 명에 따라 몇 년 동안 보존되어 바다에 떠 있는 가장 경이로운 구조물로 인정을 받아 오다 클라우디우스 황제의 명에 의해 오스티아Ostia로 보내졌다. 그리고 오스티아 항만을 건설하기 위해 배 위에 푸테올리의 흙을 산더미처럼 쌓아 올린 채 침몰시켰다. 그 외에도 오벨리스크들을 싣고 티베리스강을 거슬러 올라갈 배들도 필요했다. 이런 일을 하면서 티베리스강의 수심이 나일강의 수심보다 낮지 않다는 사실이 실제로 확인되었다.

이탈리아

지금까지 자연이 만들어 놓은 삼라만상을 다루었다. 이제 조국의 이야기로 끝을 맺으려고 한다. 끝없이 펼쳐져 있는 하늘 아래 온 세상을 통틀어 자연이 만들어 놓은 나라들 가운데 이탈리아만큼 아름답고 품격 있는 나라도 없다. 남녀 시민들, 장군과 병졸들, 노예들, 뛰어난 기술 그리고 이탈리아가 낳은 청사에 빛나는 천재들이 보여 주듯 이탈리아는 진정 세계의 지배자이자 자연 다음가는 창조자다.

또한 이탈리아는 지리적으로 유리한 곳에 있으며 기후도 온화해 살기 좋다. 세계만방으로 통하는 접근성이 좋은 곳에 있으며 해안선은 들쭉날쭉해 수많은 항만이 들어서 있고 해안에는 사시사철 순풍이 분다. 이 모든 장점은 이탈리아가 동방과 서방[1]의 중간에 위치하는 데 따른 것이다. 게다가 물이 풍부하고 숲은 쾌적하며 산맥은 사방으로 뻗어 있다. 야생

동물은 비교적 유순하다. 토양은 비옥하며 목초지는 유난히 무성하다.

요컨대 인간의 삶을 편안하게 해 주는 요소를 이보다 더 완벽하게 갖추고 있는 곳은 어디에도 없다. 이탈리아에서 생산되는 곡물, 포도주, 올리브유, 양모, 아마, 직물 그리고 소는 최상급이다. 이탈리아 말이 다른 어느 지방의 말보다 더 인기가 있다는 것은 두말할 필요가 없다. 금, 은, 구리, 철 등의 광산도 그 어떤 나라에 뒤지지 않는다. 이런 귀한 보물이 한량없이 넘치는 이탈리아는 육지와 바다에서 아낌없이 풍요로움을 베풀어 준다.

자연, 삼라만상의 어버이시여 경배하나이다! 황송하옵게도 당신이 베풀어 준 모든 은혜를 널리 알리는 기회를 모든 로마 시민 가운데 유일하게 저에게만 주셨습니다.

부록

『박물지』에서
유래한 판타지와
게임 속 상상 동물

『박물지』에는 실재하는 생물과 섞여 상상 속 여러 동물이 기록되어 있다. 특히 10~15세기 중세 유럽에서는 동물지(Bestiarium)가 큰 인기를 끌었는데, 많은 부분 플리니우스의 『박물지』를 인용할 수밖에 없었다. 거기에는 이 동물들의 모양·행동·습성·본성뿐만 아니라 이름의 기원, 관련된 신화와 믿음, 다른 동물이나 인간과 맺는 관계 등이 서술되었다.

또한 그 동물들은 인간과 분리되어 있지 않으며, 인간의 의식과 삶 안에 스며들어 어떤 특정한 의미를 지녔다. 특히 여기에는 신화나 민속 같은 것에서 비롯된 요소들도 동물의 객관적인 특성으로 설명되었다. 따라서 중세의 동물지에는 고대의 전통으로부터 이어진 유럽 사회의 민속, 신앙, 속설 등을 보여 주는 내용들이 풍부히 담겨 있다고 할 수 있다.

부록으로 오늘날 즐기고 있는 온라인 게임과 〈해리 포터〉 같은 판타지 영화 등에 등장하는 상상 동물 중 플리니우스의 『박물지』에서 따온 것들을 실었다.

나우플리우스(Nauplius)

배 모양의 앵무조개(nautilus)와 공생하는 낙지나 문어와 같은 연체류. 플리니우스는 이렇게 소개하고 있다. "무키아누스는 프로폰티스에서 돛을 활짝 펼친 배를 닮은 진기한 동물을 보았다고 전하고 있다. 그곳에는 우리가 아카티움이라고 알고 있는 배, 즉 고물은 안으로 휘어졌고 이물에는 충각이 붙어 있는 배와 같은 모습의 용골을 가진 조개가 있다. 이 조개에는 나우플리우스라는 동물이 들어가 사는데, 갑오징어와 매우 흡사하며 조개와는 오로지 놀기 위해 함께 지낸다."

같은 이름이 그리스 신화에도 등장한다. 포세이돈과 아미모네의 아들인 나우플리오스(Nauplios)는 트로이 전쟁 때 그리스 동맹군으로 참전한 아들 팔라메데스(Palamedes)가 오디세우스의 계략으로 억울하게 죽자 원수를 갚기 위해 귀향하는 그리스 선단을 난파시켰다. 그래서 그는 '난파자 나우플리우스(Nauplius, the Wrecker)'로 불린다.

메리 폽 어즈번(Mary Pope Osborne)의 『마법의 시간여행(Tales from the Odyssey)』(노은정 역) 39편 「문어괴물에 잡히다」에 이 대형 연체류가 등장하며,

앵무조개와 대형 아르고나우트(Argonauto argo)로 불리는 연체류의 유영(왼쪽은 프랑스에서 16세기에 출간된 책에 실린 동판화, 오른쪽은 영국에서 18세기에 출간된 책에 실린 동판화)

EBS에서 방영된 레고 애니메이션 〈미니특공대: 슈퍼공룡파워 2〉 제24화 (초대형 문어괴물과 칸바의 습격)에도 초대형 문어괴물이 등장한다.

네레이드(Nereid. 복수는 Nereis, Nereides)

에게해에서 반인반어의 모습을 한 바다의 여성 정령이다. 아버지 네레우스와 오케아니드인 어머니 도리스 사이에 한 명의 아들 네리테스(Nerites)와 50명의 네레이드가 태어났는데, 그녀들은 황금 양털을 찾아 나선 이아손과 아르고호 선원들(50명)을 도와주기도 한다.

네레이드들은 황미리의 만화『네레이드들의 전설』과 '던전 앤 드래곤' 에서 님프나 드라이어드와 비슷한 존재로 등장한다. '에이지 오브 미솔로지: 타이탄'에서는 타이탄의 복수에 등장하는 신화 유닛으로, 상어를 타고 다니며 물 위로 뛰어오르는 특수 능력을 갖고 있는 캐릭터다.

드라코(Draco)

인도에서 사는 드라코(영어로 dragon)는 코끼리와 싸울 때 몸을 휘감아 움직이지 못하게 한다. 헤로도토스는 『역사』에서 자기가 방문한 부토라는 도시 가까이에 있는 아라비아에 날개 달린 큰 뱀이 있다고 듣고 그 뱀을 보러 갔는데 엄청난 양의 뼈와 척추를 가졌고 물뱀과 같이 생겼으며 날개는 박쥐의 날개와 같았다고 말했다. 스트라보는 17권으로 된 『지리학』에

서 인도에 서식하는 박쥐의 날개가 달린 파충류가 밤에 소변과 땀을 떨어 뜨리는데, 그것에 맞으면 사람의 살이 썩는다고 기록하기도 했다.

롭 코헨 감독의 판타지 영화 〈드래곤 하트(Dragon Heart)〉(1996)에 등장한다. 또한 '던전 앤 드래곤' 시리즈의 드라코리치, '유희왕'의 포키 드라코, '라스트 오리진'의 AS-12 스틸 드라코 등은 드라코에서 영감을 얻은 것이다.

레우크로코타(Leucrocota)

하이에나의 변종. 당나귀만 한 크기로 사슴의 다리, 사자의 머리와 가슴과 꼬리, 갈라진 발굽, 귀까지 찢어진 입을 가졌으며 이빨 대신 하나의 연속된 뼈가 있다. 레우크로코타는 무엇이든 먹어 치우며 인간의 목소리를 흉내 낸다.

레우크로코타

영화 〈해리 포터〉에서 레우크로코타는 그냥 입이 큰 사슴으로 나오는데, 뉴트 스카맨더와 그의 조수 번티가 한 마리를 자기 집에서 기른다.

만티코라(Mantichora, Manticore)

에티오피아에 서식하며 얼굴은 인간, 몸은 사자, 꼬리는 전갈과 같으며 인간의 목소리를 흉내 낸다고 한다. '살인자'라는 뜻을 지닌 만티코라는 세계 최대 크기의 절지동물인 길앞잡이의 이름이기도 하다.

기원전 5세기경 그리스의 의사이자 역사가 크테시아스는 『인디카(In-dica)』에 이 괴물을 피리와 나팔을 동시에 부는 것과 같은 소리를 내며 인간의 귀가 달려 있고, 눈은 파랗고 입안에는 날카로운 이가 세 줄 자랐고 사슴보다 더 빨리 달렸다고 적어 놓았다. 중세 이후 기독교 신앙에서는 식인 괴물의 이미지가 강조되어 악마와 동일시되었다.

일본의 곤충 대결 프로그램인 〈충왕전(蟲王戰)〉에서 황제대왕 길앞잡이(Manticora imperator)와 허큘리스 길앞잡이(Manticora hercules)가 등장해 유명해지기도 했다. 월트 디즈니사에서 출시한 시뮬레이션 게임 '디즈니 매직킹덤'에도 '만티코어(The Manticore; 2020)'라는 것이 있다.

길앞잡이

바실리스쿠스(Basiliscus) 또는 바실리스크(Basilisk)

퀴레나이카(Cyrenaica. 리비아 동부)에 서식하는 맹독성 뱀의 일종이다. 수탉이 낳은 알을 독사가 부화시켜 태어났기 때문에 수탉의 머리에 독사의 몸을 지닌 동물 또는 닭의 형태에 뱀 꼬리가 달린 새라고 한다. 모든 뱀의 왕이며, 이름도 왕관 비슷한 수탉의 볏 때문에 그리스어로 '작은 왕'이라는 뜻의 basiliskos에서 유래했다.

바실리스크를 눈으로 본 사람은 즉사하거나 돌로 변한다고 한다. 심지어 말을 탄 사람이 바실리스크를 창으로 찌르면 그 독이 창을 타고 올라가 손으로 스며들어 사람과 말이 같이 죽어 버리기까지 할 정도다. 그 때문에 바실리스크의 서식지 주위는 살아 있는 생명체는 전혀 찾아볼 수 없는 황무지라고 한다. 또한 거미의 천적이기 때문에 집 안이나 신전에 바

실리스크의 사체를 걸어 두면 제비 또는 거미의 접근을 막을 수 있다고 믿었기 때문에 아폴론 신전이나 아르테미스 신전에 바실리스크의 사체를 걸어 놓았다고 한다.

'던전 앤 드래곤', '소드 월드 RPG', '다크 소울', '파이널 판타지' 시리즈 등의 롤플레잉 게임에도 등장한다. 소설 『해리 포터와 비밀의 방』에서는 사실상의 보스로 등장하는데, 노리스 부인은 물에 비친 모습을, 저스틴 핀치플레츨리는 목이 달랑달랑한 닉에 가려져 흐릿해진 모습을, 콜린 크리비는 카메라 렌즈를 통해서 본 상을, 헤르미온느와 페넬러피

클리어워터는 거울에 비친 모습을 보았기 때문에 직접 보지 않아 죽는 게 아니라 모두 돌로 변해 버린다. 그리고 레고 '해리 포터와 비밀의 방' 8화에서는 레이저를 쏘는 바실리스크가, 또 오픈 월드 인디 게임인 마인크래프트(minecraft. 마크) '해리 포터 모드'에서는 바실리스크의 흔적이 나온다.

살라만드라(Salamandra)

도마뱀과 같이 생겼고 온몸이 반점으로 덮여 있다. 이 책에는 도롱뇽으로 번역되어 있다. 살라만드라는 도마뱀과 같은 모양을 하고 있고 온몸에 주름이 잡혔으며 소나기가 세차게 내릴 때만 나오며 날씨가 개는 순간 사라진다. 이 동물은 얼음처럼 무척 차가워 닿는 순간 불을 끌 정도다. 그리고 입에서는 우윳빛 물질을 뿜어내는데, 사람의 어떤 부위에 이 물질이 닿기만 하면 머리카락이 모두 떨어져 나가고 그 부위는 나병 환자의 모습을 띤다고 한다.

살라만드라에서 영감을 얻은 '살라만다(沙羅曼蛇, Salamander)'라는 일본 코나미사에서 만든 비디오 슈팅 게임이 있다.

스키아포데스(Sciapodes)

피터 버크(Peter Burke)의 『이미지의 문화사』와 움베르토 에코의 소설 『바우돌리노』에 등장하는 스키아포데스(Sciapodes, Sciapods. 또는 스키아푸스)는 다리가 하나인 괴인인데, 외발(monopod)로 그
늘을 만들어 쉰다고 한다. 그리스 희극
작가 아리스토파네스의 작품『새』에도 등
장하며, 플리니우스의『박물지』에서는 인
도와 에티오피아에 산다는 기록을 남기
고 있다.

외발 종족에 관한 기록이 처음 등장
한 문헌은 그리스 역사학자인 크테시아스
의『인디카』라고 플리니우스는 말한다. 이 종족은 다리가 하나밖에 없지
만 놀랄 만한 점프력과 민첩성을 지니고 있다. 햇볕이 따가운 날에는 땅
에 누운 다음 자신의 거대한 발을 몸 위로 들어 올려 그늘을 만든다. 이
때문에 '우산발 종족'이라 불리기도 한다.

스핑크스(Sphinx)

털이 갈색으로 사자 몸통에 가슴에
한 쌍의 젖가슴이 있고 날개가 달려
있는 상상 속 동물이다. 그리스 신화
에서 가장 유명한 스핑크스는 보이오
티아 테베의 날개 달린 스핑크스다.
뮤즈가 가르쳐 준 수수께끼(아침에 네 개
가 되고 낮에 두 개가 되며 저녁에 세 개가 되는 것은 무엇인가)를 사람들에게 묻고 틀린 답
을 말하는 사람을 잡아먹어 공포에 떨게 했다고 한다. 오이디푸스가 정답

(유아기에는 네발로 기고 자라서는 두 발로 걷고 노년기에는 지팡이에 의지하는 사람)을 맞히자 스핑크스는 그 자리에서 자결했다

'던전 앤 드래곤' 시리즈, '유희왕', 미니어처 게임 '인피니티', MMORPG '최강의 군단' 등이 바로 스핑크스를 모티브로 삼고 있다. '어쌔신 크리드 오디세이' 중 스핑크스는 네 개의 유물을 찾는 메인 퀘스트 중 유일하게 목표가 표시되며, 지하 동굴이나 깊은 협곡에 숨겨진 다른 괴물들의 유적과 달리 유적이 지상에 올라와 있다. 밤에 작동시키면 스핑크스가 나타나고, 특이하게도 전투를 하지 않고 수수께끼를 낸다. 신화에서처럼 "아침에 네발로…"로 시작하는 퀴즈는 내지 않는다. 정답을 맞히면 확실히 정답이라며 칭찬해 주지만, 틀릴 경우 스핑크스가 서 있는 제단에서 광선이 나와 미스티오스를 일격에 죽인다. 맞힐 경우 스핑크스가 갑자기 괴로워하다가 죽으며, 미스티오스는 시신에서 에덴의 조각을 꺼낸다.

아리마스피(Arimaspi)

고대 그리스 전설에 등장하는 리파이이산맥(현재의 우랄산맥)의 게스클레이트론(Geskleithron)이라는 곳에 산다는 외눈박이 부족. 헤로도토스도 『역사』에서 유라시아 지방에 아르마스피가 산다고 적고 있다. 전승에 따르면, 그 지역엔 다량의 금이 있지만 괴물 새 그리핀이 금광을 지키고 있기 때문에 인간의 힘으로는 손에 넣을 수 없었다고 한다. 그런데 이 금이 그리스 땅까지 들어온 것은 아리마스피들이 그리핀과 싸워 빼

앗았기 때문이다. 하지만 헤로도토스는 그런 거인족이 있다고 믿지 않는다고 썼다.

아피스(Apis)

오른쪽 배에 초승달 모양의 흰 점이 있는 황소다. 고대 이집트 멤피스 지역의 신우(神牛)다. 태양을 양쪽 뿔 사이에 이고 있는 아피스는 '강력한 힘'의 상징이었다.

원래 당뇨병 치료제로 개발되었으나 비만약으로 각광을 받고 있는 '삭센다(Saxenda. Liraglutide)'의 제조사인 덴마크의 다국적기업 '노보 노르디스크 제약회사(Novo Nordisk)'의 로고도 '아피스'다.

암피스바이나(Amphisbaena)

페르세우스가 죽인 메두사의 머리에서 피가 사막에 떨어져 생겼다는 쌍두(雙頭) 독사. 플리니우스는 이 뱀이 에티오피아에 사는 뱀들의 우두머리라고 적고 있는데, 그리스어로 '두 방향으로 기어가는 것'이라는 뜻이다. 이 뱀의 독은 무척 강하나 약재로 쓸 수 있다고 한다. 암피스바이나의 가죽을 두른 지팡이는 독 있는 동물들을 막아 주며, 암피스바이나의 가죽으로 감싼 올

549

리브 가지는 오한을 치료해 준다고 한다.

하지만 암피스바이나는 포도나무 가지로 죽일 수 있다고 하는데, 이는 그리스 신화에서 잠자던 디오니소스를 암피스바이나가 깨우는 바람에 화가 난 디오니소스가 포도나무 가지로 암피스바이나를 때려죽였다는 이야기에서 나온 말이다.

이 뱀은 지렁이도마뱀(worm lizard, Amphisbaena)의 학명이기도 하다. 지렁이도마뱀 역시 머리와 꼬리의 모양이 비슷해서 이 동물에서 영어 명칭이 유래되었다.

1998년 3월에 플레이스테이션으로 출시된 스퀘어의 롤플레잉 게임과 던전 탐색형 액션 게임인 '라 뮬라나(La-Mulana)'에 등장한다.

에알레(Eale, 영어로 yale)

하마 정도의 크기로, 멧돼지의 턱에 코끼리의 꼬리를 가지고 있으며, 염소 같은 다리에 털은 검정색 혹은 황갈색이다. 또한 어느 각도로도 움직

일 수 있는 두 개의 긴 뿔을 가졌다. 히브리어로 '산양'을 뜻하는 Yale에서 유래되었다는데, 간혹 게임에서는 켄티코어(Centicore)라고도 부른다. 트레이딩 카드 게임 중 '유희왕'에도 야수족인 문장수 에아레(紋章獸 エアレー, Heraldic Beast Eale)가 등장한다.

야쿨루스(Jaculus)

영어로 자쿨루스라고 부르는 이 뱀의 이름은 '던지다'라는 뜻을 가지고 있는데, '투창(javelin)'에서 나온 말이다. 주로 리비아에 서식한다고 하며,

말 그대로 덤불 속이나 나뭇가지에 숨어 있다가 날아가 목표를 공격한다. 이 뱀이 우리 발에만 치명적인 것이 아닌 이유는 투창기로 쏜 것처럼 공중을 날아가기도 하기 때문이다.

이 뱀은 로마의 시인이자 철학자인 마르쿠스 루카누스(Marcus Lucanus, 39~65)의 『내전(Pharsalia)』에서 처음 언급되었다. 이 책에 따르면, 루카누스가 리비아 사막을 건널 때 야쿨루스의 습격을 받아 부관이 죽었다고 한다. 레오나르도 다빈치도 이 뱀이 날아오르는 모습을 『노트』에 남기기도 했다.

1999년에 마이크로소프트 윈도용으로 출시된 '히어로즈 오브 마이트 앤 매직 III'라는 게임의 유닛 중 하나도 이 뱀처럼 생겼으며 날아다닌다. 또 '유희왕'에 등장하는 자쿨루스란(Jaculuslan)도 이 뱀에서 모티브를 따온 것이다.

카토블레파스(Catoblepas)

황소의 모습이지만 머리를 항상 땅에 늘어뜨리고 있는데, 그 눈을 본 사람은 누구나 그 자리에서 눈이 먼다. 이 이름은 그리스어로 '내려다보다'라는 뜻의 카토블레프(katablépō)에서 유래되었다. 플리니우스의 말에 따

르면, 카토블레파스는 몸집이 그리 크지 않고 다리는 두꺼우며, 특히 머리가 너무나도 육중하고 무겁기 때문에 머리를 들지 못하고 항상 아래를 바라본다고 한다. 그리고 만약 카토블레파스가 고개를 들고 다녔다면 인간은 벌써 멸종당했을 거라고 말했다. 프랑스의 생물학자 퀴비에는 이 갈기 달린 혐오스러운 생물이 아프리카의 누 또는 영양을 보고 창작된 요괴라고 주장했다.

1987년에 선보인 게임 '파이널 판타지 시리즈'에서 카토블레파스는 소환수(召喚獸)로 등장하는데, 즉사가 아니라 석화의 마력을 가졌다. 그리고 게임 프로그램의 '던전 크롤(Dungeon Crawl)'에서는 짐승굴(Lair)의 마지막 층 몬스터로 등장한다. 이 밖에 윈도용 MMORPG '마비노기(Mabinogi)'에 등장하는 몬스터 중 하나인 고르곤의 외형은 영락없는 카토블레파스의 모습이다.

퀴노케팔루스(Cynocephalus)

퀴노케팔루스는 kyno(개)와 kephalos(머리)의 합성어로, '개 대가리(dog-headed)'라는 뜻이다. 개코원숭이를 가리킨다. 아마도 고대의 여행자들이 아프리카를 다녀오고 개코원숭이를 개의 대가리를 한 인간으로 착각한 듯하다.

크로코타(Crocotta, Corocotta)

그리스 소아시아 출신으로 플리니우스보다 먼저 로마 공화정 시기에 활약했던 철학자이자 지리학자인 스트라보는 『지리학』에서 이 괴물이 늑대와 개의 교배로 나왔다고 적고 있다. 하지만 플리니우스에 따르면, 이 괴물은 하이에나와 암컷 사자의 교배로 태어난 괴물인데, 인간이나 소의 목소리를 흉내 낸다고 한다. 그래서 농가 근처에서 사람 소리를 흉내 내 그 목소리를 듣고 나오는 사람이나 개를 죽이고 잡아먹는다고 한다.

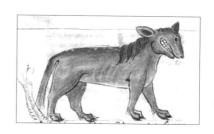

온라인 게임 MMORPG '어쌔신 크리드 오디세이'에 크로코타 하이에나가 등장한다.

트리톤(Triton)

반인반어의 모습을 한 바다의 신이다. 무리 중에 빛나는 한 사람을 이를 때 쓰는 '군계일학(群鷄一鶴)'에 해당하는 영어는 'Triton among Minnows'다. 트리톤은 바다의 신 포세이돈과 바다의 여신 암피트리테 사이에서 태어났다. 트리톤의 독특한 상징물은 소라고둥인데, 이것을 불어 파도를 일으키거나 가라앉힌다.

애니메이션 〈인어공주〉(1989)에 나오는, 삼지창을 든 애리얼(Ariel)의 아버지이자 아틀란티카의 왕이었던 반신반어 할아버지가 바로 트리톤이다.

게임 '매직 킹덤 인어공주'에는 '트리톤 왕 맞이하기'가 있다. 데즈카 오사무의 원작을 토미노 요시유키가 감독한 애니메이션 〈바다의 트리톤〉의 주인공이기도 하다. 또한 '던전 앤 드래곤' 시리즈의 트리톤도 바로 이 해신에서 모티브를 따왔다.

페가수스(Pegasus)

에티오피아에 서식하는 날개 달리고 뿔을 가진 말. 페가수스는 라틴어식 발음이며, 그리스어로는 페가소스(Πήγασος)라고 한다. 그리스·로마 신화에서는 날개가 달린 말의 형상을 띠고 있기 때문에 '천마(天馬) 페가수스'라고도 한다. 메두사의 목에서 흐른 피가 바다에 떨어져서 크리사오르와 함께 탄생했다고 한다.

신화를 모티브로 한 게임 '에이지 오브 미솔로지'에서는 페가수스가 그리스 진영의 신화 유닛으로 등장하는데, 공중 정찰 유닛이며 가격도 저렴해 유용하게 쓰인다. 1980년대 TV 애니메이션 〈아기공룡 둘리〉의 오프닝 장면에 나오는 말이 페가수스이며, TV 애니메이션 〈마이 리틀 포니: 우정은 마술〉에서는 뿔과 날개를 모두 가진 포니들(알리콘)을 왕족 수준으로 취급한다. '올림포스 가디언'의 '벨레로폰 에피소드'에 등장한 원본 페가수스에도 뿔이 달려 있으며, '우주의 여왕 쉬라'에 등장하는 돌개바람 역시 날개와 뿔을 동시에 가지고 있다. 애니메이션 〈미소녀 전사 세일러문〉에 등장하는 엘리오스(Elios)도 페가수스로 날개와 뿔이 모두 달려 있다. 여기서 엘리오스의 뿔은 단순한 뿔이 아니라 지구의 행성 에너지와 같은 힘을 지닌 골든 크리스털(황금 수정)이다.

피닉스(Phoenix)

아라비아에 서식하며 크기는 독수리 정도인데 목둘레는 금색, 꼬리는 푸르고 장밋빛 털이 점점이 섞여 있고 몸은 보라색이다.

영화 〈해리 포터〉에 나오는 불사조는 부채머리수리가 모티브라 맹금류를 닮은 생김새. 굉장히 신묘한 능력을 갖고 있으나 날카로운 부리와 발톱 외에 전투적인 능력은 없고, 일부 마법 생물과는 달리 주문에 신체적인 면역은 없는지 살인 저주를 맞고 일시적으로 사망하기도 한다. 하지만 죽지 않기 때문에 다시 부활하며, 바실리스크의 죽음의 시선에도 면역력이 있을 뿐만 아니라 바실리스크를 실명시키기도 한다. 그 덕분에 해리가 바실리스크를 이길 수 있었다.
그리고 사람보다 덩치가 작지만 힘은 엄청난데, 해리, 론, 지니, 록허트 네 명을 붙잡고 문제없이 비행이 가능해서 이들을 데리고 비밀의 방을 탈출한다.

후주(옮긴이주)

머리말

1. 히스파니아 키테리오르(Hispania Cite-
   rior)를 말한다. 히스파니아 키테리오르
   는 '이베리아반도의 가까운 쪽'이라는 뜻
   이다. 지금의 에스파냐 동부 지중해 연
   안 지역을 가리킨다. 반면에 히스파니아
   울테리오르(Hispania Ulterior)는 '이베리
   아반도의 먼 쪽'이라는 뜻으로 에스파냐
   남부 지중해 연안 지역을 가리킨다.

2. 네로 드루수스(Nero Claudius Drusus, 기원전 38~9). 로마의 정치가이자 전쟁 영
   웅. 게르마니아 정복 전쟁 중 낙마로 사망했다. 아우구스투스 황제는 그의 무공과
   헌신을 기려 이후 '게르마니쿠스'라는 시호를 하사하고, 직접 그의 전기를 썼다고
   하는데 전해지지 않는다.

3. 아우피디우스 바수스(Aufidius Bassus). 티베리우스 황제 연간의 역사가. 저서로
   『게르마니아 전쟁(Bellum Germanicum)』이 있는데, 타키투스가 그를 자주 인용했
   다. 이후 미완의 『역사(Historiae)』를 남겼다.

4. 불카누스 축제(Vulcanalia). '불의 신' 불카누스를 기리는 축제. 불카누스는 그리스
   신화의 헤파이스토스와 동일시된다.

5. 세스테르케(sesterce)의 복수형 세스테르케스(sesterces). 40만 세르테르케스를 현
   재의 가치로 환산하면 약 41만 달러다.

6. 타키투스(Publius Cornelius Tacitus, 56~120). 로마의 역사가. 게르만족의 풍습을
   다루어 인류학 책으로 볼 수 있는 『게르마니아(Germania)』, 69~96년의 로마 제

556

국을 서술한 『역사(Historiae)』, 초기 기독교에 대한 로마인의 인식을 다룬 『연대기 (Annales)』가 유명하다.

7. 1885년 보스톡(John Bostock, 1773~1846)은 라일리(Henry Thomas Riley)와 함께 플리니우스의 『박물지』를 영어로 번역·출판했다.

8. 드 그랑사뉴(Ajasson de Grandsagne, 1802~1845)는 1829년 『박물지』를 프랑스어로 번역·출판했다.

헌정사

1. 라틴어본에는 imperator로 되어 있다. 원래는 대외적으로 '군사적 공헌'을 한 최고사령관(개선장군)에게 임페라토르 칭호를 붙였다. 그러나 나중에는 '황제 후임자' 또는 '황제'라는 뜻으로 굳어졌다.

2. 로마의 서정시인 카툴루스(기원전 84~54)는 베라니우스(Veranius)와 파비우스 (Fabius)에게 선물로 받은 책상보를 아시니우스 마루키누스(Asinius Marrucinus. '멍청이의 자식'이라는 뜻)가 훔쳐 간 뒤 다른 것으로 바꿔 놓자 그를 에둘러 힐난하는 시를 지었다. 당시 책상보는 손으로 짠 것이라 귀하기 때문에 우정의 징표로 간주되었다.

3. 티투스보다 열두 살 어린 동생 도미티아누스(Domitianus)는 시(詩)에 일가견이 있었다고 『황제 열전(De vita Caesarum)』을 쓴 수에토니우스(Suetonius Tranquillus)가 전하고 있다. 그는 2년밖에 재임하지 못하고 급사한 형을 이어 제11대 황제에 올랐다.

4. 키케로가 루킬리우스의 작품에서 인용한 대목이지만, 원전이 전하지 않아 정확한 의미를 파악하기는 어렵다.

5. 바로(Marcus Terentius Varro, 기원전 116~27). 로마 공화정 시대의 학자, 저술가.

6. 크란토르(Crantor, ?~기원전 276). 그리스의 철학자.

7. 파나이티우스(Panaetius, 기원전 185~110/109). 로도스 출신의 그리스 철학자.

8. 이다산에서 어린 제우스를 보호하고 있던 님프 아말테이아가 지니고 있던 뿔은 만물을 낳고, 아말테이아는 그것으로 제우스를 키웠다고 한다. 또한 로마의 풍요의 여신 코피아가 지니고 있던 뿔그릇에서 연유한 코르누 코피아이('코피아의 뿔'이라는 뜻)는 풍요를 상징한다.

9. 테오프라스토스(Theophrastos, 기원전 371년경~287년경). 그리스 소요학파 철학자이자 아리스토텔레스의 제자인 그는 이름 자체가 '언어를 귀신같이 구사하는

(Theo+phrastus, 즉 godly phrased)'이라는 뜻을 가지고 있다. 플라톤의 아카데미아에서 수학하고 나중에 아리스토텔레스의 제자가 되었다. 아리스토텔레스가 아테네를 떠난 뒤에는 아리스토텔레스가 설립한 '페리파테티크(Peripatetic)' 학원의 수장이 되었다.

제1부

제1장

1. '지구'라는 뜻의 에스파냐어 Mundo, 이탈리아어 Mondo, 프랑스어 Monde는 mundus에서 파생되었다.

2. coelum은 외피에 둘러싸인 내부가 텅 빈 통의 내부, 즉 '비어 있는'이라는 뜻을 가진 그리스어 코일로스(κοῖλος)에서 왔다. 그리스 신화의 우라노스에 해당하는 로마 신화의 '하늘의 신' 카일루스(Caelus), 프랑스어 Ciel(하늘)도 여기서 유래했다. 한자어로는 하늘의 궁륭(穹窿)을 의미한다.

3. 영어로는 spirit으로 번역되었는데, 문맥상 우리말로는 대기(大氣)가 가장 조응하는 의미를 가지고 있다.

제2장

1. 데모크리토스(Demokritos, 기원전 460년경~370년경). 고대 그리스의 철학자로 우주가 원자로 이루어졌다는 이론을 내놓았다.

2. 로마 시대의 여신 페브리스(Febris)는 열병과 말라리아를 상징하는 여신이다.

3. 운명의 여신 포르투나(Fortuna). 그리스에서는 튀케(Tyche).

4. 토난스(Tonans)는 유피테르의 별명으로 '우레 같은', '우렛소리가 나는', '뇌성을 동반한'이란 뜻이다.

제3장

1. 스타디움(stadium, 복수형 stadia)이나 파수스(passus)는 모두 길이의 단위. 1스타디움은 185미터, 1파수스는 1.48미터에 해당한다.

2. 포세이도니오스(Poseidonios, 기원전 135년경~51년경). 그리스의 지리학자, 수학자.

제4장

1. 머리카락 같다는 의미의 복수형용사.

2. 기원전 44년 3월 15일이다. 19세기 이후 역사학계에서 카이사르의 정치 체제와 아우구스투스의 원수정(元帥政)과의 차이를 들어 아우구스투스를 최초의 황제로 보는 시각이 주류를 이루기 전에는 그를 황제로 불렀기 때문에 카이사르(Caesar)는 독일어 Kaiser, 러시아어 Tsar 등 '황제'의 보통명사가 되었다.

제5장

1. 힙파르코스(Hipparkhos, 기원전 190년경~120년경). 그리스 니케아 출신의 천문학자, 지리학자, 수학자.

제7장

1. 기원전 64년 원로원 의원이던 카틸리나(Lucius Sergius Catilina)가 술라(Lucius Cornellius Sulla)를 비롯해 반감을 품은 귀족들의 지원을 받아 키케로와 휘브리다(Gaius Antonius Hybrida)의 이원집정 체제를 전복하려 기도했던 사건.

제8장

1. 디카이아르코스(Dikaiarkhos, 기원전 350년경~285년경). 그리스의 철학자, 지도제작자, 지리학자, 수학자. 아리스토텔레스의 제자였다.

2. 그리스 동부 해안에 있는 산.

3. 원문에는 1,250파수스로 되어 있다. 1파수스=1.48미터. 따라서 1,850미터.

제9장

1. 현재의 이탈리아 캄파니아, 아풀리아, 바실리카타, 칼라브리아, 시칠리아 지역에는 대략 기원전 8세기부터 그리스인이 이주해 식민지를 건설했다. 이 지역에 그리스인이 건설한 식민지를 '마그나 그라이키아'라고 한다.

2. 아마존 여전사들이 사용했다고 알려진, 가운데가 볼록하게 튀어나온 육각형 방패.

3. 코킨토스는 아펜니노산맥의 남단에 우뚝 솟은 몬탈토(Montalto)산을 지칭하는 것으로 보인다.

4. 레우코페트라와 라키니움은 각각 오늘날 이탈리아 칼라브리아 지방의 푼타 디 펠라

로(Punta di Pellaro)와 카포 콜론나(Capo Colonna)다.

5. 오늘날 이탈리아 북부의 아오스타(Aosta).
6. 오늘날 이탈리아반도 끝 레조 디 칼라브리아(Reggio di Calabria).
7. 오늘날 이탈리아 동부 해안의 기울리아노바(Giulianova).
8. 로마 서쪽 해안 테베레강 하구에 있던 고대 도시. 오늘날의 팔로(Palo).

제11장

1. 고대 그리스의 지리학자로 프랑스의 마르세유 지역을 탐사했다.
2. 플리니우스와 같은 시대에 살았던 그리스인 지리학자.
3. 아그리파(Marcus Vipsanius Agrippa, 기원전 63년경~12). 로마의 군인이자 정치가. 지리학에도 조예가 깊어 카이사르의 명을 받아 로마 제국 전체를 지리학적으로 조사하고 책을 쓴 것으로 알려져 있다.
4. 오늘날 아일랜드의 고대 라틴어 명칭.

제13장

1. 오네시크리토스(Onesikritos, 기원전 360~290년경). 알렉산드로스 대왕의 아시아 원정에 참가한 역사학자이자 견유주의 철학자. 함대의 지휘관이었지만 조타수 역할만 한 것으로 전해진다.
2. 메가스테네스(Megasthenes, 기원전 350년경~290년경). 그리스의 역사학자이자 민속지리학자로 인도 지역을 탐사했다.
3. 에라토스테네스(Eratosthenes of Cyrene, 기원전 276년경~195/194). 그리스의 수학자, 지리학자, 천문학자.
4. 고대 로마의 징세관. 최초로 로마 제국과 고대 스리랑카의 직접 교역을 시도했다.
5. 이란 남부의 오늘날 케르만(Kerman) 지역.
6. 오늘날 스리랑카 서쪽 해안의 고대 항구 도시로 '말의 산'이라는 뜻을 가지고 있다.
7. 히말라야산맥의 고대 라틴어 명칭.
8. 라틴어로 Serica(세리카)라고도 한다. '비단의 또는 비단이 온 곳'이라는 뜻이다. 이곳에 사는 사람은 세레스(Seres)라고 부른다. 보통 지금의 중앙아시아를 지칭하는데, 혹자는 중국 화베이(華北) 지방까지를 거론하기도 한다.

제2부

제2장

1. 고대 그리스와 로마 신화에 등장하는 외눈박이 거인족. 『오디세이아』에도 등장한다. 시칠리아와 그 주변에 살았던 것으로 전해진다.

2. 그리스 신화에 나오는 식인거인족. 『오디세이아』에 등장한다. 이탈리아 중부 지방에서 살다가 시칠리아로 건너갔다고 한다.

3. 고대 그리스 전설에 등장하는 리파이이산맥 기슭에 거주하는 외눈박이 부족.

4. 힌두쿠시산맥이나 히말라야산맥으로 추정된다.

5. 신화에 등장하는 종족이 사는 나라. 유럽에서는 플리니우스가 최초로 이 종족이 사는 나라에 대해 언급했다.

6. 바이톤에 대한 기록은 없지만, 고대 그리스에는 베마티스타이(βηματισταί)라는 거리를 측정하는 전문직이 있었다.

7. 흑해 연안 드네프르(Dnepr)강 하구 근처에 있었던 것으로 추정되는 고대 도시.

8. 중앙아시아와 페르시아 지역에 살았던 고대 부족.

9. 오늘날 세르비아 남부 지방에 살았던 고대 부족.

10. 오늘날 알바니아와 코소보 몬테네그로 지역, 즉 고대 일리아 지방에 살았던 부족.

11. 고대 그리스와 로마의 기록에 나온 동명이인이 무수히 많은데, 플리니우스가 여기서 언급한 사람은 티베리우스 황제 연간에 문학평론가로 활동한 니카이아(Nicaea) 출신의 아폴로니데스로 추정된다.

12. 필라르코스(Phylarkhos, 기원전 3세기). 그리스의 역사학자.

13. 흑해 동남부 연안 지역.

14. 이탈리아반도 중서부에 있는 오늘날 라치오(Lazio) 지역의 고대 이름.

15. 로마 북쪽에 있는 산. 오늘날의 이름은 Monte Soratte.

16. 퓌르로스(Pyrrhos, 기원전 319/318~272). 고대 그리스 발칸반도의 서부 해안 지대인 에피루스(Epirus)의 왕. '퓌르로스의 승리(실속 없는 승리)'의 주인공.

17. 쿠비툼(cubitum)은 고대의 길이 단위. 완척(腕尺), 즉 손가락에서 팔꿈치까지의 길이로 약 44.4센티미터에 해당한다. 따라서 5쿠비툼은 222센티미터다. 이하 원문의 쿠비툼은 미터법으로 바꾸어 표기했다.

18. 크테시아스(Ctesias, 기원전 5세기). 그리스의 역사가, 의사.

19. 고대 그리스와 로마의 지리학자와 역사학자들이 여러 차례 언급한 종족. 어원적으

로는 '동굴로 가는 사람'이라는 뜻을 가지고 있다.

20. 에우독소스(Eudoxos ho Kyzikenos, 기원전 130년경). 고대 그리스의 항해가, 탐험가. 이집트의 프톨레마이오스 8세의 명을 받아 아라비아해와 인도양을 항해했다.

21. 원문에는 5쿠비툼 2팜으로 되어 있다. 고대 로마에서 1팜(palm)은 엄지를 뺀 네 손가락의 폭, 즉 7.4센티미터다.

22. 아가타르키데스(Agatharchides, 기원전 2세기). 고대 그리스의 지리학자, 역사가.

23. 클리타르코스(Klitarchos, 기원전 4세기). 알렉산드로스 대왕을 수행한 그리스의 역사가.

24. 아르테미도로스(Artemidoros of Ephesus). 기원전 2세기에서 1세기에 걸쳐 살았던 그리스의 지리학자. 고대 최고의 지리학자로 평가받는 스트라보가 그가 남긴 문헌을 많이 인용했다.

25. 아나크레온(Anacreon, 기원전 582년경 ~ 485년경). 그리스 서정시인. 그러나 플리니우스의 기록대로 아나크레온이 돌이 목에 걸려 죽었다는 것은 아무런 근거가 없다. 같은 시대의 시인인 시모니데스가 지은 것으로 알려진 묘비명에 따르면 고향인 테오스(Teos)로 돌아가 죽었다고 기록되어 있는데, 고령의 나이로 볼 때 자연사한 것으로 보인다.

제4장

1. 펠로폰네소스반도 남단의 고대 도시국가 스파르타를 중심으로 한 지역.

2. 펠로폰네소스반도 북동부의 고대 도시국가.

3. 펠로폰네소스반도의 북서부 지방.

4. 59년 빕스타누스(Gaius Vipstanus Apronianus)와 카피토(Gaius Fonteius Capito)가 공동 집정관을 지냈다.

5. 티베리우스(Tiberius Claudius Nero, 기원전 42~기원후 37). 로마 제2대 황제. 티베리우스 황제의 정식 명칭은 Tiberius Caesar Augustus이다. 우리가 폭군으로 알고 있는 네로는 제5대 황제다.

6. 오늘날 시칠리아섬 서쪽 끝의 마르살라(Marsala). 카르타고와 가장 가까운 곳이다.

제5장

1. 기원전 48년 8월 9일 카이사르와 폼페이우스 군대가 그리스의 중부 파르살리아에

서 벌인 전투. 카이사르가 승리하고 폼페이우스는 프톨레마이오스 13세와 클레오파트라 7세가 공동 통치하던 이집트로 도망가지만 현지에서 암살당했다. 카이사르는 폼페이우스를 죽였다는 명목으로 이집트를 정벌해 클레오파트라 7세 단독 왕정을 수립하고 그녀에게서 아들까지 얻었다. 또한 카이사르 진영이 이 전투에서 승리함으로써 로마의 공화정이 사실상 와해되고 카이사르의 독재가 시작되었다.

2.   로마 공화정 말기에 벌어진 내전 중 하나. 기원전 46년 2월 6일 지금의 튀니지인 타프수스에서 카이사르의 군대와 스키피오의 군대가 벌인 전투. 이 전투의 패배로 카이사르에 대항했던 스키피오와 카토가 자살했다.

3.   로마 시대의 아프리카는 아프리카 대륙이 아니라 카르타고가 차지하고 있던 북아프리카 지중해 연안 지역을 지칭한다.

4.   그리스어로 '말을 타는 자'라는 뜻. 로마 시대 사회계급의 하나로 '기사 계급'이라고 번역하기도 하는데, 원로원 계급 다음의 계급이다. 중세 유럽의 기사와는 다른 계급이다.

5.   고대 로마 시대의 동부 지방은 흑해 연안에서 지중해 동부의 레반트에 이르는 지역을 지칭한다.

6.   고대 올림픽 경기를 지칭한다.

7.   돈강 하구의 아조프해를 지칭하는 라틴어 명칭.

8.   발레리우스 막시무스 메살라(Manius Valerius Maximus Corvinus Messalla). 기원전 3세기에 집정관을 지냈으며 카르타고와 시라쿠사를 상대로 한 전쟁에서 승리를 거두었다. 웅변가로도 유명하다.

9.   흑해 남부 중앙의 연안 지역.

10.   소아시아(지금의 터키)의 남동쪽 해안, 사이프러스 북쪽의 해안 지역을 말하는 고대의 지명. 고대에는 소아시아와 시리아를 잇는 유일한 통로이자 알렉산드로스 대왕의 '이수스 전투'가 벌어진 곳으로 유명한 '킬리키아 문'이 이곳에 있었으며, 예수의 제자 바오로의 탄생지이기도 하다.

11.   카르파티아산맥에서 드네프르강 하구에 이르는 흑해 동부 해안 지역.

12.   오늘날 아제르바이잔과 이란 북서부 지역에 있었던 메디아(Media) 왕국의 왕.

13.   고대 아르메니아 왕국의 왕.

14.   동쪽으로 영토를 확장함으로써 이전에 동쪽 변방이었던 소아시아(아나톨리아반도)가 로마 제국의 중심이 되었다는 뜻.

15. 루키우스 시키우스 덴타투스(Lucius Siccius Dentatus). 기원전 5세기 로마의 군인. 로마 군단의 백부장을 지냈으며 호민관으로 귀족들과 맞서 평민의 권익을 옹호했다. 태어날 때부터 치아가 있어서 덴타투스라는 이름을 갖게 되었다고 한다.

16. 티투스 로밀리우스(Titus Romilius). 기원전 5세기 로마의 군인이자 정치가. 집정관과 10대관(decemvir. '10인위원회' 위원 중 한 사람)을 지냈다.

17. 만리우스 카피톨리누스(Marcus Manlius Capitolinus, ?~기원전 384). 로마 공화정 시대의 군인으로 집정관을 지냈다.

18. 성의 형상으로 된 성벽관(Mural Crown)은 지배하는 도시를 상징한다.

19. 시민관(Civic Crown)은 로마 시민을 구한 병사에게 주는 떡갈나무 잎을 엮어 만든 관.

20. 사마관(Master of the horse)은 로마 시대 군대의 말을 관리하는 최고위 군인.

21. 루키우스 세르기우스 카틸리나(Lucius Sergius Catilina, 기원전 108~62). 로마 공화정, 특히 원로원을 무력화시키려고 반란을 일으켰다 내전에서 전사했다.

22. 오늘날 이탈리아 북부의 피아첸차(Piacenza).

23. 트레비아, 티키누스, 트라쉬메누스 호수는 제2차 포에니 전쟁 때 치열한 전투가 벌어져 로마 군대가 한니발이 이끄는 카르타고 군대에 크게 패배한 곳이다.

24. 기원전 216년 8월 2일 제2차 포에니 전쟁의 최대 규모 전투가 벌어진 곳. 로마군 8만여 명과 카르타고군 5만여 명이 맞붙어 로마군이 대패했다. 이 전투 이후 카푸아를 비롯한 이탈리아의 많은 도시국가가 카르타고에 투항했다.

25. 플리니우스는 아무리 용맹하게 싸워도 운이 없어 강적을 만나 패하면 명예가 없음을 탄식하고 있다.

제6장

1. 디오뉘시우스 1세(Dionysius I, 기원전 432년경~367). 시칠리아섬에 있던 도시국가 시라쿠사의 군주로 플라톤을 흠모했다.

2. 이소크라테스(Isocrates, 기원전 436~338). 그리스의 웅변가, 수사학자.

3. 아이스키네스(Aeschines, 기원전 389~314). 그리스의 정치가이자 아티카의 10대 웅변가 중 한 사람.

4. 데모스테네스(Demosthenes, 기원전 384~322). 그리스의 웅변가, 정치가. 반(反)마케도니아 운동을 촉구한 연설을 비롯한 정치 연설로 유명하다.

5. 포세이도니오스(Poseidonios, 기원전 135~51). 그리스의 스토아 철학자이자 천문·

지리학자.

6.   스키피오 아프리카누스(Publius Cornelius Scipio Africanus Aemilianus, 기원전 185~129). 제3차 포에니 전쟁에서 북부 아프리카의 카르타고를 멸망시켰기 때문에 아프리카누스라는 칭호를 얻었다. 보통은 스키피오라고 부른다.

7.   엔니우스(Quintus Ennius, 기원전 239~169). 고대 로마 초기의 시인·극작가. 이탈리아 남동부 루디아이(Rudiae) 출신인 그는 그리스적 교양을 깊게 몸에 익힌 덕분에 그리스 문학을 기초로 삼아 로마 문학을 향상시키는 데 기여했다.

8.   베르길리우스는 자신의 사후에 작품을 태우라고 유언했지만 아우구스투스 황제는 그의 유언을 무시하고 시인 루푸스(Lucius Varius Rufus)와 투카(Plotius Tucca)에게 편집 과정에서 원고를 가능한 한 수정하지 말고 출판하라고 명했다.

9.   가이우스 아시니우스 폴리오(Gaius Asinius Pollio, 기원전 75~기원후 4). 로마의 군인, 극작가, 문학평론가.

10. 로마 시대 공유지(ager publicus)를 배분하는 것을 규율하는 법. 늘 귀족과 평민 사이에 갈등의 원인이 되었다.

제3부

제1장

1.   로마 시대의 마우레타니아는 오늘날 북아프리카의 알제리에서 모로코에 이르는 지중해 연안 지역이다.

2.   게르마니쿠스 율리우스 카이사르(Germanicus Julius Caesar, 기원전 15~기원후 19). 그의 아버지 드루수스는 게르만족과의 싸움에서 큰 공적을 세워서 '게르마니쿠스(게르만을 정복한 자)'라는 호칭을 가지게 되었으며, 원로원으로부터 이 칭호를 대대로 쓸 수 있는 명예를 얻었다. 따라서 그의 아들도 게르마니쿠스라는 이름을 물려받았다.

3.   가이우스 리키니우스 무키아누스(Gaius Licinius Mucianus). 베스파시아누스가 황제에 오르는 데 막후 역할을 했던 로마 정치가. 64년, 70년, 72년 모두 세 차례 집정관을 지냈다.

4.   오늘날 나폴리의 포추올리(Pozzuoli) 지구.

5.   유바(Juba of Mauretania Caesariensis, 기원전 48년경~기원후 23). 로마 시대 누미디아와 마우레타니아의 왕.

6. 안티오코스 3세(Antiochos III, 기원전 241년경~187). 알렉산드로스 대왕 사후에 시리아를 비롯한 중동과 페르시아 지역을 지배한 셀레우키돈(Seleukidon)의 제6대왕. 기원전 217년 6월 22일 오늘날의 가자 지구 라파에서 이집트의 프톨레마이오스 4세와 벌인 전쟁에 코끼리를 데리고 나갔다.

7. 그리스 시대 동명이인이 무수히 많다. 여기서 말하는 인물은 기원전 1세기에 살았던 그리스 시인 Antipater of Sidon인 것으로 추정된다.

8. 카토(Marcus Porcius Cato, 기원전 234~149). 로마의 군인, 정치가, 역사가. 최초로 라틴어로 역사를 집필한 것으로 유명하다.

9. 로마에서는 마편초(vervain)가 군신 마르스로 숭상되며, 선전포고나 화해 교섭을 할 때 이 풀다발을 가지고 가는 풍습이 있었다.

10. 고대 로마는 기원전 753년에 도시국가로, 이후 기원전 509년에 공화국이 되고, 기원전 27년 옥타비아누스가 아우구스투스 프린켑스(princeps)로 추대되면서 제국이 된다. 로마의 건국을 기원으로 할 때 로마력 472년은 기원전 280년이며 그해 발칸반도에 있던 퓌로스 왕이 코끼리 부대를 앞세우고 이탈리아를 침공했다.

11. 이탈리아 남부 지방의 고대 명칭.

12. 메텔루스(Lucius Caecilius Metellus, 기원전 290년경~221). 고대 로마의 신관 중 서열 다섯 번째인 대신관(Pontifex Maximus)과 집정관을 역임했다. 기원전 250년 제1차 포에니 전쟁 때 오늘날의 팔레르모인 시칠리아섬의 파노르무스에서 한니발의 동생 하스드루발(Hasdrubal)을 물리치고 코끼리 120마리를 노획해 그중 일부를 로마로 몰고 왔다.

13. 베르리우스(Marcus Verrius Flaccus, 기원전 55년경~기원후 20). 아우구스투스와 티베리우스 황제 연간에 활동한 로마의 문법학자.

제2장
1. 로마 시대 북아프리카의 베르베르(Berber)인을 지칭하는 용어.

제3장
1. 고대 그리스 로마 문헌에는 같은 이름을 가진 여러 종족이 등장한다. 플리니우스가 여기서 아프리카 코끼리와 관련지어 언급한 종족은 헤로도토스가 『역사(Historiae)』에서 가라만테스(Garamantes)에게 공격당한 것으로 기록한 아프리카 부족으로 추정된다.

제5장

1. 북아프리카 베르베르족이 사는 지역의 지명. 오늘날 알제리와 튀니지의 대서양 연안 지역.

제6장

1. 뤼시마쿠스(Lysimachus, 기원전 360년경~281). 마케도니아의 필리포스 2세와 알렉산드로스 대왕의 경호원 출신으로 알렉산드로스의 인도 원정에서 전공을 세워 장군이 되었고 알렉산드로스 사후에 디아도키(diadochi)의 한 명으로 트라키아·마케도니아·소아시아를 지배하는 왕이 되었다.
2. 파리살리아 전투에서 이 안토니우스는 카이사르 다음 서열의 사령관이었다.
3. 퀴테리스(Volumnia Cytheris, 기원전 1세기). 노예였다가 자유민이 된 로마 시대의 여배우. 브루투스, 안토니우스, 시인 갈루스(Gaius Cornelius Gallus) 등 로마 시대의 유명 인사들과 염문을 뿌렸다.
4. 한노(Hanno). 기원전 4세기 카르타고의 장군이자 정치인. 기원전 367년 시칠리아의 그리스 식민 도시국가들과 전쟁을 벌여 대승을 거두었다. 이후 원로원을 무시하고 포퓰리즘으로 독재를 하려다 반역자로 몰려 고문을 받고 처형되었다.
5. 데메트리오스(Demetrios, 기원전 350년경~280년경). 아리스토텔레스가 뤼카이움(Lycaeum)에 만든 페리파테티크 학원 출신의 철학자이자 웅변가.
6. 로마를 지칭하는 다른 표현이다. 늑대의 젖을 먹고 자란 로물루스가 로마를 창건했다는 설화에서 비롯되었다.

제7장

1. 그나이우스 아우피디우스(Gnaeus Aufidius Orestes, ?~기원전 1세기). 로마의 정치가. 기원전 71년 수라(P. Cornelius Lentulus Sura)와 함께 집정관으로 선출되었다.
2. 조영관(Aedile)은 로마 시대 공공건물의 유지·보수와 국가적 축제를 주관하던 관직이다.
3. 마르쿠스 스카우루스(Marcus Aemilius Scaurus, ?~기원전 52). 로마 공화정 시절 폼페이우스 휘하에서 검찰관과 유대 지방의 총독을 지냈다. 조영관으로 재직하던 기원전 58년 하마와 악어 등이 등장하는 대규모 경기를 주최했다.
4. 기원전 11년.

5.   로마 시대의 날짜 표기를 그레고리우스력으로 하면 5월 4일에 해당한다. 로마력에서 노네스(Nones)는 한 달의 중심, 즉 보름인 이데스(Ides)에서 8일 전이다.
6.   오늘날 이란과 투르크메니스탄의 카스피해 남동쪽 땅에 있던 고대 왕국.

제10장
1.   고대 그리스인이 북아프리카에 건설한 도시. 오늘날 리비아의 샤하트(Shahhat).
2.   영문판에는 12fingers라 표기되어 있다. 1finger는 약 11.4센티미터.

제11장
1.   에우안테스(Euanthes). 이 저술가에 대해서는 알려진 것이 별로 없다. 플리니우스도 그 이름에 '꽤 유명한'이라고 한정구를 붙인 것으로 보인다.
2.   아그리오파스(Agriopas). 고대 그리스의 저술가. 올림픽 경기 승자들에 대한 책 『올림피오니아이(Olympioniae)』를 저술한 것으로 전해진다.
3.   그리스 펠로폰네소스반도 아카디아의 한 지역. 오늘날의 메갈로폴리(Megalopoli).
4.   이 이야기는 유럽에서 전해 내려오는 베어울프(Werewolf) 설화의 전개와 같다. 이와 비슷한 이야기가 그리스를 비롯해 여러 지역에서 변형된 형태로 구전되었다.

제12장
1.   헤로도토스는 『역사』 제2권에서 트로킬루스가 날아와 악어 입속에 있는 거머리를 잡아먹는다고 기술하고 있다.

제13장
1.   그리스 중북부에 있는 지방.
2.   에게해 델로스섬 주위의 군도.
3.   스트라보가 코린토스로 가는 도중 체류했다는 기록이 있으며, 플리니우스 외에 키케로도 이 섬에 대해 언급했다. 또 베르길리우스의 『아이네이스(Aeneis)』에도 이 섬이 등장한다. 지금은 무인도다.
4.   펠로폰네소스반도의 라오코니아에서 이주한 사람들이 호수 주변에 건설한 도시. 라오코니아 사람들은 동물의 살생을 금지하는 관습이 있는데 그 결과 뱀이 창궐해 도시를 파괴했다는 기록이 전한다.

5.   아나톨리아 북부 트로아드(Troad)에 있던 고대 그리스 도시.

제15장
1.   세르토리우스(Quintus Sertorius, 기원전 126년경~73). 로마의 장군, 정치가.
2.   세르토리우스는 에스파냐에서 로마 원로원을 상대로 반란을 일으켰는데, 자신이
      데리고 있는 사슴이 디아나(아르테미스) 여신의 계시를 전해 준다고 미신을 믿는
      에스파냐 사람들을 설득했다.

제17장
1   고대 로마에는 도미티우스(Domitius)라는 동명이인이 많다. 도미티우스가 100마리
      의 누미디아 곰을 로마 원형경기장에 등장시킨 것은 기원전 61년으로 기록되어 있
      는데 이런 사실로 미루어 플리니우스가 언급한 도미티우스는 로마 공화정 말기에
      귀족에 의한 공화정을 옹호하며 카이사르에 맞선 Lucius Domitius Ahenobarnus가
      확실하다.

제18장
1.   고대 유럽에서는 고슴도치의 날카로운 가시를 이용해 양털의 보풀을 세워 모직물
      을 만들었다. 이후에는 산토끼꽃 열매와 엉겅퀴를 이용했고 중세 이후에는 철사로
      만든 도구를 사용했다.

제19장
1.   풀비우스 루피누스(Fulvius Lupinus). 그는 식용 달팽이를 발견해 널리 보급하기도
      했으며, 이후 로마인이 프랑스에 대량으로 가져오면서 오늘날 프랑스의 달팽이 요
      리가 유명해졌다.
2.   이탈리아 라치오(Lazio) 지방의 고대 도시.
3.   루쿨루스(Lucius Licinius Lucullus, 기원전 118~57/56). 로마 공화정 말기의 정치가.
      로마 근교 핀키우스 언덕(Mons Pincius)에 거대한 공원을 조성한 것으로 유명하다.
4.   호르텐시우스(Quintus Hortensius Hortalus, 기원전 114~50). 로마의 웅변가, 정치
      가. 웅변가로서 큰 부를 축적해 호화로운 빌라와 정원·양어장을 만들었고 로마에
      서는 처음으로 공작을 식용으로 내놓은 것으로 유명하다.

제4부

제1장

1. 오늘날 북아프리카 리비아 지역의 고대 라틴어 명칭.

2. 오늘날 터키 이즈미르의 한 지역에 있던 고대 그리스 도시.

3. 오늘날 터키 동남부 오스마니예(Osmaniye).

4. 필리스토스(Philistos, 기원전 432~356). 시칠리아섬에 있던 고대 그리스의 도시국가 시라쿠사 출신의 역사가.

5. 겔론(Gelon, ?~기원전 478). 데이노메네스(Deinomenes)의 아들로 겔라와 시라쿠사의 왕. 페르시아의 크세르크세스가 그리스 지역을 점령하기 위해 200만 명이 넘는 군대를 이끌고 쳐들어오자 그리스 지역에서는 아테네와 스파르타 등에서 사절단을 시라쿠사 왕 겔론에게 보내 지원을 요청한다. 하지만 전쟁 지휘권을 놓고 의견이 엇갈려 겔론은 사절단의 요청을 거절했다.

6. 카스켈리우스(Cascellius). 유명한 로마의 법학자로 공화정을 옹호했다. 아우구스투스가 집정관을 제안했으나 고사한 것으로 알려져 있다. 고대 로마 시인 호라티우스는 그의 『시론(Art of Poetry)』에서 이 인물에 대해 칭찬하고 있다.

7. 이탈리아 도시 피아첸차(Piacenza)의 라틴어 지명.

8. 실라누스(Marcus Junius Silanus, 기원전 26년경~기원후 37). 티베리우스 황제 치세의 집정관.

9. 실리우스(Gaius Silius, ?~24). 티베리우스 황제 치세의 미남 집정관. 클라우디우스의 세 번째 아내인 성욕의 화신 메살리나(Valeria Messalina)가 청혼하기도 해 황실의 기강을 흐리자 황제는 그를 죽이고 메살리나는 살려 준다. 하지만 측근들에 의해 그녀도 스물세 살에 살해당하고 만다.

10. 게르마니쿠스(Germanicus Julius Caesar, 기원전 15~기원후 19)의 장남인 네로는 제2대 황제 티베리우스의 양손자로 황제가 될 것이 유력했으나 어머니와 함께 반역죄로 기소되고 추방당해 죽었다.

11. 통곡의 계단. 고대 로마에서는 죄인들을 처형한 다음 시체를 묶어 이 계단에 던졌다. 오늘날 로마 시내의 산피에트로 거리(via di San Pietro in Carcere)에 이 계단이 있었던 것으로 추정된다.

제2장

1. 부케팔루스(Bucephalus)는 그리스어 Βουκεφάλας가 어원으로 βοῦς는 소, κεφαλή는 머리의 뜻이다.

2. 이집트 테살리아 지방의 도시.

3. 1829년 플리니우스의 『박물지』를 프랑스어로 번역한 드 그랑사뉴에 따르면 1829년 화폐가치로 7만 200프랑에 상당한다. 오늘날 원화 가치로 환산하면 약 4억 7천만 원에 해당한다.

4. 인도 원정에 나선 알렉산드로스는 기원전 326년 파우라바(Paurava)의 포루스(Porus)와 휘다스페스(Hydaspes) 전투를 치르고 포루스의 항복을 받지만, 이 전투에서 애마 부케팔루스가 죽는다. 이 도시의 이름은 알렉산드리아 부케팔루스(Alexandria Bucephalus)로 파키스탄의 젤룸(Jhelum) 강변에 있었다고 한다.

5. 그리스인이 시칠리아섬 남쪽 해안에 건설한 도시국가. 이탈리아어로는 아그리젠토 (Agrigento).

6. 이탈리아 트란토만에 있었던 고대 그리스의 도시국가.

7. 키케로의 『점에 관하여(De Divinatione)』 제1권 33장.

8. Secular games. 고대 로마 시대 110년에 한 번씩 열리는 신에 대한 봉헌과 경연 등을 포함한 축제.

9. Ludi Plebeii. 기원전 220년부터 계속되어 온 로마의 일반 대중이 참가하는 축제.

10. 로마의 일곱 언덕 중 하나. 유피테르와 유노의 신전이 있어 로마인이 가장 신성한 곳으로 여겼다. 이탈리아어로 캄피돌리오(Campidoglio), 카피톨리노(Capitolino)라고도 불린다.

11. 로마 중심부에서 북서쪽으로 16킬로미터 떨어진 곳에 있는 고대 에트루리아 도시. 지금은 폐허로 남아 있다.

12. 기원전 5세기에서 기원후 4세기에 걸쳐 폴란드와 러시아 볼가강 연안 그리고 우랄 지역에 흩어져 살던 스키타이의 한 부족.

13. 지금의 가치로 환산하면 약 44만 3,000달러에 해당한다.

14. 아나톨리아반도 서북부의 내륙 지방.

15. 아나톨리아반도 프리기아와 카파도키아 사이에 있는 지역.

제3장

1.　아나톨리아반도 서남부 지방.

제4장

1.　바다고둥(sea snail). 다른 영역본에서는 딱정벌레(beetle)로 되어 있다.
2.　침방(bedchambers).
3.　타키투스는 『연대기』 제2권 69장에서 게르마니쿠스가 이집트에서 돌아온 뒤에 병으로 죽었다고 기록하고 있지만 여기에 언급한 내용은 거론하지 않았다.

제5장

1.　덮개를 씌운 양은 라틴어로 테크타이(Tectae)라고 하는데, 털이 섬세하고 악천후를 견디는 힘이 약해 가죽이나 양털로 만든 덮개를 씌워 보호하는 양이다.
2.　이탈리아 남동부 풀리아 지방 타란토주의 주도.
3.　오늘날 이탈리아의 카노사디풀리아(Canosa di Puglia).
4.　포강의 고대 라틴어 명칭.
5.　오늘날 가치로 약 108달러.
6.　오늘날 이탈리아 피에몬테 지방의 폴렌초(Pollenzo).
7.　양모에서 기름을 제거하는 과정을 의미하는 것 같다.

제6장

1.　로마 건국 이전부터 라티움 지방에 살고 있던 사비니 사람들이 경배하는 신으로 맹서의 신이며 제우스의 아들인 헤라클레스와 동일시된다.
2.　아탈루스(Attalus I, 기원전 269~197). 고대 그리스 도시국가인 페르가몬의 왕.
3.　메텔루스 스키피오(Quintus Caecilius Metellus Pius Scipio Nasica, 기원전 95년경~46). 로마 공화정 말기의 집정관이자 장군. 공화정과 귀족정치를 수호하려던 공화정 당시의 대표적인 보수주의자로 율리우스 카이사르에 대항하여 전쟁을 치르다 패배해 자살했다.
4.　현재의 달러 가치로 환산하면 각각 637만 1,000달러, 3,185만 5,000달러.
5.　세야누스(Lucius Aelius Sejanus, 기원전 20~기원후 31). 로마 티베리우스 황제의 절친이자 근위대 장군.

제7장

1. 북아프리카 리비아 시르테만으로 흘러드는 강.

제5부

제1장

1. 플리니우스는 동물의 생김새에 따라 명칭을 붙였다. 퀴비에(Georges Cuvier)는 포도고기는 오징어알의 생김새를 보고, 창고기는 황새치, 톱고기는 톱상어, 오이고기는 해삼에서 명칭을 차용한 것으로 추정했다.
2. 유게룸(jugerum)은 면적 단위로 2,523제곱미터다. 복수형은 유게라.
3. 여기서 말하는 홍해(Red Sea)는 지금의 홍해보다 넓은 해역으로 카다라(Cadara)는 아라비아반도의 한 모서리인 지금의 카타르로 추정된다.
4. (기원전 308/309~246). 기원전 283년부터 246년까지 재위한 이집트의 파라오.
5. 오늘날 파키스탄, 아프가니스탄, 이란의 접경 지대인 발루키스탄의 라틴어 명칭.
6. 아르두앙(Jean Hardouin)은 플리니우스가 갈리아해가 피레네산맥에서 끝난다고 말한 것으로 미루어 비스케이만(Biscay Bay)이라고 말한다.
7. 영어로 blower로 표기되었는데, 고래가 숨을 쉴 때 물안개를 뿜는 것을 표현한 것으로 보아 '분무고래'로 번역했다.
8. 에스파냐 카디스(Cadiz) 앞바다.
9. 라틴어 원전에는 로타이(Rotae), 즉 바퀴로, 영어 번역본에는 sea-wheel로 되어 있다. 퀴비에는 플리니우스가 해파리를 보고 원반 형태로 되어 있고, 축을 중심으로 분할되어 있으며 가장자리에 있는 검은 점을 눈이라고 생각해 이런 이름을 착상했을 것으로 보고 있다.

제2장

1. 플리니우스는 트리톤(Triton)은 남자 인어, 네레이드(Nereid)는 여자 인어라는 의미로 사용했다. 프랑스의 박물학자인 달레샹(Jacques Daléchamps, 1513~1588)은 중세 이후에 인어를 목격했다고 주장한 여러 사례를 기록으로 남겼다.
2. 에스파냐 남서부의 로마 시대 군사 항구 도시. 오늘날 카디스.
3. 원래 오늘날 리옹의 라틴어 이름이지만, 여기서는 갈리아의 루그두넨시스(Lugdunensis)다. 리옹으로부터 대서양 북서 연안 지역에 이르는 지역의 고대 로마 지명.

4. 오늘날 프랑스 서부 대서양 연안 샤랑트마리팀(Charente-Maritime)을 중심으로 한 지역의 고대 지명.

5. 퀴비에는 여기서 말하는 코끼리는 바다코끼리(Trichechus rosmarus of Linnaeus), 숫염소는 큰돌고래로 추정했다.

6. 오늘날 이스라엘 텔아비브의 구시가 지역인 자파(Jaffa).

제3장

1. 지금의 크로아티아 아드리아해 연안 지방. 이 지역에서 사용하던 갤리선은 2단 노를 가진 배로 충각이 매우 크고 날카로웠다.

제4장

1. 어부들은 어린 돌고래를 잡아 꼬리를 칼로 그어 표시를 해 두고 30년 뒤에 이 돌고래를 확인했다.

2. 라틴어로 '납작하게 누른', '납작코'라는 뜻이다. 돌고래의 별명이기도 한다.

3. water-organ. 휘드라울루스(hydraulus)라고도 한다. 기원전 3세기에 그리스 알렉산드리아의 발명가인 크테시비우스(Ctesibius)가 만든 것으로 알려져 있다.

4. 이탈리아 나폴리 부근에 있는 호수로 원래는 바다의 일부였다. 약 1.5킬로미터 길이의 제방을 쌓으면서 쿠마이(Cumae)만과 분리되었다가 아우구스투스 황제 연간에 항구로 이용하기 위해 다시 둑을 허물었다. 플리니우스가 말하는 '반입된(invectus)' 것이 그 이전이라면 사람이 돌고래를 데려온 것이고, 그 이후라면 파도나 조류에 의해 돌고래가 이 호수에 들어왔을 가능성이 있다.

5. 나폴리만 북서쪽에 있는 고대 로마의 마을.

6. 오늘날 튀니지 북단의 비제르트(Bizerte). 아랍어 발음으로 '벤자르트', 그리스어로는 '물로 나뉜 도시(Ἱππὼν διάρρυτος)'라는 의미가 있다. 이 도시의 중앙에 큰 운하가 있어서 붙인 이름이다.

7. 그리스 펠로폰네소스반도 남단 라코니아(Laconia)에 있는 마을.

8. 헤게시데무스(Hegesidemus)가 전한 이 이야기는 플루타르코스가 『동물들의 본능(Instincts of Animals)』에 기록했다.

9. 코린트만에 있는 항구 도시. 레판토(Lepanto)로 잘 알려져 있다. 펠로폰네소스 전쟁 당시 아테네의 해군 기지였다.

10. 그리스 서부 아이톨리아-아카르나니아(Aetolia-Acarnania) 지역에 있었던 고대 도시.

11. 그리스의 카보 마타파스(Κάβο Ματαπάς).

12. 프랑스의 랑그도크(Languedoc)와 프로방스(Provence) 지방을 아우르는 지명.

13. 프로방스의 님(Nîmes).

14. 프랑스의 랑그도크 지방 지중해 연안 도시인 나르본(Narbonne) 부근의 석호들 가운데 하나를 지칭하는 것으로 보인다.

15. 소아시아 남서 해안에 있던 고대 국가.

제5장

1. 프랑스 동물학자 퀴비에는 이것은 어떤 여행자들이 심하게 과장한 것이라고 지적했고, 드 그랑사뉴는 아무리 큰 거북도 길이가 1.5미터, 폭이 1.2미터를 넘지 않는다고 했다.

2. 시리아와 레바논의 국경 지대를 흘러 지중해로 들어가는 강. 현재 명칭은 나르 알 카비르(Nahr al-Kabir).

3. 그리스어로 거북을 뜻하는 체로나(χελώνα)에서 온 말이다.

4. 플리니우스는 라틴어로 repositorium이라고 썼는데 영역본에는 cabinet으로 되어 있다. 라틴어 repositorium은 음식 접시를 얹어 나르는 큰 쟁반을 의미한다.

제6장

1. isox. 퀴비에는 플리니우스가 어떤 고기를 지칭했는지는 전혀 분명치 않다고 말하고 있다. 강꼬치, 곤들메기, 철갑상어 중 하나일 것으로 추정하고 있다. 다만 스위스 출신의 박물학자인 콘라트 게스너(Konrad Gesner, 1516~1565)는 이 물고기가 esox, 즉 강꼬치라고 추정했다.

2. clupea는 청어과로 분류되는데 퀴비에는 플리니우스가 청어가 아니라 곤충의 애벌레같이 생긴 새끼칠성장어(lampillion)를 청어로 표기한 것으로 보고 있다.

3. 고대 로마 시대에 마인강의 라틴어 명칭.

4. 중세 도미니크 수도회의 수사이자 박물학자인 알베르투스 마그누스(Albertus Magnus, 1200~1280)에 따르면 이 물고기는 돌고래가 아니라 철갑상어다.

5. 퀴비에는 이 물고기가 철갑상어 가운데서도 크기가 큰 종류로 흑해로 흘러들어가는 강에 사는데 뼈는 연골로 되었고 살은 맛이 좋아 사람들이 즐겨 먹는다고 기록

하고 있다.

6. 러시아의 스몰렌스크에서 발원하여 흑해로 들어가는 드네프르강.

7. 퀴비에는 이 물고기가 갠지스강에 사는 돌고래일 것이라고 생각하지만 크기가 7미터라는 데 대해서는 회의적이다.

8. 라틴어로 Euxine Pontus. '쾌적한 바다'라는 의미를 가지고 있다.

9. 플리니우스는 아리스토텔레스가 『동물지(Historia Animalium)』 제8권 16장에서 언급한 내용을 인용한 것으로 보인다.

제7장

1. 다뉴브강 연안 중부 유럽의 저지대를 의미한다.

2. 오늘날 아나톨리아반도의 최서단에 있는 아이바시크(Ayvacık).

3. 오늘날 독일 남부와 스위스의 알프스 이북을 아우르는 로마 시대의 지명.

4. 플리니우스는 marinis, 즉 '바다에서 나는 것들'이라고 썼는데 이것을 독일의 고전학자인 실리히(Karl Julius Sillig, 1801~1855)는 muraenis 즉 '곰치들'이라고 해석했다.

5. Mullus barbatus는 숭어라고 번역하지만 영어로는 Goatfish이며 우리가 흔히 보는 숭어와는 생김새와 색깔이 전혀 다르다.

6. 퀴비에는 북해가 영국 해협과 비스케이만이라고 해석한다.

7. 라틴어로 '진흙 속에 사는'이라는 의미를 가지고 있다.

8. 마르쿠스 아피키우스(Marcus Gavius Apicius). 로마 티베리우스 황제 연간의 식도락가이자 호사가. 로마의 요리책 『10권의 요리책(De re coquinaria libri decem)』의 저자로 알려져 있다. 이후 그의 이름 Apicius는 미식가라는 뜻의 일반명사로 쓰였다.

9. 고대부터 페니키아, 그리스, 카르타고, 로마 등 지중해 지역에서 즐겨 먹은 생선을 발효시켜 만든 젓갈의 총칭.

10. 아시니우스 켈레르(Servius Asinius Celer, ?~45). 로마 제국 초기의 집정관, 원로원 의원.

11. 묘성(昴星)이라고도 한다.

12. 포강의 지류인 민치오(Minchio)강.

13. 오늘날 가르다호(Lago di Garda)의 라틴어 이름.

제8장

1. 베디우스 폴리오(Vedius Pollio, ?~기원전 15). 이 잔인한 인간은 원래 노예 신분에서 해방된 자유민이었는데 에퀘스에 올랐고 내전 과정에서 나중에 아우구스투스 황제가 되는 옥타비아누스의 친구가 되었다. 옥타비아누스도 잔인함 때문에 그를 징계한 바 있다.

2. 로마의 남자는 열네 살 때까지 자줏빛 옷깃을 단 흰 의복인 프라이텍스타를 입는다. 따라서 '열네 살이 될 때까지'라는 뜻이다.

3. 헤로도토스는 『역사』 제3권 48장에 코린토스의 페리안드로스 왕이 케르키라의 귀족 출신 소년 300명을 사르데스의 알리아테스에게 환관으로 보내려고 했다는 기록을 남겼다.

4. 트레비우스 니게르(Trebius Niger). 기원전 2세기에 활동한 로마의 저술가이자 정치가. 기원전 150년 지금의 안달루시아 지방인 히스파니아 바이티카(Hispania Baetica)의 총독을 지냈다. 플리니우스는 『박물지』를 쓰면서 그의 책에서 어류에 관한 많은 지식을 얻었다.

5. 영어 번역은 sea-swallow이다. 이것은 바다제비가 아니라 죽지성대를 지칭하는 것으로 보인다. 고대 로마인은 죽지성대를 바다제비로 불렀던 것 같다.

6. lantern-fish.

7. sea-dragon. 실고기 또는 큰눈동미리.

제9장

1. land polypus. 아르두앙은 이 문어가 해안에서 자주 발견되며 다른 종류보다 육지에 더 자주 출몰한다고 보았다. 영어로 문어는 octopus인데, '다리가 8개'라는 라틴어에서 온 말이다.

2. 로마 시대의 저자들은 이 문어의 팔을 다양한 이름으로 표현했다. 오비디우스는 채찍으로, 다른 저자들은 곱슬머리, 발, 다리, 머리 등으로 표현했다.

3. colotus. 플리니우스는 이것이 라틴어의 stéllĭo와 같다고 말했다. stéllĭo는 영어의 gecko와 같다.

4. '냄새를 뿜는'이라는 뜻이다.

5. Hispania Baetica. 이베리아반도의 남부 지방으로 대략 오늘날의 안달루시아에 해당한다.

6. Afflatu terribili. 플리니우스가 쓴 라틴어 원본의 표현으로 '무시무시한 입김' 또는 '무시무시한 열기'라는 뜻을 가지고 있다.

7. caliculis. 원래는 '작은 잔'을 의미하는데, 여기서는 '잔처럼 생긴 문어의 흡판(杯狀窩)'을 의미한다.

8. 충각(衝角). 적의 배를 부수기 위해 전함의 뱃머리에 불쑥 튀어나온 고대 전함의 부리(rostrum).

9. 퀴비에는 이것을 앵무조개(nautilus)를 과장되게 이야기한 것이라고 주장한다.

10. 플리니우스는 라틴어로 locústa로 표기했다. 이것은 메뚜기를 뜻하지만 여기서는 locust of sea, 프랑스어의 langouste에 해당한다.

11. 아르두앙은 이 게가 '아스타쿠스(Astacus)'라고 보고 있다.

12. carabus. 이것은 가재(locusta)의 다른 이름이다.

13. 플리니우스는 이것을 elephantus로 표기했으나 학명으로는 Cancer gammarius, 라틴어권에서 오마흐 또는 호마르드로 부르는 가재다.

14. maiae. 학명은 Cancer maia. 퀴비에는 이 게가 프랑스에서 poupart로 부르는 게라고 추정했다.

15. pagurus. 조개나 소라 껍데기 등에 들어가 사는 게들의 총칭.

16. heracleoticus. 학명으로는 Carcinus maenas. 영어권에서는 유럽녹색게로 부른다.

17. 플리니우스는 leones, 즉 사자로 표기했는데, 퀴비에는 큰 집게발을 가진 가재의 별칭으로 보고 있다.

18. 플리니우스는 우리가 말하는 가재와 게를 때로 명확히 구분하지 않고 혼용하고 있다. 플리니우스가 말한 여러 가지 갑각류에 조응하는 우리말 명칭이 없다.

19. echinometrae. 학명은 Echinus cidaris. 가시는 길고 몸은 작다. 아르두앙에 따르면 이 명칭은 '성게의 어머니'라는 뜻을 가지고 있다.

20. 그리스 칼키디키(Chalkidiki)반도에 있는 카산드라(Kassandra)만.

21. onyches. 플리니우스는 '손톱발톱'이라는 뜻을 가진 이 명칭을 라틴어로 바꿔 unguis로 썼다. 이 조개의 생김새가 손톱을 닮았다.

제10장

1. 이 조개는 껍데기가 하나로 되어 있는 퀴프라이아(Cypraea), 영어로는 cowry다. 이 조개의 껍데기는 과거 아프리카와 아시아의 일부 지역에서 화폐로 사용되었다.

2. 로마 시대에는 "수영을 하려거든 옷을 벗어라(Qui nare vult, se exuit)"라는 속담이 있었다.

제11장

1. 플리니우스가 말하는 홍해는 오늘날 지도상의 홍해와는 차이가 있다. 로마 시대의 홍해는 남쪽의 바다를 칭하는 용어로 페르시아만도 홍해에 포함된다. 로마 시대에 붉은색은 남쪽을 상징했다. 동양의 오방색같이 색이 방위를 상징했다는 것이 흥미롭다.

2. 라틴어 pelagus의 복수형으로 원양(遠洋) 또는 대양(大洋)이라는 의미.

3. tympana는 tympanum의 복수로 고대에 쓰이던 반구형의 북을 의미한다.

4. 예를 들면 고대 그리스의 역사가이자 인도민족지학자인 메가스테네스(Mega-sthenes)가 이런 이야기를 한 기록이 남아 있다.

5. 하나, 단일, 구근 그리고 큰 진주라는 뜻을 가지고 있다. 영어의 양파(oinin)의 어원이기도 하다.

6. 라틴어로 진주라는 의미를 가지고 있다. 버터 대체제인 마가린(margarine)의 어원이기도 하다.

7. 플리니우스는 운모를 거울돌(lapis specularis)이라고 표기했다.

8. 무용수들이 손에 잡고 쓰는 캐스터네츠를 의미하는 라틴어 crótǎlum이 어원이다.

9. 그리스 중서부 이오니아 해안 지역.

10. 오늘날 수단의 수도.

11. 퀴비에는 플리니우스가 국화조개(spóndўlus)를 이렇게 표현했을 것으로 보고 있다.

12. 타키투스는 자신의 장인 아그리콜라의 전기 『아그리콜라(Agricola)』에서 브리타니아 해안에는 우중충한 황갈색 진주들이 널려 있다고 쓰고 있다. 카이사르는 흉갑이 비싸지 않은 진주로 만들었다는 것을 알아 주기 바랐다.

13. sponsálǐa. 고대 로마 시대의 약혼식으로 결혼 전에 일반적으로 했지만 필수적인 것은 아니었다.

14. 오늘날 화폐가치로 환산하면 약 4,100만 달러.

15. 마르쿠스 롤리우스(Marcus Lollius, 기원전 55년경~2년 이후). 롤리나 파울리나의 할아버지. 그는 황제가 되기 전 옥타비아누스의 후원자로 원로원 의원과 갈라티아 총독을 지내며 약탈과 착취로 엄청난 재산을 모은 것으로 유명하다. 플리니우스는 그를 나쁘게 평가했다.

16. 아우구스투스 황제의 양아들이자 양손자. 그의 생부인 마르쿠스 아그리파가 아우구스투스의 양자였기 때문이다. 아우구스투스는 마르쿠스 롤리우스에게 가이우스 카이사르의 교육을 맡기지만 결국 가이우스 카이사르의 신임을 잃게 된다.

17. 쿠리우스 덴타투스(Manius Curius Dentatus, ?~기원전 270). 로마 공화정 시대의 집정관이자 평민 출신의 전쟁영웅으로 삼니움 전쟁을 끝냈으며 청빈한 삶의 귀감이 되었다.

18. 가이우스 파브리키우스(Gaius Fabricius Luscinus Monocularis). 맨 뒤에 별명 Monocularis는 '애꾸눈'이라는 뜻이다. 쿠리우스와 마찬가지로 전쟁영웅이며 청빈한 삶을 살았던 것으로 유명하다. 단테는 『신곡(Divine Comedy)』에서 그를 탐욕과 대비되는 덕성을 보여 준 사례로 언급하고 있다.

19. 플리니우스는 cŏrollárĭum으로 표현했다. 이 말은 '덤'이라는 의미를 가지고 있다.

20. 루키우스 플란쿠스(Lucius Munatius Plancus, 기원전 87년경~15년경). 로마 원로원 의원이자 장군. 안토니우스와 함께 아르메니아와 파르티아 원정에 참전했으나 안토니우스가 파르티아에서 패하자 옥타비아누스 진영으로 전향했다. 기원전 41년 겨울 파르티아와 전쟁을 벌이던 중 안토니우스와 함께 알렉산드리아의 클레오파트라 궁전에서 겨울을 보냈다. 이 이야기는 그 당시에 벌어진 일로 추정된다.

21. 안토니우스가 옥타비아누스에게 패배한 것을 뜻한다.

22. 아이소푸스(Clodius Aesopus). 키케로 시대의 가장 유명했던 비극 배우. 키케로는 그를 'summus artifex', 즉 완벽한 배우라고 극찬했다.

23. 페네스텔라(Fenestella, 기원전 52년경~기원후 19년경). 로마의 역사학자이자 박물학자.

24. 아일리우스 스틸로 프라이코니누스(Lucius Aelius Stilo Praeconinus, 기원전 154년경~74). 로마의 문헌학자. 그의 제자로는 바로(Varro)와 키케로(Cicero)가 유명하다.

25. 기원전 107년 북아프리카 누미디아(지금의 알제리) 왕국의 유구르타와 로마 공화정의 총사령관 카이킬리우스 메텔루스 장군 사이에 벌어진 전쟁. 기원전 106년 마우레타니아의 보쿠스 왕은 아프리카 속주의 우티카(Utica)에 있다가 참전한 술라 장군에게 유구르타를 생포해 넘기고, 술라는 다시 그를 부사령관 가이우스 마리우스에게 넘기면서 종결되었다. 로마로 압송된 유구르타는 기원전 107년 가이우스 마리우스의 개선식 때 처형당했다.

제12장

1. 오늘날 튀니지의 제르바(Djerba).
2. 키케로의 서간문 등을 통해 신전에 봉헌을 할 때 자주색 옷을 입었다는 것을 알 수 있다.
3. 개선장군이 입는 의상은 토가 픽타(toga picta)라고 하는데, 금실로 수를 놓았다.
4. 부키눔(buccinum)은 고대의 나선형으로 된 나팔이다.
5. dialutensis는 그리스어의 διαλυτός, '자유로운' 또는 '떠도는'이라는 의미를 가진 어휘에서 유래했다.

제13장

1. 플리니우스는 manos라고 표기했다. 이것은 그리스어로 '드문' 또는 '흔치 않은'이라는 의미를 갖는 μανός에서 유래했다.
2. 오늘날 터키 차낙칼레(Çanakkale) 부근의 다르다넬스(Dardanelles) 해협.
3. 펠로폰네소스반도 남단의 곶.

제15장

1. 세르기우스 오라타(Caius Sergius Orata). 기원전 1세기경에 활동한 로마의 상인이자 수리기술자.
2. 동맹시 전쟁 또는 마르스 전쟁으로 부른다. 기원전 91∼87년 친로마 공화국 진영과 반로마 공화국 진영으로 갈라져 이탈리아의 도시국가와 부족들이 합종연횡하며 벌였던 전쟁.
3. 나폴리만의 한 구역으로 호메로스의 『오디세이아』에 나오는 오디세우스의 조타수 바이오스(Βαῖος)에서 이름이 유래했다.
4. pénsïles balinĕae. 직역하면 '걸려 있는 목욕탕'이라는 뜻. 레오나르도 다빈치의 비트루비안 맨(Vitruvian Man)으로 유명한 비트루비우스는 이것을 suspensúra caldárĭum, 즉 '돔형 천장이 있는 목욕탕'으로 표기했다. 아무튼 목욕탕 바닥이 지표에서 떨어져 있고 그 밑에 불을 때 물을 덥히는 형태의 목욕탕이다. 한국의 온돌 형태와 유사하다. 라틴어 전문 용어로는 휘포카우스트(hypocaust) 방식의 목욕탕이다.
5. 이탈리아 나폴리 근처에 있는 석호. 1538년 인근에 있던 몬테 누오보(Monte Nuo─

vo) 화산의 폭발로 메워지기 전에는 지금보다 훨씬 더 큰 호수였다.

6. 팔라티누스(Palatinus) 다리와 수블리키우스(Sublicius) 다리로 추정된다.

7. 현재 가치로 환산하면 약 400만 달러.

8. 키케로가 그의 저서 『선과 악의 종말에 관하여(De finibus bonorum et malorum)』에서 쾌락주의자로 언급한 히리우스(C. Hirrius Posthumius)로 추정되는 인물.

9. 오늘날 나폴리의 한 구역.

10. 드루수스(Drusus)의 아내인 그녀는 아우구스투스 황제의 조카이자 마르쿠스 안토니우스의 장녀다.

11. 콰드란트(quardrant)는 로마 시대의 부피 단위. 80콰드란트는 약 0.7리터다.

제16장

1. 퀴비에는 플리니우스가 테오프라스토스가 남긴 기록을 통해 알게 되었다고 말하는 유프라테스강의 물고기에 대해서는 알려진 게 하나도 없다고 말한다. 그럼에도 불구하고 퀴비에는 플리니우스가 여기서 언급한 물고기를 생김새나 습성으로 볼 때 망둥어 종류, 그중에서도 말뚝망둥어(periophthalmus)로 추정하고 있다.

2. 여기서 말하는 헤라클레아(Heraclea)라는 지명이 아시아와 유럽에 걸쳐 무수히 많아 어디인지 불확실하다. 하지만 크롬나(Cromna)와 함께 언급된 것으로 보아 흑해의 터키 중부 연안의 헤라클레아 폰티카(Heraclea Pontica)가 유력하다.

3. 터키 북서부 헤라클라테아 폰티카에서 흑해로 유입되는 강.

제17장

1. Anthia는 우리말로는 완벽하게 조응하는 말이 없다. 분류학상으로 대략 농어목 바리과에 해당하는 물고기로 여기에 속하는 대표적인 물고기로 능성어가 있다.

2. 터키 아나톨리아반도 남부 해안의 켈리도니아만에 있는 다섯 개의 섬. 라틴어로는 Chelidoniae Insulae. 오늘날 터키어로는 Beşadalar.

제18장

1. 이탈리아 라치오 해안의 작은 섬으로 지금은 육지와 이어진 로마의 네투노(Nettuno) 지구.

2. 오늘날 안치오(Anzio)의 고대 로마 시대 지명.

제19장

1. 오늘날 터키 보드룸 근처에 있었던 고대 그리스 도시.
2. 오늘날 터키 남서부 뎀레(Demre).

제20장

1. 프랑스 남동부 지중해에 있는 네 개의 섬으로 된 이에레 열도(Les Isles d'Hières).
2. 시칠리아 북쪽 티레니아해의 리파리섬을 비롯한 여덟 개의 섬.
3. 고대 엘리미아인들이 시칠리아섬 서쪽 끝에 건설한 도시로 카르타고와 로마가 차례로 지배했다. 오늘날의 이름은 트라파니(Trapani).
4. 고대 그리스인이 아나톨리아반도 서해안 이오니아 지방에 건설한 열두 개 도시 가운데 하나. 키오스(Chios)섬 건너편에 있었다.

제21장

1. 오늘날 크로아티아와 알바니아가 차지하고 있는 지역. 로마가 정복해 기원전 27년 로마의 한 지방으로 복속되었다.
2. 오늘날 치르체오(Circeo) 국립공원이 있는 이탈리아 서해안 지역.
3. spondylo brevi et non carnoso. 플리니우스는 spondylo로 표기했다. 이것이 무엇을 의미하는지 논란이 많았다. 그러나 굴의 살로 해석하는 것이 일반적이다.
4. 프랑스 보르도 인근의 메도크(Medoc).
5. 그리스 레스보스(Lesbos)섬 미틸리니(Mytilene)를 마주 보고 있는 아나톨리아반도의 고대 도시. 미틸리니인이 건설했다.

제6부

제1장

1. 거듭 말하지만 로마 시대의 아프리카는 지금의 아프리카 대륙 전체가 아니라 북아프리카의 지중해 연안 지역을 의미했다.

제2장

1. 헤로도토스 『역사』 제2권 73장에 "크기는 독수리와 가장 비슷하다"고 씌어 있다.
2. 동명이인이 많은데, 여러 정황으로 볼 때 마니우스 마닐리우스(Manius Manilius, 기

원전 155〜149)로 추정된다.

3. 고대 그리스의 철학자 에우에메로스가 기원전 4세기경 그의 저서 『신성한 이야기 (Sacred History)』에서 처음으로 언급했고 이후 그의 기록을 인용한 그리스 역사가 디오도루스 시쿨루스(Diodorus Siculus)나 중세 학자인 에우세비우스 카이사레아 (Eusebius of Caesarea)는 인도양에 있는 파라다이스로 추정했다.

4. 리키니우스(Publius Licinius Crassus)와 코르넬리우스(Gnaeus Cornelius Lentulus)는 기원전 2세기 로마 공화국의 집정관.

5. 플라우티우스(Quintus Plautius). 1세기에 활동한 로마의 정치가. 집정관을 지냈다.

6. 파피니우스(Sextus Papinius Allenius). 플라티우스와 함께 집정관을 지냈다.

7. 고대 로마의 집회 장소. 정치적인 집회와 재판이 이루어지던 곳으로 로마 포룸의 북서쪽에 있었다.

제3장

1. 퀴비에에 따르면 플리니우스는 아리스토텔레스의 『동물지』 제4권 32장을 인용했다.

2. 이것 역시 아리스토텔레스의 명명법을 따른 것이다.

3. 라틴어로 검은독수리의 명칭인 'valéria áquila'를 직역하면 '힘센 독수리'다.

4. 이것 역시 아리스토텔레스가 붙인 이름이다.

5. 퀴비에는 프랑스어로 balbusard(물수리)로 해석했다. 영어로는 osprey. 학명은 Falco haliaeetus.

6. 페모노에(Phemonoe). 호메로스 이전의 고대 그리스 시인.

7. 보이오스(Boios). 고대 그리스의 학자. 『조류지(Ornithogonia)』를 썼다.

8. 아이스퀼로스(Aeschylos, 기원전 525년경〜456년경). 고대 그리스의 비극 시인. 로마의 문헌학자 발레리우스 막시무스(Valerius Maximus)는 『기억할 만한 일과 말에 관한 아홉 권의 책(Factorum ac dictorum memorabilium libri IX)』에서 아이스퀼로스가 독수리가 떨어뜨린 거북이알에 맞아 죽었다고 기록하고 있다.

9. '순수한'이라는 의미를 가지고 있다.

10. 플리니우스가 베르길리우스의 『아이네이스』 제11권 755행을 인용한 것인데, 큰 뱀을 의미하는 것으로 보인다.

11. 터키 다르다넬스 해협의 겔리볼루(갈리폴리)에 있던 고대 트라키아의 도시.

제4장

1. alietum, 영어로 vulture에 해당하는 우리말은 콘도르나 독수리밖에 없다. 하지만 콘도르는 아메리카 대륙에만 서식하고 있어서 로마 시대에는 그 존재를 알 수 없었다. 따라서 vulture를 eagle과 구분하기 위해 큰독수리로 번역했다.

2. 큰독수리는 예를 들면 피레네산맥 같은 높은 산의 암벽 틈에 둥지를 틀기 때문에 쉽게 눈에 띄지 않는다.

3. 오비디우스는 『사랑의 기술(Ars Amatoria)』에서 상사병에 걸린 처녀가 새의 알로 육신을 정화하는 것을 소개하고 있다.

4. 퀴비에는 상상의 새라고 생각한다. 아리스토텔레스가 aegitus로 명명한 새는 참새로 추정된다.

5. '매의 울음소리'라는 뜻이다. 로마의 파비아(Fabia) 가문에는 Buteones라는 성을 가진 집안이 있었다.

6. 쇠황조롱이.

7. 그리스의 로돌리보스(Rodolivos).

8. 퀴비에는 매사냥이 십자군에 의해 유럽에 전래되었을 것으로 보고 있다.

9. 퀴비에는 아리스토텔레스가 쏙독새에 관해 기록한 것을 플리니우스가 올빼미에 잘못 적용하고 있다고 말한다. 플리니우스는 퀴빈디스(cybindis)를 우랄올빼미(Strix Uralensis)로 보았다.

10. 퀴비에는 이런 이유가 썩 타당한 것은 아니지만 아직까지 이보다 더 그럴듯한 이유를 찾지 못했다고 말한다.

제5장

1. 대각성(大角星). 보외테스성좌(목동자리)의 가장 밝은 별.

2. 당시에는 까마귀가 아크로폴리스나 아테네성 안에 나타나지 않는다고 아리스토텔레스는 기록을 남겼다.

3. 큰까마귀(Corvus corax)의 경우에만 그렇다. 작은 까마귀들은 떼를 지어 산다.

4. 오늘날 그리스의 라리사(Larissa).

5. 어떤 뜻으로 '메디아의 손님'이라고 썼는지 밝히지 못했다.

6. 퀴비에는 이 새가 어떤 새인지 밝히기 위해 노력한 끝에 아리스토텔레스가 말한 noctua, 학명으로 Strix brachyotas of Linnaeus라고 결론을 내렸다.

7. 팔펠리우스(Sextus Palpellius Hister). 1세기에 활동한 로마 원로원 의원으로 페다니우스와 함께 집정관을 지냈다.

8. 퀴비에는 이 새가 아리스토텔레스가 말한 coracias일 것으로 생각한다. 그는 이 새가 까마귀만 한 크기에 붉은 부리를 지니고 있다고 묘사했다.

9. 두 사람은 기원전 107년에 공동 집정관이었다.

10. 이 정화 의식이 치러진 것은 앞에 언급된 두 사람이 함께 집정관으로 있던 기원전 107년이다.

11. 니기디우스(Publius Nigidius Figulus, 기원전 98년경~45). 로마의 학자, 정치가.

제6장

1. 딱따구리의 라틴어 이름은 '피쿠스(Picus)'다. 로마신화에 나오는 사투르누스의 아들이자 라티움의 초대 왕의 이름이다. 라티움은 오늘날 로마 근처의 라치오를 말한다.

제7장

1. 폼페이우스(Gnaeus Pompeius Magnus)가 코라케시움(Coracesium)에서 킬리키아(Cilicia) 해적들과 전투를 벌인 기원전 67년.

2. 아우피디우스 루르코(Marcus Aufidius Lurco). 기원전 61년 호민관을 지냈으며 아우구스투스 황제의 아내인 리비아 황비의 외할아버지. 별명인 Lurco는 라틴어로 대식가라는 의미를 가지고 있다.

3. 그리스 보이오티아(Boeotia)의 한 마을.

4. 메디아(Media)일 가능성이 있다. 바로는 '메디코스(Medicos)'라고 했다.

5. 또는 라케다이모니아(Lakedaimonia). 스파르타를 가리킨다. 보이오티아는 '코린토스 전쟁'(기원전 395~387) 때 스파르타에 대항해 봉기했다.

제8장

1. 기원전 390년 7월 말 갈리아의 세소네스 부족이 침공해 방화와 약탈로 로마를 유린한 사건.

2. 라퀴데스(Lacydes). 기원전 3세기경에 활동한 그리스의 회의론자. 그는 여기저기 떠돌아 다녔다. 아일리아누스(Claudius Aelianus, 175~235)에 따르면 같이 다니던

거위가 죽었을 때 성대한 장례식을 치러 주었다.

3. 로마 시인 호라티우스는 거위에게 무화과를 먹이면 살이 많이 찐다고 말했다.

4. 우유에 꿀과 포도주를 섞어 만든다. mulso는 꿀을 섞은 포도주다.

5. 마르쿠스 세이우스(Marcus Seius Varanus). 41년 9월부터 10월까지 전임자의 잔여 임기를 채우기 위해 선임된 집정관(consul suffectus)을 지냈다.

6. denarius. 로마 시대의 은화.

제9장

1. 러시아의 세바스토폴(Sevastopol).

2. 터키 북부 파플라고니아 케렘페(Kerempe). 오늘날 이곳에는 등대가 있다. 흑해를 횡단하는 최단거리는 세바스토폴에서 케렘페까지다.

3. 코르넬리우스 네포스(Cornelius Nepos, 기원전 110~24). 고대 로마의 역사가.

제10장

1. 라틴어 원본에는 ides Augustus, 즉 8월 13일로 되어 있다.

제11장

1. 르네상스 시대인 16세기에 활동한 이탈리아의 박물학자인 알드로반디는 이 새를 멧새(ortolan)로 보았다.

2. 메추라기는 라틴어로 glottis. 이 말의 어원은 '혀'라는 의미를 가진 그리스어 글로타(γλωττὰ)에서 유래한다.

3. otus의 어원은 그리스어로 귀를 의미하는 '아프티(αυτί)'다.

4. 당나귀라는 뜻을 가진 라틴어 asinus의 파생어. 소쩍새 머리의 깃털이 당나귀 귀처럼 튀어나와 있어 이런 이름이 붙었다.

5. 아르두앙은 근대에 와서 뜸부기 고기는 진미로 여겨진다고 말한다. 16세기에 활동한 병리학자 스켄키우스(Skenkius)는 독초인 미나리아제비 씨앗을 먹은 뜸부기를 먹으면 간질에 걸린다고 주장했다.

제12장

1. 테레우스(Tereus). 그리스 신화에 나오는 트라이케스(Thraikes)의 왕으로 처제 필로

멜라(Philomela)를 강간하고 입을 막기 위해 혀를 잘라 낸 채 다른 나라 왕에게 주는 악행을 저질렀다. 그의 부인 프로크네(Procne)가 남편인 테레우스를 응징하기 위해 남편이 아들을 죽이게 하여 그 살을 먹게 한다. 올림푸스산의 신들은 세 사람을 새로 만드는데 테레우스는 후투티, 프로크네는 제비, 필로멜라는 나이팅게일이 된다. 그래서 나이팅게일은 울지 못한다.

2. 터키의 비제(Vize).
3. 카이키나(Caecina). 옥타비아누스의 친구로 기원전 41년 옥타비아누스의 제안을 가지고 안토니우스를 찾아간 기록이 있다.
4. 파비우스 픽토르(Quintus Fabius Pictor). 기원전 3세기에 활동한 로마의 역사가. 최초의 연대기 편찬자로 알려져 있다.
5. 이탈리아 제노바를 중심으로 한 북서부 해안 지방.

제13장

1. 트로이의 다른 이름.
2. 퀴비에는 이 새가 목도리도요(tringa pugnax)일 것으로 추정한다. 뷔퐁 백작(Comte de Buffon)은 이 새가 에티오피아에서 날아와 서로 유혈이 낭자하게 싸운다는 기록을 남기고 있다. 학명 pugnax는 '호전적'이라는 의미를 가지고 있다.
3. 멤논(Memnon). 그리스 신화에 나오는 에티오피아의 왕으로 트로이 전쟁에서 트로이 편에서 싸우다 아킬레우스에게 죽임을 당한다.
4. 크레무티우스(Aulus Cremutius Cordus, ?~25). 로마 공화정 말기와 아우구스투스 연간에 활동한 역사가.
5. 멜레아그로스(Meleagros). 그리스 신화에 나오는 인물. 그의 죽음을 애통해하는 여성들이 뿔닭(meleagrides)으로 변했다는 전설이 있다.
6. 퀴비에는 이 새를 찌르레깃과에 속하는 분홍찌르레기로 보고 있다.
7. 시리아와 터키 접경 지역 지중해 연안의 제벨 아크라(Jebel Aqra)에 있는 산.
8. '파리잡이'라는 뜻을 가지고 있다.
9. 이탈리아 포강 북쪽 지역에 살던 주민.
10. 갈까마귀의 절도 습성은 여러 문헌에 나와 있다. 키케로는 "네게 금을 맡기느니 차라리 까치에게 맡기겠다"고 말한 적이 있다. 로시니(Gioacchino Antonio Rossini)의 오페라 중에 〈도둑 까치(La gazza ladra)〉라는 제목의 오페라가 있다.

11. variae는 '얼룩덜룩하다'는 의미를 가진 라틴어. 여기서는 얼룩무늬딱따구리를 말한다.
12. 로마 북부에 있는 고대 라티움의 도시. 1889년 여기서 마르쿠스 아우렐리우스 (Marcus Aurelius Antoninus) 황제에게 헌정한 명문이 발견된 바 있다.
13. 토스카나 지방의 볼테라(Volterra).

제14장
1. 나이팅게일은 라틴어로 'Vox et praeterea nihil(A voice and nothing else)', 즉 '목소리 빼놓으면 아무것도 아닌 것'으로 알려져 있다.
2. 플리니우스가 이 대목에서 이 책의 기조인 사실적 기록에서 좀 벗어나 산만한 추론에 의지하고 있다는 것이 문헌학자들의 평가다.
3. 스테시코로스(Stesichoros, 기원전 630년경~555). 고대 그리스의 서정시인.
4. 오늘날 화폐가치로 환산하면 약 6,700달러.

제15장
1. 플리니우스가 아리스토텔레스의 『동물지』를 참고하면서 rostrum, 즉 부리를 collum으로 오기한 것으로 보인다. 호반새는 목이 길지 않다.

제16장
1. 나일강 중류의 고대 도시. 오늘날 퀴프트(Qift).
2. 강둑제비(Hirundo riparia).

제17장
1. 학명은 Merops apiaster. 유럽딱새로 불리는 철새다.
2. 플리니우스는 이것을 라틴어로 metus, 즉 공포라고 썼다. 하지만 아리스토텔레스는 자고새가 성적 욕망(sexual passion) 때문에 이런 행동을 하는 것으로 보았다.

제18장
1. 루키우스 악시우스(Lucius Axius). 기원전 1세기 로마의 공인된 화폐 주조인.

제20장

1. Caprimulgus. 라틴어의 caper(염소)와 '젖을 짜다'는 의미의 mulgeo의 합성어로, 우리말에는 조응하는 어휘가 없어 '염소젖새'로 번역했다.

2. 프랑스의 아를(Arles).

3. 라틴어로 황소와 알락해오라기를 의미한다. 그러나 알락해오라기는 왜가릿과에 속하는 비교적 큰 새로 플리니우스가 여기서 언급한 새라고 보기는 어렵다.

4. 이 새는 밭종다리 또는 할미새일 것으로 추정된다.

5. 퀴비에는 앵무새 종류 중에서 고대 그리스 로마에 맨 먼저 전파된 목도리녹색잉꼬(green parakeet)일 것으로 추정한다.

6. Via Appia. 로마에서 부룬디시움(Brundisium)까지 남쪽으로 이어진 로마 시대의 간선도로.

7. 까마귀가 검은색이라는 점은 별로 특별할 게 없다. 플리니우스가 왜 검은 깃털로 유명하다고 했는지는 알 수 없다.

8. 정확한 위치는 알 수 없지만 빅터 헨(Victor Hehn, 1813~1890)이 쓴 『아시아에서 유럽으로 전래된 농작물과 가축(Cultivated Plants and Domesticate Animals in their Migratrion Asia to Europe)』에는 아나톨리아반도 리키아와 프리기아에 인접한 카리아의 한 마을이라고 씌어 있다.

9. 성이 Monoceros이며 사냥꾼으로 묘사된다.

10. 퀴비에는 플리니우스가 여기에 묘사한 것은 황오리로 추정한다. 분류학자인 린네는 알바트로스에게 Diomedes exulans라는 학명을 붙였는데 고대 로마에 알바트로스는 알려지지 않았다. 그리스 신화에 따르면, 디오메데스는 그리스 동맹군의 장군으로 트로이 동맹군의 글라우코스와 대치했을 때, 두 사람은 결투하는 대신 할아버지 이래 두 가문 사이에 맺어진 우호 관계를 알고는 투구를 교환했다. 이 교환에서는 디오메데스가 득을 보았다. 그의 갑옷이 청동제였는데 반해 글라우코스의 갑옷은 황금으로 만들었기 때문이다. 그래서 한쪽이 손해 보는 거래를 '디오메데스의 교환'이라고 한다. 전쟁이 끝나고 귀환한 그는 전쟁 도중 아프로디테에게 상처를 입혀 보복을 당하고 파란만장한 삶을 살다가 죽었으나 아테나 여신의 비호를 받아 신이 되었다고 한다. 그가 묻힌 섬에서는 예전에 그의 부하였던 아크몬, 리코스, 이다스, 닉테우스, 렉세노르, 아바스 등이 새가 되어 매일같이 그의 무덤에 물을 뿌렸다고 한다.

11. 중세의 박물학자 마그누스(Albertus Magnus)는 제비는 길들일 수 없다고 말했다.
12. 로마 제국, 아르메니아, 파르티아 사이에 끼어 있던 작은 왕국으로 유프라테스강 상류 지역에 있었다.
13. 퀴비에는 이 새를 북극도둑갈매기(Larus parasiticus)로 특정한다.
14. 라인강 동쪽의 울창한 숲. 오늘날 독일의 슈바르츠발트가 여기에 포함된다.
15. 달레샹은 이 새가 날개를 펼치면 끝부분이 선홍색인 홍여새(Ampelis garrulus)로 보지만, 퀴비에는 플리니우스가 시적으로 과장한 것에 지나지 않는다고 본다.
16. 이탈리아 롬바르디아 지방의 칼바토네(Calvatone)의 옛 지명. 69년 이곳에서는 베브리아쿰과 크레모나 간에 전쟁이 벌어졌다.
17. 아르두앙은 이 새를 회색자고새라고 본다.
18. 지중해 에스파냐 연안의 마요르카, 메노르카, 이비자로 이루어진 군도.
19. 클레이타르코스(Cleitarchos). 그리스의 역사가. 알렉산드로스 대왕을 수행하며 그의 행적을 『알렉산드로스 이야기(Perì Aléxandron historíai)』라는 책으로 남겼지만 지금은 전해지지 않고 이후 문헌에 인용된 것으로 이 책의 존재를 알 수 있다.
20. 디논(Dinon). 기원전 4세기에 활동한 그리스의 역사가.
21. 멜람포우스(Melampous). 그리스 신화에 나오는 아르고스의 전설적인 점술가.

제21장
1. 가이우스 파니우스(Gaius Fannius). 기원전 2세기에 활동한 로마의 정치가.
2. 플리니우스는 "Hominum linguas", 즉 '인간의 혀'라고 기록했는데 맥락상 오기로 보인다. '인간의 말을 흉내 내는 혀'라고 번역하는 것이 적절하다.

제22장
1. vulture. 우리말에는 죽은 고기를 먹는 vulture에 조응하는 단어가 없다. 부득이 eagle과 구분하기 위해 '큰독수리'로 표기했다.
2. 원통형의 외피가 있는 척삭동물.
3. Pontic mouse. 직역하면 '폰투스 쥐'이지만 이 동물은 흰담비(ermine)일 가능성이 높다.

제7부

제1장

1. Immensae subtilitatis. 플리니우스는 '엄청난 정밀함'이 필요하다고 말했다. 퀴비에에 따르면 곤충에 관해 언급한 고대 문헌에는 다른 동물 분야에 비해 오류가 많다.
2. Insecta. 라틴어로 곤충은 '분절된' 또는 '분할된'이라는 뜻을 가지고 있다.
3. 곤충은 척추(vértĕbrae)가 없다. 그러나 플리니우스는 곤충의 허리 부분의 각질을 척추로 표현한 것으로 보인다.

제2장

1. 곤충들은 영양분을 공급하는 체액을 가지고 있으며 이것이 피를 대신하는 역할을 한다.
2. 플리니우스는 Nervos라는 라틴어로 표기했는데, '힘줄' 또는 '신경섬유'라는 뜻을 가지고 있다. 퀴비에는 모든 곤충은 뇌와 일종의 척수 그리고 신경이 있다고 말했다.

제3장

1. 추분 전후.
2. 춘분 이후.
3. 라틴어로 melligo. 프로폴리스(propolis) 같은 물질을 지칭한다.
4. erithace. 꽃가루와 꿀 그리고 벌의 분비물을 섞어 만든 물질. 벌은 이것을 애벌레를 키우는 방에 저장한다. 우리말에 정확히 이것에 조응하는 어휘가 없어 '벌빵' 또는 '벌떡'이란 의미의 한자어 '蜂餠'으로 번역했다.
5. 유럽에 같은 이름의 장소가 여러 곳 있다. 여기서 말하는 솔리는 킬리키아 해안 지방에 있는 고대 도시로 로마 시대에 와서 폼페이우스 마그누스가 이 지역의 해적들을 진압한 것을 기념하여 폼페이오폴리스(Pompeiopolis)로 이름이 바뀐다.
6. '자연인'이라는 뜻.
7. 타소스(Thasos). 그리스 동마케도니아 트라키아 지방의 섬으로 특산물로 꿀이 유명하다.

제4장

1. 퀴비에는 앞으로 태어날 여왕벌의 방은 다른 방들과는 달리 훨씬 크다면서 일벌들

은 여왕벌에게 먹이와 함께 맛있는 애벌레를 충분히 공급한다고 말한다.

2. 그리스 아테네 인근의 산간 지역.

3. 시칠리아 에트나 화산 남쪽 산록에 있던 고대 도시.

4. 아나톨리아반도 카리아에 있던 고대 도시.

5. 이탈리아의 아브루초(Abruzzo) 지방.

제5장

1. 기원전 11년 라인강 유역에서 로마 군대와 게르만족 사이에 벌어진 아르발로(Arb-alo) 전투에서 드루수스가 대승을 거두었다.

제6장

1. 보통 민가의 지붕 밑에 짓지만 땅에 짓는 경우도 있다.

제7장

1. 누에가 알에서 깨어나 한잠·두잠·석잠을 자며 변태하는 과정을 서술한 것이다. 우리말에서는 이런 과정을 묘(蚋), 의자(蟻子), 삼유(三幼), 잠노(蠶老), 용(踊), 아(蛾) 등으로 구분하여 명명하고 있으나 플리니우스가 기술한 변태와 조응하지는 않는다.

2. 그리스 에게해 도데카네스 제도의 섬.

3. 플리니우스의 말에 따르면 로마의 귀부인들이 최초로 입은 실크 옷은 코스섬에서 들어왔고 코카 의상이라고 불렸다. 이 옷은 투명할 정도로 얇았는데 자주색으로 염색을 하거나 금실을 넣어 장식을 했다. 코스가 실크 직조로 유명했기 때문에 코카 의상이라는 이름이 붙은 것으로 보인다.

4. 티베리우스 황제 치세 초기에는 원로원에서 'ne vestis Serica viros faedaret', 즉 '남자들은 실크 옷을 입지 못한다'는 법을 만들었다.

제9장

1. 로마의 제7대 왕이자 마지막 왕 타르퀴니우스 당시 한 노파가 로마의 이코니타(in-cognita. '알려지지 않은 곳'이라는 뜻)에 도착한다. 그러고는 시뷜라(Sibylla. '무녀'라는 뜻)가 적었다고 알려진, 그리스어로 되어 있는 고대 로마의 예언 신탁집 『시뷜라의 서(libri sibylini)』 아홉 권을 타르퀴니우스에게 사라고 권했으나 너무 비싸게 부르

는 바람에 거절당한다. 이에 세 권을 불태우고는 1년 후 다시 찾아가 같은 가격으로 나머지 여섯 권을 권했어도 다시 거절당하자 그중 세 권을 또 불태워 버렸다. 결국 타르퀴니우스가 남은 세 권의 책을 처음 값(아홉 권의 값)으로 사는 순간, 그녀는 사람들 사이로 사라져 버렸다고 한다. 그리고 이 예언 신탁집은 로마에서 종교적으로 가장 중요한 기능을 지녔던 카피톨리누스 언덕의 유피테르(제우스) 신전에 보관하며 오로지 국가 위기 때만 예언을 구했다고 한다. 이후 아우구스투스 황제가 팔라티누스 언덕에 아폴로 신전을 지은 후 그곳으로 옮겨졌다고 하는데, 400년경 서로마 제국 최고 사령관 스틸리코(Flavius Stilicho)가 이 책의 내용이 자신의 정책을 비난하는 용도로 쓰이자 불태워 버렸다고 한다.

제10장
1. 개미는 애벌레에게 먹이기 위해 고기와 과일을 떼어 내 저장한다.
2. 개미들은 촉각과 후각으로 서로 소통하는 것으로 알려져 있다.
3. 오늘날 터키 이즈미르 인근에 고대 그리스인이 세운 도시.
4. 오늘날 코소보 지역의 고대 지명. 이 사람들이 인도 북부로 이주했는지에 대해서는 불명확하다.

제8부

제1장
1. Ipsae opes. '재화 그 자체'라는 의미의 라틴어.
2. 자연적으로 형성된 금과 은의 합금. 로마 시대 화폐 주조에 많이 쓰였다.
3. 황금을 의미하는 라틴어 chrysos에서 파생된 말로 금랍(gold solder)의 의미를 가지고 있다. 우리말로는 붕사(硼沙) 또는 규공작석(硅孔雀石).
4. Auri sanies. '금의 피고름'이라는 뜻을 가지고 있다.
5. 에메랄드를 포함한 녹옥(綠玉).
6. Sacrum famae. '유명한 시'라는 뜻이다.

제2장
1. 프로메테우스가 불을 훔쳐 인류에게 준 죄로 쇠사슬로 바위에 묶여 독수리에게 간을 파 먹히는 형벌을 당하는 그리스 신화에 대한 이야기다. 여기서 플리니우스가

불을 인류에게 준 것을 '최악의 범죄'로 표현한 것은 제우스 신의 관점을 반영한 것으로 볼 수 있다.

2. 누마 폼필리우스(Numa Pompilius). 고대 로마 왕국의 제2대 왕.

3. 세르비우스 툴리우스(Servius Tullius). 고대 로마 왕국의 제6대 왕.

4. 타르퀴니우스(Tarquinius Priscus)는 로마 왕국 초기인 기원전 7세기에서 6세기 사이에 재위한 제5대 왕이다. 그는 이탈리아의 에트루리아 출신이지만 그의 아버지 다마라투스(Damaratus)는 그리스 코린토스에서 이주한 것을 말한다.

5. bulla. 봉인 또는 봉인이 새겨진 반지.

6. 유베날리스(Juvenalis)는 『풍자시(Satires)』 제1권 164연에서 가난한 집 아이들의 가죽 반지(lorum)에 대해 언급하고 있다.

제3장

1. denarius. 기원전 3세기 중엽 이후에 도입된 로마의 은화 이름. 이 이름은 10을 뜻하는 라틴어 'deni'에서 유래했다. 1데나리우스는 10아스(asses)의 가치를 지녔다. 아스(as)는 청동(나중에는 구리)으로 만든 0.5온스(약 14그램)짜리 주화다.

2. 기원전 282년 에피루스의 왕 퓌르로스가 이탈리아반도 남단에 그리스인이 세운 도시국가 타렌툼의 요청으로 로마에 침공했다가 로마와 에트루리아 연합의 저항에 부딪혀 퇴각한 것을 의미한다.

3. 티마이오스(Timaeos, 기원전 350/355년경~260년경). 그리스의 역사가.

4. 로마 공화정은 2인 집정관 체제가 원칙이었다.

5. 기원전 268년. 로마의 기원은 기원전 752년이다.

6. biga는 쌍두 이륜전차, quadriga는 사두 이륜전차다.

7. 플리니우스는 'fames auri', 즉 '금에 대한 굶주림'으로 표현했다. 이런 구절은 'auri sacra fames', 즉 '금에 대한 저주스러운 탐욕'이라는 베르길리우스의 구절을 인용한 것으로 보인다.

8. 오피미우스(Lucius Opimius). 로마의 정치가. 기원전 121년 집정관을 지내면서 저항하는 정적 그라쿠스를 살해하도록 하고 그의 추종자 3,000여 명을 재판 없이 처형한 것으로 유명하다.

9. 머리에서 뇌를 빼내고 그 자리에 납을 넣었다는 설도 있다.

10. 기원전 88년 로마 장군 마니우스 아퀼리우스는 소아시아의 폰투스로 가서 미트리

다테스 4세와 전쟁을 벌이다 패해 포로로 잡혔다. 미트리다테스 4세는 아퀼리우스의 입에 금을 녹여 부어 처형했다.

11. 스파르타쿠스(Spartacus, 기원전 111년경~71). 트라키아 출신의 노예 검투사로 노예들을 규합해 기원전 73년부터 71년까지 로마에 항거하는 반란을 일으켰다.

12. 무게 단위로서의 탤런트는 지역과 시대에 따라 다르다. 고대 그리스의 아티카에서는 1탤런트는 암포라 하나를 채우는 물의 무게로 약 26킬로그램에 해당한다. 플리니우스가 주로 고대 그리스의 문헌을 많이 인용한 것을 고려하면 이때의 탤런트는 그리스 아티카의 단위를 썼을 가능성이 높다. 그렇게 보면 여기에서 언급한 은의 무게는 비현실적이며 상당히 과장됐다고 추정할 수 있다.

13. 고대 아시리아의 여왕.

14. 이집트의 왕 람세스 세누스레트가 비교가 안 될 정도의 작은 나라인 콜키스의 왕에게 졌다는 이야기는 출처가 분명치 않지만 세누스레트가 트라키아 원정에 나섰을 때 북쪽 지방의 추운 날씨에 적응하지 못한 이집트 군대가 패배했을 가능성도 배제할 수 없다.

15. 무대를 은판으로 덮었던 것으로 보인다.

16. 로마 제국의 식민지로 이베리아반도의 남동쪽 지중해 연안 지방.

17. 갈리아의 북쪽 지방. comata는 '머리가 긴'이라는 의미로 이 지역 주민의 머리가 길었던 데서 지명이 연유한다.

18. 아르메니아의 왕인 트리다테스(Tridates) 1세는 66년 조로아스터교의 마기(magi)들을 수행하고 로마를 방문했다. 이 방문을 계기로 로마에는 조로아스터교의 미트라(Mithra) 신을 모시는 종교가 유행한다.

19. 직역하면 '황금 집'. 네로 황제가 64년의 대화재 이후에 로마 중심부에 지은 방대한 규모의 궁전.

제4장

1. '가공하지 않은', '정제하지 않은'이라는 뜻이다. 이 말은 영어 crude(날것의, 거친)의 어원이기도 하다.

제5장

1. 오늘날 터키의 이즈미르에 고대 그리스인이 세운 도시.

제6장

1. 이 말이 나올 당시 구리로 동전을 만들었다. '남의 놋쇠'라고도 한다. 헨리 D. 소로의 『월든』에 다음과 같은 문장이 나온다. "그런데 빚이란 아주 옛날부터 빠져나올 수 없는 수렁 같은데, 동전의 일부를 놋쇠로 만들어 썼던 로마 사람들은 aes alienum, 즉 '남의 놋쇠'라고 불렀다. 지금도 사람들은 이 다른 사람의 놋쇠에 의해 살고 죽고 매장된다."

2. 팔라스(Pallas). 원래 클라우디우스 황제의 어머니인 안토니아의 노예였다. 클라우디우스 황제의 황비인 아그리피나가 그를 노예 신분에서 해방시켜 주었다. 아그리피나의 비호 아래 높은 지위에 오르고 엄청난 축재를 했지만 네로 황제에 의해 살해당한다.

3. 칼리스투스(Callistus). 노예 출신으로 칼리굴라 황제에 의해 자유민이 되었으나 후에 칼리굴라를 암살하는 데 가담했다.

4. 나르키수스(Narcissus). 클라우디우스 황제에 의해 자유민이 된 노예로 클라우디우스 황제의 서한을 관리했다. 네로 황제가 즉위하면서 처형되었다.

5. 두 사람이 집정관으로 재임하던 때는 기원전 8년.

제7장

1. 칼부스(Gaius Licinius Macer Calvus, 기원전 82년경~47).

2. 로마 시대의 사륜마차. 카르펜툼(carpentum)과 함께 주로 교통수단으로 썼다.

3. 스키피오 아프리카누스(Publius Cornelius Scipio Africanus Aemilianus, 기원전 185~129). 제3차 포에니 전쟁 때 카르타고를 멸망시킨 로마의 장군이자 정치인.

4. 루피누스(Publius Cornelius Rufinus). 기원전 290년 집정관을 지냈으며 오랫동안 끌어오던 로마와 삼니움 사이의 전쟁에서 승리를 거두었다.

5. 반쯤 젖혀 있는 연회용 장의자.

6. '원형의'라는 뜻의 이 별명은 보통 뚱뚱한 사람에게 붙였다.

7. Dispensator. 로마 시대 왕이나 귀족의 재산을 관리하거나 세금을 대리 징수하는 직책.

8. 클뤼템네스트라Clytemnestra). 그리스 신화에 나오는 미케네의 왕 아가멤논의 왕비.

9. 트로이를 창건한 일루스(Ilus)에게 신이 내려준 딸인 아테나의 모습을 나무로 만든 목조상. 이 조각을 오디세우스와 디오메데스가 훔친다는 이야기가 그리스 신화에

나온다. 나중에 이 조각은 로마로 옮겨져 로마의 안녕과 번영을 상징하는 성화를 보존한 베스타 신전에 안치되었다는 기록이 있다.

제8장

1. 오늘날의 베르가모(Bergamo).
2. 그리스 사로니코스만에 있는 섬.
3. 뮈론(Myron)과 폴뤼클레이토스(Polykleitos)에 관해서는 뒤의 11장 참조.
4. 당시 로마에서 유행하던 속담을 인용한 것으로 보인다. 유베날리스도 다른 경우에 이 같은 표현을 쓴 적이 있다.
5. 플루타르코스에 따르면 로마의 귀족 가문 출신이다.
6. 그나이우스 만리우스(Gnaeus Manlius). 스파르타쿠스 전쟁 때 로마군 사령관.
7. Lychnuchi pensiles. '걸려 있는 큰 촛대'라는 뜻이다. 오늘날의 샹들리에와 유사한 형태라고 볼 수 있다.

제9장

1. 케레스(Ceres). 로마인이 섬기던 농사와 곡식의 여신. 곡물이라는 의미의 영어 cereal은 이 여신의 이름에서 기원한다.
2. 스푸리우스 카시우스의 아버지는 사적인 재판을 열어 아들을 사형에 처하고 그가 소유하고 있던 재산을 케레스 여신에게 바쳤다. 로마 시대의 가장은 자신의 가족에 한해 사적으로 재판할 수 있는 권한을 가지고 있었다.
3. 그리스어의 에이콘(ἐικων)에서 나온 말이다. 수에토니우스가 칼리굴라의 동상을 지칭하며 처음으로 이 용어를 썼다. '성상'이나 '성화'라는 뜻의 icon도 이 말에서 나왔다.
4. 여기서 말하는 독재자는 피시스트라투스(Pisistratus)의 아들인 힙파르코스(Hipparkhos)다.
5. 아테네의 독재자 힙파르코스가 살해된 것은 기원전 514년이고 로마의 마지막 왕인 루키우스 타르퀴니우스가 왕위에서 축출되고 집정관 체제의 공화정이 들어선 것은 기원전 509년이다. 그러나 플리니우스는 같은 해로 착각하고 있는 듯하다.
6. Muses. 문학, 과학 그리고 예술을 관장하는 여신들. 그리스어로는 무사이(μουσάι).
7. 가이우스 마이니우스(Gaius Maenius). 로마의 군인이자 정치가. 기원전 338년 집정

관으로 선출되었으며 기원전 320년과 314년 두 번에 걸쳐 1인 집정관을 지냈다.

8. 기원전 338년.

9. 호라티우스 코클레스(Publius Horatius Cocles). 로마 공화국 초기의 군인. 기원전 6세기에 에트루리아 클루시움 왕국의 군대가 로마를 침공했을 때 수블리키우스 다리(Pons Sublicius)를 지켜 적군이 테베레강을 건너 포룸으로 들어오는 것을 막았다.

10. Samnites. 이탈리아 남부 산악 지역인 삼니움(Samnium)에 거주하는 부족. 기원전 1세기에 로마 공화국과 전투를 치렀다.

11. 안티오코스(Antiochos V, 기원전 172~161). 셀레우코스 제국의 왕이었다가 로마가 이곳을 점령하면서 시리아의 왕으로 제수되었는데 로마와의 협정을 무시하고 군비를 증강하자 로마 원로원은 군비 축소를 요구하기 위해 집정관인 그나이우스 옥타비우스를 단장으로 사절단을 파견했다.

12. 알키비아데스(Alcibiades, 기원전 450년경~404). 그리스의 정치가이자 군인이며, 소크라테스의 잘생긴 제자.

13. 로마 포룸의 북서쪽 끝에 있는 집회 장소. assembly의 의미를 가지고 있다.

14. 테미스토클레스(Themistocles, 기원전 524~459). 아테네의 정치가, 장군.

15. 데메트리오스(Demetrios Phalereus, 기원전 350년경~280). 그리스의 정치가 마케도니아의 왕 카산데르에 의해 아테네의 왕이 되었으나 마케도니아의 귀족 데메트리우스 1세가 아테네를 점령하자 망명하고 그의 사치와 방탕을 혐오한 아테네 시민이 그의 동상을 하나만 남기고 모두 파괴했다.

16. 클로엘리아(Cloelia). 고대 로마의 전설적인 여성. 기원전 508년 로마와 클루시움(Clusium)은 종전 협정으로 맺고 이를 보장하기 위해 서로 인질을 교환했다. 클로엘리아는 이때 클루시움에 인질로 갔다가 로마의 여성들을 이끌고 클루시움을 탈출했다.

17. 메트로도루스(Metrodorus of Scepsis, 기원전 145년경~70). 폰투스의 미트리다데스의 친구로 기억력이 뛰어나기로 유명했다. 그는 로마를 무척 싫어하여 '로마 혐오자(Misoromaeus)'라는 별명을 얻었다.

18. 같은 이름의 도시가 두 개 있다. 여기서 말하는 볼시니이는 클루시움과 포룸 카시이(Forum Cassii) 사이에 고대 에트루리아인이 세운 도시를 말한다. 기원전 264년 로마인의 침략으로 멸망했다.

19. plastic arts. 점토로 동상의 모형을 만드는 기술.
20. 뤼시포스(Lysippos). 기원전 4세기에 활동한 그리스의 조각가. 스코파스(Scopas), 프락시텔레스(Praxiteles)와 함께 고대 그리스의 3대 조각가로 꼽힌다.

제10장

1. '마르스 신의 들판'이라는 뜻이다. 오늘날 로마 시내 판테온을 중심으로 한 2제곱킬로미터 지역.
2. 파비우스 막시무스 베루코수스(Quintus Fabius Maximus Verrucosus, 기원전 280년경~203). 로마의 정치가이자 군인. 다섯 번이나 집정관을 지냈다. 윗입술에 큰 점이 있어 '베르코수스(Verrcosus)'라는 별명을 얻었다.
3. 브뤼악시스(Bryaxis). 기원전 3세기에 활동한 그리스 조각가. 마우솔레움(Mauso-leum)을 만든 것으로도 유명하다. 마우솔레움은 거대하고 인상적인 무덤 기념물이다. 카리아의 왕 마우솔로스의 이름을 딴 것으로, 죽은 왕을 기리기 위해 왕비 아르테미시아가 기원전 353~350년경 그리스의 할리카르나소스에 세웠다.
4. 수에토니우스에 따르면 이 신전은 아우구스투스가 아폴로 신을 모시기 위해 팔라티누스 언덕에 지었다고 한다.
5. 스푸리우스 카르빌리우스(Spurius Carvilius Maximus). 기원전 3세기에 집정관을 지냈다.
6. 로마의 삼니움 정복은 기원전 293년이다.
7. 로마 남서쪽에 있는 산. 고대 이탈리아인이 신성한 장소로 여겼다.
8. 오늘날 프랑스의 오베르뉴(Auvergne)에 살았던 종족.
9. 칼라미스(Calamis). 기원전 5세기에 활동한 그리스 조각가.

제11장

1. 실라니온(Silanion). 기원전 5세기에 활동한 그리스의 조각가.
2. 제욱시스(Zeuxis). 그리스의 화가로 실라니온의 제자. 그는 주로 신들을 그렸는데, 자신에게 아프로디테의 그림을 그려 달라고 의뢰한 한 노파가 모델을 서겠다고 하는 말을 듣고 웃다 죽은 것으로 유명하다.
3. 이 동상의 별명은 칼리모르포스(Callimorphos) 또는 칼리스테(Calliste)다. 실제 생명체가 단단하게 굳어져 '석화된 것'이라는 뜻이다. 파우사니아스에 따르면 이 동상은

아테네 아크로폴리스 안에 있었다고 한다.

4. 아이밀리우스 파울루스(Lucius Aemilius Paullus Macedonicus, 기원전 229년경 ~160). 로마 공화국의 집정관. 제3차 마케도니아 전쟁에서 마케도니아를 점령하고 안티고노스 왕조를 멸망시켰다.

5. 아겔라다스(Ageladas). 기원전 6세기 말과 5세기 전반에 걸쳐 활동한 그리스의 조각가.

6. 디아두메노스는 '머리띠(diadem)를 한 청년', 도뤼포로스는 '창(dory)을 든 청년'이라는 뜻이다.

7. 복사뼈나 손가락마디뼈 같은 작은 뼈를 가지고 하는 공기놀이. astragalus는 '복사뼈'라는 뜻이다.

8. 로마 시내에 있던, 주로 전차경기를 하던 가로 621미터, 세로 118미터의 장방형 경기장.

9. 에린나(Erinna). 그리스의 여성 시인. 사포(Sappho)와 같은 시대에 활동했다. 테오스섬 또는 레스보스섬 출신으로 알려져 있다.

10. 아스튈로스(Astylos). 고대 그리스의 육상선수. 올림픽 경기에서 세 번 우승했다. 플라톤은 『법률론(De Legibus)』에서 이 인물에 대해 언급하고 있다.

11. '(스스로) 때를 미는 사람'이라는 뜻이다. 고대 그리스의 많은 조각가가 이런 형태의 작품을 만들었다.

12. 이런 표현으로 미루어 금박을 붙인 것이 아니라 다른 기술적인 처리방식으로 금을 입혔을 것으로 보인다.

13. 보통 대칭(symmetry)이라고 번역하지만, 그리스어 심메트리아는 조화로운 균형, 즉 '비례와 균형과 조화'를 모두 아우르는 개념이다.

14. 그리스 헬리콘산과 테베 사이에 있었던 고대 도시.

15. 트로포니오스(Trophonios). 그리스의 영웅 신.

16. 고리버들로 만든 작은 바구니. 루이 14세의 궁정 건축가 쥘 아르두앙은 짐바구니가 아니라 말의 주둥이에 씌운 입마개라고 해석한다.

17. 그리스 신화의 페르세포네(Persephone)는 로마 신화의 프로세르피나(Proserpina) 인데, 페르세포네는 농업의 여신 데메테르(로마 신화의 케레스)의 딸이다. 지하세계의 신 하데스(로마 신화의 플루토)가 페르세포네를 납치한 사건은 고대부터 근대에 이르기까지 많은 예술 작품의 소재가 되었다. 여기서 라틴어 raput를 영어의 rape

로 번역해 '강간'이라고 보는 것은 잘못된 해석이다. raput는 강간이 아니라 '납치된' 또는 '붙잡혀 간'으로 해석하는 것이 더 정확하다.

18. '도마뱀 킬러'라는 뜻이다.

19. 로마 서쪽에 있던 고대 도시. 라틴어 이름은 팔레스트리나(Palestrina).

제12장

1. 에트루리아 칼리시움의 왕으로 로마에서 축출된 왕을 도와 공화정 체제의 로마와 전쟁을 벌였다.

2. 아타마스(Athamas). 그리스 신화에 나오는 보이오티아의 왕. 어린 디오니소스를 몰래 데려다 키웠다는 이유로 헤라의 벌을 받아 실성했다. 그는 사슴인 줄 알고 레아르코스를 화살을 쏘아 죽였다고도 하고, 아들을 어린 사자로 보아 절벽 밑으로 떨어뜨려 죽였다고도 한다. 또 다른 전설에 따르면 아타마스는 요정 네펠레(Nephele)에게서 낳은 자식 프릭소스와 헬레에 대해 미노가 저지른 범죄를 알고 미노를 죽이려고 하다가 실수로 레마르코스를 죽였다고 한다.

3. 그리스·로마 시대에 동쪽 중앙아시아 땅을 세리카(Serica)라고 했는데, 그곳에 사는 사람들을 세레스라고 불렀다. 세리카는 '비단(silk)'에서 유래된 말로 실크로드를 통해 중국 화베이 지역 주(周)·진(秦)·한(漢)과도 연관이 있다. 본문에서 얇은 직물은 실크를 가리킨다.

4. 페르시아에서 나는 철을 말한다. 다마스쿠스는 고대부터 철기로 유명했다.

5. 지금의 오스트리아와 슬로베니아에 걸쳐 있었던 켈트족 왕국. 기원전 1세기에 로마 제국에 복속되었다. 로마 군대의 무기를 만든 곳으로 유명하다.

제13장

1. 북아프리카 지중해 연안 지방.

2. 고대 프리기아의 도시. 현재 터키의 수후트(Şuhut).

3. 로마 시대에는 유명한 사람의 장례식에는 초상화를 가지고 가는 것이 관습이었던 것으로 보인다. 타키투스의 『연대기(Annal)』 제2권 73장의 게르마니쿠스의 장례식 대목에도 이런 내용이 들어 있다.

4. tabulinum. 고대 로마의 응접실.

5. 마르쿠스 발레리우스 라이비누스(Marcus Valerius Laevinus)는 제2차 포에니 전쟁

과 제1차 마케도니아 전쟁에서 두각을 나타낸 로마 집정관이자 사령관이다. 중부 이탈리아 사비니의 타티우스(Titus Tatius) 왕 재위 때 로마로 이주한 것으로 여겨지는 오래된 귀족 가문 발레리아(Valeria)의 일원이다.

6. 스키피오 아프리카누스(Publius Cornelius Scipio Africanus)는 북아프리카 튀니지 근처에서 벌인 '자마 전투'에서 카르타고의 한니발을 물리친 영웅이다. 그래서 이름 끝에 Africanus를 붙여 주었다. 그런데 로마의 장군이었던 살비토가 이 가문으로 입양되어 스키피오 폼포니아누스(Publius Cornelius Scipio Pomponianus 또는 Publius Cornelius Scipio Salvitto)라고 불렸다.

제14장

1. 현대 회화에서 말하는 '단색 추상화'와는 다른 개념이다.
2. 클레안테스(Cleanthes). 코린토스 출신의 화가로 생몰은 불명이다. 펠로폰네소스 알페이오스 강변에 있는 아르테미스 신전에 아테나의 탄생을 주제로 그린 그림이 있었다고 전해진다.
3. 조르주 상드 사이에서 딸을 낳기도 했던 프랑스어판 번역자 드 그랑사뉴에 따르면, 에트루리아의 고분에서는 많은 회화 작품들이 발견되었는데 상태가 완벽하고 수준이 매우 높았다고 한다.
4. 로마 남부와 라치오 북부 사이의 해안 도시.
5. 고대인이 어떤 재료를 어떤 방법으로 회화에 사용했기에 그토록 내구성이 있었는지에 대해서는 확실히 알 수 없다. 근대 회화 작품들도 그 정도의 보존성을 갖지 못한다.
6. 오늘날 로마의 라누비오(Lanuvio)구.
7. 오늘날 로마 북쪽의 체르베테리(Cerveteri). '종교 의식'이라는 뜻의 영어 ceremony는 라틴어로 '카이레와 관계가 있는 것'이라는 뜻의 caeremonium에서 나왔다.
8. 이집트 문명권에서는 트로이 전쟁 훨씬 이전부터 회화가 있었다.
9. 살루스(Salus)는 로마의 여신으로 건강과 안전을 관장한다.
10. Forum Boarium. 당시에 포룸은 지금처럼 '광장'이 아니라 '시장'이었다. 그래서 야채시장은 포룸 홀리토리움(forum holitorium), 어물전은 포룸 피스카토리움(forum piscatorium)이라고 불렀다.
11. 파쿠비우스(Marcus Pacuvius, 기원전 220~130). 로마의 비극 시인이자 화가. 극작

가 엔니우스(Quintus Ennius, 기원전 239년경~169년경)의 조카이자 제자.

12. 클라우디우스 풀케르(Appius Claudius Pulcher, 기원전 97~49). 카이사르에 반대하는 원로원 일파의 지도자였다. 그는 기원전 72~70년 아나톨리아에서 매형인 루키우스 리키니우스 루쿨루스 밑에 있으면서 미트라다테스 6세와의 전쟁에 참여했다. 기원전 57년 프라이토르(법무관)를 지냈고, 기원전 56~55년 사르데냐 총독으로 있었으며, 기원전 54년 집정관의 자리에 올랐다.

13. 아르두앙에 따르면, 이 그림들은 아우구스투스가 그의 경쟁자인 안토니우스를 제압한 악티움 해전을 기록한 역사화라고 한다.

14. 네메아(Nemea)는 펠로폰네소스반도에 있는 지명이지만, 여기서는 헤라클레스가 미케네의 왕인 에우리스테우스가 준 첫 번째 과업인 네메아의 사자를 죽인 그 숲을 의인화한 것이다.

15. 필로카레스(Philochares). 18세기 네덜란드의 미학자 헴스테르회이스(François Hemsterhuis)는 제109회 올림픽 기간에 활동한 아테네 출신의 화가로 추정했다.

16. 폴뤼그노토스(Polygnotos). 아글라오폰(Aglaophon)의 아들이자 제자인 그는 돈을 멀리한 이타주의자로 아테네와 그 시민들을 주제로 한 그림을 많이 그렸다. 철학자 레우킵포스(Leukippos)의 아이들 결혼식을 그리기도 했으며, 아크로폴리스의 벽과 채색 주랑(Stoa Poikile)의 벽에 '트로이 공격'을 그리기도 했다.

제15장

1. 아그리겐툼의 헤라 라키니아(Hera Lacinia) 신전은 기원전 450년에 세워졌다.

2. 흰색이라기보다는 연회색에 가까운 색이다. 근대에 와서 이런 그림은 그리자유(grisaille)라는 초벌 그림 또는 그 자체로 하나의 회화 장르가 되었다.

3. 안드뤼퀴데스(Andrycides). 기원전 4세기경의 그리스 작가. 기원전 479년 그리스가 페르시아를 물리친 '플라타이아(Plataea) 전투'를 기원전 370년경에 그렸다. 그리스 출신의 로마 시대 역사가 플루타르코스에 따르면, 플라타이아 근처에 있는 테베스(Thebes) 시의 위탁을 받아 그렸다는데, 유일한 기병 전투를 그린 작품으로 그가 죽은 뒤 정치인들 사이에 논란을 일으키기도 했다.

4. 풀비우스 노빌리오르(Marcus Fulvius Nobilior). 기원전 195년에 조영관을 지내면서 로마 시내 키르쿠스 플라미니우스(Circus Flaminius) 지역에 헤라클레스와 뮤즈들의 신전을 복원했다.

5. 그리스 아르타(Arta)에 있던 고대 도시.

6. 마르쉬아스(Marsyas). 그리스 신화에 등장하는 인물로 아테나가 버린 피리를 주워 불고 아폴로와 음악으로 내기를 하다 나무에 묶여 가죽이 벗겨지는 형벌로 목숨을 잃는다. 고대 서양 문학에서 오만을 상징하는 모티브로 자주 등장한다.

7. 콘코르디아(Concordia). 로마 신화의 여신으로 결혼과 사교를 관장한다.

8. 또한 파르라시오스는 소크라테스와 예술에 대해 대화를 나눠 유명해졌고, 그가 그린 테세우스는 로마의 카피톨리누스 언덕에 장식되었다. 그림에 대한 열정을 단편적으로 보여 주는 사례는 아테네의 파르테논에 그린 프로메테우스다. 그는 프로메테우스의 속박당한 고통을 세밀하게 표현하기 위해 노예를 사서 일부러 고문을 가했다고 한다.

9. 안티고노스(Antigonos)에 대해서는 3세기에 활동한 디오게네스 라이르티우스(Diogenes Laertius)가 그의 그림에 대해 언급했다는 것밖에는 별로 알려진 게 없다.

10. 크세노크라테스(Xenocrates, 기원전 396년경~314년경). 그리스 칼케돈 출신의 플라톤 학파 철학자이자 수학자.

11. 멜레아그로스(Meleagros). 고대 그리스 아이톨리아 지방에서 숭배한 전설적인 영웅. 칼리돈의 멧돼지를 퇴치하고 그 가죽을 아탈란타에게 주었으나, 이런 행동 때문에 나중에 그의 어머니에게 죽임을 당한다.

12. 데쿨로(Deculo)에 대해서는 어떤 문헌에도 언급된 바가 없다. 플리니우스의 오기로 보는 견해가 많다.

13. 필리스쿠스(Philiscus). 비슷한 시기에 활동한 동명이인이 여럿 있다. 여기서 말한 필리스쿠스는 헬레스폰트의 도시국가 아비도스의 지도자였던 필리스쿠스일 가능성이 높다.

14. 텔레포스(Telephos). 헤라클레스와 아르카디아의 공주 아우게의 아들이다.

15. 아테나이오스는 파르라시오스가 자신의 작품 밑에 이런 서명과 함께 글을 써넣었다는 사실을 확인하고 있다.

16. 에우폼포스(Eupompos). 기원전 4세기에 활동한 그리스 화가. 시퀴온 화파의 창시자다. 그는 대가보다는 자연을 따르라는 충고를 뤼시포스에게 해 주었다. 이 화파는 아펠레스의 스승인 팜필로스에게 이어졌다.

17. 팜필로스(Pamphilos). 시퀴온 화파의 화가. 기원전 4세기경 마케도니아에서 태어나 알렉산드로스 대왕의 궁정화가로 활약했고, 멜란티오스, 파우시아스 그리고 아펠

레스 등을 길러 냈다. 또 회화에 과학을 접목시킨 인물이기도 하다.

18. Graphics(χραφικός). 오늘날의 개념으로는 선묘(線描) 또는 소묘(素描), 즉 드로잉에 해당한다.

19. 기원전 332~329년.

20. 이 용어의 의미는 정의하기 쉽지 않다. 아름다움과 우아함 그리고 고상함 등을 아우르는 용어라고 할 수 있다. '격조 있고 절제된 아름다움'이 가장 가까운 번역이 될 것이다.

21. Charis(Χάρις)는 그리스의 여신이며 로마 신화의 그라티아(Gratia)다. 그리스 여신의 이름에서 파생된 카리스마(charisma)는 비범한 능력·정신력, 특별한 재능이나 은혜 등을 의미한다. 또한 로마 여신의 이름은 '우아함'을 뜻하는 영어 grace의 어원이다.

22. 아스클레피오도로스(Asclepiodoros). 기원전 4세기에 활동한 아테네 출신의 화가.

23. 그 시대에 화랑이 있었는지 확인할 수 없으므로 행인들이 지나다니는 길가로 해석하는 것이 옳을 것이다.

24. 프톨레마이오스(Ptolemaios Soter, 기원전 367년경~282). 알렉산드로스 대왕의 친구이자 부하로 그를 수행했다. 알렉산드로스가 죽은 뒤에는 이집트의 파라오가 되어 프톨레마이오스 왕조를 수립했다. 이 왕조의 마지막 파라오 프톨레마이오스 13세가 클레오파트라 7세의 남동생이자 공동 통치자였다.

25. 안티고노스(Antigonos ho Monophthalmos, 기원전 382~301). 마케도니아의 장군으로 필리포스 2세와 알렉산드로스 대왕의 부하였다. 알렉산드로스 사후에는 안티고노스(Antigonos) 왕국의 왕이 된다. 그의 아들이 데메트리오스 1세다.

26. 기원전 1세기에 활동한 시인 섹스투스 프로페르티우스(Sextus Propertius)는 이 작품이 아펠레스 작품들 가운데 최고의 걸작이라고 말했다.

27. 그리스 문학선집에는 이 그림을 묘사한 글귀들이 여러 편 수록되어 있다.

28. 첫 번째 아프로디테 그림도 애당초 코스섬 주민들을 위해 그린 것인데, 나중에 아우구스투스에게 팔렸다.

29. 네오프톨레모스(Neoptolemos). 알렉산드로스 휘하의 군인. 알렉산드로스 사후 디아도코이, 즉 마케도니아 출신 장군들 간의 권력 투쟁 과정에서 같은 알렉산드로스 부하 출신인 에우메네스와 싸우다 죽었다.

30. 아르켈라오스(Archelaos I). 기원전 5세기의 마케도니아 왕. 마케도니아를 군사적

강국으로 만들었다.

31. 브론테(Bronte)와 아스트라페(Astrape)는 그리스 신화에 나오는 쌍둥이 여신으로 천둥과 번개를 상징한다. 그리스어 케라우노볼리아(κεραυνοβολέω)는 벼락을 의미한다.
32. 이토스(ithos)는 고대 수사학에서 풍속·도덕을 연구 대상으로 하는 분야다.
33. 미나(mina)는 고대 그리스와 중동 지역의 화폐 단위. 1미나는 60세켈(shekel), 1세켈은 11그램에 해당한다.

제16장
1. 로마의 서쪽에 있는 해안 도시.
2. 코르시카섬의 도시 알레리아(Aleria)의 라틴어 표기.

제18장
1. 트리파티니움(tripatinium). 세 개의 접시에 각각 다른 요리가 담겨 나오는 코스 요리.
2. 오푸스 시그니눔(Opus signinum), 즉 '시그니아의 제품'이라는 뜻이다. 시그니아(Signia)는 이탈리아의 레피니산맥에 있는 마을로 도기 가루와 석회를 섞은 모르타르를 처음으로 생산한 곳이다.

제19장
1. 프테론(pteron). 라틴어 프테로(ptero)는 '날개'라는 뜻이다. 건물 외벽에 밖으로 뻗어 나온 지붕으로 이루어진 개방된 공간을 뜻한다.

맺음말
1. 당시에는 유라시아 대륙의 동서를 의미하는 것이 아니라 지중해의 동과 서를 의미한다.

교양인을 위한
플리니우스 박물지

초판 1쇄 인쇄 · 2024년 6월 5일
초판 1쇄 발행 · 2024년 6월 10일

원작자 · 가이우스 플리니우스 세쿤두스
엮은이 · 존 S. 화이트
옮긴이 · 서경주
펴낸이 · 이춘원
펴낸곳 · 노마드
기　획 · 강영길
편　집 · 온현정
디자인 · 블루
마케팅 · 강영길

주　소 · 경기도 고양시 일산동구 무궁화로120번길 40-14(정발산동)
전　화 · (031) 911-8017
팩　스 · (031) 911-8018
이메일 · bookvillagekr@hanmail.net
등록일 · 2005년 4월 20일
등록번호 · 제2014-000023호

ISBN 979-11-86288-72-6 (03030)